KB070429

KMES 한국음악교육학회 학술총서 01

RESEARCH TRENDS IN
MUSIC EDUCATION

음악교육연구의
동향과 과제

주대창 · 권수미 · 김기수 · 김미숙 · 김선미 · 김신영 · 김영미 · 김용희 · 김지현 · 민경훈 · 박영주

박은실 · 박정철 · 박지현 · 배수영 · 양종모 · 유은숙 · 윤문정 · 윤종영 · 이가원 · 이에스더

임미경 · 임은정 · 장근주 · 조대현 · 조성기 · 최은아 · 최진호 · 현경실 · 홍인혜 공저

학지사

머리말

음악교육의 중흥은 음악 및 음악문화의 발전을 넘어 우리 사회와 인류의 진화에 기여합니다. 이러한 사명에 부응하여 음악교육의 수요가 늘어나는 요즈음, 음악교육을 심층적으로 탐구하는 일이 더 절실해졌습니다. 그러나 음악교육에 대한 요구와 그 실행이 양적으로 늘어나고 다양해지면서 전체를 아우르며 부분을 보는 일이 쉽지 않습니다. 이에 한국음악교육학회는 우리나라의 음악교육 연구자산을 살펴보고, 향후 연구 수행에 도움을 주고자 『음악교육연구의 동향과 과제』라는 안내서를 기획하여 펴내게 되었습니다.

음악교육과 관련된 방대한 분량의 문헌을 살펴보고 필요한 내용을 간추려 연구의 현황을 일목요연하게 제시하는 일은 분명 고단하고 건조한 작업입니다. 다른 한편으로 이 일은 연구자에게 지적 호기심을 유발하고 음악교육 연구에 대한 시야를 넓히는 보람찬 작업이기도 합니다. 집필진은 음악교육 분야의 연구자들에게 하나의 나침반이 되어 연구 방향을 알려 주고, 연구자료 탐색의 실마리를 제공하는 일이 중요하다는 공통된 인식을 바탕으로 이 작업에 참여했습니다.

이 저서를 기획함에 있어 한국음악교육학회는 이사회의 논의와 공모를 통하여 전국의 유능한 학자들을 모았습니다. 수차례의 준비회의를 통해 주제를 분류하고 책의 전체 구성을 점검하였습니다. 이어서 집필자 전체회의를 열어 담당분야를 정하고, 집필 틀과 내용을 조율하였습니다. 내용 서술의 틀을 최대한 맞추려고 노력하였음에도 불구하고, 워낙 넓은 범위의 작업을 소화해야 했기 때문에 부득이 주제에 따라 일부 차이가 나는 장이 있을 것입니다. 이 점에 대하여 독자 여러분의 넓은 양해를 구합니다.

이 책을 내는 데 많은 분의 헌신적인 도움이 있었습니다. 한국음악교육학회 박지현 이사님과 권수미 이사님의 봉사가 없었다면 작업이 잘 진척되지 않았을 것입니다. 그리고 이 책의 일차 독자가 되어 전체 내용을 꼼꼼하게 검독해 준 서울대학교 음악교육 전공 석·박사과정의 김지현, 이현수, 신은지, 원초롱, 정윤정, 김지혜, 김연진, 홍수민 선생님에게 고마움을 전합니다. 그들의 노고가 이 저서의 활용성을 크게 높여 주었습니다. 촉박한 일정에도 불구하고 여러 명의 원고를 묶어 예쁜 책으로 만들어 주신 학지사의 편집진에게도 감사의 말씀을 드립니다.

한국음악교육학회장
주대창

차례

제2부 음악교육의 내용

제3부 음악교육의 방법

제5부 음악교육의 확장

제6부　음악교육의 미래 지평

PART

1

음악교육의 근간

제1장

역사적 관점에서의 음악교육

김신영

역사적으로 볼 때 음악교육의 가치는 중요한 정치적 · 경제적 · 사회적 상황에 따라 달라지고 있다. 시대적 흐름에 따라 음악교육이 어떤 모습으로 변천해 왔는지 선행연구를 고찰해 봄으로써 현재 당면한 음악교육의 문제점을 조명해 보고 앞으로 음악교육의 연구 방향에 대한 시사점을 제시하고자 한다.

1. 음악교육에서 역사적 연구의 이해

음악교육의 발달은 그 시대의 정치 · 사회 · 문화의 영향을 받을 수 있으므로 음악교육의 역사적 연구는 매우 중요하다. 이 장에서는 음악교육을 크게 서양음악교육과 우리나라 음악교육으로 구분하여 그 변천사를 간단히 살펴보면서 향후 논의할 과제를 짚어 보고자 한다.

1) 서양음악교육 역사에 대한 이해

음악은 그 자체의 예술적 특성을 통해서 인간교육에 미치는 영향이 매우 크다. 음악교육의 중요성은 오래전부터 인정되어 왔으며 '음악교육의 당위성'에 대한 논의는 최근의 일이 아니다. 유럽문화의 근원이라 할 수 있는 그리스인들은 음악이 시대와 나라를 초월하여 매우 중요한 교육적 가치가 있음을 강조하였으며, 음악을 인간의 삶에 있어서 중요한 부분으로 여겼다. 고대 그리스의 철학 사상가인 플라톤(Plato)과 아리스토텔레스(Aristoteles)는 음악이 인격형성에 큰 영향을 미친다고 주장하였다(김신영, 2017). 이러한 철학 사상은 '왜 학교에서 음악이 필요한가'라는 명제에 대한 이론적 근거를 뒷받침해 주고 있다.

유럽 중세사회를 지배한 사상적인 기반은 기독교였으며 음악은 예배의식에서 절대 필요한 부분이었다. 중세의 음악교육은 신을 찬양하는 찬송가를 부르기 위해 이루어졌고 성가대원들을 훈련시키기 위해 성가학교(scholae cantorum)가 설립되었다.

14세기부터 16세기에 걸쳐 일어난 인문주의와 종교개혁은 당시의 사회구조나 문화 전반에 걸쳐 커다란 자극을 주었으나 음악교육적인 측면에서는 중세 종교교육의 뿌리 깊은 전통 때문에 음악교육에 아무런 변화를 가져오지 못하였다. 17세기 음악교육은 당시 유럽을 지배했던 실학주의 교육사조로 말미암아 인간교육에 있어서의 음악교육의 의미는 거의 무시되던 시기였다.

18세기 전반은 계몽주의 사조가 나타난 시기인데 교육의 본질이나 관점에서 살펴보면 자연주의가 대두되었던 시기이기도 하다. 또한 1717년 미국 보스턴에서는 성가대가 발전하여 가창학교(singing school)가 처음으로 설립되었고 일반 대중을 위한 음악교육이 실시되었다. 이 시기에 근세 유럽의 교육사상사에 큰 영향을 끼친 범애주의 사상가들로는 루소(J. J. Rousseau), 바제도우(J. B. Basedow), 페스탈로치(J. H. Pestalozzi) 등을 들 수 있다. 이 사상가들의 견해는 유럽뿐 아니라 미국의 많은 교육자에게 철학적 기초를 제공해 주었으며 오늘날까지도 많은 영향을 미치고 있다. 이러한 교육사상가들의 견해가 미치는 현대 음악교육의 함의를 파악하기 위해 석ㆍ박사학위 논문을 비롯하여 많은 연구자들의 주요 논제로 다루어지고 있다.

19세기 초 유럽에서는 실리주의에서 주지주의의 경향으로 흘러감에 따라 음악교육의 가치에 대한 인식이 다시 쇠퇴되었다. 그러다가 19세기 후반 독일을 중심으로 일반 대중을 위한 예술교육운동이 전개되면서 예술의 가치와 필요성이 새롭게 인식되기 시작하였다. 한편, 1838년 보스턴 공립학교에서 시작된 미국의 음악교육은 페스탈로치의 교육이념과 방법을 적용하여 일반 대중을 위한 교육이 실시되었다. 유능한 교사 양성에 대한 사회적 관심으로 인해 19세기 후반에는 보통학교(normal school)가 전국에 걸쳐 설립되었다. 1857년에 미국교육협회(NEA)가 창립되었고, 1876년에는 미국음악교사협의회(MTNA)가 결성되는 등 음악교육의 중요성이 강하게 부각되었다.

20세기 초 유럽에서는 페스탈로치의 교육이념을 발전시켜 음악교육의 개혁적인 변화를 가져왔다. 독일의 오르프(C.Orff), 스위스의 자크-달크로즈(E. Jaques-Dalcroze), 헝가리의 코다이(Z. Kodály) 등의 음악교육 철학 및 교수방법은 전 세계적으로 20세기 음악교육에 큰 영향을 미쳤다.

한편, 미국에서는 1907년 음악교육전문기구인 '음악감독관협의회(MSNC)'가 창립되었으며, 1934년 그 명칭을 '음악교육가협의회(MENC)'로 바뀌었고, 1998년에 다시 '음악교육협회(NAfME)'로 개칭하여 음악교육을 주도하는 대표단체로서 역할을 담당하며 음악교육의 발전을 가져오고 있다.

1957년 소련의 인공위성 스푸트니크호의 발사를 계기로 전 세계적으로 대규모의 교육개혁운동이 일어나게 되었다. 미국에서 1960년대를 대표하는 주요 프로그램으로는 청년작곡가 프로젝트(YCP), 예일 세미나(YS), 현대음악 프로젝트(CMP), 맨해튼빌 음악교육과정 프로젝트(MMCP), 탱글우드 심포지엄(TS) 등이 있다. 이 시기를 지배했던 현대 음악교육이론은 브루너의 '학문중심' 교육사조에 근거하여 개발된 '개념적 접근법'을 들 수 있다. 현재까지 '개념적 접근법'은 미국 음악교육과정 및 교과서 편찬에 영향을 끼치고 있다. 미국의 '개념적 접근법'이 반세기 넘게 계승·발전할 수 있었던 과정을 역사적으로 살펴보는 것은 우리나라 음악교육과정의 문제점과 개선방안을 탐색할 수 있는 기초자료로 활용할 수 있어서 유용하다고 볼 수 있다(문경숙, 2011).

2) 우리나라 음악교육 역사에 대한 이해

(1) 개화기의 음악교육

우리나라의 서양음악에 대한 최초의 기록은 1780년 청나라에 사절로 다녀온 박지원이 그곳에 수입되어 있던 서양 악기에 지대한 관심을 가졌다고 하는 『열하일기』의 '풍금기'에서 발견된다(민원득, 1966).

서양문화가 처음으로 유입된 시기인 1886년 미국 선교사들이 설립한 배재학당과 이화학당에서 처음 학교 음악교육이 시작되었으며 찬송가를 교재로 사용하였다. 이 학교들의 교육과정에 '창가'라는 과목이 있었고 이것이 우리나라 근대식 교육기관의 효시인 것이다. 같은 해 조선 최초의 근대적 학교인 육영공원이 설립되었으며 초기에는 미국식 교육제도의 도입과 더불어 청의 간섭을 견제하려는 의도에서 성공적이었으나 아쉽게도 1895년 폐원되고 말았다(최보영, 2012).

개화기의 음악교육은 이 시기의 '서양화'에 힘입어 서양음악의 형태로 수용되었고 개화기 문화를 형성하는 데 있어 중요한 역할을 하였다(최영자, 1994). 이 시기에는 선교사들이 '창가'를 통해 찬송가나 쉬운 외국민요 등을 가르쳤고, 한국 전통음악의 바탕이 전혀 마련되어 있지 않은 상태에서 서양음악이 도입되었기 때문에 새로운 음악을 받아들이기에만 급급하였다. 그래서 한국 전통음악의 특수성을 주장할 수 있는 실정이 아니었다.

(2) 일제 강점기의 음악교육

1910년 한일합병 조약 이후 조선은 일본에 의한 본격적인 식민지 정책의 교육이 실시되었다. 이 시기에 조선총독부에서 편찬한 『보통교육 창가집』은 일본의 창가를 그대로 번역한 것으로, 일본의 노래와 서양의 가곡 및 민요 등을 가르침으로써 애국적인 사회풍토를 흐트러뜨리려 하였다.

일제 강점기의 교육과정은 조선총독부령과 훈령을 법적 근거로 하여 제시되었으며, 법적 근거의 수준이 하향되고 교육과정 제시 체계가 세분화되는 경향이 있다(강명숙, 2010). 제1차 조선교육령에서 '창가'는 체조와 함께 수업을 하도록 되어 있어 음악교육을 경시하고 있었음을 보여 준다. 1920년대에 들어 모든 학교에서 '창가' 과목을 필수적으로 가르치게 되었지만 일본인적인 사고와 사상을 주입시키기 위한 도구에 불과하였다(유철, 2015). 그러나 1930년대 접어들자 '창가'는 황국신민화정책의 의도가 음과 가사에 녹아들어 있어 조선인 아동들의 감성에 침투하여 무의식세계를 지배하게 된다. 이처럼 식민지 학제에 기초하여 일제가 실시한 교육정책의 기본은 한국인을 황국신민화, 우민화하는 것이었다.

이 시기에는 어떤 배경에서, 어떤 형태로 음악교육이 실시되었는지, 교육정책과 교육과정을 살펴봄으로써 오늘의 음악교육에 어떤 영향을 미쳤는지에 대한 연구가 계속 진행되고 있다.

(3) 해방 이후의 음악교육

해방 이후의 음악교육은 미군정기(1945.8~1948.8)와 대한민국 정부 수립 이후(1948~현재)로 구분할 수 있다.

1945년 해방 이후 3년 동안 우리 교육계에 나타난 조류는 새로운 민주주의적 교육으로, 이는 미국의 철학자 듀이(J. Dewey)의 사상이었다. 이 시기에는 조선교육위원회, 조선교육심의회를 통하여 홍익인간이라는 새로운 교육이념을 정립하고 학제개혁과 함께 의무교육제도를 도입하는 등 민주적 교육개혁에 주력하였다. 당시의 음악교육정책은 한국 음악 교과서 편찬, 음악 교사 재교육 및 학교 밴드부의 활성화 등 음악활동 지원 사업이었다(권혜근, 2014; 신계휴, 2004). 그러나 우리나라는 아직 그것을 받아들일 준비가 미흡한 상태였고 교육현장에서 민주주의 교육은 시행착오를 겪게 되었다. 혼란 속의 미군정기에 대한 연구 중에는 정치·경제·사회·문화 등의 측면에서의 일반적인 연구는 많지만 음악교육에 대한 독자적인 연구는 부족한 상황이다.

1948년 대한민국정부가 수립된 초창기의 교육체제는 미군정기의 정신과 방법을 크게 벗어나지는 못하였으나 이 시기에 교육법이 제정되고 교육에 관한 모든 기초작업이 이루어져 1955년 제1차 교육과정을 제정·공포하는 초석이 되었다.

한국의 교육과정을 살펴보면, 제1차(1954~1963)부터 제3차(1973~1981)까지의 음악과 교육과정은 조화된 인격형성 및 바람직한 국민으로서의 교양함양 등 도덕적 덕목에 목표를 두었다. 제4차(1981~1987)와 제5차(1987~1992)에서는 음악성 계발을 강조하여 음악 자체의 목적에 역점을 두기 시작했으며 미국의 '개념적 접근법'이 도입되어 음악의 개념 이해에 초점을 두었고 새로운 영역이 신설되어 교육과정의 내용체계에 큰 변화를 가져왔다.

제6차(1992~1997)와 제7차(1997~2007) 교육과정에서도 음악과의 목표는 음악의 본질적 가치를 강조하였으며 '이해영역' 개발을 통해 음악개념학습의 영역이 큰 비중을 차지하며 더욱 체계적으로 발전하였다. 특히 제6차부터는 전통음악의 학습을 구체적이고 명확하게 제시하며 강조하였다. 제7차에서는 우리 음악문화의 창달을 위한 전통음악의 전수 및 그 음악의 창조적 변화와 발전이 되도록 하였다. 2007 개정 이후 현행 2009 및 2015 개정에 이르기까지 음악개념지도가 차지하는 비중은 하향 조정되는 추세에 있다. 이러한 교육과정의 변화로 인해 비판적인 논의가 이루어지고 있다.

해방 후 교육과정 초기에는 일본의 잔재에서 벗어나려 하면서도 일본의 영향을 받았다. 한국 교육과정의 초창기에는 우리나라 실정에 맞는 교육과정의 구성 방향을 설정하지 못하고 방황한 시기라 할 수 있다. 1980년대가 지나면서 한국은 정치적·사회적·문화적 영향, 즉 외부의 영향과 미국 음악교육의 영향을 받아 독자적인 음악교육의 양상을 구축하였다.

2. 음악교육에서 역사적 연구의 동향

음악교육에서 역사적 연구 동향을 파악하기 위해 한국교육학술정보원에서 제공하고 있는 국내 학술지 논문 90편, 박사학위논문 20편 정도를 분석하였다. 다른 분야에 비해 역사적 관점에서의 음악교육은 내용이 방대하고, 당대의 1차 자료가 충분하지 않아서 많은 연구가 이루어지지 않았음을 알 수 있었다. 1980년 이전에는 이 분야에 대해 연구된 자료가 극히 소수에 불과하였으며 1990년 이후로 연구가 많이 증가하였다. 앞으로 우리나라 음악교육의 정체성을 확립하고 앞으로 나아갈 방향을 모색하기 위해서는 보다 많은 음악교육학자들의 적극적인 연구 활동이 필요하다고 본다.

지금까지 음악교육에서 역사적으로 다루어진 선행연구의 주제는 매우 다양하

〈표 1-1〉 음악교육에서 역사적 연구에 대한 주제별 주요 연구 동향 분석

주제		주요 내용
주요 교육사상가의 이론		• 교육사상가들의 견해, 아동교육론, 교육사상 간 비교 또는 비판 • 루소 교육사상의 대안 교육적 함의, 자연주의에 기초한 오르프 교육론, 페스탈로치의 교육사상과 평생교육에의 함의, 교육원리 분석 • 듀이 예술철학에 기초한 교육적 가치, 한국의 다문화 교육 모색 등
개념적 접근법의 발전과정		• '개념적 접근법'의 발전과정 및 이론적 근거 • MMCP 프로젝트의 주요 내용 및 미국 음악교육과정에 미친 영향 • 1950년 이후 미국의 음악교육이론이 한국 음악교육사에 미친 영향
미국음악교육협회 조직의 발전과정		• NAfME에서 발간된 각종 관련 자료를 중심으로 협회의 발전과정 • NAfME의 조직관리체계 현황 및 운영 특성 조사 • NAfME의 역점을 두고 추진해 온 주요 사업 활동
개화기 이후 음악 교육의 변천	개화기	• 개화기 문화현상의 특징을 음악교육에 연계시켜 연관성 분석 • 개화기의 전반적인 음악교육(근대학교의 설립, 교육정책, 창가교육 등)
	일제 강점기	• 일제 강점기의 음악정책, 음악교육 등 일본적 음악요소의 영향 • 조선총독부에서 발행한 창가교과서의 식민교화 교육방식 분석
	미군정기	• 미군정기의 음악 교육정책, 교육환경 등 교육의 실태 분석 • 우리나라 초창기의 음악교육 모습에 대한 소개
교육과정의 변천		• 개념적 접근법 도입 및 외국 사례와의 비교분석 등에 따른 교육체제의 변화 • 철학기조의 변화 등 시대의 요구에 따른 내용의 변화 • 국악의 비중과 내용의 변화 양상, 국악기 교육내용 분석
음악교육정책의 변천		• 국가정책, 사회문화적 현상, 교육정책과 교육과정 개정, 인물 등 • 음악교육 전문 인력, 교수·학습방법, 내신제도, 음악 교사 양성 등 • 교육과정, 교과용 도서, 교원양성, 교원 임용, 교원 연수, 교구 및 시설

다. 이를 종합·분석한 결과, 크게 여섯 가지 범주로 연구 동향을 분류하였다.

1) 주요 교육사상가의 이론 연구 동향

시대의 흐름에 따라 음악교육에 관한 견해들은 당대의 사회에서 지배적이던 가치 및 교육사상이 반영되었다. 이러한 사실은 여러 교육사상가들의 음악교육에 대한 관점을 통해 살펴볼 수 있다. 고대부터 현대에 이르기까지 음악교육의 중요성을 강조하는 대표적인 교육사상가인 플라톤, 아리스토텔레스, 루소, 페스탈로치, 듀이의 교육사상을 중심으로 선행연구를 살펴보았다. 그 결과, 교육사상가들의 이론에 관련된 주제를 다루는 논문들이 대부분을 차지하며 문헌 연구가 많이 활용되었다.

고대 그리스의 플라톤과 아리스토텔레스는 음악을 도덕적 품성 함양 및 인격형성을 위한 수단으로 보았다. 그들에 관련된 연구로는 음악교육사상, 아동교육론, 교육철학의 비판에 관한 연구 등 교육사상 이론에 관한 연구들이 대부분을 차지하고 있으며(김병희, 1991; 김종부, 1990; 김춘미, 1993; 김희정, 2016; 심재민, 2011; 허미화, 2006), 초·중등 수업 현장에 적용되는 연구나 그들의 사상이 음악치료에 미친 영향 등에 관한 연구는 매우 드물다(강경선, 2012).

자연주의 교육사상을 강조했던 루소에 관련된 연구로는 자연주의 교육론 및 비판, 교육사상의 대안교육적 함의 및 비판, 자연주의에 기초한 현대 음악교육 사상 등이 대표적이다(김유라, 2013; 송태현, 2013; 엄재춘, 2014; 이인화, 2012; 임태평, 2007; 황성원, 2012).

현대 음악교육 원리의 기초를 마련한 페스탈로치에 관련된 연구로는 그의 교육사상, 교육원리, 유아교육론, 평생교육에의 함의 등 대부분 페스탈로치의 교육사상 이론에 관련된 연구들이 수행되고 있다(강진소, 2000; 김성길, 2011; 김숙이, 2005; 정영근, 2011).

음악의 미적 경험을 강조한 듀이에 관한 연구로는 그의 예술철학에 기초한 교육적 가치, 한국의 다문화 교육 모색, 교육시설, '경험'의 도덕교육적 함의 등 다양한 주제로 연구가 진행되고 있다(김기수, 2011; 류호섭, 2016; 장혜진, 2017; 정창호, 강선보, 2014).

앞에서 살펴본 바와 같이 대표적인 교육사상가들의 음악교육의 견해에 대한 연구들은 대부분 단편적으로 실시되고 있으며, 교육사상가들의 음악교육에 대한 견해를 살펴보고 그 시사점을 찾는 연구들이다. 음악교육의 맥락을 고대에서 현대에 이르기까지 역사적 흐름으로 살펴보는 연구는 거의 부족한 실정이다.

이 외에도 보에티우스(A. Boethius), 코메니우스(J. A. Comenius), 헤르바르트(J. Herbart), 아도르노(Th. W. Adorno) 등 여러 교육사상가들에 대한 연구도 진행되고 있다.

2) 개념적 접근법의 발전과정에 관한 연구 동향

미국의 '개념적 접근법'은 심리학자 브루너(J. Bruner)가 1960년『교육의 과정』에서 제시한 '학문중심' 교육사조에 근거하여 개발된 음악교육에 대한 새로운 접근법이다. MMCP는 1960년대 미국의 교육개혁운동의 큰 흐름을 타고 '개념적 접근법'에 기초하여 대학의 음악교육과정에 적용시킨 프로젝트이다. 이와 같은 우수한 교육과정을 개발했음에도 불구하고 MMCP 교육과정이 일선 교육현장에 확산되지 못하였다(문경숙, 2005). 그러나 MMCP의 가장 큰 성과는 대안적인 음악교육과정을 개발했다는 점이며, 이 점에서 '개념적 접근법'이 실험적으로 실시된 프로그램의 내용은 연구해볼 가치가 있다.

우리나라에 미국의 음악교육 사조가 처음 소개된 시기는 1980년대 전반으로 이강숙이 선도적 역할을 했다. '개념적 접근법'이 음악과 교육과정에 반영되기 시작한 시기는 제4차 교육과정이었으며, 제7차 교육과정에서 주요한 음악교육이론으로 수용되면서 교과서 편찬에도 반영되었다. 그러나 음악과 교육과정에 '개념적 접근법'을 적용하는 문제가 제기되면서 2007 개정 교육과정에서 음악개념의 분량과 수준을 하향 조정하여 내용의 적정화를 시도하였고, 2009 개정 교육과정에서는 내용영역에서 '이해영역'을 삭제해 버렸다. 이는 '개념적 접근법'이 아직 한국 음악교육에 확고하게 뿌리를 내리지 못했다고 볼 수 있다(오지향, 문경숙, 최미영, 2014).

한국과 미국이 음악교육의 환경과 상황이 다르기는 하나 교육과정을 혁신하고 이를 정책적으로 채택하고 교과서에 반영함으로써 음악교육의 변화를 가져오기 위해서는 미국의 '개념적 접근법'의 발전과정을 살펴보고 그 근거를 파악해 보려는 연구는 가치 있는 일이라고 본다(권덕원, 2002; 문경숙, 2011). 우리 음악교육 환경에 맞는 '개념적 접근법'을 찾아내는 것이 앞으로의 과제이며 외형상의 방법보다는 근본적인 개선 노력이 필요하다.

3) 미국음악교육협회 조직의 발전과정에 관한 연구 동향

미국음악교육협회(NAfME)는 지난 110년간의 역사 속에서 미국 음악교육의 주도적인 역할을 담당해 온 학술단체이다. 미국의 음악교육은 1907년 '음악감독관협의회(MSNC)'의 이름으로 창립되었고, 1934년 '음악교육가협의회(MENC)'로, 1998년 또다시 '미국음악교육협회'로 명칭을 바꾸면서 음악교육 발전을 추진하고 있다.

오늘날 미국 음악교육가들의 대표적 기구인 미국음악교육협회는 어떻게 단체를 조직하여 운영하고 있으며 어떤 사업 활동에 주로 역점을 두고 추진하고 있는지 미국음악교육협회의 발전과정을 역사적으로 살펴보고 분석하는 일은 우리나라의 실정에 맞게 미래 음악교육의 혁신 방향을 모색하는 데 기초자료로 활용할 수 있다는 점에서 매우 의미 있는 연구이다(문경숙, 2016). 한편, 한국음악교육학회에서 출판되는 『음악교육연구』를 중심으로 한 연구 동향 분석, 학술 세미나와 콜로키움 보고 등을 통해 음악교육의 동향을 고찰하는 등 학술사업에 대한 연구가 다소 진행되어 오고 있으나(곽현규, 곽민석, 2017; 김현미, 2015; 장승희, 김영연, 2017; 정재은, 석문주, 2014) 한국음악교육학회의 발전과정에 대해 체계적으로 연구된 자료는 찾아보기 힘들다. 다만, 한국음악교육학회의 간략한 연혁만 제시되어 있을 뿐이다.

4) 개화기 이후 음악교육의 변천에 관한 연구 동향

개화기 이후 음악교육에 관한 연구는 1980년대부터 수행되기 시작하였다. 이 시기의 음악교육에 관한 연구는 크게 개화기, 일제 강점기, 미군정기의 세 시기로 구분하여 선행연구 자료를 살펴보았다.

(1) 개화기의 음악교육

개화기는 새로운 서양문화의 유입으로 전통문화가 정체되고 개혁과 전통고수를 두고 갈등이 심화되어 문화 전반에 걸쳐 혼돈이 확산되었던 시기이다. 따라서 서양문물과 함께 수용된 음악교육이 어떤 모습으로 시작되었는지 살펴보고, 당시의 교육적 상황을 파악해 보는 것은 중요한 의미를 갖는다.

주요 논문들을 살펴보면, 일부 학자들은 개화기 문화현상의 특징을 정치 · 사회, 종교, 교육, 예술 등의 측면에서 음악교육의 역사적 연구를 통해 오늘의 음악교육에 미치는 영향을 살펴보고 그 실마리를 풀어 보려고 시도하였다(강혜인, 1989; 최영자, 1994). 또한 서양문화의 도입, 학교 설립, 교육정책, 창가교육 등 개화기의 음악교육에 관한 전반적인 역사적 고찰을 통해 우리 음악교육의 전망을 조명하거나(민원득, 1966), 조선 정부가 최초로 설립한 근대적 학교인 육영공원 설립과정과 운영 실태를 분석하였다(서명일, 2014; 최보영, 2012). 학교 음악교육의 측면과 사회 전반적인 확산의 측면에서 서양음악의 상징적 매체인 '풍금'의 역할에 대해 살펴보는 역사적 연구도 있다(이서현, 2016).

(2) 일제 강점기의 음악교육

일제 강점기의 음악교육에 관한 역사적 연구는 오늘의 음악교육을 이해하는 데 큰 의미가 있다. 1910년 한일합병 조약 이후는 조선에서 일본에 의한 본격적인 식민지 정책의 교육이 실시되었던 시기이다. 이 시기에 어떤 배경에서, 어떤 형태로, 누구에 의해 음악교육이 실시되었는지 살펴봄으로써 오늘의 음악교육에 어떤 영향을 미쳤는지 파악할 수 있다.

한일합병 이후 식민체제의 어려운 극한상황에서도 김활란은 여성의 여권향상을 위해 여성고등교육을 강조하였으며 문맹퇴치와 농촌계몽의 차원에서 보통교육의 대중화를 강조하였다(김성은, 2011). 그러나 일본의 식민 지배를 받은 조선의 음악 정책과 음악교육 등에는 일본의 음악 요소가 많은 영향을 미쳤다.

뿐만 아니라 이 시기에 활동한 많은 일본인 음악가들이 어떤 역할을 담당했는지, 관립음악학교의 설립 논의는 어떤 배경에서 이루어졌는지, 일제시대 교육과정 체계는 어떻게 변천되었는지, 조선총독부에서 발행한 창가교과서를 조선인 아동에게 어떻게 교화시켰는지에 대한 연구가 이루어졌다(강명숙, 2010; 김지선, 2010; 유철, 2015; 전지영, 2014). 이러한 선행연구들을 통해 당시의 음악교육이 음악 자체의 순수한 발전보다는 식민체제 공고화와 황국신민의 내용이 가미된 정치 이데올로기적 요소를 강화하였음을 알 수 있으며, 이는 당시의 식민교화 교육방식의 실상을 보여 주는 것이다.

한편, 1920~1930년대 미국 장로교에서 파송된 음악 전문 선교사들의 다양한 활약을 살펴봄으로써 초기 한국 양악계의 전반적인 실태를 알아보거나 해방 전 창가와 유희의 특성에 대한 분석을 통해 교육적 측면에서 유희와 창가가 오늘날 어떠한 교육적 의미를 갖는지 등에 대한 연구들도 있다(김사랑, 2016; 박혜리나, 2013; 안종철, 2009).

(3) 미군정기의 음악교육

미군정기는 해방 직후 1945년 9월부터 대한민국정부가 수립된 1948년 8월까지이며, 미군정에 의해 미국의 민주주의를 정착시키던 시기이다. 미군정기의 음악교육에 대한 역사적 연구는 1차적 자료가 충분하지 않아 문헌적 접근에 의한 구체적인 연구가 아직까지 미비한 상태이다. 군정 초기 음악교육 목표는 한국 음악교육이 직면한 과제를 파악하고 교수요목을 개발하는 작업이었으나 그 목표를 달성하지 못하였다.

오늘날 우리나라 음악교육가들이 당면한 최대의 과제는 앞으로 한국 음악교육의 정체성을 확립하는 일이다. 이를 위해 당시 편찬된 미군정기의 초·중등 음악교재 분석을 통해 우리나라 초창기 음악교육의 모습을 살펴보는 것은 의미가 있는 연구이다(권혜근, 2014, 2016; 신계휴, 2004; 최은경, 2014). 또한 미군정이 당시의 한국 음악교육 실상을 어떻게 평가하고 어떤 교육정책을 시도했으며, 교육환경, 교사 양성 등 교육의 실태를 살펴봄으로써 미래 우리나라 음악교육의 방향을 설정하는 데 좋은 기초자료를 얻을 수 있다(권혜근, 2014; 문경숙, 2014; 신계휴, 2004).

5) 교육과정의 변천에 관한 연구 동향

교육과정의 변천에 관한 역사적 연구는 1980년대 후반부터 시작되었다. 시대의 흐름에 따라 교육과정의 변천사를 살펴봄으로써 교육의 내용과 방향에 대한 변화를 파악할 수 있고 이에 따른 문제점과 개선방안을 모색할 수 있다. 여기에서는 교수요목기부터 현행 2015 개정 교육과정에 이르는 교육과정의 변천사를 연구한 자료를 분석하였으며, 그 결과 크게 세 가지 관점으로 구분할 수 있다.

먼저, 교육과정의 체제와 관련된 논문에서는 제4차 교육과정에서 부분적으로 수용된 '개념적 접근법'의 도입으로 인해 교육과정의 체제가 어떻게 변화되었는지에 대한 연구(오지향, 문경숙, 최미영, 2014), 우리나라와 외국 교육과정 체제의 변천에 대한 비교분석 연구, 우리나라 교육과정 변천사를 통해 살펴본 음악교육의 정체성에 관한 연구 등이 있다(권혜근, 2010; 윤성원; 2010; 최윤경, 2005).

둘째, 시대별 교육과정 변천에 따른 내용의 변화에 관련된 연구로는 대한민국 정부수립 이후 초창기 음악교육내용의 변화, 1960년대 철학 기조의 변화, 1980년대 개념적 접근법의 도입, 국정교과서에서 검정교과서 체제로 변화됨에 따라 내용의 변화에 어떤 영향을 미쳤는지에 대한 연구(문경숙, 2006; 신계휴, 2005; 오지향, 문경숙, 최미영, 2014; 윤문정, 승윤희, 2013)가 시행되었으며, 1970년대 이후 교과 교육학과 내용학을 중심으로 음악 교사 교육과정의 변천 등에 대해 다루기도 했다(최은식, 석문주, 2016).

셋째, 세계화로 인해 다양한 시대와 문화권의 음악에 대한 비중이 높아지는 시점에서 교육과정의 변천에 따른 국악의 비중과 내용의 변화 양상을 고찰하거나, 각 교육과정에 따라 변천과정을 겪어 온 음악과 교육과정의 전반적인 기악 지도내용과 국악기 교육내용을 조사하는 연구 등이 있다(양종모, 2010; 이상규, 2016; 황병훈, 1993). 이 연구들은 당시 음악교육의 당면한 문제점의 원인을 진단하고 음악교육의 발전을 모색하는 데 중점을 두고 있다.

6) 음악교육정책의 변천에 관한 연구 동향

음악교육정책의 변천에 관한 연구는 2000년대 이후부터 수행되기 시작하였다. 역사적으로 사회문화적 변화와 함께 그에 따른 교육정책의 변천을 살펴봄으로써 어떻게 음악교육이 발전하였는지 알 수 있다.

함희주(2013)는 19세기 말에서 현재에 이르기까지 국가 정책적 요인을 근거로 음악교육의 발달과정을 7기로 구분하고, 각 시기별로 학교음악교육이 국가적·사회문화적·정치적 변화와 함께 어떻게 발전되었는지 문헌을 중심으로 국가정책, 사회문화적 현상, 교육정책과 교육과정 개정 등을 다루었다. 또한 해방 이후부터 현재까지 음악교육정책이 각 분야별로 어떠한 변화를 보이는지에 대해 문헌을 중심으로 고찰한 연구들이 있다. 박장미(2008)는 시대적 흐름에 따라 교육과정, 교과용 도서, 교원 양성, 교원 임용, 교원 연수, 교구 및 시설의 여섯 가지 정책을 중심으로 살펴보았다. 권덕원(2004)은 시대별 변천과정을 짚어 보고 음악교육 전문 인력의 증가, 교수·학습방법의 변화 등 긍정적인 변화와 내신제도, 음악 교사 양성 문제 등 앞으로의 과제를 논의하였다.

이 연구들은 역사적으로 음악교육정책의 변화를 살펴봄으로써 앞으로 과제가 무엇인지, 미래 음악교육의 전망이 어떠한지를 제시하고 있으며, 우리나라 음악교육의 정체성을 확립하고자 하는 데 의의를 두고 있다.

이 외에도 역사적 관점에서 보는 한국형 다문화 교육 모델 연구, 테크놀로지 활용의 흐름에 관한 연구 등이 진행되고 있다.

3. 역사적 관점에서의 연구 과제 및 전망

시대와 사회가 변화하면서 요구하는 학문은 달라지며, 음악교육 역시 그러한 시대의 요청에 부응하게 된다. 과거, 현재, 미래는 서로 분리되어 있는 것이 아니라 연속적으로 발생하고 존재한다. 따라서 현재의 문제에 대한 원인을 조명하기 위해서는 과거에서 그 원인을 찾아보고 미래의 방향을 설정하게 된다. 이러한 관점에서 음악교육에 대한 역사적 연구는 오늘의 당면한 음악교육의 과제를 살펴보고 미래 음악교육의 방향을 모색하는 데 의의가 있다.

우리나라 음악교육의 지속적인 발전을 꾀하기 위해 다음과 같이 음악교육에서 역사적 관점에서의 연구 과제를 제안하고자 한다.

첫째, 학교에서 음악교육의 당위성을 올바르게 인식해야 한다. 오늘날 학교교육은 입시 위주의 교육정책, 국가 경쟁력의 강화라는 교육과정의 큰 틀에서 주지교과가 강조됨에 따라 음악교육의 가치와 당위성이 흔들리는 위기에 놓여 있다. 예체능 교과의 점수를 내신에 미반영하는 제도는 시행하는 사람들이 음악교과의 본질을 이해하지 못하기 때문이며 사회 속에서 음악교육의 역할과 가치를 인정하지 않는 데서 비롯된 것이다. 따라서 우리나라 교육의 역사적 맥락을 고려하면서 음악교육의 당위성을 제대로 정립하기 위한 연구들이 필요하다.

둘째, 한국 전통음악을 계승 · 발전시킴과 동시에 서양음악을 수용하는 한국 특유의 음악문화가 이루어져야 한다. 1880년대 미국 선교사에 의해 서양문화가 유입되면서 '창가'라는 명칭 아래 근대 음악교육이 시작되었다. 이로 인해 우리의 전통음악은 위축되고 서양음악이 우위에 서 있는 음악교육의 모습이 되었다. 그러나 21세기 국제화가 강조되고 있는 현 시점에서 지속적인 문화 발전을 위해서 앞으로 우리나라의 음악교육은 서양적 요소와 전통적 요소를 서로 어우러지도록 하는 것이 바람직하다.

셋째, 우리의 음악교육 환경에 적합한 '개념적 접근법' 정립이 필요하다. 1980년대 초 미국의 '개념적 접근법'이 우리나라 제4차 교육과정(1981~1987)에 반영되기 시작하여 제7차 교육과정까지 '이해영역'으로 개발되어 교과서 편찬에도 반영되었다. 그러나 최근 음악과 교육과정에 '개념적 접근법'을 적용하는 문제가 제기되어 2007 개정 교육과정에서는 음악개념의 양과 수준을 하향 조정하였고, 2009 및 2015 개정 교육과정에서는 내용영역에서 '이해영역'을 삭제하고 대신 '음악 요소와 개념 체계표'로 제시하였다. 물론 이해영역과 활동영역 간 통합적 접근의 강조나 학교 현장에서의 다양한 수업 구현을 위한 음악 요소의 대강화 제시와 같은 이유가 있기도 하지만, 한국의 상황에 적합한 '개념적 접근법'이 무엇인지에 대한 숙고는 필요하다고 하겠다.

넷째, 한국 음악교육의 주도적인 역할을 담당하고 있는 '한국음악교육학회'의 발전과정에 대한 체계적인 연구가 필요하다. '한국음악교육학회'는 60여 년의 역사 속에서 음악교육계의 발전을 위해 정기적인 학술대회, 콜로키움, 편찬사업, 교사 연수 등 여러 가지 활동을 하고 있다. 이 학회가 어떻게 단체를 조직하여 운영하고 있으며, 어떤 사업 활동에 주로 역점을 두고 추진하고 있는지 역사적으로 살펴봄으로써 한국 음악교육계의 당면한 과제가 무엇인지를 파악하고 미래 혁신 방향을 모색하는 데 필요한 시사점을 찾아볼 수 있을 것이다.

참고문헌

강경선(2012). 플라톤과 아리스토텔레스의 음악관에 대한 음악치료적 이해. 인문과학연구, 34, 417-436.

강명숙(2010). 일제시대 교육과정 제시 체계와 초등 교육과정의 변천. 교육학연구, 20(2), 1-25.

강진소(2000). 페스탈로치의 유아교육사상에 대한 고찰. 대구산업정보대학 논문집, 14(1), 31-51.

강혜인(1989). 한국 개화기 음악교육활동의 역사적 의의: 조선정악전습소를 중심으로. 영남대학교 대학원 박사학위논문.

곽현규, 곽민석(2017). 음악교육연구를 통한 국내 음악교육의 연구동향 분석: 저자 선정 주제어를 중심으로. 음악교육연구, 46(1), 1-21.

권덕원(2002). 미국의 음악교육이론이 한국의 해방이후 음악교사사에 끼친 영향에 관한 연구. 음악교육연구, 23, 47-84.

권덕원(2004). 학교 음악교육: 50년의 회고와 전망. 음악교육연구, 27, 27-63.

권혜근(2010). 한 · 일 음악교육 변천사 비교 연구. 한국음악사학보, 45, 187-225.

권혜근(2014). 해방공간의 음악교육 연구:『초등 노래책』과『남녀 중등 교본』1 · 2를 중심으로. 한국음악사학보, 53, 5-36.

권혜근(2016). 미군정기의 음악교재 연구: 남녀 중등음악 교본 제3권을 중심으로. 한국음악사학보, 57, 109-144.

김기수(2011). 존 듀이 예술철학의 교육적 가치. 음악과 민족, 41, 331-351.

김도수(2004). 18세기 미국 Singing School의 발전 과정과 가창 교재에 관한 고찰. 낭만음악, 64, 45-71.

김병희(1991). 플라톤의 아동교육론. 서라벌대학교 논문집, 471-483.

김사랑(2016). 1920~1930년대 음악 전문 여성선교사 – 미북장로교 선교부 파송 주요 선교사를 중심으로. 음악학, 31, 7-58.

김성길(2011). 페스탈로치 교육사상과 평생교육에의 함의. 학술저널, 14(1), 71-90.

김성은(2011). 일제시기 김활란의 여권의식과 여성교육론. 역사와 경계, 79, 183-226.

김숙이(2005). 페스탈로치의 유아교육론에 관한 연구, 교육사상연구, 15, 1-23.

김신영(2017). 음악교육의 역사. 음악교육학 총론(3판). 서울: 학지사.

김유라(2013). 오르프 음악교육론: 루소의 자연주의 음악의 현대적 계승. 교육철학, 49, 119-133.

김종부(1990). 공자와 플라톤의 음악교육사상 연구. 음악교육연구, 9(1), 149-187.

김지선(2010). 일제강점기 국내의 일본인 음악가들과 그 활동. 한국음악사학보, 45, 261-291.

김춘미(1993). 아리스토텔레스의 정치학과 음악. 낭만음악, 20, 59-122.

김현미(2015). 의미연결망 분석을 통한 우리나라 음악교육의 연구 경향 분석. 음악교육연구, 44(4), 49-68.

김희정(2016). 음악작품은 영원 존재자인가? – 다드의 플라톤주의에 대한 비판. 미학, 82(1), 117-142.

류호섭(2016). 존 듀이의 교육철학에 따른 학교와 공간구성 개념 고찰. 교육시설 논문집, 23(4), 21-30.

문경숙(2005). 맨해튼빌 음악교육과정 프로그램에 관한 역사적 조망. 음악교육연구, 28, 25-51.

문경숙(2006). 미국 초등학교 음악교과서를 통해 본 음악요소영역의 변천과정: 1940년대~1970년대. 음악교육연구, 31, 39-62.

문경숙(2011). 미국 개념적 접근법의 발전과정에 관한 역사적 고찰. 음악교육연구, 40(3), 185-213.

문경숙(2014). 미군정시대의 한국음악교육 실태: 1945~1948. 음악교육연구, 43(3), 21-46.

문경숙(2016). 미국음악교육협회(NAfME)의 조직 및 운영의 특성. 음악교육연구, 45(3), 105-134.

민원득(1966). 개화기의 음악교육. 한국문화연구원 논총: 이화여자대학교 80주년 기념 논문집, 9, 9-99.

박장미(2008). 한국 음악교육정책의 역사적 고찰. 음악응용연구, 1, 57-85.

박혜리나(2013). 해방 전 유치원 유희창가 연구. 중앙대학교 대학원 박사학위논문.

서명일(2014). 육영공원의 교과서와 근대 지식의 전파. 한국사학보, 56, 181-213.

송주승(2004). 시대별 음악교육의 흐름 및 조기음악교육의 필요성에 관한 연구. 음악연구, 33, 305-330.

송태현(2013). 장 자크 루소의 한국적 수용: 초창기 루소 수용을 중심으로. 외국문학연구, 201-219.

신계휴(2004). 미군정기 초등음악교육에 관한 연구. 교육논총, 23, 127-143.

신계휴(2005). 교수요목기의 초등음악교육에 관한 연구. 교육논총, 25(1), 3-24.

신계휴(2014). 미군정기 초등음악교육에 관한 연구. 교육논총, 23, 127-143.

심재민(2011). 니체의 아리스토텔레스 비판과 비극론. 드라마연구, 35, 241-269.

안종철(2009). 미군정 참여 미국 선교사・관련 인사들의 활동과 대한민국 정부 수립. 한국 기독교와 역사, 30, 5-33.

양종모(2010). 음악과 교육과정에서 국악의 변천과 방향 탐색. 음악교육공학, 11, 71-84.

엄재춘(2014). 루소 교육사상의 대안교육적 함의. 아동교육, 23(2), 163-181.

오지향, 문경숙, 최미영(2014). 한국 음악과 교육과정의 역사적 고찰. 학습자중심교과교육연구, 14(7), 187-207.

윤문정, 승윤희(2013). 교육과정 변천에 따른 초등학교 음악교과서의 구성 체계 및 교육적 패러다임 변화 관점에서의 인물삽화 비교 분석. 예술교육연구, 11(3), 43-63.

윤성원(2010). 공교육으로서 음악과교육의 정체성. 음악교육공학, 10, 1-17.

유철(2015). 일제강점기 황국신민교화를 위한 신체론, 국어독본, 체조, 창가, 전시가요를 중심으로. 전남대학교 대학원 박사학위논문.

이상규(2016). 초등학교 음악과 교육과정의 변천과 국악 기악 교육, 국악교육, 42, 195-221.

이서현(2016). 근대 한국의 '풍금'에 관한 역사적 고찰. 음악사 연구, 5, 120-144.

이유선(1985). 한국양악백년사. 서울: 음악춘추사.

이인화(2012). 루소의 자연주의와 현대 음악교육 사상. 음악연구, 48, 1-23.

이혜영, 최광만, 윤종혁(1997). 한국 근대 학교교육 100년사 연구(ii)(연구보고 RR 97-10). 서울: 한국교육개발원.

임태평(2007). 루소의 자연주의 교육관: 비판적 고찰. 교육철학, 31, 73-90.

장승희, 김영연(2017). '음악교육연구' 학술지에 보고된 유아음악교육 연구 동향 분석: 1988년~2016년 논문을 중심으로. 음악교육연구, 46(2), 103-130.

장혜진(2017). 존 듀이 철학에서 '경험'의 도덕교육적 함의. 대동철학, 78, 145-168.

전지영(2014). 일제강점기 관립음악학교 설치 및 조선 아악의 교수에 관한 논의 고찰. 국악교육, 37, 219-242.

정영근(2011). 페스탈로치 인간교육 방법 원리. 교육사상연구, 25(2), 219-243.

정재은, 석문주(2014). '음악교육연구' 분석을 통한 우리나라 음악교육 연구의 동향. 음악교육연구, 43(1), 165-188.

정창호, 강선보(2014). 한국의 다문화 교육을 위한 철학적 모색-존 듀이의 철학을 중심으로. 철학연구, 49, 67-103.

최보영(2012). 육영공원의 설립과 운영실태 재고찰. 한국독립운동사연구, 42, 287-319.

최영자(1994). 개화기 문화현상이 음악교육에 미친 영향: 1876~1910. 단국대학교 대학원 박사학위논문.

최윤경(2005). DBME에 의한 음악과 교육과정의 비판적 분석과 발전 방향 탐색. 교육과학연구, 36(2), 254-270.

최은경(2014). 교과서 동요 동시 정전화 연구: 미군정기~교수요목기를 중심으로. 문학교육학,(45), 459-488.

최은식, 석문주(2016). 사범계열 음악 교사 교육과정의 역사적 변천. 미래음악교육연구, 1(1), 133-148.

함희주(2013). 한국 음악교육의 발전과정: 19세기 말에서 현재까지의 역사적 흐름을 중심으로. 예술교육연구, 11(1), 125-143.

허미화(2006). 아리스토텔레스와 플라톤의 사상을 중심으로 한 유년기 도덕교육의 방법과 내용 고찰. 유아교육연구, 26(1), 149-166.

황병훈(1993). 초등학교 음악과 교육과정 및 교과서의 전통음악 내용분석 연구. 인천교육대학교 논문집, 195-226.

황성원(2012). 인성교육을 실천하는 루소의 자연주의 교육론과 그 현재성. 열린교육연구, 20(4), 337-355.

철학적 관점에서의 음악교육

김기수

음악교육에서 철학적 논의는 고대 그리스로부터 오늘에 이르고 있다. 특히, 1970년대부터 음악교육에서 철학적 연구 및 소개는 활발하게 진행되고 있다. 그 주요 과제는 '음악교육의 본질은 무엇인가'라는 질문에서 출발하였고, 이를 위한 철학적 기초로서는 자연주의, 이상주의, 실재주의, 실용주의 등의 철학이 소개되었다. 현행 음악교육철학의 동향은 리머(B. Reimer)의 심미적 음악교육철학과 엘리엇(D. J. Elliott)의 실천적 음악교육철학이 양대 산맥을 이루고 있고, 그 밖의 철학적 관점에서의 연구도 활발하게 진행되고 있는 양상을 보이고 있다. 이 장에서는 이러한 최근까지의 철학적 연구 동향을 소개하고 바람직한 철학적 발전을 위한 과제와 전망을 간략히 제안한다.

1. 음악교육에서 철학의 이해

철학은 앎을 추구하는 하나의 학문이다. 인간의 앎의 추구와 관련하여, 김형석(2002)은 인간의 앎에서 삶에 뿌리를 두고서 가장 폭넓게 자리하는 것이 '상식'이라 하였다. 이 상식은 생활과 함께 알려져 있는 지식이기에 인간생활의 공통점이 된다. 그래서 상식은 학문이 아니라 양식(良識)이라 불린다. 그러나 인간의 앎은 이 상식에 대하여 의문과 문제의식을 가지게 되어 보다 높은 상식으로의 발전과 상식의 근거를 찾으려 한다. 그 근거와 문제해결을 제시하는 것이 바로 '과학' 또는 '과학적 지식'이다. 그래서 과학은 '학(學)'이라는 위상을 차지한다. 하지만 인간의 앎의 차원은 지식과 학문의 상식과 과학으로 채워지지 않는다. 곧 이것들로 풀리지 않는 문제들이 생긴다는 것이다. 그것은 다름 아닌 인간 존재에 대한 의문과 의미와 가치에 대한 물음이다. 이에 대한 해답은 어떤 법칙을 얻기 위한 실험이나 논리성의 과학을 초월하는 고차원에 속하는 것으로, 이런 고차원의 세계와 문제를 다루는 학문이 바로 철학이다.

음악교육에서 철학적 연구의 대상과 문제도 이와 크게 무관하지 않다. 그래서 음악교육철학에 관심 및 연구를 증진하는 음악교육학자들은 음악교육의 철학적 범주를 인식론, 존재론, 가치론의 세 개의 영역으로 나누고 있다. 즉, "철학은 '무엇이 진리이며 실재인가' '어떻게 그 진리와 실재를 알아내는가' 그리고 '진리와 실재에 대한 가치는 어떻게 형성되는가'에 대한 세 가지 근본적인 문제들을 다룬다. 이러한 근본적인 문제들은 주로 형이상학(metaphysics)적, 인식론(epistemology)적, 가치론(axiology)적 접근에 의하여 탐색된다"(이홍수, 1990, pp. 28-29)로 드러나고 있다. 이러한 철학의 문제에 대한 관심은 1970년대 이후에 폭발적으로 증대하여 지금에까지 이르고 있고, 그 주요 연구과제는 '음악교육의 궁극적 목적은 무엇인가' '왜 음악교육을 하는가' '음악교육은 정말 가치 있는가' 등이다.

그런 만큼, 음악교육철학은 일반철학의 대상인 세계관, 인간관, 가치관 등을 포함하고, 음악교육의 철학적 기반에서는 일반철학의 사유방식뿐 아니라 철학적 대상과 범주가 그대로 적용되어 왔다. 그 대표적인 예는 아벨레스(H. F. Abeles)가 음악교육의 철학적 기반으로 소개한 '자연주의(Naturalism)' '이상주의(Idealism)' '실재주의(Realism)' '실용주의(Pragmatism)' 등이다. 이런 사조의 관점은 현행 출간된 대부분의 음악교육학 교재에 공통적으로 소개되고 있다. 철학적 연구 또한 이러한 사조와 관련되는 내용이 많다.

현행의 음악교육철학은 리머와 엘리엇의 철학이 양대 산맥을 이루는데, 리머는 음악교육의 철학적 논의를 듀이(J. Dewey), 랭어(S. K. Langer), 마이어(L. B. Meyer) 등에 기초를 두며, "음악교육은 심미적 교육이어야 하며, 그것은 '느낌의 연습'으로 이루어질 수 있다"고 주장한다(이홍수, 1990, p. 62). 곧 음악의 미적 경험을 위한 느낌의 연습 및 발견을 강조하는 심미적 음악교육철학을 정립하였다. 반면, 엘리엇은 음악적 상황의 맥락과 음악행위가 강조되는 '실천(praxis)'의 의미를 강조하며, 인간의 근원적인 의식으로부터 음악적 행위가 일어나고, 인간 정신의 다양한 유형과 관점들이 의미 있는 음악경험의 세계를 만들어 간다고 하였다. 곧 음악의 생성과정에 있어서 인간 정신의 다양한 유형과 관점들이 가치가 있다는 실천적 음악교육철학을 정립하였다.

2. 음악교육에서 철학적 연구 동향

음악교육에서 철학적 연구의 최근까지의 동향을 살펴보면[1], 그 연구의 내용은 최근까지 발간된 음악교육학 관련 서적에서 제시되고 있는 철학적 사조와 크게 맞물려 있다. 그래서 여기서의 철학적 연구 동향의 고찰은 여러 면이 있을 수 있겠지만, 이러한 철학적 사조와 관련된 내용을 중심으로 그동안의 연구 실태를 살펴보고자 한다. 하지만 여기서는 연구물의 내용을 깊이 있게 살펴보거나 분석하기보다는 표면적으로 드러난 연구의 주제를 중심으로 살펴본다. 즉, 철학적 연구의 주제가 철학의 원론적인 입장에서 논의한 것인지, 또는 방법적인 입장에서 논의한 것인지를 구분하는 것에 주안점을 두었다. 그리고 여기서 한 걸음 나아가 그동안 연구의 발전 양상에서 어떤 주제가 이슈가 되었는지 등 간략한 분석 및 제안 정도로만 제시하였다.

1) 자연주의에 기초한 연구

자연성(natural)을 강조하는 자연주의 관점 또는 교육적 방법에 관한 최근까지의 연구 동향은 〈표 2-1〉과 같은 양상을 보이고 있다.

〈표 2-1〉 자연주의 철학에 기초한 연구

관점	접근방식	연구 주제
자연 주의	원론 (이론 고찰)	• 루소의 자연주의와 현대 음악교육 사상(2012) • 루소의 교육사상과 음악교육(2012) • 코메니우스의 자연주의 교육사상과 루소의 음악교육에 관한 연구(2008) • 장자크 루소의 음악교육에 관한 연구(2008)

〈계속〉

---

1) 여기서는 제1장 '역사적 연구'와 3장 '미학적 연구'에서 소개되는 내용과의 중복을 피하기 위해 필요한 정도의 내용만 간략히 언급하였다. 여기 소개된 연구물 검색은 국회전자도서관 사이트(http://www.nanet.go.kr/main.do)와 한국교육학술정보원(http://riss.kr/index.do)에 기초하여 일부분만을 제시하였고, 연구물의 수준 및 연구자의 인권 침해 정도를 고려하여 연구의 제목과 연도만 제시하였다. 하지만 분석적 논의와 관련해서는 연구의 성격(학위논문 혹은 전문학술지) 정도는 간략히 언급하였으며, 간혹 철학적 관점이 겹치는 연구가 중복해서 제시되는 경우도 있음을 밝힌다.

〈계속〉

자연 주의	원론 (이론 고찰)	• 현대 음악교육에 미친 루소의 사상: 초등교육과정을 중심으로(2001) • 루소의 음악교육에 관한 연구(2001) • 루소의 자연주의 교육사상과 음악교육에 관한 연구(2000) • 교육자연주의와 루소의 음악교육(1990) • 자연주의 음악교육 사조에 관한 연구: J. J. Rousseau를 중심으로(1990) • J. J. Rousseau의 음악교육 사상에 관한 연구: 「Emile」을 중심으로 (1984)
	방법론 (적용 방안)	• 장 자크 루소의 「에밀」의 음악교육방법론을 적용한 중학교 1학년 음악 과 기악영역 교수학습안(2013) • 루소의 자연주의 음악교육을 통한 중등음악교육의 적용에 관한 연구 (2011) • J. J. Rousseau의 교육사상이 음악교육과정에 미친 영향: 중등음악교육 과정을 중심으로(2010) • 루소의 자연주의 교육사상의 고찰 및 중등 음악교육에 미친 영향과 교 육현장 수용에 관한 연구: 「에밀」을 중심으로(2007) • 루소사상이 음악교육과정에 미친 영향: 중등음악교육과정을 중심으로 (2007) • 루소의 음악교육사상을 통해 본 중등 음악교육의 문제점과 현실적 접 근에 관한 연구(2004)

2) 이상주의에 기초한 연구

이데아(idea)를 강조하는 이상주의 관점 또는 교육적 방법에 관한 최근까지의 연구 동향은 〈표 2-2〉와 같은 양상을 보이고 있다.

〈표 2-2〉에서 알 수 있듯이 연구의 접근방식에서 보면, 원론적 접근의 연구물이 방법론적인 접근의 연구물보다 훨씬 많다. 또한 대부분의 연구 주제가 플라톤과 아리스토텔레스의 비교에 집중하고 있거나, 플라톤의 철학에만 머물러 있는 연구가 거의 다수를 차지하고 있다. 이는 곧 플라톤의 철학을 현행의 음악교육에 적용하거나 발전시키는 방법적인 측면의 연구가 많이 미흡하다는 것이다. 그런 만큼, 앞으로의 연구에서는 원론적인 측면에만 머무르지 말고 음악교육의 실천적 연구가 요구된다. 사실, 플라톤의 철학적 사유는 절대음악과 상당히 연관이 있는 만큼, 이데아 사상과 직접적으로 관계되는 음악 및 음악교육에 대한 연구를 수행할 필요가 있다.

〈표 2-2〉 이상주의 철학에 기초한 연구

관점	접근방식	연구 주제
이상주의	원론	• 플라톤의 음악교육론이 현대 음악교육에 주는 의미(2013) • 고대 그리스 음악교육과 사상에 대한 연구: 피타고라스와 플라톤의 음악교육을 중심으로(2010) • 그리스의 음악교육과 사상에 대한 연구: 피타고라스, 플라톤, 아리스토텔레스를 중심으로(2010) • 플라톤과 프뢰벨의 전인 교육을 위한 음악 교육관 연구(2009) • 플라톤의 음악교육 사상이 현대의 음악교육에 미친 영향(2000) • 플라톤의 음악교육사상에 관한 硏究(1997) • 고대 그리이스의 음악교육 철학: 플라톤을 중심으로(1994) • 음악교육의 이데올로기적 성격에 관한 연구: 플라톤과 아리스토텔레스를 중심으로(1989) • 플라톤과 아리스토텔레스의 음악사상 연구: 에토스론과 음악교육철학을 중심으로(1987) • 플라톤의 音樂教育思想 硏究(1986)
	방법론	• 플라톤의 에토스론을 적용한 통합적 음악교육: 제 7차 중학교 1학년 개정 교과서 음악 신문 만들기를 중심으로(2010) • 플라톤의 Ethos론을 적용한 창의적 음악교육 모형: 고등학교 7차 교육과정을 중심으로(2009)

3) 실재주의에 기초한 연구

실재(reality)를 강조하는 자연주의 관점 또는 교육적 방법에 관한 최근까지의 연구 동향은 〈표 2-3〉과 같은 양상을 보이고 있다.

〈표 2-3〉에서 알 수 있듯이 연구의 접근방식에서 보면, 원론적 접근의 연구물은 비교적 있는 편이나 방법론적인 접근의 연구물은 거의 전무한 실태로 나타난다. 앞의 〈표 2-2〉에서처럼, 플라톤과의 비교 연구가 많은 것으로 보인다. 그리고 이상주의에 기초한 연구와 마찬가지로 연구의 경향은 원론적인 관점에서 이루어진 연구물이 거의 대부분을 차지하고 있다. 그런 만큼, 방법론적인 측면의 연구가 보다 활발히 이루어져야 할 것이다. 물론 적합한 방법론적인 접근을 위해서는 올바른 원론에 대한 이해를 전제로 한다. 사실, 플라톤과 아리스토탈레스의 철학을 음악교육자들이 연구하기에는 다소 어려울 수도 있다. 하지만 음악이 분명 여러 예술 장르 중에서 가장 형이상학적인 요소를 담고 있는 예술인 만큼, 음악교육철학의 발전을

위해 앞으로의 연구에서 형이상학적인 철학에 대한 관심과 연구가 보다 활발하게 이루어져야 할 것이다.

〈표 2-3〉 실재주의 철학에 기초한 연구

관점	접근방식	연구 주제
실재주의	원론	• 아리스토텔레스의 '카타르시스' 이론을 중심으로 한 고대 그리스의 음악교육론 연구(2015) • 아리스토텔레스의 시민 교육에서 덕: 성격과 음악(2013) • 아리스토텔레스의 음악사상에 대한 연구: 정치학 제8편을 중심으로 (2009) • 음악교육의 이데올로기적 성격에 관한 연구: 플라톤과 아리스토텔레스를 중심으로(1989) • 플라톤과 아리스토텔레스의 음악사상 연구: 에토스론과 음악교육철학을 중심으로(1987)
	방법론	–

4) 실용주의에 기초한 연구

실용성(practicaity)을 강조하는 실용주의 관점 또는 교육적 방법에 관한 최근까지의 연구 동향은 〈표 2-4〉와 같은 양상을 보이고 있다.

〈표 2-4〉에서 보면, 원론적인 주제의 연구가 방법론적인 주제보다 더 많은 것 같이 보인다. 실상은 앞의 각주에서 이유를 밝힌 것처럼 연구자를 제시하지는 않았으나, 원론적인 연구물의 다수가 몇몇의 연구자들에 한정되어 있다. 거기에 반해 방법론적인 주제는 많은 연구자들에 의해 진행되어 왔음을 알 수 있다. 그런데 실용주의에 기초한 연구물들은 거의 존 듀이에 한정되어 있는 것으로 나타나고 있다. 미국의 실용주의 철학자는 듀이 이외에도 많이 있다. 그런 만큼, 듀이 이외의 철학자의 실용주의 견해도 연구의 주제로 삼을 만하다. 그런데 무엇보다 안타까운 것은 듀이의 철학과 관련하여 대부분의 인용 출처가 듀이의 예술철학인 『경험으로서의 예술』보다 사회철학인 『민주주의와 교육』에 집중되어 있다는 것이다. 조심스러운 제안이지만, 원론적인 면에서는 듀이의 예술철학에 중점을 두고 그것을 교육 방법론적으로 발전시키고자 할 때에는 사회철학에 중점을 둔다면, 보다 균형 잡힌 연구가 될 것으로 사료된다. 비단 실용주의에 기초한 음악교육연구뿐 아니라 음악교

육의 모든 철학적 연구가 보다 깊이 있는 연구를 위해서는 원론적인 내용을 충분히 이해하고서 방법론적인 내용의 견해를 보이는 연구로 발전할 필요가 있다. 그런 만큼, 음악교육철학의 발전을 위해 앞으로의 연구에서는 형이상학적인 내용의 원론적인 접근에서의 연구가 보다 활발하게 이루어져야 할 것이다.

〈표 2-4〉 실용주의 철학에 기초한 연구

관점	접근방식	연구 주제
실용주의	원론	• 존 듀이의 자연성과 프래그머티즘 음악교육(2016) • 존 듀이와 수잔 랭어의 예술관 비교(2016) • 음악의 지각과 의미 형성의 과정: 존 듀이 예술철학에 기초하여(2015) • 음악의 자연성과 미적 경험의 음악교육 실천적 함의(含意): 존 듀이 예술철학을 중심으로(2012) • 존 듀이 예술철학의 음악 교육적 가치(2011) • 존 듀이의 미학적 관점에서 본 '사건의 유비'로서의 음악의 정위와 조직화(2010) • 존 듀이 미학적 관점에서 음악표현의 문제(2008) • 존 듀이 미적 경험의 음악 교육적 함의(2010) • 존 듀이 미학적 관점에서 미적 경험으로서 '음악 상상의 장(場)'(2007) • 존 듀이 예술철학에서의 유기체성과 음악적 성장(2007) • 존 듀이 미학적 관점에서의 음악 내포와 리듬(2007)
	방법론	• 존 듀이 '하나의 경험'의 수준에서 가창의 심미적 경험과 활동 방안(2017) • 존 듀이의 교육철학으로 접근한 '창의적 국악교육지도방안 연구': 초등학교 5, 6학년을 중심으로(2011) • 통합 음악교육을 통한 유아의 음악적 흥미 변화에 관한 질적 연구: 듀이의 흥미이론에 기초하여(2008) • 제7차 음악교육과정에 나타난 존 듀이의 교육사상에 대한 연구: 중학교 1학년 교과서를 중심으로(2006) • 듀이의 교육 사상과 MMCP이론에 근거한 유아 음악 교육 지도방안에 관한 연구(2005) • 존듀이의 교육사상이 한국 초등음악과 교육과정에 끼친 영향에 관한 고찰(1998) • 존듀이의 음악교육 방법론에 관한 고찰: MMCP 교육방법론을 중심으로(1995) • J. Dewey의 教育思想이 現代美國音樂教育에 미치는 影響에 관한 研究(1984)

5) 리머의 음악교육철학에 관한 연구

심미적 경험을 강조하는 리머의 음악교육철학에 관한 최근까지의 연구 동향은 〈표 2-5〉와 같은 양상을 보이고 있다.

〈표 2-5〉 리머의 음악교육철학 관점에서의 연구물

접근 방식	연구 주제
원론	• 베넷 리머(Bennett Reimer)가 제안하는 의미 상승적 접근의 개념(2015) • 베넷 리머의 음악교육 철학에 나타난 수잔 랭어의 예술 철학적 견해(2013) • 리머의 심미적 음악교육철학의 이론적 고찰(2011) • 포스트모더니즘의 관점에서 본 엘리엇과 리머의 음악교육철학 고찰(2010) • 베넷 리머(Bennett Reimer)의 음악교육 철학 연구(2009) • 리머의 음악교육철학에 내재된 듀이의 예술 철학적 견해(2009) • 심미적 음악교육의 이론적 고찰: 베넷 리머의 음악교육철학(2009) • B. Reimer의 음악교육철학에 관한 연구(2008) • 리머 음악교육철학의 변천에 관한 연구: 심미적 철학에서 경험적 철학까지(2008) • B. Rimer[실은 B. Reimer]의 심미적 음악교육철학의 이론적 고찰과 실태연구(2008) • 심미적 음악교육의 이론적 고찰: Bennett Reimer의 음악교육철학을 중심으로(2006) • 심미적 음악교육의 이론적 고찰: B. Reimer의 음악교육철학을 중심으로(2004) • B. Reimer의 음악교육철학에 관한 이론적 연구(2001) • 심미적 음악교육을 위한 미적 체험에 관한 연구: 리머(Bennet Reimer)의 교육철학을 중심으로(1999) • 심미적 음악교육철학에 대한 비판적 고찰(1998) • Bennett Reimer의 절대 표현주의 음악 교육 철학에 관한 연구(1992) • B. Reimer의 音樂敎育 哲學 연구(1991) • Bennett Reimer의 음악교육철학에 관한 연구(1990) • 審美的 音樂敎育에 관한 硏究: 리머(Bennett Reimer)의 音樂敎育哲學을 中心으로(1989)

방법론	• 리머의 경험중심 음악교육철학을 바탕으로 한 중학교음악교육 지도방안 연구: 대중음악을 중심으로(2017) • 리머의 경험중심 음악교육철학의 고찰 및 수업지도방안 연구: 음악적 지능을 중심으로(2016) • 베넷 리머의 경험중심 음악교육철학을 바탕으로 한 대중음악의 활용방안 연구: 중학교 음악교과서를 중심으로(2015) • 리머의 경험중심 음악교육 철학을 바탕으로 한 음악수업 지도방안 연구: 전통음악을 중심으로(2015) • 중·고등 음악교육과정 사례연구: 리머와 엘리엇을 중심으로(2014) • 베넷 리머의 음악교육철학에 근거한 음악 감상지도방안 연구: 중학교 2학년 미술과의 연계를 통하여(2012) • 리머의 음악교육철학에 기초한 중등 감상수업 지도 방안 연구(2012) • 리머와 엘리엇의 음악교육철학에 근거한 감상수업연구(2011) • 심미적 음악교육철학을 통한 교수·학습 방법 연구: B. Reimer의 음악교육철학을 중심으로(2010) • 리머의 음악교육철학을 적용한 교수·학습방안 연구: 중학교 3학년을 대상으로(2010) • 리머와 엘리엇의 음악교육철학에 근거한 합창지도법(2010) • 리머의 경험중심 음악교육 철학의 이해와 일반 음악교육에서의 의미 탐구: 2007 개정 중학교 음악과 교육과정을 배경으로(2009) • 리머의 음악교육철학적 관점에서 본 음악수업 실태 분석(2006) • 리머의 음악교육철학에 기초한 초등음악 감상교육(2006) • 제6·7차 음악과 교육과정 비교 연구: 리머의 음악교육 철학을 바탕으로(2005) • 리머의 음악교육철학에 의한 심미적 학습법에 관한 연구(2005) • B.Reimer의 음악교육철학을 바탕으로 한 중학교 음악교과서 비교분석(1995)

〈표 2-5〉에 나타난 것처럼, 리머의 음악교육철학에 대한 접근은 원론적인 부분과 방법론적인 부분 모두 상당히 많은 연구가 진행되어 왔음을 알 수 있다. 연구자의 관심과 연구 분야도 음악교육학자뿐 아니라 대학원생에 이르기까지 여러 층에서 다양한 주제로 연구되어 왔음을 알 수 있다. 이는 리머의 철학이 음악교육에서 철학적 연구 과제의 이슈를 불러일으켰을 뿐 아니라 얼마나 많은 주목을 받아왔는지를 단적으로 보여 줌과 동시에 음악교육의 발전에 또 얼마나 크게 기여하여 왔는지를 방증하는 것이라 할 수 있다. 즉, 리머의 음악교육철학은 음악교육의 원론과 방법론적인 면에서 '음악교육의 궁극적인 목적은 무엇인가'에 대한 계속적인 물음과 적용을 위한 하나의 철학적 관점으로 작용하여 왔다는 것을 보여 준다.

6) 엘리엇의 음악교육철학에 관한 연구

실천적 경험을 강조하는 엘리엇의 음악교육철학에 관한 최근까지의 연구 동향은 〈표 2-6〉과 같은 양상을 보이고 있다.

〈표 2-6〉 엘리엇의 음악교육철학 관점에서의 연구물

접근 방식	연구 주제
원론	• 포스트모더니즘의 관점에서 본 엘리엇과 리머의 음악교육철학 고찰(2010) • 실천주의 음악교육철학의 이론적 고찰: 엘리엇의 음악철학을 중심으로(2009) • 엘리엇(D. Elliott)의 실천주의 음악교육철학에 관한 고찰(2007) • 리머와 엘리엇의 음악교육철학 비교: 리머의 A Philosophy of Music Education 과 엘리엇의 Music Matters를 중심으로(2001) • 데이빗 엘리엇의 실행 중심의 음악 교육 철학(Praxial Philsophy)이 음악 교육에 끼치는 영향(1999)
방법론	• 엘리엇(D. Elliott)의 실천적 음악교육 철학을 바탕으로 한 기악 합주 지도안 연구: 중학교 2학년 오카리나와 우쿨렐레 합주를 중심으로(2017) • 엘리엇 음악교육철학에 근거한 음악 감상 수업 지도 방안: 마인드맵을 활용하여 (2017) • 중등학교 음악수업에서 흑인영가의 지도방안 연구: 엘리엇의 실천주의 음악교육 철학을 바탕으로(2016) • 중·고등 음악교육과정 사례연구: 리머와 엘리엇을 중심으로(2014) • 엘리엇의 실천주의 음악교육철학을 바탕으로 한 기악수업 지도안(2013) • 엘리엇의 실천주의 음악교육 철학을 적용한 합창지도 방안 연구(2012) • David J. Elliott의 교육철학을 적용한 합창지도 방안 연구(2011) • 리머와 엘리엇의 음악교육철학에 근거한 감상수업연구(2011) • 엘리엇의 음악교육철학에 바탕을 둔 통합수업 연구: 초등학교 4학년을 중심으로 (2010) • 엘리엇의 교육철학을 배경으로 한 음악 감상 지도방안: 중학교 3학년을 대상으로 (2010) • 리머와 엘리엇의 음악교육철학에 근거한 합창지도법(2010) • 엘리엇(David. J. Elliott)의 실천주의 음악교육철학에 의한 수업방안 연구(2009) • D. Elliott의 실천주의 음악교육철학에 따른 수업방안 연구: 감상 수업을 중심으로(2009) • 엘리엇의 실천중심 음악교육철학을 적용한 고등학교 합창수업지도연구(2008) • 실천주의 음악교육철학에 근거한 음악과 교수·학습 전략 탐색(2001)

〈표 2-6〉에서 나타난 것처럼, 엘리엇의 음악교육철학에 관한 연구의 관점 및 성향 등은 리머의 음악교육철학에 관한 연구물과 비슷한 연구 경향을 보이고 있다. 하지만 최근의 연구물은 리머의 철학 연구물보다 더 많은 것으로 나타나고 있다. 이는 리머 철학에서의 미흡한 부분 및 엘리엇이 보여 주고 있는 새로운 철학적 관점과 내용 등의 관심에 기인한 것으로 보인다. 그런데 〈표 2-6〉에서 제시된 연구 주제에서 알 수 있듯이 방법론적 성격의 연구가 다수를 차지하고 있다. 이런 양상은 아마 엘리엇의 철학적 이해를 위한 내용의 분량이 리머의 분량보다 훨씬 방대하기 때문인 것으로 보인다. 사실, 그들 저서의 분량을 비교해 보면, 엘리엇의 분량이 훨씬 많다. 이는 자칫 엘리엇의 철학에 크게 매력을 가진 연구자가 아니면 좀처럼 접근을 어렵게 하는 부분으로도 보인다. 하지만 엘리엇 철학의 발전을 위해서는 철학적 이해의 상당한 식견과 체계적으로 연구할 수 있는 전문 음악교육학자들의 연구가 보다 적극적으로 이루어져야 할 필요가 있다. 왜냐하면 리머의 철학은 벌써 1판과 3판의 번역서가 출간되었지만, 엘리엇 철학의 번역서는 아직까지 출간되고 있지 않기 때문이다. 그러므로 철학적 관심과 연구를 하는 후학들을 위해서라도 엘리엇의 철학에 대한 전문 음악교육학자들의 관심과 연구가 절실한 것으로 보인다.

7) 그 밖의 철학적 연구

음악교육에서 그 밖의 철학에 관한 최근까지의 연구 동향은 〈표 2-7〉과 같은 양성을 보이고 있다.

〈표 2-7〉에서 나타난 그 밖의 철학적 연구의 관점 및 성향 등을 살펴보면, 학위논문보다는 전문학술지에 실린 연구가 다수를 차지한다. 이는 곧 일반적으로 음악교육학에서 소개되는 철학적 관점 이외에 철학에 관심을 가진 연구자가 있음을 보여 줄 뿐 아니라, 음악교육에서 철학적 발전을 위해서는 다양한 철학적 관점의 소개가 필요하다는 철학적 연구의 관심과 태도를 반증하는 것이라 할 수 있다. 무엇보다 이러한 연구가 의미 있는 것은 음악교육의 발전을 위해 리머와 엘리엇의 철학뿐만 아니라 다양한 철학적 관점과 견해를 소개하여 음악교육의 철학적 사유를 확대하고 발전시키고 있다는 것이다.

〈표 2-7〉 그 밖의 음악교육철학적 연구물

접근 방식	내 용
원론	• 헤겔 미학을 통해 본 음악교육의 방향 설정(2016) • 음악의 지각과 의미 형성의 과정: 존 듀이 예술철학에 기초하여(2015) • 미적 교육으로서의 음악교육에 대한 철학적 관점의 비평적 조망(2014) • 음악교육의 철학적 사고에 대한 최근 경향: 북미 지역을 중심으로(2013) • 베넷 리머의 음악교육 철학에 나타난 수잔 랭어의 예술 철학적 견해(2013) • 현대 역량 교육의 관점에서 본 쉴러의 미적 교육(2013) • 음악교육의 철학적 근원에 관한 고찰(2010) • 쉴러의 '미적 교육'과 쇼펜하우어의 '해탈' 및 아도르노의 '부정의 변증법'에 나타난 음악의 교육적 가치(2009) • 한슬릭의 『음악적 아름다움에 관하여』에 표명된 "절대음악이념"과 음악교육철학(2008) • 음악교육철학은 무엇을 지향해야 하는가?(2005) • 존듀이 『예술론(Art as Experience)』에 제시된 '경험' 의미 考察(2004) • 음악교육의 기본 철학(1987)
방법론	• 미적 경험으로서 고등학교 음악 교육 질적 제고(2015) • 2007 개정 중 · 고등 음악교육과정과 현대음악교육철학의 연관성 연구(2012) • 음악교육의 사회적 역량을 위한 기초개념으로서의 음악 심미적 경험: 음악교육 철학적 관점을 중심으로(2010) • 현대음악교육철학과 2007년 개정 음악교육과정의 연관성 연구(2009) • 현대음악교육철학을 바탕으로 한 6, 7차 음악교육과정의 비교 연구: 초등교육과 정을 중심으로(2001)

3. 음악교육에서 철학적 연구의 과제 및 전망

음악교육계에서 리머가 음악교육철학을 주창하며 철학적 발전을 이룬 지도 벌써 40여 년이 지났다. 그간 우리의 철학적 연구는 그 나름대로 의미 있는 성과의 발전을 했다고 할 수 있다. 물론 그동안의 발전과정에서 때로는 어느 철학이 우리의 음악교육에 더 합당한가 등의 논쟁이 있기도 하였지만, 철학은 여전히 음악교육에서 주요 학문적 영역을 담당하고 있는 것은 분명해 보인다. 사실, 철학자 보헨스키(J. M. Bocheński, 2012)가 소개하고 있는 것처럼, 철학의 문제는 그리 간단한 것이 아니다. 그리고 우리의 현실은 엄청나게 복잡하게 얽혀 있을 뿐 아니라 진리 역시 가히 무서울 정도로 복잡하다는 견해는 참으로 옳다. 그렇기 때문에, 철학의 발전과 정 뿐 아니라 철학적 연구에서 논쟁과 갈등은 당연히 빚어질 수밖에 없는 전유물로 보인다. 그럼에도 불구하고, 철학적 연구는 매력이 넘치는 연구 분야이다. 물론 처음 시작이 다소 어려울 수 있으나, 어느 정도의 철학적 이해를 갖기 시작하면 철학적 사색의 즐거움은 말로 이루 표현할 수 없다. 이 즐거움은 음악교육연구의 주요 과제인 '음악교육의 궁극적인 목적은 무엇인가' '음악교육에서 무엇을 어떻게 가르치는 것이 가장 바람직한가' '음악교육의 궁극적인 가치는 무엇인가' '음악교육이 어떤 기여를 하는가' 등의 과제에 대한 계속적인 물음과 해답을 찾아가는 철학적 사색의 과정이 주는 즐거움이다.

그리고 앞으로 우리의 음악교육철학의 발전을 위해서는 철학적 과제를 '음악적인 인간에 대한 질문' '음악적인 인식에 대한 질문' '음악 및 음악교육의 가치에 대한 질문' '음악적 언어의 논리성에 대한 질문' 등의 과제로 확대하여 연구할 필요가 있다. 이러한 철학적 물음과 해답을 찾는 연구의 과정은 분명 시대적 · 사회적 · 정서적 · 교육적으로 밝은 미래의 음악교육을 만들어 갈 것이다.

📑 참고문헌

권덕원, 석문주, 최은식(2012). 음악교육철학. 경기: 교육과학사.

권덕원, 석문주, 최은식, 함희주(2005). 음악교육의 기초. 경기: 교육과학사.

김형석(2002). 철학의 세계: 우리는 그 속에 살고 있다. 서울: 철학과 현실사.

민경훈, 김신영, 김용희, 방금주, 양종모, 이연경, 임미경, 장기범, 조순이, 주대창, 현경실 (2010). 음악교육학 총론. 서울: 학지사.

소판수평(1986). 서양철학사. 서울: 동환출판사.

오병문(1983). John Dewey 철학에 있어서의 경험에 관한 연구. 동국대학교 대학원 박사학위논문.

이홍수(1990). 음악교육의 현대적 접근. 서울: 세광음악출판사.

이홍수(2015). 2015 한국음악교육학회 여름학술대회 자료집.

최재희(1990). 칸트의 생애와 철학. 서울: 명문당.

Abeles, H. F. (1984). *Foundation of Music Education*. New York: Schirmer Books.

Bocheński, J. M. (1958). *Wege zum philosophischen Denken*. 김희상 역(2012). 철학적

사색으로의 길. 서울: 책읽는수요일.

Dewey, J. (1958). *Art as Experience*. New York: G. P. Putman's Sons. (First published 1934).

Dewey, J. (1916). *John Dewey: The Middle Works, 1899-1924*. Volume 9: (1976) (*Democracy and Education*), Edited by Jo Ann Boydston. Southern Illinois University Press.

Elliott, D. J. (1995). *Music Matters: A New Philosophy of Music Education*. New York Oxford: Oxford University Press.

Hanslick, E. (1957). *The Beautiful in Music*. New York: Bobbs-Merrill Co.

Hoffer, C. R. (1983). *Introduction to Music Education*. 안미자 역(1983). 음악교육론. 서울: 이화여자대학교 출판부.

Langer, S. K. (1957). *Problems of Arts*. 이승훈 역(1993). 예술이란 무엇인가. 서울: 고려원.

Magee, B. (1998) *The Story of Philosophy*. 박은미 역(2011). 철학의 역사. 서울: 시공사.

Mark, M. L. (1977) *Contemporary Music Education*. 이홍수 외 공역(1992). 현대의 음악교육. 서울: 세광음악출판사.

Reimer, B. (1970). *A Philosophy of Music Education*. Prentice-Hall. Inc. A Simon & Schuster Company Englewood Cliffs, New Jersey.

Reimer, B. (1989). *A Philosophy of Music Education* (2nd ed.). Prentice-Hall, Inc. A Simon & Schuster Company Englewood Cliffs, New Jersey.

Reimer, B. (2010). *A Philosophy of Music Education* (3rd ed.). Prentice-Hall, Inc. A Simon & Schuster Company Englewood Cliffs, New Jersey.

https://ko.wikipedia.org/wiki/

http://terms.naver.com/entry.

http://dl.nanet.go.kr/SearchList.do

국회전자도서관 사이트. http://www.nanet.go.kr/main.do

한국교육학술정보원. http://riss.kr/index.do

미학적 관점에서의 음악교육

최은아

음악교육에서 미학적 연구는 음악의 본질과 가치에 대한 논의를 바탕으로 음악교육의 존재 이유를 밝히는 한편, 구체적인 교수·학습 내용 및 방법 선택의 논리적 근거를 제공해 왔다. 이 장에서는 미학·음악미학의 개념 및 미학적 관점을 간단히 살펴보고, 국내 음악교육 분야에서 이루어진 미학적 연구의 동향을 분석한 후, 과제와 전망에 대해 제언하고자 한다.

1. 음악교육에서 미학의 이해

미학(Aesthetics)은 철학의 한 분야로 예술과 자연의 아름다움 및 이에 대한 경험의 방식과 가치 등을 연구하는 학문이다. 미학이 독립된 학문 영역으로 정립된 것은 18세기 중반의 일이지만, 아름다움과 예술 활동 및 그 소산에 대한 철학적 논의들은 고대 이후 계속 이어져 왔다. 무엇보다 서양미학사의 흐름 속에서 '아름답다'는 말은 대상과 마음의 관계 속에서 환기된 어떤 즐거움보다는 대상의 어떤 성질을 지시하는 것으로 여기는 입장이 주류를 이루었으며(오병남, 2003), 감각적인 예술을 통해 정신적인 것을 드러낸다는 것은 미학사를 관통하는 핵심적인 논제였다. 바움가르텐(A. G. Baumgarten, 1714~1762)이 미학을 '감성적 인식에 관한 학문'으로 규정한 바와 같이, 감성에 기초하는 예술경험은 인식론의 범주에 속하지만 존재론적 사유를 통해 끊임없이 이데아의 상태를 지향해 온 것이다.

미학의 한 분야인 음악미학은 예술로서의 음악의 본질과 청취하여 경험할 수 있는 방법 등을 연구하는 학문이다(Eggebrecht, 1984). 청감각을 통해 감지된 소리가 인간의 마음과 정신에 미치는 영향과 영향을 주는 음악의 본질에 대해서는 고대 이후 많은 철학자들이 사유를 거듭해 왔다. '음악이란 무엇인가'라는 존재론적 물음에서 시작하여, '음악이 어떻게 의미를 전달하며, 인간은 어떠한 방식으로 음악을 경험하는가'에 대한 인식론적 탐구를 거쳐 '인간의 삶과 사회에서 음악이 어떤 가치를 지니는가'라는 가치론의 정립에 이르기까지 많은 논제들이 여러 철학적 범주에서 연구되어 온 것이다.

음악교육 분야에서 다양한 미학적 논제는 크게 관련주의(referentialism), 형식주의(formalism), 절대표현주의(absolute expressionism)의 세 관점으로 정리되어 왔다. 관련주의는 예술의 의미와 가치가 외적 사물, 사건, 사상 등 작품 외에 존재한다고 여기는 관점이며, 형식주의는 작품 자체의 형식과 내적인 구성요소에 있다고 여기는 관점이고, 절대표현주의는 관련주의와 형식주의를 수용하여 예술의 의미와 가치가 예술 작품의 미적 속성에 있지만 이러한 속성이 곧 인간의 내적 본질과 연관이 있다고 여기는 관점이다. 마이어(Meyer, 1956)에 의해 제시된 이 관점들은 순수 기악음악에 초점을 맞추고 있다는 한계를 지니지만, 음악의 창작 의도와 음악을 통해 표현·전달하고자 하는 내용 등에 대해 상반된 입장을 보여 주면서 음악의 본질과 가치를 설명하는 데 유용한 사고의 틀을 제공해 왔다.

미학적 논의가 우리나라 음악교육 분야에서 중요하게 대두된 것은 1980년대 이후 미국의 음악교육론이 한국에 유입되면서부터이다. 1970년에 『음악교육철학(A Philosophy of Music Education)』[1]을 펴낸 리머(B. Reimer)의 심미적 음악교육론(Music Education as Aesthetic Education)[2]은 미국과 캐나다뿐 아니라 우리나라에도 중요한 영향을 끼쳤다. 그러나 1995년에 『뮤직 매터즈(Music Matters)』를 통해 실천적 음악교육론을 제시한 엘리엇(D. Elliott)은 심미적 음악교육론을 강하게 비판하면서, 포스트모더니즘에 입각하여 근대에 이르기까지 주류를 형성해 온 미학사상에

---

1) 리머의 『A Philosophy of Music Education』는 1989년에 두 번째 개정판, 2003년에 세 번째 개정판이 각각 출간되었다.

2) '미적(aesthetic)'이라는 것은 어원적으로 '감성적' '지각적' 인식을 뜻하며, 넓은 의미의 아름다움에 적용되어 '심미적' 가치를 뜻하기도 한다. 또한 이 말이 미적 가치를 인식하기 위한 인식 주관의 상태에 적용될 경우 '관조적' '무관심적' 태도라는 뜻을 갖는다. 한편, 이 말은 예술활동의 자율성을 다른 활동들과 구별하기 위한 용도로도 쓰이는데, 이때 '미적' 활동이란 '예술적' 활동과 동일시된다. 게다가 이 형용사는 미학이라는 학문적 활동을 가리키기도 하며, 그 경우 '미학적'이라는 의미로 쓰인다(미학대계간행회, 2007). '미적'이라는 형용사는 이처럼 다양한 의미를 갖고 있는데, 우리나라 음악교육 분야에서는 리머가 제시한 'Music Education as Aesthetic Education'을 일반적으로 '심미적 음악교육'으로 번역하여 왔다.

대해 근본적인 문제를 제기하였다. 이와 같은 실천적 음악교육론의 등장은 그것의 내용과 한계를 재검토하게 하는 한편, 이 이론이 뿌리를 두고 있는 이론적 배경 탐구 등 미학적 논의의 지평을 확장시키는 계기를 마련해 주었다.

2. 음악교육에서 미학적 연구의 동향

국내 음악교육 분야에서 이루어진 미학적 연구의 동향을 파악하기 위해, 한국교육학술정보원과 국회도서관이 제공하는 데이터서비스를 이용하여 '미학&음악교육' '심미적 음악교육' '심미적 경험&음악교육' '미적 교육&음악' '리머&엘리엇' 등의 주요 키워드를 중심으로 연구논문을 검색하였다. 검색된 학위논문과 학술지 논문 143편을 분석한 결과, 국내에서 미학적 연구가 본격적으로 전개되기 시작한 1980년대 이후, 2017년까지 음악교육 분야에서 이루어진 미학적 연구는 〈표 3-1〉에 나타난 바와 같이 크게 '심미적 음악교육론의 이론과 적용방안 연구' '심미적 음악교육론에 대한 반론과 쟁점 연구' '미학사상에 대한 음악교육학적 연구'의 세 가지 범주로 구분할 수 있었다. 이하에서는 각 범주를 중심으로 연구의 내용을 살펴보도록 하겠다.

〈표 3-1〉 국내 음악교육 분야의 미학적 연구 동향

구분	심미적 음악교육론의 이론과 적용방안 연구	심미적 음악교육론에 대한 반론과 쟁점 연구	미학사상에 대한 음악교육학적 연구
편수(비율)	86편(60%)	22편(15%)	35편(25%)

1) 심미적 음악교육론의 이론과 적용방안 연구

리머는 "철학적으로 음악의 본질을 다루는 학문인 미학을 이해하는 것이 음악교육철학 체계의 기초가 되는 것"(Reimer, 1989)이기에 음악교육에서 미학적 연구가 매우 중요함을 강조하고, 절대표현주의 미학적 관점에 기초하여 심미적 음악교육론을 전개하였다. 그는 무엇보다 20세기 초반까지 미국 음악교육을 주도하고 있던 공리주의 전통에서 벗어나 음악 그 자체의 본질에 기초하여 교육에 기여하는 독특한 측면을 부각시키고자 하였다.

이와 같이 음악교육의 내재적 가치를 중요하게 여기는 음악교육이론은 해방 이후, 1980년대 초까지 외재적 가치가 중요하게 여겨지던 국내의 음악교육 분야에 큰 반향을 일으켰다.[3] 1980년대 후반부터 현재까지 국내 음악교육 분야에서 이루어진 미학적 연구논문이 142편이며, 이 중 심미적 음악교육론을 연구한 논문이 86편(60%)에 이른다는 것은 이를 잘 나타내 준다. 또한 심미적 음악교육론을 연구한 논문 중, 이론의 기초가 되는 개념과 원리를 연구한 논문이 24편, 이론의 현장 적용방안을 연구한 논문이 62편인 것을 통해 이론적 고찰보다 실제적인 방법 탐색에 대해 보다 많은 관심이 모아진 것을 알 수 있다.

(1) 심미적 음악교육론의 이론 연구

심미적 음악교육의 궁극적 목적은 '음악에 대한 심미적 경험(aesthetic experience)을 통해 의미(import)를 통찰하도록 이끄는 것'에 있다. 심미적 음악교육이란 "음악을 통해 느낌의 형태를 표현한 예술적 조건들을 보다 잘 지각하고 반응함으로써, 심미적 감수성(aesthetic sensitivity)을 기르는 한편, 점점 더 폭넓게 느낌의 본질을 탐구하고 이해할 수 있도록 도우려는 조직적 시도"(이홍수, 1989)인 것이다. 심미적 음악교육론의 이론 연구와 관련해서는 1990년대를 중심으로 개념과 원리(권덕원, 1999; 김지영, 1998; 이미숙, 1989), 미적 경험의 본질과 과정(이영호, 1994), Import 형성의 교육적 의의(유선미, 1991) 등에 대한 연구가 이루어졌으며, 2003년『음악교육철학』3판이 나온 이후에는 심미적 음악교육철학의 변천(최은식, 2006), 리머의 경험중심교육론의 특징과 원리(김경화, 2015; 변지영, 2008) 등에 대한 연구가 이루어졌다.

무엇보다 심미적 음악교육의 중심에 놓여 있는 심미적 경험은 고유하고(intrinsic), 무관심적인(disinterested) 한편, 참여적·직접적·반응적이라는 특징을 갖는다(Reimer, 1989). 다소 상반된 것으로 여겨지는 심미적 경험의 특징들은 "비예술적인 것과 관련된 곳으로 나아감으로써가 아니라 예술 작품의 내재적 특질로 깊이 들어감으로써 예술에 대한 통찰을 공유할 수 있으며, 이때 비로소 표면적 삶을 넘어 인간의 공통된 본질에 대한 통찰이 일어날 수 있다는 것"(Reimer, 1989)을 의미한다. 즉, 자신의 이익 추구에 무관심할 때 비로소 사물의 조화를 제대로 파악하고 심미적 의미를 느낄 수 있다는 역설적 뜻이 담겨 있는 것이며, 이는 심미적 음악교

---

3) 우리나라 제1차부터 제5차까지의 음악과 교육과정에서 교과교육의 목적은 실용주의적 시각과 이상주의적 시각의 교과인식에 따라 기능적 또는 도덕적으로 제시되었다(이홍수, 1989).

육론을 관통하는 주요 메시지라고 할 수 있다.

(2) 심미적 음악교육론의 적용방안 연구

하나의 이론이 학생들에게 의미 있는 영향을 주기 위해서는 구체적인 현장에서 적용과 실천이 이루어져야 한다. 심미적 음악교육론은 음악교육의 철학적 근거를 제시하는 '성격'항이 신설된 우리나라 6차 교육과정(1992년 고시)에 강하게 반영된 이후 현재까지 지속적인 영향을 끼치고 있으며, 심미적 음악교육을 위한 적용방안 연구 또한 활발하게 이루어져 왔다. 이와 관련해서는 감상, 합창, 피아노, 합주 등을 위한 구체적인 교수·학습 지도방안(박언영, 1992; 박종철, 2005; 이은영, 2008; 정승은, 2000), 교육과정과의 관련성(김점식, 2009; 오성미, 2003; 이신우, 1997), 새로운 수업모형 구안 및 적용(이민향, 1996), 심미적 경험을 이끌어 내기 위한 교사의 질문(정성용, 2000), 심미적 음악교육을 위한 창의적 재량활동 프로그램(김서경, 김수진, 2004), 창의인성교육을 위한 심미적 음악교육 방법(양선영, 2016), 심미적 음악교육이 초등학생의 자아존중감과 사회성 발달에 미치는 효과(박정복, 2005) 등 여러 각도에서 다양한 연구들이 전개되었다.

심미적 음악교육론의 이론과 적용방안에 대한 연구 내용을 정리하면 〈표 3-2〉와 같다.

〈표 3-2〉 심미적 음악교육론의 이론과 적용방안 연구

구분	내용
이론 연구	심미적 음악교육론의 개념과 원리/ 미적 경험의 본질과 과정/ Import 형성의 교육적 의의/ 심미적 관점에서 본 음악교육의 필요성 등
적용 방안 연구	감상, 합창, 피아노, 합주 등을 위한 구체적인 교수·학습 지도방안/ 교육과정과의 관련성/ 새로운 수업모형 구안 및 적용/ 심미적 경험을 이끌어 내기 위한 교사의 질문/ 심미적 음악교육을 위한 창의적 재량활동 프로그램/ 창의인성교육을 위한 심미적 음악교육 방법/ 심미적 음악교육이 초등학생의 자아존중감과 사회성 발달에 미치는 효과 등

2) 심미적 음악교육론에 대한 반론과 쟁점 연구

심미적 음악교육론을 강한 어조로 비판하며 등장한 실천적 음악교육론은 음악교육계에 중요한 논쟁을 불러일으켰으며, 이와 함께 반론을 제기한 실천적 음악교육론과 양 이론의 주요 쟁점에 대한 연구가 이루어졌다.

(1) 실천적 음악교육론 연구

심미적 음악교육론에 대해 반론으로서 실천적 음악교육론을 제시한 엘리엇은 음악교육에서 다루는 음악적 경험이란 심미적 경험보다 더 넓고 풍부한 것으로서, 다양한 맥락에 담긴 도덕적ㆍ지역적ㆍ사회적ㆍ정치적ㆍ종교적ㆍ개인적 의미를 모두 포함하는 것임을 강조하였다. 엘리엇이 제시한 실천적 음악교육론의 핵심은 '음악하기'에 있다. "의도적인 인간 행위의 형식 없이는 어떠한 음악적 소리나 이러한 소리로 이루어진 작품이 있을 수 없기 때문에, 음악은 근원적으로 인간의 행위이고, 행위는 인간의 모든 의식이 나타나는 가장 구체적인 실재(reality)"(Elliott, 1995)라는 것이다. 이러한 생각을 바탕으로, 엘리엇은 학생들로 하여금 '음악하기' 또는 '음악 만들기'의 경험을 통해 자신이 속한 사회의 음악적 실행(practice)에 깊이 들어가도록 도와주는 것이 음악교육의 궁극적 목적이라고 하였다.

실천적 음악교육론과 관련해서는 개념과 원리에 대한 이론 연구(권덕원, 1999; 김수진, 2007)와 다문화 교육과의 연계, 통합수업방안, '음악하기'에 기초한 창작 지도 방법 등 실제적인 적용방안에 대한 연구(김지혜, 2009; 전유나, 2010; 조안나, 2009)가 이루어졌다.

(2) 쟁점 연구

실천적 음악교육론과 심미적 음악교육론은 다음과 같은 쟁점을 중심으로 비교 연구되어 왔다(최은아, 2008; 박은실, 2001; 최은식, 1998).

첫째, 미학적 접근에 대한 입장이다. 리머는 음악 예술의 본질과 가치에 대한 탐구가 미학적 접근을 통해 이루어져야 한다고 주장하였다. 반면, 엘리엇은 리머가 언급하는 예술이 18~19세기 서유럽을 중심으로 전개되었던 '미학'에 근거한 '순수예술(fine art)'이라는 이유를 들어 심미적 음악교육론의 기본 전제 자체를 비판하였다.

둘째, 형식주의에 대한 입장이다. 리머는 음악의 의미가 음악 작품의 미적 특질에 있다고 여기는 점에서 형식주의와 견해를 같이한다. 반면, 엘리엇은 형식주의 미학이란 연주 및 사회적 가치와의 오랜 연관으로부터 음악을 분리시킨 것으로 음악교육에 적절하지 않은 관점이라고 비판하였다.

셋째, 관조적 태도에 대한 입장이다. 심미적 경험을 핵심에 두는 리머는 대상의 형식에 대한 관조의 교육적 가치를 강조한다. 반면, 실천적 행위를 핵심에 두는 엘리엇은 미적 관조는 "그 대상의 사회적 사용이나 산물의 정황으로부터 분리된 채 그것의 구조적 또는 미적 질에 전적으로 초점을 맞추는 것을 의미"(Elliott, 1995)하기 때문에 문제가 있다고 비판하였다.

기본적으로 엘리엇은 리머가 음악에 대한 여러 측면을 고려하지 않고 지나치게 형식에 초점을 맞추기 때문에 음악의 비미학적 맥락들을 설명하는 데 실패하였다고 비판하였다. 이러한 비판은 일면 타당하다. 그러나 음악에 대한 지평을 넓히는 것이 필요하다고 하여 미학이론 자체가 지니는 중요성이 간과되어서는 안 된다(Elvira, 2000; Koopman, 1998). 미적 경험은 다양한 음악실천의 중심을 구성하고 음악실천은 음악의 미적 경험이 구현되는 사회적 실제를 형성하는 것으로서, 서로 다른 차원에서 음악의 본질에 대한 유용한 통찰을 제공해 주고 있기 때문이다.

심미적 음악교육론에 대한 반론으로서의 실천적 음악교육론과 양 이론의 쟁점 연구 내용을 정리하면 〈표 3-3〉과 같다.

〈표 3-3〉 심미적 음악교육론에 대한 반론(실천적 음악교육론)과 쟁점 연구

구분	내용
실천적 음악교육론 연구	실천주의 음악교육철학이 음악교육에 끼치는 영향/ 엘리엇의 실천주의 음악교육철학에 관한 고찰/ 실행중심 음악교육에 의한 수업지도안 연구/ 엘리엇의 '음악하기'를 적용한 다문화 교육 방안 등
쟁점 연구	리머와 엘리엇의 음악교육철학 비교/ 한슬릭의 절대음악 이념에 대한 견해 차이/ 감상활동에서 '음악본질'과 '음악하기'의 비교통합을 위한 연구 등

3) 미학사상에 대한 음악교육학적 연구

미학사상에 대해서는 심미적 음악교육론의 이론적 정립에 직간접적으로 영향을 끼친 한슬릭(E. Hanslick, 1825~1904)의 음악미학, 랭어(S. K. Langer, 1895~1985)와 듀이(J. Dewey, 1859~1952)의 미학에 대한 연구와 함께 쉴러(F. Schiller, 1759~

1805), 칸트(I. Kant, 1724~1804), 헤겔(G. W. F. Hegel, 1770~1831) 등으로 이어지는 근대 독일 이상주의 미학에 대한 연구가 이루어져 왔다.

무엇보다 독일 이상주의 철학자들의 미학사상은 예술미학, 특히 음악미학 연구에 시사하는 바가 크다. 18~19세기 서양의 음악미학에는 음악에 관한 사유와 담화가 음악을 실제로 하는 것 못지않게 음악 자체에 대해 본질적이며, 음악 감상이 철학적·문학적 선행 조건들을 포함한다는 생각이 깔려 있었고(Dahlhaus, 1991), 특히 이 시기의 독일 철학자들에게 예술 전반과 음악에 대한 성찰은 언제나 높은 가치를 지니고 있었다(Sorgner, 2008). 이들에게 "예술의 아름다움, 즉 전체와 전체를 이루고 있는 부분들 간의 완전한 조화와 균형은 미래의 완성된 세계로 가는 필연적 과정이자 이상향의 상징적 선취로 받아들여졌고"(김수용, 1998), "피타고라스, 플라톤, 플로티노스에 뿌리를 두고 있는 이들의 이상주의는 새로운 음악미학의 본질적 틀을 제공"(Bonds, 1997)하였다. 기본적으로 한슬릭의 음악미학과 랭어의 미학은 이와 같은 독일 이상주의 미학사상에 근거하고 있다.

(1) 한슬릭 음악미학 연구

철학의 한 분과인 미학이 음악과 관련지어진 것은 18세기 이후이며, 음악의 독자적인 미학은 한슬릭에 와서 정립되었다. 19세기 중반 한슬릭은 자신의 책『음악적 아름다움에 관하여(Vom Musikalisch Schönen)』를 통해 음악적 아름다움의 본질과 가치에 관한 존재론적 질문을 던지고, 스스로 "아름다움은 그 자신 이외에 다른 어떤 목적도 갖지 않는 형식이며, 음악의 아름다움은 울리며 움직이는 형식에 있다"(Hanslick, 1854)고 답하면서 음악 형식의 자율성을 선언하였다.

당시 유럽 음악계에 큰 논쟁을 불러일으킨 이와 같은 언급으로 인해 한슬릭은 주로 형식주의의 대표적인 미학자로 간주되어 왔지만, "형식이 내부로부터 형상화된 정신(Geist)으로 가득 찬 것"(Hanslick, 1854)이라고 언급하면서 음악의 형식성뿐 아니라 형식에 담긴 정신성도 강조하였다. 주대창(2017)이 "한슬릭이 형식주의자로 알려져 있지만, 그가 주장하는 음악적 아름다움은 상위의 관념을 향한 정신적인 것을 담아낸다"고 언급한 것에는 이러한 맥락이 담겨 있다고 하겠다. 한슬릭은 독일 관념론과 서양의 정신사에서 면면히 어어져 온 신플라톤주의[4]에 뿌리를 두고 음악

---

4) 플라톤 사상을 발전시킨 것으로서 고대 말기의 그리스 철학자 플로티노스에 의해 전개되었으며, 초월적인 세계 속에 절대적 가치가 있으며, 영원한 실재들이 우주 속에 현존하는 사물들의 원인이자 내용이요 인간의 삶에 의미를 제공한다는 믿음을 기본 토대로 한다.

을 관조적 태도로 대했을 때 경험할 수 있는 깊은 깨달음에 대해 철학적 사유를 바탕으로 진지하게 논의한 것이다.

한슬릭 음악미학과 관련해서는 음악학적 관점에서 지속적인 연구가 이루어져 왔으며, 최근 음악교육학적 관점에서 한슬릭 음악미학의 철학적 배경 및 절대음악이념에 비추어 리머와 엘리엇의 음악교육관을 비교 고찰한 연구(최은아, 2007, 2008, 2011), 소통과 융합의 관점에서 한슬릭 음악미학을 새롭게 조명한 연구(주대창, 2017) 등이 전개되었다. 또한 실제적인 차원에서 한슬릭 음악미학의 학교 현장 적용을 위한 연구(김지현, 2005; 윤현경, 2014) 등이 이루어졌다.

(2) 랭어 미학 연구

현대음악교육철학에 많은 영향을 끼친 랭어는 예술을 느낌의 형식이라고 규정하고, "인간의 느낌이 언어 형태보다 음악 형태에 더 일치하는 것이기 때문에, 음악은 언어가 접근할 수 없는 미묘함과 진실을 갖고 삶의 패턴과 유사한 형식을 통해 느낌의 본질을 보여 줄 수 있다"(Langer, 1953)고 하였으며, 같은 맥락에서 리머는 "인간은 지식에 의해서만이 아니라 느낌으로도 자신을 이해하며, 느낌의 형식과 유사한 음악은 세계를 이해하는 다양한 인식방법의 하나"(Reimer, 1989)라고 하였다. 경험에 형식을 부여하는 상징은 언어로 대표되는 추론적 상징(discursive symbol)과 예술 작품에 나타나는 표상적 상징(presentational symbol)으로 구별되는데, 내면의 느낌을 이해하기 위해서 필요한 것은 바로 표상적 상징이다.[5] 즉, 예술은 느낌에 형식을 부여하는 상징으로서, 음악과 느낌은 "성장과 쇠약, 흐름과 멈춤, 충돌과 해결, 속도와 정지, 무서운 흥분과 고요, 살아서 느껴지는 모든 것의 위대함과 간결함"(Langer, 1953) 등과 같은 형식적 패턴에서 논리적 유사성을 갖고 있기에 음악 형식이 느낌의 상징적 표현이 될 수 있다는 것이다.

랭어 미학과 관련해서는 랭어의 표현주의에 나타난 음악의 상징(이은정, 1992; 정관원, 1994), 랭어 미학에서 느낌과 표현의 의미 및 듀이와 랭어의 예술관 비교(김성지, 이남재, 2015, 2016) 등에 대한 연구가 이루어졌다.

---

5) 표상적 상징은 구현되는 형식 자체와 형식을 통해 나타내고자 하는 의미가 분리되어 있지 않은 특수한 종류의 상징이다. 랭어에게 영향을 끼친 카시러(Cassirer, 1944)는 이와 관련하여 "언어와 과학은 현실의 간략화(簡略化)요, 예술은 현실의 강렬화(强烈化)라고 표현하였다. 예술도 다른 모든 상징 형식처럼 사물과 인간 생활에 대한 객관적 견해에 이르게 하는 여러 방법 가운데 하나인데, 예술은 개념적 단순화와 연역적 일반화를 용인하지 않고 사물 양상의 무진성(無盡性)을 드러내며, 사물의 형상에 대한 직관이 이루어지도록 한다는 것이다."

(3) 듀이 미학 연구

다양하고 방대한 분야에서 자신의 견해를 펼친 듀이의 사상 중 '미적 경험'에 대한 관점은 음악교육연구에 많은 영향을 끼쳐 왔다. 듀이에 따르면, 모든 예술 작품은 각각의 매개체를 통해 우리가 일상생활에서 겪는 경험의 패턴을 표현하는 것이기에, 미적 경험과 우리가 일상생활에서 겪는 경험은 질적으로 같은 것이다 (Dewey, 1934). 즉, 일상 경험이 바로 심미적 경험의 근원이며, 이런 관점에서 볼 때 "음악 작품은 인간의 삶의 형태나 그것에 대한 느낌의 음향적 표현이고, 따라서 음악에 대한 심미적 경험은 곧 인간의 일상 경험에 뿌리를 두고 있는 인간적 현상을 체험하는 일"(이홍수, 1989)이 된다.

듀이 미학과 관련해서는 듀이 미학이 음악교육 방법에 끼친 영향(이영, 1992), 듀이의 경험론이 예술교육에 주는 시사점(오은혜, 2006), 듀이의 '미적 경험'과 음악 경험의 관계 및 음악교육적 함의(김기수, 2008; 양은주, 2004) 등이 연구되었다.

미학사상에 대한 음악교육학적 연구 내용을 정리하면 〈표 3-4〉와 같다.

〈표 3-4〉 미학사상에 대한 음악교육학적 연구

구분	내용
한슬릭 미학 연구	한슬릭 음악미학의 철학적 배경/ 절대음악이념의 교육적 가치/ 한슬릭 음악미학의 학교 현장 적용을 위한 연구 등
랭어 미학 연구	랭어의 표현주의에 나타난 음악의 상징/ 랭어 미학에서 느낌과 표현의 의미 및 듀이와 랭어의 예술관 비교 등
듀이 미학 연구	듀이 미학이 음악교육 방법에 끼친 영향/ 듀이의 경험론이 예술교육에 주는 시사점/ 듀이의 '미적 경험'과 음악경험의 관계 및 음악교육적 함의 등

3. 음악교육에서 미학적 연구의 과제 및 전망

이상으로 살펴본 바와 같이, 우리나라 음악교육 분야에서는 심미적 음악교육론의 이론과 실제를 중심으로 미학적 연구가 전개되어 왔으며, 이와 함께 실천적 음악교육론 및 양 이론의 쟁점 연구, 한슬릭 미학, 듀이 미학, 랭어 미학 등 심미적 음악교육이론의 배경이 되는 미학사상과 독일 근대 이상주의 철학자들의 미학사상에 대한 연구 등이 이루어져 왔다. 이를 토대로 미학적 연구의 과제를 제언하면 다음과 같다.

첫째, 심미적 음악교육론과 실천적 음악교육론의 이론 정립 및 논쟁의 근거가 되는 미학적 배경에 대해 보다 심도 깊은 연구가 필요하다. 서로 다른 배경과 문제의식에서 출발한 두 이론의 수동적 수용을 넘어, 현재 우리가 당면한 문제로부터 출발하여 능동적으로 적용하며 발전시키기 위해서는 이러한 이론들이 뿌리내리고 있는 미학적 입장에 대한 지식과 이해가 필수적이라 하겠다.

둘째, '미적 교육'에 대한 개념적 검토가 필요하다. 우리나라 음악교육계에서는 심미적 음악교육론의 이론과 실제에 대해 많은 연구가 이루어진 반면, '미적 교육'이 의미하는 바가 무엇인지에 대해서는 충분한 논의가 이루어지지 않고 있는 실정이다. 음악교육의 관점에서 미학적 연구를 하기 위해서는 '미적인 것'에 내포된 의미와 교육적 가치, 미적 교육의 기원과 철학적 의도 등에 대한 비판적 성찰이 선행되어야 할 것이다.

셋째, 음악교육학적 관점에서 보다 다양한 음악 장르에 대한 미학적 연구가 필요하다. 앞서 고찰한 바와 같이, 우리나라 음악교육 분야에서 미학적 연구는 주로 순수기악음악에 초점을 맞추어 온 경향이 있다. 순수기악음악에 대한 미학적 관점은 음악 고유의 본질과 가치 및 경험에 대한 통찰을 주지만 이에 국한될 경우 음악과 가사의 관계를 비롯하여 다양한 맥락과 관련된 음악을 설명하는 데 한계를 갖게 된다. 음악의 아름다움은 자장가로부터 베토벤 교향곡, 바그너의 음악극에 이르기까지 천차만별의 다양한 모습을 띠고 있으며, 이에 대한 감성의 스펙트럼 또한 강렬한 감정의 환희부터 무관심한 관조의 차원에 이르기까지 그 범위가 매우 넓다. 따라서 다양하면서도 대체 불가능한 음악의 아름다움과 이에 대한 생생하고 개별적인 음악경험의 본질을 규명하기 위해서는 순수기악음악뿐 아니라 가사가 있는 음악, 뮤지컬과 오페라 등 보다 다양한 영역에 존재하는 음악의 의미와 인식방법, 가치와 역할에 대한 연구가 이루어져야 할 것이다.

 참고문헌

권덕원(1999a). 베넷 리머의 음악 교육 철학에 관한 소고. 음악교육연구, 18(1).
권덕원(1999b). 데이빗 엘리엇의 실행중심 음악교육철학이 음악교육에 끼치는 영향. 국악교육, 17.

김경화(2015). 베넷 리머가 제안하는 의미 상승적 접근의 개념. 한국예술연구, 12.

김규도(2010). 감상활동에서 '음악본질'과 '음악하기'의 비교통합을 위한 연구. 음악교육연구, 38.

김기수(2008). 존 듀이 미적 경험의 음악 교육적 함의. 한국교원대학교 대학원 박사학위논문.

김서경, 김수진(2004). 심미적 음악체험을 위한 창의적 재량연구 프로그램연구. 부산대 논문집, 6.

김성지, 이남재(2015). 수잔 랭어의 느낌 개념과 음악과의 관계 고찰. 음악교육연구, 44(4).

김성지, 이남재(2016). 존 듀이와 수잔 랭어의 예술관 비교. 음악교육연구, 45(3).

김수용(1998). 예술의 자율성과 부정의 미학. 서울: 연세대학교 출판부.

김수진(2007). 엘리엇의 실천주의 음악교육철학에 관한 고찰. 동아대학교 대학원 석사학위논문.

김점식(2009). 심미적 음악교육이 교육과정 음악과 목표에 미친 영향. 현장연구, 18.

김지영(1997). 심미적 음악교육에 관한 연구: 절대 표현주의를 중심으로. 동아대학교 대학원 석사학위논문.

김지현(2005). 음악미학에 기초한 절대음악 감상지도법: 헤겔과 한슬릭의 음악미학 비교를 중심으로. 중등교육연구, 53(2).

김지혜(2009). 음악하기(Musicing)에 기초한 창작활동 수업지도안 연구: 중학교 3학년을 중심으로. 성신여자대학교 대학원 석사학위논문.

미학대계간행회 편(2007). 미학의 문제와 방법. 서울: 서울대학교 출판부.

박언영(1992). 음악의 심미적 경험을 위한 피아노 학습의 내용과 과정. 한국교원대학교 대학원 석사학위논문.

박은실(2001). 리머와 엘리엇의 음악교육철학 비교. 음악교육연구, 20(2).

박정복(2005). 합창지도를 통한 심미적 음악교육이 초등학생의 자아존중감과 사회성 발달에 미치는 효과. 순천대학교 대학원 석사학위논문.

박종철(2005). Reimer의 '심미적 음악 행위' 개념을 적용한 합창 활동 지도방안 연구. 한국교원대학교 교육대학원 석사학위논문.

변지영(2008). B. Reimer의 음악교육철학에 관한 연구. 계명대학교 대학원 석사학위논문.

양선영(2016). 창의 · 인성 교육을 위한 심미적 음악 교육 방법 연구. 공주대학교 대학원 석사학위논문.

양은주(2004). 미적경험과 초등교육: 듀이 예술철학을 중심으로. 초등교육연구, 17(1).

오병남(2003). 미학강의. 서울: 서울대학교 출판부.

오성미(2003). 리머의 음악교육철학과 우리나라 음악과 교육과정의 연관성 연구. 한국교원대학교 대학원 석사학위논문.

오은혜(2006). John Dewey 경험론의 예술교육적 시사. 경성대학교 대학원 박사학위논문.

유선미(1991). Import 형성의 음악교육적 의의. 한국교원대학교 대학원 석사학위논문.

윤현경(2014). 절대음악의 미학을 통한 감상지도 연구. 경희대학교 대학원 석사학위논문.

이미숙(1989). 심미적 음악교육에 관한 연구. 숙명여자대학교 대학원 석사학위논문.

이민향(1996). 심미적 음악 체험을 위한 수업모형 구안 및 적용에 관한 연구. 음악교육연구, 15(1).

이신우(1997). 심미적 교육이 음악교육과정에 미치는 타당성조사 연구. 계명대학교 대학원 석사학위논문.

이연경(1993). 심미적 감수성 계발을 위한 음악교육의 교육철학적 원리와 방법론에 대한 고찰. 음악과 민족, 6.

이영(1992). John Dewey의 예술론과 교육적 신념이 음악 교육 방법에 미친 영향. 이화여자대학교 대학원 석사학위논문.

이영호(1994). 심미적 음악체험의 본질과 과정에 관한 연구. 음악교육연구, 13(1).

이은영(2008). 심미적 음악교육을 위한 금관5중주 학습지도방안. 경원대학교 대학원 석사학위논문.

이은정(1992). 음악의 상징성에 관한 S. K. Langer의 상징 이론 연구. 서울대학교 대학원 석사학위논문.

이홍수(1989). 음악교육의 현대적 접근. 서울: 세광음악출판사.

전유나(2010). 엘리엇의 음악교육철학에 바탕을 둔 통합수업 연구. 연세대학교 대학원 석사학위논문.

정관원(1994). S. K. Langer의 表現主義에 나타난 音樂의 象徵. 한국교원대학교 대학원 석사학위논문.

정성용(2000). 심미적 음악경험을 위한 교사의 질문 연구. 한국교원대학교 대학원 석사학위논문.

정승은(2000). 합창을 통한 심미적 교육에 관한 연구. 연세대학교 대학원 석사학위논문.

조안나(2009). 엘리엇의 '음악하기'를 적용한 다문화교육 교수-학습방안 연구: 고등학교 1학년을 중심으로. 국민대학교 대학원 석사학위논문.

주대창(2004). 근대 미학적 사고에 비추어 본 음악교과교육의 근거. 음악과 민족, 27.

주대창(2017). 소통과 융합의 관점에서 본 한슬릭의 음악미학. 음악교육연구, 46(1).

최은식(1998). 심미적 음악교육철학에 대한 비판적 고찰. 건국대 논문집, 22.

최은식(2006). 리머 음악교육철학의 변천에 관한 연구. 음악교육연구, 30.

최은아(2007). 한슬릭의 절대음악이념에 비추어 본 리머와 엘리엇의 음악교육 철학. 음악교육, 8.

최은아(2008). 한슬릭의 절대음악이념과 음악교육철학. 한국교원대학교 대학원 박사학위논문.

최은아(2011). 한슬리크 음악 미학의 철학적 배경. 서울: 예술출판사.

홍은정(2008). 실행중심 음악교육에 의한 수업지도안 연구: 7학년을 중심으로. 단국대학교 대학원 석사학위논문.

Bonds, M. (1997). "Idealism and the Aesthetics of Instrumental Music at the Nineteenth Century". *Journal of American Musiclolgy Society, 50.*

Cassiere, E. (1944). *An Essay on Man.* 최명관 역(1988). 인간이란 무엇인가. 서울: 서광사.

Dewey, J. (1934). *Art as Experience.* New York: G. P.

Dahlhaus, C. (1967). *Musikästhetik.* 조영주, 주동률 역(1991). 음악미학. 경기: 음악세계.

Eggebrecht, H. (Ed.) (1984). *Meyers Taschenlexicon Musik.* Berlin: Bibliographisches Institut.

Elvira, P. (2000). A Response to David J. Elliott, "Music and Affect: The Praxial View". *Philosophy of Music Education Review,* fall.

Finney, J. (2002). "Music Education as aesthetic education: A rethink". *British Journal of Music Education, 19*(2).

Hanslick, E. (1854). Vom Musikalisch-Schöne. Trans. Payzant, G. (1986). *On the Musically Beautiful.* Indiana: Hankett Publishing Company.

Koopman, C. (1998). "Music Education: Aesthetic or Praxial?". *The Journal of Aesthetic Education, 32*(3).

Kuzmich, N. (2007). "Aesthetics: What does it mean?". *Canadian Music Educator, 48*(4).

Meyer, L. B. (1956). *Emotion and meaning in music.* Chicago: University of Chicago press.

Reimer, B. (1989). *A Philosophy of Music Education*(2nd ed.). New Jersey: Prentice-hall Inc.

Schiller, F. (1795). Über die ästhetische Erziehung des Menschen in einer Reihe von Briefen. 안인희 역(1995). 인간의 미적 교육에 관한 편지. 서울: 청하.

Sorgner, S. L. (2003). Musik in der deutschen Phibsophie Eine Emführung. 김동준, 홍준기 역(2008). 독일음악미학. 서울: 아난케.

심리학적 관점에서의 음악교육

박은실

이 장은 음악교육의 심리학적 관점에서 이루어지는 연구에 초점을 맞추고 있다. 먼저, 음악교육에서 심리학의 의미를 파악하고, 학습자에 대한 이해와 학습과정에 대한 이해를 중심으로 연구의 동향을 살펴보고자 한다.

1. 음악교육에서 심리학적 관점의 이해

심리학이란 인간의 행동과 심리과정을 과학적으로 연구하는 학문이다. 즉, 인간의 사고, 감정, 행동 등에 대한 원인과 과정을 연구의 대상으로 삼는다. 교육의 상황에서 심리학은 인간의 마음과 행동을 과학적으로 분석하되 이를 보다 긍정적이고 원하는 방향으로 변화시키고자 하는 학문이다. 심리학이 인간의 행동에 대해 기술하고 설명하는 것에 초점을 맞춘다면 교육심리학은 교육의 목표를 구현하기 위한 이론적·실천적 방법을 연구하는 데 중점을 둔다고 할 수 있다. 즉, '가치'의 문제가 개입될 수밖에 없다.

그렇다면 음악교육에서 심리학적 관점은 그 연구의 대상이 학습자의 음악적 행동과 심리과정이라 할 수 있고, 음악교육의 심리학 혹은 심리학적 연구라는 것은 음악교육이 일어나는 교수·학습 상황에 대한 심리학적 연구, 음악교육 현장에 내재되어 있는 심리적 현상을 과학적·체계적으로 연구하는 학문, 음악수업과 관련하여 학습자 혹은 학습과정에 영향을 미치는 심리학적 제 요인들에 대한 연구, 음악교육의 효과를 높이고 음악교육의 목표를 달성하기 위하여 심리학적 이론 및 실천적 방법을 연구하는 학문 등의 의미를 가진다고 볼 수 있을 것이다.

이렇게 보았을 때 음악교육 현장에 내재되어 있고 음악수업과 관련되어 있는 여러 가지 심리학적 요인들이 무엇인지 살펴볼 필요가 있다. 심리학적 연구에서 무엇보다 가장 중심에 있는 것은 '학습자에 대한 이해'이다. 여기에는 좁게 보면 학습자 자신의 인지적·정서적·신체적 특성과 다양한 음악활동에 참여할 때의 심리적 특성이 포함될 수 있을 것이다. 넓게는 학습자를 둘러싸고 있는 다차원적 맥락들, 즉 가정환경, 또래, 지역사회, 음악문화 등에 대한 심리학적 영향 등도 고려의 대상이 될 수 있다. 또한 학습이 일어나는 상황에서의 심리학적 문제들도 생각한다면, 여기에는 동기유발, 학습을 설명하는 여러 이론들, 사고과정 및 문제해결 등이 있을 것이다.

음악교육의 교과 특성을 고려한다면 음악과 관련된 심리학적인 측면도 간과할 수 없다. 음악심리학이란 인간의 음악적 사고 및 행동에 대한 심리학적 연구를 뜻한다고 했을 때, 음악심리학에서의 주요 관심사는 음악에 대한 지각 및 인지라 할 수 있다. 즉, 음악교육에서는 학생들이 음악수업에서 음악을 어떻게 듣고, 느끼고, 이해하는가를 중요하게 고려해야 하는 것이다. [그림 4-1]은 이와 같은 음악교육에서의 심리학적 요인들을 나타낸 것이다.

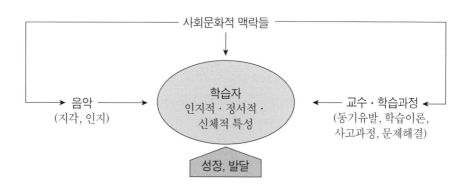

[그림 4-1] 음악교육과 관련된 다양한 심리학적 요인들

2. 음악교육에서 심리학적 연구의 동향

음악교육에서 심리학적 연구가 학습자, 학습과정에 영향을 미치는 심리학적 요인들에 대한 것이라 한다면, 이를 학습자와 학습과정의 두 영역으로 나누어 생각해 볼 수 있을 것이다. 학습자에 대해서는 음악 지각 및 인지, 음악능력, 창의성, 발달

등의 내용이 포함될 수 있고, 학습과정에 대해서는 동기유발, 학습이론, 사고과정 및 문제해결 등의 내용이 포함될 수 있다. 각 연구 주제와 그에 대한 연구의 키워드를 정리하면 [그림 4-2]와 같다.

심리학적 연구 주제와 키워드					
학습자			학습과정		
• 지각 • 인지	• 능력 • 창의성	• 발달	• 동기유발	• 학습이론	• 사고과정 • 문제해결
• 조직화 • 부호화 • 기억 • 도식	• 적성, 성취, 지능 • 창의성 구성요소 • 창의성프로그램 • 합류적 접근	• 유전과 환경 • 인지발달 • 전생애적 발달 • 개인차	• 강화 • 귀인, 자기효능 • 욕구위계 • ARCS	• 행동주의 • 인지주의 • 구성주의 • 음악 학습이론	• 사고기술과 전략 • 사고과정모형 • 사고유형

[그림 4-2] 음악교육에서 심리학적 연구 주제와 키워드

물론 각 연구 주제들이 서로 겹쳐지거나 명확히 구분하기 어려운 측면도 있지만 심리학적 연구의 전반적인 동향을 파악하기 위해 영역을 나누어 살펴보기로 하였다. 다음은 음악교육에서 심리학적 연구의 전반적인 연구 방법 및 동향과 함께 국내연구 상황을 정리한 것이다.

1) 학습자에 대한 이해

(1) 음악 지각 및 인지

지각과 관련된 대표적 연구에는 형태심리학에 기초한 연구들이 있다. 형태심리학에서는 의식의 조직화에 관심을 가지고 있으며 네 가지 지각 구성 원리, 즉 근접성, 유사성, 연속성, 공통방향의 원리를 제시하고 있다. 이를 청각지각에 적용하면 개개의 음들이 시공간적으로 가까이 있을 때 하나의 선율로 지각되는 것(근접성), 반복되는 음 혹은 동일한 음색의 음들이 하나의 선율로 지각되는 것(유사성), 음 진행방향(상행, 하행)에 따라 하나의 선율로 지각되는 것(연속성), 같은 방향으로 진행할 때 하나의 선율로 지각되는 것(공통방향의 원리) 등이 있을 수 있다(이석원, 1994). 이런 조직화 과정을 거쳐 지각된 음악 정보는 부호화를 통해 장기기억으로 저장

되는데, 이때 청각정보는 소리의 성질 및 형태(예: 장단화음 등)로 저장되고, 이러한 인지의 대표적 연구는 기억, 음악적 도식, 구조화, 재구성 등에 대한 것들이다.

특히 음들이 이루는 형태는 하나의 윤곽(contour)정보로 기억되는데, 음악적 도식(schema)은 음악을 기억하고 저장하는 데 매우 중요한 역할을 한다. 음악적 도식이란 음악과 관련된 지식의 구조라 할 수 있으며 다양한 음악적 경험을 통해 형성되고 더욱 정교화된다. 바둑의 복기에서처럼 음악적 경험이 어떠한지에 따라 음악적 도식이 달라지며, 도식에 의해 기억의 용량 및 재구성이 달라지는 것이다.

이와 같이 음악 지각 및 인지와 관련지어 최근 음악교육에서 연구되고 있는 주제들에는 음악적 기억 및 음악을 활용한 기억력 향상 연구(박은희, 하주현, 2015; 정현주, 2004), 음고 및 음정 지각 등에 있어 학습과 발달의 영향(Hayashida & Kato, 2003; Lamont, 1998; Rakowski, 1988), 패턴에 대한 양식 범주적 지각(Fiske, 1997; Moore & Johnson, 2001), 음악적 기대, 긴장 및 이완에서 경험의 효과(Fredrickson, 2001; Ockelford & Sergeant, 2013) 등이 있다.

한편, 음악 지각 및 인지 연구에 대한 신경과학적 연구는 음악적 행동에 대한 신경생리적 역할을 이해할 수 있도록 해 준다는 점에서 매우 중요하다. 음악교육에서 신경과학적 연구의 적용은 아직 걸음마 단계이지만 이것은 동시에 앞으로 이 분야에 대한 더 많은 연구와 교육에의 적용 가능성이 내포되어 있음을 의미하는 것이기도 하다.

(2) 음악능력과 창의성

음악능력은 유전과 환경, 경험 및 교육 등의 조합 정도에 따라 다양한 용어로 표현되고 있다. 즉, 음악능력, 음악성, 음악재능, 음악자질, 음악적성, 음악성취 등이다. 그중 먼저, 음악능력(music ability)은 음악적인 모든 행위를 할 수 있는 것을 의미하는 포괄적인 용어로, 여기에는 음악적성(music aptitude)과 음악성취(music achievement)의 의미가 모두 포함되어 있다. 이 때 음악적성은 유전적인 자질과 음악 환경 및 경험이 조합된 결과로서 앞으로의 음악성취에 대한 잠재력을 나타내는 말인 반면(Radocy & Boyle, 1997), 음악성취는 특정한 교육에 의한 음악적 성과를 의미한다.

최근 '음악지능(musical intelligence)'이란 용어도 많이 사용되고 있다. 이는 시쇼어(C. Seashore)의 『음악심리학』(1967)과 윙(H. Wing)의 『음악지능검사(Standardized Tests of Musical Intelligence)』에서 이미 언급된 바 있지만, 본격적으로 논의가 이루어진 것은 가드너(H. Gardner)의 다중지능에 음악지능이 포함되면서부터이다. 다중지능이론에서 그는 음악적 사고의 중요성과 이러한 사고가 논리수학에서의 사고와 같지 않음을 전제로 하여, 음악적 사고 및 문제해결능력을 강조하고 있다.

음악능력 및 음악지능과 관련된 주된 연구에는 음악능력과 다른 변인들, 예를 들어 가정 및 사회적·환경적 요인들, 성차 혹은 다른 능력들과의 상관관계에 대한 연구(박은실, 2004; 신주현, 김희연, 2004; 이주연, 2015; 허정화, 2010) 및 교육 프로그램의 적용을 통한 효과 검증과 관련된 연구(고영자, 김민정, 2012; 석문주, 2002; 안재신, 2003; 임은애, 2008; 장정애, 조형숙, 2011; 정윤선, 1996) 등이 있다.

창의성에 대한 과학적 연구 방법에는 심리측정연구, 인지심리학적 연구, 성격심리학적 연구, 사회환경적 연구, 역사계측학적 연구, 신경생물학적 연구 등이 있다.

이 중 대표적인 연구 방법에 따른 의미와 연구 내용을 살펴보면, 먼저 심리측정연구는 검사도구를 이용하여 개인의 창의적 능력을 알아보는 데 초점이 맞추어져 있으며 길포드(J. P. Guilford)의 발산적 사고 개념, 토랜스(E. P. Torrance)의 창의적 사고력 검사(Torrance Tests of Creative Thinking) 등이 대표적이고, 지능(IQ)과 창의성과의 관계, 표준화 검사도구 개발 등의 연구가 주로 이루어지고 있다. 관련 연구로 김미영(2010)의 음악창의성검사도구 개발, 박은실(2015)의 평가도구별 비교 연구 등이 있다.

인지심리학적 연구는 창의적인 활동을 하는 동안 인간의 마음이 어떻게 작동하고 어떤 과정을 거쳐 문제를 해결하는지에 초점을 두고 있으며 게젤스와 칙센트 미하이(Getzels & Csikszentmihalyi, 1976)의 창의성과 문제발견 연구, 가드너 및 프로젝트 제로(Project zero)의 예술적 창의성 연구, 핀케 등(Finke et al., 1992) 및 와이즈버그(Weisberg, 1997) 등의 창의성과 인지과정 연구 등이 있고, 기억, 심상 등과 같은 심리적 기제들과 창의성과의 관련성 연구도 이루어지고 있다. 국내에서는 이미혜, 김수영(2014)이 유아즉흥연구에서의 창의적 사고에 대하여 연구하였다.

성격심리학적 연구는 창의적이라 알려진 인물들의 성격을 분석하여 창의적 인물의 일반적인 성격을 규명하고자 하는 연구로 배런(Barron, 1969), 매키넌(MacKinnon, 1964) 등과 함께 가드너의 다중지능 관점에서의 창의적 인물 분석도 이에 속한다.

창의성에 대하여 가장 활발하게 이루어지고 있는 연구로는 창의성 향상 프로그램 개발(강인애, 김미수, 2014; 김명신, 2015; 신혜경, 정진원, 2012)과 프로그램이 창의성에 미치는 효과에 대한 연구(박상하, 조순이, 2002; 윤영배, 유준호, 2012; 정현희, 김수영, 2010)이다.

　이상의 연구 방법들을 살펴보면 모두 창의적인 개인에 초점이 맞추어져 있음을 알 수 있다. 그러나 창의성이 발현되기 위해서는 개인의 능력뿐 아니라 거기에 영향을 미치는 사회문화적 환경, 주변 인물, 영역적 특성 등의 도움이 필요하다. 합류적(confluent) 접근방법은 이와 같이 개인을 둘러싸고 있는 다차원적인 맥락들을 중시하며, 각 맥락들 간의 상관관계, 그리고 그와 같은 맥락들이 영향을 미치는 기제 등을 연구 대상으로 한다. 여기에는 아마빌(Amabile, 1983), 그루버(Gruber, 1988), 가드너(1993), 칙센트미하이(1996), 스턴버그와 루바트(Sternberg & Lubart, 1996) 등의 이론이 포함될 수 있으며 국내에서는 정은주(2007), 박은실(2007, 2010) 등이 합류적 관점에서 창의성 연구를 진행하였다.

(3) 음악능력의 발달

　발달에 대한 이론들은 특정한 관점에서 인간이 시간이 지남에 따라 어떻게 변화하는지, 그리고 그 변화의 원인이 무엇인지에 대해 연구해 왔다. 이때 이러한 관점에는 심리분석 이론, 인지적 단계이론, 사회문화적 이론, 그리고 생태학적 이론 등이 포함될 수 있다. 특히, 인지적 단계이론인 피아제(J. Piaget)의 이론은 동화와 조절을 통한 인지구조의 형성, 인지발달 단계이론, 모방과 상징에 대한 설명, 그리고 보존개념 등을 통해 음악발달을 설명하는 데 많은 영향을 미쳤으며, 플레데어(M. Pflederer)의 보존개념 연구를 비롯하여 활발한 연구가 이루어져 왔다.

　그러나 그의 이론은 언어적 표현에의 의존, 논리수학 영역 중심, 그리고 사회문화적 영향을 고려하지 않은 점 등으로 인해 비판이 제기되었고, 이와 더불어 음악심리학 연구에서 음악 인지 구조와 전략에 대한 지속적인 연구가 이루어진 결과—워너(Werner, 1961), 무그(Moog, 1976), 다울링(Dowling, 1982, 1984)의 노래 발달 연구, 밤베르크(Bamberger, 1982)의 음악표상 발달 연구 등 —최근 음악발달영역만의 특정한 이론들이 세워지고 있다.

　이러한 이론들에는 음악상징의 사용에서 발달 연구(Davidson & Scripp, 1992), 노래 발달(Davidson, 1994), 신생아와 유아의 학습에서 발달(Gordon, 1990), 창작을 중심으로 한 나선형 발달이론(Swanwick & Tilman, 1986), 음악 및 예술에서 능숙함의 발달(Hargreaves, 1986) 등이 있으며, 가드너와 프로젝트 제로의 음악, 문학, 회화의 세 영역에서 상징획득 과정과 예술양식에 대한 민감성 발달에 대한 연구(Gardner, 1978, 1993)도 포함될 수 있다.

이와 함께 인간의 전체적인 발달과정 안에서 음악발달을 이해하기 위한 노력의 일환으로, 일반발달과 음악발달과의 상호 관계 및 전생애적 발달의 관점에서 바라본 음악발달에 대한 관심이 커지고 있다. 또한 신경생리학적 연구의 대두는 발달에서 쟁점이 되어 왔던 이슈인 '유전과 환경'에 대해 둘 중 어느 것도 독자적으로 발달에 영향을 미치지 않으며(Flohr & Hodges, 2006, p. 17), 음악가의 신경생리적 차이는 음악적 훈련과 발달의 결과에 의한 것(Hassler, 1991, 1992 등) 등과 같이 많은 과학적 근거들을 마련해 주고 있다.

발달과 관련된 국내 연구는 발달에 영향을 미치는 여러 요인들(음악교수법, 가정환경, 음악경험, 교사 등)에 대한 연구가 주를 이루고 있다(김선희, 2001; 안경숙, 김소향, 박진성, 2008; 유성옥, 2001; 윤선희, 2001; 임은정, 2015).

2) 음악 학습과정에 대한 이해

(1) 동기유발

학습과 성취를 하는 데에 동기는 매우 중요하게 작용한다. 동기이론은 동기를 유발하는 요인과 과정에 대한 설명으로 심리학적 관점에 따라 다른 입장을 취하고 있다. 먼저, 행동주의적 관점에서는 정적 혹은 부적 강화가 동기가 되어 자극-반응의 연합으로 행동이 발생한다고 본다. 인지주의적 관점에서는 외적인 요인이 아닌 자신 및 환경에 대한 이해에 기초한 귀인이론, 자기효능감이론 등으로 동기를 설명한다. 성신분석학적 관점에서는 동기를 원자아 속 징신에니지(프로이드), 혹은 열등감의 극복, 우월감의 추구(아들러) 등으로 표현한다. 인본주의적 관점에서는 인간이 자신의 잠재력을 성장, 완성시키려는 욕구가 있는 존재라 보고 욕구위계이론의 각 단계로 동기를 설명한다(매슬로).

학습자의 학습동기를 유발하기 위한 전략으로 최근까지 가장 많이 연구되고 있는 것이 켈러(J. Keller)의 ARCS이론이다. 여기에서는 동기 유발 및 유지를 위한 전략으로 주의(Attention), 관련성(Relevance), 자신감(Confidence), 만족감(Satisfaction)의 네 가지 전략을 제시하고 있다.

동기와 관련된 연구는 크게 동기유발을 위한 수업설계 및 방법 연구(예: 동기유발을 위한 음악감상 교육방법, 동기유발을 위한 활동중심 교수·학습모형 개발 등)와 동기유발과 다른 요인들 간의 상관관계에 대한 연구(동기가 참여지속의도에 미치는 영향, 협동학습이 학습동기에 미치는 영향 등)로 나눌 수 있으며, 켈러의 ARCS이론의 적용

연구도 활발히 이루어지고 있다.

(2) 학습이론

학습이론은 일반적으로 심리학의 여러 관점들과 관련하여 크게 행동주의 학습이론과 인지주의 학습이론, 구성주의 이론 등으로 나누어 생각해 볼 수 있다. 음악교육에서 각각의 학습이론과 관련된 심리학적 연구들은 다음과 같다.

음악교육에서 행동주의에 관련해서는 인간 행동의 직접적인 변화 및 통제와 관련하여 강화(칭찬)의 효과, 피드백에 대한 연구, 그리고 최근에는 프로그램 학습 및 컴퓨터 활용 수업 등과 관련된 연구가 활발하게 이루어지고 있다(강병권, 설문규, 2000; 문원경, 이승연, 2016; 한준탁, 이수영, 2009).

음악교육에서 인지주의에 관련해서는 학습자의 인지발달과정과 음악, 유아음악, 음악치료 등에의 적용에 대한 연구(김종환, 2005), 다양한 유형의 문제 상황 또는 과제가 제시될 때 학습자의 인지적 과정 연구(김일영, 2009; 승윤희, 2012; 정진원, 1992) 및 그것을 교수·학습 상황에 반영하는 연구가 함께 이루어지고 있다.

구성주의 이론은 학습자의 외부 환경뿐 아니라 내부 환경까지 연결되어 있는 많은 관계들을 설명하는 데 초점을 둔다. 학습과정을 이해하기 위해서는 학습자와 환경 간의 상호작용이 매우 중요하게 고려되며 따라서 이에 대한 연구는 보다 통합적인 관점으로 이루어진다. 국내에서는 신인숙(2005), 박수미, 조형숙(2006) 등 구성주의 이론에 의한 수업에의 적용에 대한 연구가 주로 이루어지고 있다.

그 밖에 음악 안에서 이루어진 학습이론, 교수·학습방법에 대한 연구도 있다. 대표적으로 고든(E. Gordon)의 오디에이션에 기초한 음악학습이론, 보드만(E. Boardman)의 생성적 음악교수이론 등이 있으며, 구체적인 학습이론으로 명명하고 있지는 않지만 자신의 연구를 통하여 교수법적 제안들을 하고 있는 학자들도 있다. 여기에는 밤베르크(J. Bamberger)의 음악 지각 및 기보 방법 발달 연구를 통한 지각적 문제해결의 강조, 쿠티에타(R. Cutietta)의 음악의 분류(범주화)방식 연구를 통한 제안들, 레겔스키(T. Regelski)의 능동적인 음악활동 참여를 통한 학생 자신의 언어로의 이해 등이 속한다.

국내에서는 고든의 학습이론에 기초하여 프로그램 개발 및 효과 연구(강순미, 조대현, 2009; 양소영, 2009; 홍승연, 2016 등), 생성적 음악교수이론에 기초한 이해영역과 감상영역 중심의 지도방안 연구들이 활발하게 이루어지고 있다.

(3) 사고과정 및 문제해결

사고는 일반적으로 고차원적인 인간 행동으로 간주된다. 여기에는 비판적 사고, 반성적 사고, 창의적 사고 등 여러 유형의 사고가 포함될 수 있다. 많은 경우 '문제해결'이란 용어는 사고와 동일하게 사용되지만, 문제해결이란 용어 안에는 출발상태와 목표상태 사이에 놓여 있는 다양한 경로와 제약들도 내포하고 있다.

사고의 기술은 명확한 사고를 위해 필요한 계획, 전략, 전술 등을 의미하며 이것은 주장분석, 가설검증, 불확실성과 그럴듯한 가능성 사이의 구별, 의사결정 등의 범주로 나눌 수 있고, 구체적인 전략들은 사고와 문제해결이 일어나는 영역에 따라, 그리고 연구자마다 매우 다양한 전략들을 제시하고 있음을 알 수 있다.

일반적인 사고과정에서의 전략은 음악창의성에서 도출되는 전략과는 약간의 차이를 보인다. 전략에 따라 모든 영역에서 효과적으로 사용될 수 있는 것들도 있지만, 실제로 이러한 차원에서 음악 전략들을 연구하고 있지는 않다. 그 이유는 사고과정에서와 마찬가지로 일반창의성에서의 전략은 '목표지향적'이라는 점에 있다고 할 수 있다. 즉, 일반적 전략들은 주어진 목표를 바라보며 거기에 도달하는 효과적인 수단들을 발견하는 것과 관련되어 있다. 그러나 이와 달리 음악창의성은 명확한 목표가 드러나지 않기 때문에 일종의 '탐색지향적' 전략을 사용한다고 할 수 있다. 음악 영역에서는 개인마다 전략들이 다양하고 개인 안에서도 여러 가지의 전략들이 존재할 수 있음을 주의해야 할 것이다.

사고과정 및 문제해결에 대한 연구는 주로 관찰, 인터뷰, 언어적 프로토콜 분석 등의 방법을 사용한다. 음악에서 사고과정에 대한 연구 중 대표적인 것으로 발산적 사고와 수렴적 사고에 근거한 웹스터의 창의적 사고과정모형(Webster, 2002)을 생각해 볼 수 있다. 그 밖에 슬로보다(Sloboda, 1985)의 영감과 수행, 애머슨(Emmerson, 1989)의 행동, 검사, 수용/거부 단계 등이 있다. 국내에서는 정보처리과정에 대한 연구(승윤희, 2001, 2012), 반성적 사고에 대한 연구(황인주, 김은정, 2010, 2015), 창의적 사고에 대한 연구(김서경, 2007; 이미혜, 김수영, 2014; 정진원, 2010; 허순희, 1999) 등이 수행되어 왔다.

3. 음악교육에서 심리학적 연구의 과제 및 전망

지금까지 심리학적 관점에서 본 음악교육을 살펴보았다. 음악교육에서 심리학은 음악적 인간에 대한 이해를 바탕으로 하여 음악교육의 목적과 목표를 이루기 위해 필요한 학문이라 말할 수 있을 것이다. 오늘날의 심리학적 연구 동향을 살펴보면 전반적으로 다학문적인 성과의 반영을 통한 인지심리학적 · 사회문화적 연구의 활성화, 음악교육 맥락의 다차원적 확대, 전생애적 발달 고려, 학습과 사고과정에서 음악 특유의(music-specific) 이론 대두 등의 특징을 보인다 할 수 있다.

앞으로 음악교육에서 심리학적 관점의 학문적 체계가 정립되기 위해서는 앞선 연구 주제들에 대한 연구의 폭과 깊이가 확장되어야 할 것이다. 즉, 심리학의 여러 개념들(음악능력, 음악창의성 등)에 대한 실제적 연구(프로그램 개발, 효과 검증 등)와 함께 이론적 · 개념적 탐색도 함께 이루어져야 할 필요가 있다. 동기유발과 학습이론, 사고과정과 문제해결에 대한 연구에서는 음악 안에서의(음악 특유의) 이론적 · 실제적 탐색과 함께, 다른 영역에서 이루어지는 연구 성과들과의 공유, 관련성 탐색 등도 이루어져야 할 것이다. 또한 음악 지각 및 인지에 대한 연구, 합류적 접근에 대한 연구의 강화, 전생애적 발달에 대한 연구(여기에는 영유아기, 아동기 및 청소년기를 비롯하여 장년기의 발달적 특징도 포함되어야 할 것이다) 등 좀 더 다양한 주제에 대한 심층적이고 지속적인 연구가 음악교육적 관점에서 이루어지길 기대한다.

 참고문헌

강병권, 설문규(2000). 초등학교 음악과 자기주도적 학습을 위한 멀티미디어 CAI 설계 및 구현-초등학교 음악과 5학년 1학기를 중심으로. 한국정보과학회 학술발표논문집, 27(1B), 711-713.

강순미, 조대현(2009). 고든(Gordon)의 음악학습이론에 근거한 표준보육과정 내 음악활동의 내용분석과 재구성. 열린유아교육연구, 14(4), 1-22.

강인애, 김미수(2014). 미적 교육으로서 중학교 음악프로그램 개발 및 적용 사례: 창의성 신장을 중심으로. 음악교육공학, 19, 105-126.

고영자, 김민정(2012). 노래부르기 중심의 통합적 음악 교육 접근이 유아의 음악 능력에 미치는 효과. 한국영유아보육학, 72, 63-86.

김명신(2015). 교양기초교육에서 창의성 함양을 위한 음악학습 방안. 교양교육연구, 9(1), 333-359.

김미영(2010). 유아 음악적 창의성 검사도구의 개발 및 타당화. 전남대학교 대학원 박사학위논문.

김서경(2007). 창의적 음악 사고를 위한 영상자료 활용 방안. 음악교육, 7, 1-33.

김선희(2001). 유아의 기초음악능력 발달을 위한 리듬학습법 연구: 달크로즈 유리드믹스를 중심으로. 음악교육, 1, 242-280.

김일영(2009). 피아노 연습과정에서 나타난 학습자의 자기조절에 관한 연구. 한국교원대학교 대학원 박사학위논문.

김종환(2005). 아동의 인지·행동 발달을 위한 음악의 치료적 접근과 교육적 활용방법: 자폐아동의 인지와 사회행동 발달을 위한 음악치료적 접근과 활용방법에 대한 연구. 현상해석학적 교육연구, 3(1), 89-124.

문원경, 이승연(2016). 보컬 가창훈련을 위한 CAI개발연구. 한국HCI학회 논문지, 11(3), 13-22.

박상하, 조순이(2002). 오르프 음악교육이 초등학생의 창의성 계발에 미치는 영향. 초등교육연구, 17(1), 109-134.

박은실(2004). 다중지능 이론에서 본 음악지능 척도개발 연구. 서울대학교 대학원 석사학위논문.

박은실(2007). 합류적 관점에서 본 음악창의성 연구. 음악연구, 39, 189-217.

박은실(2010). 창의성 연구의 다양한 시각과 함의들. 음악교육연구, 41(1), 61-88.

박은실(2015). 평가도구에 따른 창작결과 비교: CAT, MCTM, 칸토메트릭스를 중심으로. 음악교육연구, 44(4), 69-95.

박은희, 하주현(2015). 심상활용 창의적 교수법이 음악기억에 미치는 효과. 창의력교육연구, 15(4), 61-75.

석문주(2002). 다중지능이론을 적용한 초등학교 음악과 교육과정 개발과 실천. 음악교육연구, 22(1), 29-57.

승윤희(2001). 음악정보의 처리과정과 창의적 사고의 이해. 음악교육연구, 21(1), 27-51.

승윤희(2012). 인지의 상향, 하향처리과정 이해와 음악적 사고에 대한 재고. 음악교육연구, 41(2), 147-169.

신주현, 김희연(2004). 가정의 음악환경과 예술교육 경험이 유아의 음악능력에 미치는 영향. 아동교육, 13(1), 5-21.

신혜경, 정진원(2012). 음악영재 교육을 위한 음악 창의성 프로그램 개발. 음악교육연구, 41(1), 25-47.

안경숙, 김소향, 박진성(2008). 창작이야기 노래를 활용한 유아 주도적 음악극 활동이 유아의 음감 및 리듬감 발달에 미치는 효과. 음악교육연구, 34, 59-85.

안재신(2003). 다중지능이론을 적용한 초등학교 음악과 교육과정 개발과 실천. 음악교육연구, 22(1), 29-57.

양소영(2009). Gordon의 기능학습연계에 따른 초등학교 3학년 음악과 수업의 청각 인지능력 신장 방안. 敎員敎育, 25(1), 348-365.

유성옥(2001). 유아의 음악경험과 음악성 발달과의 관계연구. 교과교육연구, 2(1), 321-357.

윤선희(2001). 유아 음악능력 발달에 미치는 가정의 음악적 환경 요인. 음악교육연구, 21(1), 75-94.

윤영배, 유준호(2012). 오르프 접근법에 의한 유아 음악교육 프로그램이 창의성 증진에 미치는 효과. 아동교육, 21(1), 149-166.

이미혜, 김수영(2014). 유아즉흥연주에 나타난 창의적 사고의 이해. 사고개발, 10(4), 1-20.

이석원(1994). 음악심리학. 서울: 심설당.

이주연(2015). 음악교수법연구: 청소년의 조기음악교육 경험의 기간과 질에 따른 음악지능과 정서지능의 차이. 음악교수법연구, 16, 133-158.

임은정(2015). 평생교육의 맥락에서 음악교사가 개인의 음악적 발달에 미치는 영향. 음악교육연구, 44(1), 167-183.

임은애(2008). 통합 음악교육프로그램이 유아의 음악적 능력 향상에 미치는 효과. 아동교육, 17(4), 19-34.

장정애, 조형숙(2011). 자연의 소리를 활용한 통합적 유아음악교육 프로그램이 유아의 음악능력과 환경친화적 소양에 미치는 영향. 유아교육학논집, 15(4), 303-328.

정윤선(1996). 코다이 음악교육이 음악적 능력과 정의적 행동특성에 미치는 효과. 아동교육, 5(2), 143-160.

정은주(2007). 합류적 관점의 음악 창의성에 관한 연구: P. R. Webster와 H. Gardner의 연구를 중심으로. 연세대학교 대학원 석사학위논문.

정진원(1992). 선율인지과정과 그의 발달에 관한 고찰. 음악교육연구, 11(1), 107-122.

정진원(2010). 음악적 창의성: 활동유형별 특성 및 사고과정을 통한 재조명. 예술교육연구, 8(3), 77-94.

정현주(2004). 학습부진아의 청각정보처리와 단기기억력 향상을 위한 음악의 치료적, 교육적 접근. 인간행동과 음악연구, 1(1), 1-10.

정현희, 김수영(2010). 달크로즈의 움직임 창작교육이 유아의 음악적 창의성과 신체표현능력에 미치는 효과. 아동교육, 19(4), 229-244.

한준탁, 이수영(2009). ICT 활용교육1: 초등학교 저학년 음악지도를 위한 멀티미디어 학습 프로그램 개발. 한국컴퓨터교육학회 학술발표대회논문집, 13(1), 375-379.

허순희(1999). 유아기의 창의적 사고를 위한 음악적 전략과 추측하기. 아동교육, 8(1), 189-196.

허정화(2010). 기악교육과 음악인지능력, 적성, 흥미도 간의 상관성 연구. 종합예술과 음악학회지, 4(1), 43-59.

홍승연(2016). 고든 음악학습이론 관련 국내 연구동향 분석. 음악교육공학, 26, 55-74.

황인주, 김은정(2010). 교사의 음악교육에 대한 지식과 반성적 사고가 유아의 음악적성에 미치는 영향. 한국영유아보육학, 64, 227-253.

황인주. 김은정(2015). 교사의 반성적 사고 수준과 음악교육에 대한 지식, 음악교육에 대한 태도 및 음악교수효능감 간의 관계. 幼兒 敎育學論集, 19(6), 177-197.

Amabile, T. M. (1983). *The social psychology of creativity*. NY: Springer-Verlag.

Bamberger, J. (1999). Learning from the Children We Teach. *Bulletin of the Council for Research in Music Education, 142*, 48-74.

Barron, F. (1969). *Creative person and creative process*. NY: Holt, Rinehart & Winston.

Csikszentmihalyi, M. (1996). *Creativity: flow and the psychology of discovery and invention*. HarperCollins Publishers.

Custodero, L. A. (2010). Key issues in musical development. In H. F. Abeles & L. A. Custodero (ed.), *Critical Issues in Music Education* (pp. 113-142). New York: Oxford University Press.

Emmerson, S., & Clarke, E. (1989). *Music, mind and structure*. NY: Harwood Academic Publishers.

Finke, R., Ward, T., & Smith, S. (1992). *Creative cognition*. MIT Press.

Fiske, H. E., (1997). Categorical perception of musical patterns: How different is "different". *Bulletin-Council for Research in Music Education, 133*, 20-24.

Flohr, J., & Hodges, D. (2006). Music and neuroscience. In R. Colwell (ed.), *MENC Handbook of Musical Cognition and Development* (pp. 7-39). New York: Oxford University Press.

Fredrickson, W. E. (2001). The effect of performance medium on perception of musical tension. *Bulletin-Council for Research in Music Education, 148*, 60-64.

Gardner, H. (1978). *Developmental Psychology*. Little, Brown and Company.

Gardner, H. (1993). *Multiple Intelligence: The Theory in Practice*. 김명희, 이경희 역 (2000). 다중지능의 이론과 실제. 서울: 양서원.

Gembris, H. (2002). The Development of Musical Abilities. In R. Colwell & C. Richardson (ed.), *The New Handbook of Research in Music Education* (pp. 487-507). Oxford University Press.

Gembris, H. (2006). The Development of Musical Abilities. In R. Colwell (ed.), *MENC Handbook of Musical Cognition and Development*. (pp. 124-164). New York: Oxford University Press.

Gerrig, R. I., & Zimbardo, P. G. (2012). *Psychology and Life* (20th ed.). 이종한, 박천생, 박태진, 성현란, 이승연, 채정민 공역(2015). 심리학과 삶. 서울: 시그마프레스.

Getzels, J. W., & Csikszentmihalyi, M. (1976). *The creative vision: A longitudinal study of problem finding in art*. New York, NY: John Wiley & Sons.

Hargreaves, D. (1986). *The Developmental Psychology of Music*. N.Y.: Cambridge University Press.

Hargreaves, D. J., & Zimmerman, M. P. (1992). Developmental Theories of Music

Learning. In R. Colwell (Ed.), *Handbook of Research on Music Teaching and Learning* (pp. 377-390). New York: Schirmer Books.

Hayashida, M., & Kato, Y. (2003). Perception and production of musical rhythms by children and adults with hearing impairments: tapping responses and the effects of stimulus presentation. *Japanese Journal of Special Education, 41*(3), 287-296.

Hickey, M. M. (2002). Creativity Research in Music, Visual Art, Theater, and Dance. In R. Colwell & C. Richardson (ed.), *The New Handbook of Research in Music Education* (pp. 398-415). New York: Oxford University Press.

Lamont, A. (1998). Music, education, and the development of pitch perception: The role of context, age, and musical experience. *Psychology of Music, 26*(1), 7-25.

MacKinnon, D. W. (1964). The creativity of architects. In C. W. Taylor (Ed.), *Widening horizons in creativity*. NY: Wiley.

Moore, R., & Johnson, D. (2001). Effects of musical experience on perception of and preference for humor in western art music. *Bulletin-Council for Research in Music Education, 149*, 31-38.

Ockelford, A., & Sergeant, D. (2013). Musical expectancy in atonal contexts: Musicians' perception of "antistructure". *Psychology of Music, 41*(2), 139-174.

Racowski, A. (1988). The perception of musical intervals by music students. *Bulletin-Council for Research in Music Education, 85*, 175-186.

Radocy, R. E., & Boyle. J. D. (1997). *Psychological Foundations of Musical Behavior*. Illinois: Charles C Thomas Publisher, LTD.

Sloboda, J. A. (1985). *The musical mind: The cognitive psychology of music*. New York: Oxford University Press.

Sternberg, R. J., & Lubart, T. I. (1996). Investing in creativity. *American Psychologist, 51*(7), 677-688.

Swanwick, K., & Tilman, J. (1986). The Sequence of Musical Development: a Study of Children's Composition. *British Journal of Music Education, 3*(1), 305-339.

Webster, P. R. (2002). Creative Thinking in Music: Advancing a model. European Society for the Cognitive Sciences of Music (ESCOM), 10th Anniversary Conference on "Musical Creativity, "Universite de Liege, Belgium.

Webster, P. R. (1992). Research on Creative Thinking in Music: The assessment literature. In R. Colwell (Ed.), *Handbook of Research on Music Teaching and Learning* (pp. 266-280). New York: Macmillan.

제5장

사회학적 관점에서의 음악교육

민경훈

　음악교육은 정치적 · 경제적 · 사회적 상황에 영향을 받기도 하지만, 학교 및 지역사회의 음악교육 환경, 공동체, 특수집단, 또래문화, 음악적 태도, 다문화 교육 등에 영향을 끼치기도 한다. 이러한 배경에서 음악교육사회학(독: Musikpädagogische Soziologie)은 음악교육과 관련된 다양한 사회적 현상들을 파악하여 원인을 규명하고 결과를 도출함으로써 음악교육의 발전에 기여하는 것이 주요 과제라고 할 수 있다.

1. 음악교육에서 사회학적 관점의 이해

1) 사회학의 이해

　사회학은 인간 사회의 여러 현상을 연구하는 사회과학의 범주에 속하는 하나의 학문 분야이다. 사회학은 인간의 행동을 규제하는 것은 바로 사회적 형태라고 보며, 이러한 사회적 형태를 탐구하는 학문영역이다. 프랑스의 실증주의 철학자 콩트(A. Comte, 1798~1857)가 처음으로 '사회학'이라는 용어를 사용하고 체계화하였다. 프랑스의 사회학자 뒤르켐(É. Durkheim, 1858~1917)은 제도화된 사회적 형태가 인간의 행동에 중요한 영향을 끼친다고 주장하면서 이러한 사회적 형태로는 가족, 또래집단, 공동체, 경제 및 정치 구조, 군대와 같은 특수집단 등이 있다고 언급하였다. 이와 같이 사회학은 사회관계의 근본 원리를 탐구하고 사회의 조직이나 구성상의 여러 특징을 연구하는 학문이다. 오늘날 사회학은 그 연구 분야가 매우 확장되어 다른 학문과의 연관성을 넓혀 가고 있으며, 이에 따라 연구 분야도 세분화되고 있다. 주요 사회학자로는 콩트, 마르크스(K. Marx, 1818~1883), 뒤르켐, 베버(M. Weber, 1864~1920) 등이 있다.

사회학과 실증주의의 창시자인 콩트는 과학이 발전하고 산업화된 문명의 이기 속에서 개인의 만족과 안정된 사회를 유지하는 데 필요한 도덕성을 강조하였다. 프랑스의 사회학자 뒤르켐은 자살에 대한 분석을 통해서 자살의 행위가 심리적 요인보다는 사회적 요인이 더 크다는 사실을 밝히고 사회의 소속감과 도덕적 연대를 중요하게 다루었다. 독일의 사회학자 마르크스는 한 사회의 물질적인 삶의 조건이 우리의 생각과 의식을 결정한다고 주장하였다. 특히, 그는 한 사회의 경제적인 힘이 다른 모든 분야에 변화를 일으켜 역사를 변동시킨다고 강조하였다. 합리적인 인본주의 전통을 중요하게 여긴 독일의 사회학자 베버는 관료적 조직과 본능적 충동에 의하여 인본주의 전통이 위협당하고 있다고 비판하면서, 관념과 가치는 경제적 조건과 마찬가지로 사회의 변동에 큰 영향을 끼친다고 주장하였다. 이와 함께 베버는 사회의 구조는 행위의 복잡한 상호작용에 의해 형성되는데 그 행위의 보이지 않는 의미를 파악하는 것이 사회학의 역할이라고 주장하였다. 1950년대에 이르러서는 미국에서 실증주의적 그리고 행동과학적 사회학이 주류를 형성했고, 이에 따라 사실 탐구를 위한 사회 조사가 널리 행해지면서 산업화 시기의 정책결정에 큰 공헌을 하였다.

이와 같이 다양한 사회학적 관점들이 도덕적으로 그리고 인간의 안전과 복지에 대한 전망을 제시할 수 있다는 점에서 최근에는 사회학에 대한 일반적 관심이 증대하고 있으며, 더 나아가 다른 학문 영역에도 깊숙이 관여하고 있다. 한 예로서, 음악을 사회학 분야와 접목시킨 독일의 음악사회학자 아도르노(T. W. Adorno, 1903~1969)는 상업적 목적을 가진 음악적 산물들이 사람들의 관심과 흥미를 강하게 유발시켜 대중들을 무비판적인 수동적 인간으로 개조시킨다고 비판하기도 하였다.

2) 교육사회학의 이해

교육사회학은 사회학의 하위 학문 구조라고 말할 수 있다. 교육사회학의 연구 대상은 사회적 존재로서 인간의 특성, 사회구조 및 문화의 상관관계 등이다. 교육사회학은 크게 두 가지로 분류된다. 하나는 사회학의 지식과 이론을 교육실천에 응용하는 실천지향적인 교육사회학이고, 다른 하나는 교육현상을 사회학적으로 연구하여 이론을 구축하려는 사회학지향적인 교육사회학이다.

　　실천지향적인 교육사회학은 1907년 미국의 컬럼비아대학교에서 처음으로 '교육적 사회학(Educational sociology)'이라는 강좌가 개설되고, 그 후 10년 뒤 같은 대학교에 '교육사회학과'가 신설되면서 널리 소개되었다. 실천지향적인 교육사회학은 교육현장에 직접 응용할 수 있는 규범, 정책 등을 주로 다룬다. 실천지향적인 교육사회학은 1940년대에 와서 '지역사회학교(Community school)' 운동의 영향으로 지역사회와 학교의 관계에 보다 더 관심을 가지고 탐구하는 방향으로 나아갔다.

　　1950년대에는 교육현상을 사회학적 연구 방법으로 탐구하는 학자들이 늘어났는데, 이러한 학문적 성향은 결국 사회학지향적인 교육사회학이 자리 잡게 만들었다. 사회학지향적인 교육사회학은 실증적 자료와 과학적 방법에 근거한 연구에 중점을 둔다. 사회학지향적인 교육사회학의 기초를 만든 사람으로는 뒤르켐이 있다. 그는 교육에 관한 활동을 '교육에 관한 과학적 연구' '교수학(Pedagogy) 및 교육실천'으로 나누었는데, 교육에 관한 과학적 연구가 사회학지향적인 교육사회학의 기초가 되었다.

　　뱅크스(O. Banks)는 교육사회학과 관련하여 교육과 사회, 교육과 경제, 가정, 사회계층, 교사와 학생, 학교의 행정 및 제도, 사회체제로서의 학교, 교육과 사회의 변동 등에 관심을 가졌다. 프리차드와 벅스턴(W. Prichard & H. Buxton)은 교육사회학과 관련하여 대학교에서 실제로 다루고 있는 내용으로는 사회계층, 문화와 교육, 사회조직으로서의 학교, 교육과 사회의 변동, 교사의 역할과 기능, 사회통제와 교육, 교육사회학의 연구 방법, 지역사회와 학교 등이 있다고 언급하였다. 이 외에도 여러 학자들의 교육사회학에 대한 공통된 견해들을 모아 종합·정리하면 〈표 5-1〉과 같다.

〈표 5-1〉 여러 학자들의 교육사회학에 대한 공통된 견해

영역	연구 내용
1. 교육에 영향을 주는 사회적 요인	사회와 가정, 대중매체, 동료집단, 사회계층, 계층문화, 문화실조, 사회변동 등
2. 사회에 끼치는 교육의 영향	가치관, 교육과 국가발전 또는 사회발전, 사회이동, 계층이동, 사회통합, 사회교육, 인구 및 환경교육, 지역사회와 학교, 교육의 사회적 목적 등
3. 학교집단 또는 교육제도	교육이념, 학교사회, 교육제도, 교육정책, 교사와 행정가의 관계, 교사집단, 교사의 사회적 역할, 교사와 학생의 상호작용 등
4. 교육 및 사회정의	교육의 기회균등, 교육과 평등 문제 등
5. 기타 교육사회학적인 연구	평생교육, 다문화 교육, 청소년문제 등

3) 음악교육사회학의 이해

사회학적 관점에서 다루는 음악교육을 '음악교육사회학'이라고 말할 수 있다. 독일의 음악교육학자 놀테(E. Nolte)는 자신의 음악교육적 연구에서 '음악교육사회학(Musikpädagogische Soziologie)'이라는 용어를 사용하였다(Nolte, 1997). 놀테에 의하면, 음악교육사회학의 연구는 음악적 태도(예: 음악적 여가 활동, 음악적 취향, 음악적 소비 등)가 사회적 환경(예: 대중 매체, 가정, 친구 등)에 의하여 영향을 받는다는 사실로부터 비롯된다. 이와 같이 음악교육사회학은 주로 사회적 · 문화적 조건들을 다룬다. 그리고 사회적 환경에 따라 음악에 대한 선호도 혹은 음악적 태도가 다양하게 나타날 수 있다는 점에서 이 연구는 음악사회학 혹은 사회심리학의 연구 방법들과 연결될 수 있다.

음악교육사회학은 사회학의 지식과 이론을 교육실천에 응용하는 실천지향적인 교육사회학 그리고 교육현상을 사회학적으로 연구하여 이론을 구축하려는 사회학지향적인 교육사회학을 동시에 충족시키는 통합적인 성격을 가지고 있다([그림 5-1] 참조).

사회학적 관점에서 음악교육은 두 가지 속성을 지니고 있다. 하나는 능동적 속성으로 음악교육이 사회에 영향을 끼친다는 것이고, 또 하나는 수동적 속성으로 음악교육이 사회적 조건들(예: 사회, 문화, 교사, 정치, 경제 등)에 의하여 영향을 받는다

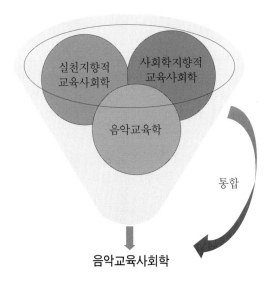

[그림 5-1] 음악교육사회학의 성격

는 것이다. 사회학적 관점에서의 음악교육의 속성을 [그림 5-2]와 같이 이해할 수 있다.

능동적 속성 ⇒	인간에 기여	인간소통, 다문화 교육, 청소년 문화, 여가선용, 공동체, 평생교육, 노인교육
	음악적 활용	순수음악, 대중음악, 광고음악, 기능음악, 연주회, 음향기술
	이념 및 경제 가치	이념교육, 음악산업, 음악축제, 공연장시설, 음악적 환경구축

| 수동적 속성 ⇒ | • 문화적 환경 • 음악 교사의 질적 수준 | • 개인 또는 공동체의 문화적 수준 • 정치 및 경제 |

[그림 5-2] 사회학적 관점에서의 음악교육의 속성

2. 음악교육에서 사회학적 연구의 동향

음악교육사회학에서 다루어질 수 있는 연구들은 매우 다양하다. 이미 앞에서 설명한 바와 인간의 사회생활과 관련한 학문들, 즉 사회심리학, 사회학, 문화인류학 등과 연관하여 음악교육을 연구할 수 있다. 또한 사회와 도덕성을 연결한 콩트의 연구, 사회와 경제를 연계한 마르크스의 연구, 사회에서 공동체적 연대감을 중요하게 여긴 뒤르켐의 연구, 사회와 이념적 가치를 연계한 베버의 연구 등은 사회학에서 매우 중요한 연구 업적들로, 이들의 연구물들은 음악교육사회학에서 충분히 응용할 수 있는 가치가 있다. 또한 1950년대 미국에서 주를 이룬 실증주의적이고 행동과학적인 사회학에서 중시되는 통계조사가 오늘날에 매우 많이 활용되고 있다. 독일의 사회학자이며 음악사회학자인 아도르노는 사회에서 나타나는 음악적 현상혹은 음악과 관련한 사회적 현상들을 비판하는 연구들을 많이 하였는데, 이러한 연구물들은 사회와 연관된 음악적인 혹은 음악교육적인 현상들을 연구하는 데 큰 도움을 준다. 독일의 음악교육학자 외데(F. Jöde)는 음악교육을 통해 사회의 복지와 인간의 삶을 질적으로 향상시킬 수 있다는 신념으로 이 방향에 대하여 많은 연구를 하고 실천하였는데, 이러한 연구는 평생교육으로서의 음악교육, 노년교육으로서의 음악교육, 청소년 음악교육, 생활음악 등을 연구하는 데 많은 도움을 준다. 이 외에도 음악교육사회학에서 다루어질 수 있는 연구로는 음악과 사회, 음악산업, 음악과 진로, 대중음악, 음악교육기관, 다문화 음악교육, 음악과 정치, 평생교육, 음악과 경제, 시대에 따른 음악교육, 지역사회와 음악교육, 청소년 음악문화, 성인음악교육 등 사회학 혹은 교육사회학과 연관될 수 있는 음악교육의 영역으로 매우 광범위하다고 말할 수 있다.

음악과 사회가 접목된 저서로는 한독음악학회에서 크나이프(T. Knief)의 저서에 토대를 두고 다른 텍스트를 보충한 『음악사회학 원전 강독』(2006), 이건용이 번역한 베버(M. Weber)의 『음악사회학(Sociology of music)』(1993), 민은기가 번역한 질버만(A. Silbermann)의 『음악사회학(Wovon lebt die musik: die Prinzipien der musiksoziologie)』(2011), 김방현이 번역한 아도르노의 『음악사회학입문(Einleitung in die musiksozilogie)』(1990) 등이 있다. 음악과 사회와 관련된 논문으로는 주로 음악사회학과 관련한 연구들이 많이 있으며(우혜언, 2011; 이경분, 2005; 현택수, 1998), 지역사회에서의 음악활동에 관한 음악교육적인 연구들도 눈에 띈다(김정연, 2002; 문옥배, 2006; 민경훈, 2001; 민경훈, 2008).

시대의 변화에 따라 최근에는 음악과 산업에 관한 연구들(김일중, 2016; 이선호, 2015)과 대중음악과 관련된 연구들(김진아, 박지훈, 2011; 안미자, 김혜영, 1999; 양은주, 2009; 양종모, 2011; 이전영, 2014; 지혜미, 2009)이 두드러진다. 특히, 안미자, 김혜영(1999)의 '고등학교 음악수업에 적절한 한국대중가요 선택에 대한 연구', 지혜미(2009)의 '학교 음악수업에서 대중음악의 영향과 적용방안 연구' 그리고 양종모(2011)의 '케이 팝(K-pop)의 학교 음악교육에 수용 탐색을 위한 음악적 특성 분석' 등은 학교에서의 대중음악에 관한 수용적 가치를 논하고 있다. 더 나아가 양은주(2009)는 '중, 고등학교 대중음악 합주 프로그램모형개발'에서 학교에서 대중음악을 효과적으로 가르칠 수 있는 방안을 제시하고 있다. 손민정(2009)은 '퓨전음악에 있어서 대중음악의 미학적 자리매김'이라는 논문을 통해 대중음악을 미학적 경지까지로 가치화시켰다. 김진아, 박지훈(2011)은 '한국 대중음악의 아이돌 편중에 관한 연구: 대중음악 생산자들과의 인터뷰를 중심으로'를 통해 편중된 음악문화를 비판적 시각으로 다루었다. 이와 같이 음악산업과 대중음악에 관한 연구들은 매우 광범위하다.

광고음악과 관련된 학술 논문으로는 조재영, 조태선(2014)의 '방송광고의 음악 저작권에 대한 탐색적 연구', 민동원(2016)의 '광고음악 내에서의 정서적 조화도가 기억에 미치는 영향 연구', 이혜갑(2001)의 '텔레비전 광고의 음악 사용 실태에 대한 내용분석 연구', 천현숙, 마정미(2012)의 'TV 광고 크리에이티브 요소에 대한 소비자 반응 연구', 정승혜(2011)의 '광고 사운드의 이론적 고찰과 문화적 함의' 등이 있다.

오늘날에는 국가와 국가 간의 문화적 교류를 통해 서로를 이해하려고 노력하는 가운데 사회와 학교에서는 외국인 및 다문화 가정에 대하여 많은 관심을 보이고 있다. 이 점에서 음악교육에서도 다문화 음악교육에 관한 연구들이 활발히 진행되고 있다(권덕원, 2000; 김미숙, 2010; 민경훈, 2004, 2009, 2013; 장근주, 2007). 권덕원(2000)은 논문 '다문화주의 음악교육론과 국악 교육'을 통해서 다문화 시대에 발맞추어 국악 교육의 방향을 제시하고 있으며, 민경훈의 '상호문화적 음악교육의 의미와 지도방법에 관한 연구'(2004)와 '다문화 교육으로서 음악 교육의 필요성과 역할'(2009) 그리고 장근주(2016)의 '다문화 음악교육에 대한 음악 교사들의 태도, 필요성 및 실천'은 다문화 교육으로서의 학교 음악교육의 당위성과 효과적인 지도방법에 관하여 논하고 있다. 김미숙(2010)의 '음악교육에서의 세계음악과 문화에 대한 고찰'은 다문화 교육의 관점에서 학교가 세계음악과 문화를 어떻게 다루고 있는지를 보여 주고 있다.

학교에서 진로교육이 강조됨에 따라 요즈음에는 진로와 관련된 음악교육의 논문들도 간간히 눈에 띈다(김현, 2007; 민경훈, 2012; 서울대학교 서양음악연구소, 2003; 이서진, 2016). 김현(2007)은 논문 '독일의 음악 진로교육'에서 독일의 각 시에서 운영되는 음악학교들의 단체인 '독일음악학교협회'의 기능을 소개하였으며, 민경훈(2012)의 '고등학교 선택과목 '음악과 진로'와 관련하여 음악산업에 관한 내용 및 지도방법의 논의'는 학교가 학생들의 진로와 관련하여 음악 산업을 왜 다루어야 하고 또한 어떻게 가르쳐야 할지를 논하고 있다.

이 외에도 음악교육의 지평을 넓혀 평생교육기관과 관련된 논문들도 많이 발견되고 있으며(봉경애, 2010; 한수정, 2011), 또한 고령화시대가 다가옴에 따라 최근에는 노인음악교육에 대해서도 큰 관심을 가지고 연구한 논문들이 적지 않게 나타나고 있다(김은애, 2017; 민경훈, 2016; 임은정, 2016). 평생교육과 관련하여, 봉경애(2010)는 논문 '학교음악교육과 사회음악교육의 연계를 위한 현황연구'를 통해서 지역사회와 연계한 학교음악교육의 활성화를 모색하였으며, 한수정(2011)은 '대학부설 평생교육원 성인음악교육의 현황과 개선방안'에서 평생교육원에서 운영하는 성인음악교육의 실태를 파악하여 개선방안을 제시하였다. 노인음악교육과 관련해서 임은정(2016)은 학술논문 '고령화 사회의 음악경험 활성화 방안 연구'에서 고령자들의 음악경험 변화과정을 다중사례연구법(Multiple case study)으로 탐색하여 변화 원인에 따른 고령자들의 음악경험 활성화 방안을 모색하였으며, 민경훈(2016)은 '안드라고지 관점에서 본 문화예술교육으로서 노인 음악활동의 의미 탐구'에서 자기주도형 평생학습으로 이해될 수 있는 안드라고지 음악교육의 관점에서 노인음악교육을 논하였다. 특히, 김은애(2017)의 논문 '고령화 시대와 독일의 노인음악교육'은 독일의 사례를 제시함으로써 미래 우리나라 노인음악교육의 발전에 시사점을 준다.

3. 음악교육에서 사회학적 연구의 과제 및 전망

한국에서의 음악교육사회학적 연구는 문화교육과 관련된 기관, 예를 들어 문화예술교육진흥원 등을 통해서 토착화 단계에 들어왔다고 볼 수 있다. 음악교육사회학의 학문적 기반을 견고하게 구축하기 위해서는 이에 기초가 되는 사회학과 교육사회학의 다양한 관점, 이론, 개념 및 방법론 등에 관한 지식을 충실하게 터득하여야 한다. 음악교육사회학의 발전을 위해서는 외국의 전문이론들을 한국의 교육과 교육현실에 맞게 보완하여 타당성이 검토되어야 하며, 우리 음악교육의 현상을 설명할 수 있는 음악교육사회학의 이론적 지식이 요구된다.

시대에 따라 음악교육은 변화·발전되고 또한 새롭게 해석되는데, 음악교육사회학을 구축할 수 있는 내용을 충실하게 소개하는 일은 무엇보다도 중요하다고 할 수 있다. 음악교육사회학적인 이론을 실증적으로 검증할 경우에는 엄밀한 방법론적인 절차를 거쳐서 이루어져야 한다. 경험적 연구를 통해서 어떤 이론이 설명할 수 있는 현상과 설명할 수 없는 현상이 나타날 때 이론의 적용범위, 설명력, 한계성 등과 같은 일반화의 수준이 드러나게 될 것이다.

음악교육의 현상을 설명할 수 있는 음악교육사회학의 이론을 정립하기 위해서는 한국에서 이루어지는 모든 음악교육의 현실을 연구 대상으로 삼아야 한다. 즉, 한국 음악교육의 다양한 특성과 현상들에 대하여 활발하게 연구할 때 음악교육사회학 이론의 창출을 기대할 수 있다는 것이다. 음악교육사회학의 위상은 음악교육사회학의 전반적 논의의 수준을 고양시킴으로써 촉진되리라 본다. 그리고 과학적 탐구의 논리와 더불어 실천적·규범적 논의가 다 함께 활발히 이루어질 때, 음악교육사회학의 지식은 교육현상의 설명으로만 끝나지 않고 실천됨으로써 교육의 발전에 기여할 것이다.

음악교육은 인간의 정서적·도덕적·사회적 행위에 중요한 영향을 끼친다. 이러한 음악교육 현상들이 사회에서 어떻게 변화·발전되었는지를 알아보는 것뿐만 아니라, 개인과 공동체에 어떠한 영향을 끼치는지를 탐구하는 것도 바로 음악교육사회학의 과제이다. 더 나아가 정치 및 경제의 현상, 사회적 환경, 지역사회의 문화적 조건, 개인 및 공동체, 특수집단, 사회계층, 또래문화, 다문화 교육 등도 음악교육사회학의 탐구 영역에 속한다. 이 점에서 음악교육사회학은 음악교육과 관련하여 다양한 사회적 현상들을 분석하고 결과를 규명하여 새로운 해결책을 모색하는 것이 주요 과제라고 할 수 있다.

일반적으로 음악교육의 목적은 개인의 음악적 잠재력을 발견하고 계발하여 생활 속에서 즐거운 음악적 삶을 영위할 수 있도록 도움을 주는 것이라고 할 수 있다. 이와 같이 음악교육은 개인의 잠재력을 키워 행복한 삶의 능력을 키워 주는 긍정적인 역할을 하기도 하지만, 반면에 음악교육은 사회의 질서를 유지하기 위하여 그리고 산업과 관련해 경제적 이익을 창출하기 위하여, 또는 사회적 이념을 유지하는 수단으로 이용되기도 한다.

음악은 모든 시대 및 문화권의 사회에서 인간의 삶과 매우 밀접하게 관계하면서 개인과 사회에 유형·무형으로 중요한 영향을 끼쳐 왔다는 사실로부터 사회학적 관점에서 음악교육을 재조명해 볼 필요가 있다. 사회학적 관점에서의 음악교육은 다음과 같은 과제를 갖는다.

첫째, 음악교육은 시내적·사회적·문화적 맥락에서 음악의 다양한 현상을 이해하도록 해 주어야 한다. 그리고 음악 교사는 세대별 음악적 취향을 제대로 파악하여 음악교육을 전개하여야 하고, 사회의 경험을 바탕으로 어떻게 음악이 발전되었는지를 이해하여야 하며, 또한 문화적 관점에서 다양한 민족의 음악이 어떻게 생성되고 발전하였는지를 알아야 한다.

둘째, 음악교육은 사회 안에서 음악의 다양한 쓰임새에 대하여 이해시켜 주어야 한다. 사회에서 음악이 어떻게 사용되고 있으며, 인간에게 어떠한 영향을 끼치고 있는지, 즉 음악의 사회적 가치와 역할을 밝히려는 노력이 있어야 한다.

셋째, 음악교육은 정책에 대한 비판과 평가를 통해서 실질적인 기여를 하여야 한다. 음악교육학은 음악교육과 관련된 정책 수립에 있어서 적용 가능성을 진단할 수 있는 능력을 길러 주어야 한다. 또한 음악교육에 부정적인 영향을 끼치고 있는 문제점들을 발견하여 비판함으로써 근본적인 해결책을 마련하는 데 기여하여야 한다.

넷째, 음악교육학은 학교와 지역사회가 연계하여 성취하려는 음악교육의 목적과 목표를 달성하는 데 도움을 주어야 한다. 2030년 미래의 교육과정은 지역사회와 연계한 학교의 음악교육이 강화될 전망이다. 이 점에서 '지역사회와 연계한 음악교육'에 관한 연구는 앞으로 큰 과제가 될 수밖에 없을 것이다.

어떠한 학문이든 시대나 학자들의 관심 분야에 따라서 중요시하는 문제가 다르고, 같은 문제를 다루는 방식도 다르다. 역시 음악교육사회학에서 연구되어야 할 영역도 학자들의 관점과 시대적 상황이나 기준에 따라 차이가 날 수밖에 없다. 그렇지만 음악교육사회학은 기본적으로 사회학과 교육사회학을 기초로 한 연구 방법을 따라야 할 것이다.

최근 음악교육사회학적 연구의 동향을 살펴보면, 거시적 접근에서 미시적 접근으로 그리고 양적 연구에서 질적 연구로 점차 변하면서 보다 깊이 있는 연구들이 이루어지고 있다. 다원주의 가치가 존중되는 가운데 음악교육의 자율성과 전문성이 보장되고, 음악교육의 본질을 벗어나지 않는 범위 내에서 방법과 과정이 뒷받침되는 성숙된 학문 풍토가 조성될 때 음악교육사회학은 발전할 수 있을 것이다.

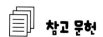 **참고 문헌**

권덕원(2000). 다문화주의 음악교육론과 국악 교육. 음악과 문화, 2, 49-75.

김미숙(2010). 음악교육에서의 세계음악과 문화에 대한 고찰. 음악교육공학, 11, 421-56.

김은애(2017). 고령화 시대와 독일의 노인음악교육. 음악교육공학, 30, 231-250.

김인숙(2005). 음악콘텐츠의 창작, 보호 및 유통 관련 법제의 개선방안 연구. 국가정책연구포털(NKIS) 자료. 한국법제연구원.

김일중(2016). 아트놀로지 시대, 정보통신과 음악산업의 만남. 서울: Book Star(북스타).

김정연(2002). 음악사회교육 프로그램 만족도에 관한 연구. 음악과 민족, 23, 94-114.

김진아, 박지훈(2011). 한국 대중음악의 아이돌 편중에 관한 연구: 대중음악 생산자들과의 인터뷰를 중심으로. 미디어와 공연예술연구, 6(1), 145-172.

김현(2007). 독일의 음악 진로교육. 낭만음악, 20(1), 61-88.

문옥배(2006). 공립공연장의 운영정책이 지역음악사회에 미친 영향: 대전문화예술의전당을 중심으로. 낭만음악, 19(1), 151-177.

민경훈(2001). 생활 음악 문화의 환경 조성에 관한 연구. 음악교육연구, 20, 22-52.

민경훈(2004). 상호문화적 음악교육의 의미와 지도방법에 관한 연구: 초등학교를 중심으로. 음악과 민족, 28, 432-455.

민경훈(2008). 생활 음악 문화의 창출을 위한 학교 및 사회의 역할. 문화예술교육연구, 3(1), 107-123.

민경훈(2009). 다문화 교육으로서 음악 교육의 필요성과 역할. 예술교육연구, 7(1), 93-111.

민경훈(2012). 고등학교 선택과목 '음악과 진로'와 관련하여 음악 산업에 관한 내용 및 지도 방법의 논의. 학습자중심교과교육연구, 12(4), 339-363.

민경훈(2013). 다문화교육으로서 음악교육의 방향. 학습자중심교과교육학회 학술대회 2013 제3호, 339~357.

민경훈(2016). 안드라고지 관점에서 본 문화예술교육으로서 노인 음악활동의 의미 탐구. 예술교육연구, 14(4), 195-215.

민경훈, 김신영, 김용희, 방금주, 양종모, 이연경, 임미경, 장기범, 조순이, 주대창, 현경실 (2013). 음악교육학 총론. 서울: 학지사.

민동원(2016). 광고음악 내에서의 정서적 조화도가 기억에 미치는 영향 연구. 경영학연구, 45(4), 1307-1337.

민은기(2000). 한국 청소년의 음악교육 실태. 서울: 예솔.

봉경애(2010). 학교음악교육과 사회음악교육의 연계를 위한 현황연구: 인천광역시 동부 초등학교를 중심으로. 종합예술과 음악학회지, 4(1), 61-82.

서울대학교 서양음악연구소(2003). 음악대학 졸업생의 취업실태 및 취업의식. 서울: 서울대학교 서양음악연구소.

손민정(2009). 퓨전음악에 있어서 대중음악의 미학적 자리매김. 대중음악, 3, 74-92.

송혜진(2012). 세종의 음악정치 목적과 방법 고찰. 동양예술, 20(1) 187-220.

신혜승(2015). 스마트 미디어시대, 음악교육콘텐츠 창작: 아름다움을 표현하는 노래들을 통해 보는 음악문화사. 이화음악논집, 19(2), 93-105.

안미자, 김혜영(1999). 고등학교 음악수업에 적절한 한국대중가요 선택에 대한 연구. 교과교육학연구, 3(1), 88-105.

양삼석(2011). 음악과 정치. 부산: 부산대학교출판부.

양은주(2009). 중, 고등학교 대중음악 합주 프로그램모형개발. 음악교육연구, 37, 113-138.

양종모(2011). 케이 팝(K-pop)의 학교 음악교육에 수용 탐색을 위한 음악적 특성 분석. 음악응용연구, 4, 1-18.

우혜언(2011). 체계이론에서의 음악: 음악의 의미와 사회학적 해석에 대하여. 서양음악학, 14(1), 11-38.

이경분(2005). 나치시기 음악의 사회학적 고찰. 서울: 서울대학교.

이서진(2016). 꿈을 찾는 음대생: 아무도 알려주지 않는 음대 졸업 후의 진로 및 미래. 서울: 렛츠북.

이선호(2015). K-POP 주류(Mainstream)에 의한 한국 대중음악 산업의 변화에 따른 실용 음악교육 개선에 대한 소고. 문화예술교육연구, 10(6), 109-127.

이전영(2014). 대중음악사: 공연예술과 팝의 모든 것. 서울: 예성출판사.

이혜갑(2001). 텔레비전 광고의 음악 사용 실태에 대한 내용분석 연구. 광고학연구, 12(12), 61-85.

임은정(2016). 고령화 사회의 음악경험 활성화 방안 연구. 음악교육공학, 26, 21-38.

장근주(2007). 세계 다문화적 음악교육의 동향: 미국, 영국, 호주, 독일, 캐나다, 일본을 중심으로. 음악교육, 7, 59-82.

장근주(2016). 다문화 음악교육에 대한 음악교사들의 태도, 필요성 및 실천. 예술교육연구, 14(4), 245-255.

정길영(2013). 평생학습사회를 대비하는 다문화 음악통합교육. 현대사회와 문화, 3(2), 306-337.

정승혜(2011). 광고 사운드의 이론적 고찰과 문화적 함의. 한국광고홍보학보, 13(2), 414-443.

조재영, 조태선(2014). 방송광고의 음악 저작권에 대한 탐색적 연구. 광고연구, 103, 263-319.

지혜미(2009). 학교 음악수업에서 대중음악의 영향과 적용방안 연구. 청소년문화포럼, 22, 210-242.

천현숙, 마정미(2012). TV 광고 크리에이티브 요소에 대한 소비자 반응 연구. 한국광고홍보학보, 14(4), 99-140.

최영자(1998). 한말 개화기의 음악교육. 서울: 음악춘추사.

한독음악학회(2006). 음악사회학 원전 강독. 서울: 심설당.

한수정(2011). 대학부설 평생교육원 성인음악교육의 현황과 개선방안-호남권 대학 평생 교육원을 대상으로. 예술교육연구, 9(2), 95-116.

현택수(1998). 음악과 사회학. 서양음악학, 1, 103-123.

Adorno, T. W. (1990). *Einleitung in die musiksozilogie.* 김방현 역(1990). 음악사회학 입문. 서울: 삼호출판사.

Nolte, E. (1997). *Musikpädagogik als wissenschaftliche Disziplin-Struktur und Aufgabe,* 제3회 국제학술대회: 음악교육의 현대적 접근. 서울: 서울교육대학교 초등교육 연구소, 73-97.

Silbermann, A. (1963). *Wovon lebt die musik: die Prinzipien der musiksoziologie.* 민은기 역(1997). 음악사회학. 서울: 민음사.

Weber, M. (1978). *Sociology of Music.* 이건용 역(1993). 서울: 심설당.

PART

2

음악교육의 내용

제6장

음악과 교육과정

박지현

1. 도입

교육과정(curriculum)이란 달려가야 할 정해진 길과 달리는 과정(course)이라는 의미를 지닌 currere라는 라틴어를 어원으로 하며, 16세기부터 이 교육과정이라는 용어가 등장하기 시작하였다. 교육과정은 보는 관점에 따라 그동안 다양하게 정의되어 왔는데(김대현, 김석우, 2014; 한국교육과정학회 편, 2017), 전통적으로는 각급 학교에서 배우는 교과들의 목록이나 교과들의 강의 요목인 교육내용을 일컫는다. 혹은 교육목적이 학생들의 바람직한 행동 변화에 있다는 점에서 교사들이 계획하는 교수요목이 아니라 학생들이 갖는 일련의 경험이 교육과정이라고 보기도 한다. 또는 계획 차원에 초점을 두고 문서 속에 담긴 교육의 목적, 내용, 방법, 평가, 운영 등에 대한 종합 계획이라고 보기도 하며, 실행 차원에 초점을 두어 학교의 지도 아래 이루어지는 교과 학습 및 생활 영역의 총체, 수업 교재, 내용, 방법이라고 정의하기도 한다. 이처럼 교육과정은 보는 관점과 시대에 따라 다양하게 정의되기 때문에 하나로 규정할 수는 없지만, 포괄적으로 보면 교육 목적 및 목표를 달성하기 위하여 계획·조직된 내용과 경험의 총체라고 할 수 있을 것이다.

교육과정은 교육과정이 추구해야 할 전체적인 공통 방향을 제시하는 총론과 각 교과의 교육 목표, 내용, 방법, 평가 등을 논의하는 각론으로 구분할 수 있는데, 이 각론 교육과정, 다시 말해 교과 교육과정의 하나로 음악 영역이 다루어져 왔다. 음악과 교육과정은 음악 교과가 지향하는 목표, 목표를 달성하기 위한 교육내용, 효율적인 교수·학습 방법 및 평가, 운영 등의 총체로, 나라마다 주요 개발 원리나 주체, 내용 구체화 수준 등에서는 차이가 있다. 우리나라는 국가 수준 교육과정을 표방하고 있으며, 음악과 교육과정의 경우 타 교과 교육과정과 동일하게 해방 이후 교수요목기(1945년~)를 시작으로 하여 제1차(1954년~), 제2차(1963년~), 제3차(1973년~), 제4차(1981년~), 제5차(1987년~), 제6차(1992년~), 제7차(1997년~), 2007 개정(2007년~), 2009 개정(2009년~) 교육과정기를 거쳐 최근 2015 개정 교육과정(2015년~)으로 개발·고시되어 왔다.

교육과정은 교육내용과 경험의 총체라는 점에서 그 자체로 중요할 뿐만 아니라 우리나라는 국가 수준 교육과정이라는 점에서 그 위상이 높기 때문에 교육과정 관련 연구가 그동안 많이 수행되어 왔다. 이런 점에서 이 장에서는 지금까지 음악과 교육과정 관련 연구가 어떠한 방향과 내용으로 연구되어 왔는지 살펴보고, 보다 발전된 음악과 교육과정을 위하여 향후 어떠한 연구가 수행될 필요가 있는지 제안하고자 한다.

2. 음악과 교육과정의 연구 동향

음악과 교육과정의 연구 동향을 살펴보기 위하여 국내외 학술지에 게재된 연구논문 800여 편, 연구보고서 50여 편, 국내 석·박사 학위논문 1,000여 편 가량을 대상으로 하여, 연구 시기, 연구 주제, 연구 대상, 연구 방법의 측면에서 분석하였다.

1) 연구 시기별 동향

학문적 측면에서 음악과 교육과정에 대한 연구는 1950년대부터 해외에서 수행되기 시작하였고, 우리나라에서는 1970년대부터 이루어졌다. 초기에는 고시된 초·중·고 교육과정 문서를 중심으로 형식적 체제 및 내용 구성에 대하여 개괄적으로 살펴보거나 교육과정기별 변천과정을 분석하는 연구를 중심으로 하면서(이동수, 1979; 이현자, 1987; 장창환, 1972) 교육대학이나 대학의 음악과 교육과정 내용 구성에 대한 연구도 빈번히 수행되었고(신계휴, 1989), 국악(황병훈, 1993) 및 해외 교육과정 소개(김서경, 1993)에 대한 연구도 간간히 시도되었다.

1990년대 중·후반인 제7차 음악과 교육과정 고시 이후부터 교육과정 관련 연구가 상당히 활발히 수행되기 시작하였다. 교육과정의 주요 영역인 목표, 내용, 방법,

평가 등 각각에 대한 보다 심도 있는 연구, 교육과정 이론 적용 및 개발 방법 등 보다 원리적 측면의 연구, 국악이나 창작과 같은 특정 영역이나 국제 비교 등 다양한 관점의 연구가 수행되었다(김원명 외, 2002; 성경희, 2006; 신계휴, 1997; 양종모, 2007; 이경언, 2005). 이러한 양적 성장기를 거쳐 2010년 이후에는 교육과정 관련 연구가 양적 및 질적 측면에서 더욱 발전적으로 양산되었다. 기존의 연구 영역 및 방향과 더불어 특수, 진로 등 보다 세부적이고 구체화된 연구 주제, 융합이나 역량 등 최신의 다양한 교육 주제 관련 연구들이 수행되고 있다(민경훈, 2012; 박지현, 2015; 소경희 외, 2014; 장지원, 2015; 조대현 외, 2017).

이상에서 살펴본 연구 시기별 동향을 정리하면 다음 〈표 6-1〉과 같다.

〈표 6-1〉 음악과 교육과정의 연구 시기별 동향

연구 시기	교육과정 시기	주요 특징
초기 (1970~1990년대)	교수요목기~ 제6차	• 음악과 교육과정 연구의 태동기 • 주요 주제: 교육과정 문서 분석, 교육과정기별 변천 과정, 대학 음악교육과정 등
중기 (1990~2000년대)	제7차~ 2007 개정	• 음악과 교육과정 연구의 양적 성장기 • 주요 주제: 목표/내용/방법/평가 각각의 연구, 교육과정 이론 및 개발 방법 적용, 국악, 국제 비교 등
최근 (2010년 이후~)	2009 개정~ 현재	• 음악과 교육과정 연구의 양적 및 질적 발전기 • 주요 주제: 기존 연구 주제 + 연구 주제의 세분화/구체화/다양화(특수, 진로, 융합, 역량 등)

2) 연구 주제별 동향

음악과 교육과정 연구를 주제별로 분석해 보면, 크게 여섯 가지 범주로 구분해 볼 수 있다.

먼저, '교육과정 이론 및 원리'와 관련된 연구 주제이다. 타일러나 브루너 등의 교육과정 관련 학자, 경험 중심이나 이해 중심 교육과정과 같은 철학적 기반 및 사조, 핵심역량 함양이나 융합교육 등 교육과정을 둘러싼 주요 쟁점 등을 키워드로 하여 이론적으로 고찰하는 연구이다(송주현, 2011; 장지원, 2015; 최나영, 2016).

두 번째는 '교육과정 내용 및 구성'과 관련된 연구들로 교육과정 관련 연구의 많은 부분을 차지하고 있다. 이는 국가에서 개발된 교육과정 문서의 형식과 내용을 분석하는 것인데, 먼저 형식적 측면에서는 목표-내용-방법-평가에 이르는 교육과정 체제가 어떻게 분류되고 제시되어 있는지 분석하는 것이다. 예컨대, 성격 항이 있는지, 추구하는 인간상이 있는지, 내용 영역을 제시하는 방식은 어떠한지 등과 같은 연구가 이에 해당한다. 한편, 내용적 측면에서는 음악과 교육과정 문서에 포함된 내용이나 영역을 분석하는 것으로, 예컨대 생활화 영역에는 어떤 내용이 포함되어 있는지, 각 내용 영역이 어느 정도 구체적으로 명시되어 있는지, 어떤 목표나 음악 내용이 중점인지 등에 대한 연구이다. 이러한 교육과정 내용 및 구성에 관한 연구는 교육과정의 각 시기별 특징을 세부적으로 분석하거나 여러 시기별 변천사를 통시적으로 비교하기도 하고, 타 교과나 해외 사례와 비교하며 개선점이나 함의를 도출하는 식으로 구성되어 있다(민경훈, 2012; 박지현, 2015; 신계휴, 1997; 이동수, 1979; 이현자, 1987).

세 번째는 교육과정을 구체화한 교수·학습 자료가 교과서라는 점에서 '교육과정-교과서 연계'에 대한 연구들이다. 예를 들면, 생활화는 교과서에 어떻게 나타나고 있는지, 다문화 내용으로 어떤 악곡이 수록되어 있는지 등과 같이, 교육과정의 주요 내용이 교과서에 구체적으로 어떻게 구현되고 연계되어 있는지에 대하여 연구하는 것이다. 이러한 연구는 교육과정 시기별로 혹은 초·중·고 학교급별로, 표현이나 감상 등의 음악 영역별로 다양한 관점에서 분석한다(장근주, 2014; 정미영, 2009; 조대현 외, 2017; 황병훈, 1993).

네 번째는 '교육과정 개발 및 설계'와 관련된 연구들로, 국가 수준 혹은 지역 수준에서의 교육과정 개발 방식이나 개정상의 쟁점 등을 주요 내용으로 하고 있다(양종모, 2007; 조대현, 2014). 이 연구 주제는 전체 교과를 아우르는 총론에서 주요 연구 영역으로 다루어지는 것에 반해, 각론인 음악과 교육과정 연구에서는 상대적으로 비중이 약한 편이다. 이는 교육과정 개발 및 설계가 범교과적으로 중요하면서 모든 교과 교육과정에 적용될 수 있는 원리나 개정 방법 등에 관한 것이어서 특정 교과 내에서만 논의하기에 한계가 있기 때문인 것으로 볼 수 있다. 즉, 각론 교육과정에서는 범교과적 개발이나 설계보다는 상기의 두 번째와 세 번째에서 제시한 내용적 측면에 보다 관심을 갖고 있다고 하겠다.

다섯 번째는 학교 및 교사 수준에서 이루어지는 '교육과정 실행'에 관한 것이다. 국가나 지역 수준에서 개발된 교육과정을 학교 현장에서 보다 실제적으로 적용·실천·운영하기 위해 수업이나 프로그램을 구안하고 실행하는 것을 주요 내용으로 삼는다. 이와 관련하여 학교 교육과정 구안, 학교에서의 교육과정 관련 인식 및 실태 조사, 교사의 교육과정 전문성 등에 대한 내용이 다루어진다(김희숙, 2013; 박주만, 2012; 장은언, 2013).

마지막으로 '해외 교육과정'에 대한 연구로, 해외의 다양한 음악과 교육과정을 소개하거나 우리나라 교육과정과 비교하는 등의 내용을 중심으로 한다(김서경, 1993; 김원명 외, 2002; 소경희 외, 2014; 송주현, 2011; 현경실, 홍혜연, 2016). 미국, 캐나다, 호주, 싱가포르, 영국, 독일 등 각 나라별 음악과 교육과정의 특성이 어떠한지, 유사점 및 차이점은 무엇인지, 우리나라 교육과정의 향후 개선 방향에 주는 함의는 무엇인지 등에 대하여 주로 다루고 있다.

이상에서 살펴본 연구 주제별 동향을 정리하면 다음 〈표 6-2〉와 같다.

〈표 6-2〉 음악과 교육과정의 연구 주제별 동향

주제	주요 내용
교육과정 이론 및 원리 연구	• 교육과정 관련 이론 연구(학자나 철학적 사조 등) • 교육과정 관련 주요 쟁점 기반 연구(핵심역량, 인성 등) • 전반적 개선 방향, 영향 전망, 함의 등
교육과정 내용 및 구성 분석 연구	• 교육과정 문서 체제, 구성, 특징 등 • 교육과정 변천 역사, 타 교과와 비교 분석 등 • 표현/감상/생활화 등 교육과정 영역별, 국악/양악/다문화 등 음악 유형/장르별 연구 등
교육과정-교과서 연계 연구	• 교육과정과 교과서 연계, 구현 등
교육과정 개발 및 설계 연구	• 국가 수준, 지역 수준 등 교육과정 개발 및 설계 방식, 쟁점
교육과정 실행 및 실태 연구	• 학교 및 교사 수준에서의 교육과정 적용, 실행, 실천, 운영: 교육과정 기반 수업 및 프로그램 구안, 실행 등 • 교육과정 관련 실태, 반응, 인식, 요구 조사 • 교사의 교육과정 전문성 등
해외 교육과정 연구	• 해외 교육과정 소개, 분석 • 교육과정 국제 비교

3) 연구 대상별 동향

연구 대상별 동향은 크게 두 가지 관점에서 정리해 볼 수 있다.

첫째, 연구의 대상이 교육과정 문서 자체인 경우와, 교육과정이 적용 및 실행되는 학교 현장인 경우로 구분하여 살펴보는 관점이다. 먼저, 교육과정 문서를 연구하는 것은 교육과정의 계획적 측면에 입각한 것으로, 개발된 교육과정 문서의 내용과 형식을 분석한다. 교육과정 문서에 제시된 표현, 감상, 생활화 등의 주요 내용체계나, 성격-목표-내용-방법-평가 등 문서를 구성하고 있는 형식체제를 분석하는 등 문서 자체를 대상으로 하는 연구이다(박지현, 2015; 이경언, 2005; 이현자, 1987; 장창환, 1972; 한윤이, 2016). 한편, 학교 현장을 대상으로 하는 연구는 교육과정의 실행적 측면에 입각한 것으로, 교사의 교육과정 재구성이나 실행 및 지도 계획, 교과서 연계 등과 같이 보다 실제적인 내용을 연구 대상으로 삼는 것이다(박주만, 2012; 장은언, 2013; 정미영, 2009; 최나영, 2016).

둘째, 유-초-중-고-대학 등 학교급별로 연구 대상을 구분할 수도 있다. 이러한 학교급별 연구 대상의 관점에서 볼 때, 음악과 교육과정 연구는 주로 일반 초·중등학교에서 이루어지는 음악과 수업을 위한 교육과정을 중심으로 하고 있음을 알 수 있다. 한편, 유아나 특수, 대학 교육과정 등에 대한 관심과 연구(곽현규, 2010; 남궁목화, 전병운, 2011; 신계휴, 1989; 이가원, 2015)는 상대적으로 매우 미흡한 실정이다.

이상에서 살펴본 연구 대상별 동향을 정리하면 다음 〈표 6-3〉과 같다.

〈표 6-3〉 음악과 교육과정의 연구 대상별 동향

구분	연구 대상	주요 내용
계획-실행 측면	교육과정 문서 자체(계획)	• 교육과정 문서에 대한 분석 연구 • 내용체계 분석, 문서의 형식체제 분석
	교육과정 적용 실제(실행)	• 교사의 교육과정 재구성 • 교사의 교육과정 실행 및 지도 등
학교급별	초·중·고	• 주된 연구 대상 • 일반 학교에서 공통적으로 적용되는 음악과 교육과정 중심
	유아, 특수, 대학 등	• 해당 학교급의 교육과정 개발, 분석

4) 연구 방법별 동향

교육과정 연구는 교육과정을 개발하는 원리를 밝히고 교육과정 문서 자체를 분석하거나 해외 교육과정을 소개 및 비교하는 등 내용적 측면에서의 연구가 중요한 부분을 차지하기 때문에, 이론적 기반의 문헌 연구가 많이 활용되어 왔다. 예컨대, 교육과정의 변천사를 살펴보는 역사적 연구, 교육과정 문서 자체를 분석하는 문헌 분석 연구, 교육과정의 이론과 원리를 탐색하는 철학적 연구 등이 대표적이다(곽현규, 2010; 김서경, 1993; 민경훈, 2012; 성경희, 2006; 소경희 외, 2014; 양종모, 2007).

이상에서 제시한 문헌 연구 외에 질적 및 양적 연구들이 수행되어 왔으나, 그 활용 정도는 상대적으로 적은 편이다. 질적 연구에 있어서는 개발된 교육과정을 학교 현장에 적용하여 관찰이나 면담 등을 실시하는 사례 연구나 현장 교사들의 실행 연구 등이 이에 해당한다(최나영, 2016). 한편, 교육과정의 개선을 위한 인식이나 적용에 따른 효과를 조사·분석하기 위하여 설문조사를 중심으로 하는 양적 연구도 수행되어 왔는데, 분석 방법에 있어서는 추리통계보다 인식이나 효과를 확인하는 수준의 기술통계가 주로 활용되었다(김희숙, 2013; 장근주, 2015; 홍주희, 2012). 굳이 질적 혹은 양적 연구로 구분하지 않고 다양한 방법론이 혼합된 연구, 교육과정 개발이 관련 전문가들을 중심으로 이루어진다는 점에서 델파이 조사 연구 등도 수행되어 왔다(교육부, 한국교육과정평가원, 2015; 송주현, 2014).

이상에서 살펴본 연구 방법별 동향을 정리하면 다음 〈표 6-4〉와 같다.

〈표 6-4〉 음악과 교육과정의 연구 방법별 동향

구분	주요 방법	주요 내용
문헌 연구	역사적 연구, 철학적 연구, 문헌(문서/교과서 등) 분석 등	• 교육과정 문서 비교 및 분석 연구 • 교육과정 이론이나 원리 적용 및 분석 연구 • 해외 교육과정 소개 및 비교 • 교육과정과 교과서 간 연계 분석, 교과서 비교 분석 • 교육과정 및 프로그램 개발 방향 제안
질적 연구	수업 관찰, 학생 면담, FGI, 사례 연구, 실행(현장) 연구 등	• 교육과정 적용 및 재구성 프로그램 구안, 실행 • 교육과정에 따른 교과서 적용, 실행

양적 연구	조사 연구(설문조사), 기술통계 분석 등	• 교육과정 개선을 위한 인식 조사 • 교육과정 적용에 따른 효과 분석 • 교육과정 영역/유형/장르 등의 비교 분석, 교과서 수록 현황 분석
혼합 연구	질적+양적 연구 방법 혼합, 델파이 조사 등	• 교육과정 실행을 위한 프로그램 구안, 적용 • 교육과정 내용 비교 분석 • 교육과정 관련 인식 및 효과 분석

3. 연구 과제 및 전망

음악과 교육과정은 기본적으로 교육에서 추구하는 인간상이 무엇인지에 따라 음악과의 목표를 수립하고 이러한 목표를 달성하기 위한 내용, 방법, 평가 등을 설정하게 된다. 따라서 교육과정 개정 당시 어떠한 관점이 강조되었는가에 따라 지향하는 목표, 이에 따른 내용, 방법, 평가가 달라져 왔다. 예컨대, 학생들의 흥미와 요구를 강조하던 시기에는 생활인 육성을 위한 경험중심 교육과정이, 교과 지식의 체계적 습득과 지적 수월성을 요구하던 시기에는 교과의 구조를 강조하는 학문중심 교육과정이, 그리고 인간적 성장, 인격적 통합을 강조하던 시기에는 자아실현을 궁극적 목표에 두는 인간중심 교육과정이 근간을 이루었었다.

최근 고시된 2015 개정 교육과정은 각 학문에서 중요하게 다루는 핵심 개념이나 원리를 바탕으로 하여 영속적 이해에 도달할 수 있도록 하는 이해중심 교육과정(understanding by design)을 기반으로 한다. 동시에 사회적 삶에서 필요한 역량을 강화하는 방향으로 교육내용을 제공해야 한다는 역량중심 교육과정(competence-based curriculum)을 지향하고 있다. 이처럼 교육과정의 현행 국제적 흐름 및 최근 우리나라 교육과정이 이해중심과 역량중심 교육과정을 근간으로 하고는 있으나 이러한 관점이 아직 깊이 있게 적용되지 못하였고, 급격히 변화해 가는 미래 사회를 대비한 음악과 교육과정의 방향에 대한 논의도 부족한 실정이다. 이런 점에서 다음과 같은 향후 개선 방향 및 연구 과제를 제안하고자 한다.

첫째, 현재까지 음악과 교육과정에 대한 교육적 관심과 축적된 연구를 바탕으로 보다 거시적 관점에서의 연구가 요구된다. 사회 변화 속에서 음악과가 궁극적으로 지향하여야 할 교육적 가치와 목표는 무엇이고 어떠한 역량을 추구할 것인지에 대한 숙의가 필요하다. 또한 이러한 논의에서 한 걸음 더 나아가 총론 차원의 교육과정 설계나 개정 방향까지도 앞장서서 선도할 수 있는 음악 교과의 가치와 역할은 무엇인지 살펴보는 것도 의미가 있을 것이다.

둘째, 음악과의 특성을 살리면서 사회적 요구를 반영할 수 있는 음악과의 내용 및 방법이 무엇인지에 대한 연구가 요청된다. 음악 고유의 미적 가치나 청각적 특성을 강조하면서도 사회와의 연계, 인성 교육, 디지털 활용 등과 같은 음악 외적 요구를 균형 있게 접목할 수 있는 내용과 방법에 대한 논의가 필요하다. 또한 국악 대 서양음악과 같은 음악 영역, 장르, 유형에 대한 단순 파이 나누기식 논의를 벗어나서 진정한 음악적 이해를 위한 핵심적인 음악 내용은 무엇인지, 어떠한 수행과 방법으로 이러한 핵심 내용에 대한 이해에 도달할 수 있는지 등에 대한 지속적인 연구도 요구된다.

셋째, 교육과정의 계획적 측면의 연구와 실행적 측면의 연구 및 논의가 유기적으로 이루어질 필요가 있다. 그동안 우리나라 음악과 교육과정 연구는 국가 수준의 계획 및 개발, 학교 수준의 실행 및 적용이 양분되어 이루어져 왔다. 그러나 국가 수준에서 개발된 교육과정을 학교 수준에서 다양하고 자유롭게 재구성하는 것이 점점 더 강조되고 있는 바, 계획과 실행을 모두 포괄하는 관점에서의 연구로 발전되어 갈 필요가 있다. 더 나아가 국가 주도 교육과정 계획 및 개발의 장단점을 검토하여 앞으로 우리나라 음악과 교육과정이 어떻게 개발되는 것이 바람직한지에 대한 논의도 이어 갈 필요가 있다.

넷째, 교육과정 연구의 대상을 확장하고 보다 연계적으로 연구할 필요가 있다. 지금까지의 음악과 교육과정 연구들은 초·중·고 일반 학교를 주요 대상으로 하면서, 초·중·고 학교급 간 연계보다 각 학교급 내에서의 논의에 초점을 두어 왔다. 그러나 미래 사회에는 사회 및 실생활과 긴밀히 연관된 교육이 더욱 강조된다는 점에서, 학교 중심 교육에서 벗어나 유-초·중·고-대학-평생 등 생애 주기를 고려한 교육과정 개발 및 실행에 관한 연구에 관심을 가질 필요가 있다. 또한 여러 학교급이나 발달단계를 연계적으로 고려한 교육과정에 대한 논의도 더 많이 이루어져야 할 것이다. 그리고 일반 다수를 위한 음악교육뿐만 아니라 특수나 영재 등 특별한 교육에 대한 요구라든지 개인의 음악 선호나 관심 등 선택적 교육에 대한 요구를 수용할 수 있는 맞춤형 음악과 교육과정에 대한 논의도 앞으로 보다 활발히 수행되어야 할 것이다.

마지막으로, 연구 방법의 다양화를 지향해 가야 한다. 지금까지의 교육과정 연구는 개발된 문서의 중요성으로 인하여 문헌 연구가 중심을 이루어 왔으나, 학교 수준에서의 교육과정 재구성 및 다양한 실행 등이 보다 중요해지고 있다는 점에서 현장을 기반으로 한 다양한 질적 및 양적 연구가 많이 수행되어야 할 것이다.

 참고문헌

교육부, 한국교육과정평가원(2015). 2015 개정 음악과 교육과정 시안 개발 연구 보고서. 서울: 한국교육과정평가원.

곽현규(2010). 교육대학교 교육과정 분석연구: 음악교과를 중심으로. 교원교육, 26(5), 65-79.

김대현, 김석우(2014). 교육과정 및 교육평가. 서울: 학지사.

김서경(1993). 제6차 음악과 교육과정과 국민학교 음악과 교육과정의 외국동향: 독일, 미국, 일본의 교육과정을 중심으로. 초등교육연구, 3, 169-206.

김원명, 민경찬, 양종모, 이내선, 장기범, 주대창, 최은식(2002). 국제 비교를 통한 우리나라 음악과 교육과정의 특성 분석: 독일, 미국, 영국, 일본, 프랑스를 중심으로. 음악과 민족, 24, 317-353.

김희숙(2013). 2009 개정 음악과 교육과정 국악개념에 대한 교사의 이해 및 중요도 인식 조사. 음악교육공학, 16, 179-192.

남궁목화, 전병운(2011). 기본교육과정 음악과 유치원교육과정 표현활동 및 공통교육과정 즐거운 생활의 연계성 분석. 통합교육연구, 6(2), 225-244.

민경훈(2012). 고등학교 선택과목 '음악과 진로'와 관련하여 음악 산업에 관한 내용 및 지도방법의 논의. 학습자중심교과교육연구, 12(4), 339-363.

박주만(2012). 음악과 교육과정과 연계한 초등 방과후 학교 국악교육 프로그램 개발 연구. 예술교육연구, 10(2), 21-41.

박지현(2015). 2015 개정 즐거운 생활과 교육과정 분석 및 개선 방향 탐색. 예술교육연구, 13(4), 103-121.

성경희(2006). 21세기 사회와 학교 음악과 교육과정의 개선 방향. 음악교육공학, 5, 1-7.

소경희, 송주현, 홍원표, 강지영(2014). 독일 함부르크 주의 역량중심 음악과 교육과정 개발 사례 탐색. 음악교육연구, 43(2), 25-45.

송주현(2011). 역량중심 음악과 교육과정 비교 연구-영국과 캐나다 퀘백 주 중심. 음악교육연구, 40(3), 215-249.

송주현(2014). 역량중심 음악과 교육과정 설계 방안 연구. 서울대학교 대학원 박사학위 논문.

신계휴(1989). 교육대학 음악과 교육과정 탐색. 음악교육연구, 8(1), 93-112.

신계휴(1997). 음악과 교육과정 개발 방향. 교원교육, 13(1), 159-182.

양종모(2007). 2007 고등학교 선택중심 교육과정 개정 방법의 적절성 탐색: 음악과를 중심으로. 교원교육, 23(1), 341-353.

이가원(2015). 다문화 교육을 위한 대학 음악교육교육과정 개발 연구. 예술교육연구, 13(3), 39-55.

이경언(2005). 음악과 교육과정 평가방법 분석 연구. 교원교육, 21(4), 74-89.

이동수(1979). 음악교육과정 구성 및 단원학습의 계획과 지도에 관한 고찰. 제주교육대학교 논문집, 9, 195-207.

이현자(1987). 중학교 음악과 교육과정의 변천. 교원교육, 3(1), 115-125.

장근주(2014). 2009 개정 통합 교육과정에 따른 통합 교과 중 '즐거운 생활'의 교육과정과 교과서 분석. 음악교육공학, 20, 115-131.

장근주(2015). 2009 개정 음악과 교육과정의 인식 및 요구 분석. 예술교육연구, 13(1), 77-100.

장은언(2013). 초등학교 음악과 교육과정의 음악의 생활화를 위한 음악수업 프로그램 연구. 음악교육연구, 42(1), 167-185.

장지원(2015). 타일러의 교육과정 조직 원리에 근거한 초중등 학교급간 음악과 교육과정 연계성 고찰. 음악교육연구, 44(4), 221-239.

장창환(1972). 국민학교 음악과 신구 교육과정의 비교 분석. 서울교육대학교 논문집, 5, 279-295.

정미영(2009). 고등학교 음악 교과서 민요에 관한 연구: 제5, 6, 7차 교육과정을 중심으로. 한국민요학, 25, 253-299.

조대현(2014). 2015 교육과정 개정안의 문제점 및 대안 연구: 총론과 음악과 내용을 중심으로. 예술교육연구, 12(4), 207-223.

조대현, 윤성원, 강옥화, 윤관기(2017). 2015 개정 교육과정에 따른 특수학교 초등 음악교과서 개발을 위한 기초연구. 교육연구, 68, 177-203.

최나영(2016). 이해를 위한 교육과정에 따른 초등교사의 교육과정 재구성 사례연구: 음악 교과를 중심으로. 초등교육연구, 29(1), 125-150.

한국교육과정학회 편(2017). 교육과정학 용어 대사전. 서울: 학지사.

한윤이(2016). 음악과 교육과정의 국악 내용 비교 분석 및 개선 방안: 2009와 2015 개정 음악과 공통 교육과정을 중심으로. 교원교육, 32(4), 235-262.

현경실, 홍혜연(2016). 한국, 미국, 캐나다, 영국, 호주의 예술고등학교 음악과 교육과정 비교 분석. 음악교육연구, 45(1), 119-137.

홍주희(2012). 음악과 교육과정에서 국악의 변화와 제주지역 초등교사의 국악교육에 대한 인식. 교육과학연구, 14(2), 75-85.

황병훈(1993). 국민학교 음악과 교육과정 및 교과서의 전통음악 내용 분석 연구. 인천교육대학교 논문집, 27(1), 195-226.

음악과 교육과정의 내용체계

권수미

1. 도입

'음악과 교육과정 내용체계'란 음악과 교육과정을 설계하는 과정 중 교육적 목표를 달성하는 데 요구되는 내용을 선정한 후 이를 체계적으로 조직하여 제시한 것이다. 음악과 교육과정의 내용체계는 상급 수준인 교육과정의 방향뿐만 아니라 학교 음악교육에서 무엇을 강조하여 지도할 것인지에 따라 영향을 받게 된다.

교육의 역사나 교육과정 개발사를 살펴보면, 교과(학문), 학습자(개인), 사회는 교육과정을 결정하는 세 요소로 작용해 왔다(박도순, 홍후조, 1988; 이경섭, 1999). 일찍이 듀이(Dewey, 1902)나 타일러(Tyler, 1949)도 교육과징 결정의 세 요소를 '교과' '학습자' '사회'라고 하였다. 세 요소가 교육과정에 영향을 미치는 방식이나 범위는 구체적으로 파악되지는 않았지만, 이 요소들이 긴밀히 상호작용하여 교육과정을 구성하는 것은 분명하다. 대체로 20세기 이전에는 '교과'가, 진보주의 교육이 우세한 20세기 이후에는 '학습자' 또는 '사회'가 교육과정 개발에 주된 축을 차지하였다. 이 세 요소의 조화와 절충 속에서 교육과정의 내용체계가 개발되는 것이 바람직하다. 하지만 아직도 많은 사회에서 교과의 상대적 우위는 계속되고 있다. 교육과정은 교과 교육과정으로 전달자인 교수자의 입장에서 강조될 뿐 학습자와 사회의 요구는 소홀히 취급된다. 구체적으로 교과 내에서도 국어, 수학, 영어가 지나치게 강조되거나 예술과 체육 교과는 위축되는 것이 그 예이다(홍후조, 2011, p. 89).

음악교과 역시 교육과정 내용체계에 대한 온전하고 실제적인 결정을 하기 위해서는 '교과' '학습자' '사회'라는 이 세 가지 요소 간의 조화와 절충을 주의 깊게 고려하여 설계되어야 할 것이다. 따라서 이 장에서는 음악과 교육과정의 내용체계에 대한 연구 동향과 전망을 파악하는데 있어 크게 '교과 관점에서의 교육과정' '학습자 관점에서의 교육과정' '사회적 관점에서의 교육과정'으로 분류하여 연구 문헌을 정리해 보고자 한다.

2. 음악과 교육과정 내용체계의 연구 동향

1) 교과 관점에서의 음악과 교육과정 내용체계 연구 동향

'교과중심 교육과정'은 학교 교육과정에서 오랫동안 가장 큰 영향을 끼친 유형으로, 인류의 축적된 문화유산을 후세에 전수하는 것이 교육의 목적이라는 전통적인 교육관을 지향한다. 따라서 '교과중심 교육과정'의 내용은 각 교과별로 문화적 유산으로부터 선정된 것이고 후손들이 반드시 알아야 한다고 여겨지는 객관적인 사실, 기본 지식과 기능, 전통적인 가치 등으로 구성된다. 교과 관점에서의 음악과 교육과정 내용의 구성요소에 대한 연구는 국내외에서 교육과정이 바뀔 때마다 끊임없이 논의되어 왔다. 국내 음악교육학자들에 의해 연구된 음악 교과 교육과정의 내용체계는 음악교육의 대영역이라 할 수 있는 '이해' '표현' '활동' '감상' '생활화' 영역이 어떻게 분류되어 왔는지 변화를 추적해 봄으로써 파악할 수 있다.

(1) 해방 이후 음악교육과정 내용체계 변천에 관한 연구 동향

해방 이후 음악교육과정 내용체계 변천에 관한 연구는 음악교육과정을 다룬 상당수의 연구에서 부분적으로 발견된다(석문주, 최미영, 2011; 오지향, 문경숙, 최미영, 2014; 이상규, 2016; 주대창, 2010; 최은식, 승윤희, 정진원, 2015). 이들 선행연구는 각 음악교육과정별로 대영역에 해당되는 '가창' '기악' '창작' '감상' 등이 어떻게 구성되었는지 그 변천을 공통적으로 다루고 있다.

1945년 해방과 1950년 한국전쟁으로 제대로 된 교육과정이 없는 혼동 속에서 1954년 '교과중심 교육과정'을 표방한 제1차 교육과정(1954~1963)이 공포되었다. 제1차 음악교육과정의 내용체계는 '가창' '기악' '감상' '창작' '음악의 생활화'(초등)/'기초이론'(중등)의 다섯 가지 영역으로 분류된다. 이때 '가창' '기악' '감상' '창작' 영역은 이후 음악교육과정 내용체계에서 기본적으로 쓰는 대영역 분류 항목이 되었다. 제2차 음악교육과정(1963~1973)과 제3차 음악교육과정(1973~1981)의 내용체계는 '가창' '기악' '창작' '감상'의 네 영역으로 분류되었다. 1960~70년대 미국의 포괄적 음악교육과 개념 중심 음악교수법의 영향을 받은 제4차 음악교육과정(1982~1987)에서는 내용체계가 '기본능력'(리듬, 가락, 화성, 형식, 빠르기, 셈여림, 음색), '표현 능력'(가창, 기악, 창작)과 '감상능력'의 세 영역으로 분류되고 제5차 음악교육과정(1987~1992)에서는 '표현'과 '감상'의 두 영역으로 분류되었다. 이때 '기본능력'에 해당하는 '이해' 영역은 잠시 표현 영역의 하위 요소로 포함되었다가, 제6차 음악교육과정 이후 제7차 음악교육과정 그리고 2007 음악교육과정까지 내용체계의 주요 영역으로 다시 자리 잡게 된다. 제6차 음악교육과정(1992~1997)의 내용체계는 '이해'(음악의 구성요소-리듬, 가락, 화음, 빠르기, 셈여림, 음색), '표현'(가창, 기악, 창작), '감상'의 세 영역으로 분류되었다. 제7차 음악교육과정(1998~2007)에서는 제6차의 내용체계를 이어받았으나 감상영역이 활동의 하위요소로 포함되어 '이해'(음악의 구성요소-리듬, 가락, 화성, 형식, 셈여림, 빠르기, 음색)와 '활동'(가창, 기악, 창작, 감상)의 두 영역으로 분류되었다. 2007년에 개정 고시된 '2007 개정 음악과 교육과정'은 제7차의 '이해'와 '활동' 영역에 '생활화' 영역이 추가가 되어 세 영역으로 구성되었다. 생활화 영역은 제1차 음악교육과정 내용체계로 구성된 이후 처음으로 재등장하는 영역이다. 이어 '2009 개정 음악과 교육과정' 및 '2015 개정 음악과 교육과정'에서는 '2007 개정 음악과 교육과정'의 틀을 유지하여, '이해' 영역은 빼고 '활동' 영역의 하위 요소였던 '감상'을 독립적인 영역으로 추가함으로써, '표현'(가창, 기악, 창작), '감상' '생활화'의 세 영역으로 구성하였다.

〈표 7-1〉 음악과 교육과정 내용체계 변천

교육과정	1차	2차	3차	4차	5차	6차	7차	2007	2009 2015
대영역	가창	가창	가창	표현	표현	표현	활동	활동	표현
	기악	기악	기악						
	창작	창작	창작						
	감상	감상	감상	감상	감상	감상			감상
	생활화 (초등)	.	.	.	.	.	.	생활화	생활화
	음악기초 이론(중등)	.	.	기본 능력	.	이해	이해	이해	.

(2) 내용체계의 구성요소 선정에 관한 연구 동향

음악교육과정 내용체계의 변화는 각 음악교육과정에서 무엇을 더 가르칠지 혹은 덜 가르칠지에 관한 내용 선정과 가감에 관한 문제만을 의미하지 않는다. 이는 더 나아가 음악 자체의 내재적인 가치를 지향하는 교육을 실천하는지 혹은 음악의 외적 목표를 지향하는 교육을 실천하는지 음악교육의 방향성을 제시하여 교과서 및 교사용 지도서 개발의 설계 그리고 실제 학생 교육에까지 직접적인 영향을 줄 수 있다. 교육과정의 내용체계가 변화할 때마다 국내 음악교육학자들은 대영역 구성요소와 관련하여 논쟁을 지속해 왔다(권덕원, 2002; 권덕원 외, 2005; 장근주, 2015a; 정세문, 1987; 한국교육과정평가원, 2005, 2015).

최근 내용체계의 구성과 관련하여 이루어진 연구들의 주요 관심사항 중 하나는 대영역에 이해영역을 포함할지 여부에 관한 것이다(한국교육과정평가원, 2005). 우리나라 음악과 교육과정에 음악 요소 또는 음악적 개념을 '이해' 영역으로 명시하게 된 것은 제6차 교육과정 시기부터이다. 1980년대 초 '개념적 접근법'이 음악교육과정에 도입된 제4차 교육과정부터 제7차까지 약 26년간 음악의 내재적이고 본질적인 가치를 교과목표로 강조하며 음악과 교육과정에 비중 있게 반영되어 왔다(권덕원, 2002; 권덕원 외, 2005). 하지만 2007 개정 이후 2009 개정 및 현행 2015 개정에 이르기까지 음악개념지도가 차지하는 비중은 하향 조정되는 추세에 있다고 분석된다(오지향, 문경숙, 최미영, 2014).

이에 대해 음악교육학자들은 찬반을 번복하며 연구를 이어 오고 있다. 우선, 이해 영역을 삭제하여 이해와 활동 영역 간 수준의 불일치 해소를 꾀했으며, 활동영역을 표현과 감상 영역으로 분리함으로써 전체적으로 활동 중심의 음악교육이 이루어지도록 하였다는 데 긍정적인 반응이 있다. 이어 이해영역을 독립적인 영역으로 설정하기보다 내용체계 대영역의 하위 요소로 두고 표현이나 감상과 같은 활동에 통합적으로 지도하는 것이 바람직하다고 보며 이해영역의 하향 조정에 동의하기도 한다(정세문, 1987; 한국교육과정평가원, 2005).

이에 반해 이해영역의 존속을 주장하는 연구도 이어지는데 이들은 '이해영역이 제시됨에 따라 음악수업이 이론 위주로 진행된다'거나 혹은 '음악개념을 체계화함에 따라 학습 분량이 많아지고 어려워진다'라는 일부 의견을 음악개념 수업의 오해에 기인한 것으로 파악하며 교육과정이 바뀔 때마다 음악개념에 대한 내용을 변경하기보다는 한국의 음악교육 환경에 맞는 음악개념을 선정하고 교수·학습방법에 대해서 지속적으로 연구해야 할 필요가 있다고 제안한다(함희주, 권덕원, 문경숙,

2014).

내용체계의 구성과 관련하여 이해영역에 있어 '음악의 구성요소'에 대한 논의도 이어지고 있다(한국교육과정평가원, 2005). 지난 제4차 음악교육과정의 내용체계에 '기본능력'이라 불리는 음악적 개념으로 리듬, 가락, 화음, 형식, 음색, 셈여림, 빠르기 등의 일곱 가지 음악 요소가 처음으로 제시된 이후 제6차와 제7차 음악교육과정에서 앞의 일곱 가지의 요소가 음악의 구성요소로 채워지게 된다. 이에 대해 한국교육과정평가원(2005)은 현대 음악을 일곱 가지 요소로 설명하는 것이 타당한지, 학교에서 가르쳐야 하는 음악 요소가 일곱 가지로 제시되는 것이 적절한지에 대한 심도 깊은 논의가 필요하다고 제기하였으며, 결과적으로 2009 개정 음악과 교육과정 내용체계에서 이해영역이 없어지고 '음악 요소 및 개념 체계표'로 대체되었다. 하지만 이해영역을 삭제하는 대신 제시된 '음악의 요소 및 개념 체계표'의 내용과 위계가 적합하지 않다는 우려와 이에 관한 후속 연구의 필요성이 끊임없이 제기되고 있다(장근주, 2015a).

(3) 국외 음악교육과정 비교를 통한 우리나라 음악교육과정 내용체계 연구 동향

새로운 교육과정이 요구될 때마다 다른 나라의 교육과정과 비교하는 연구가 많이 이루어져 왔다. 이들 대부분의 연구는 미국, 캐나다, 프랑스, 독일, 일본, 핀란드, 싱가포르 등 외국의 음악과 교육과정과 우리나라 음악과 교육과정을 문서상에서 비교하고 부분적으로 내용체계 유형을 비교 분석하고 있다(김은주, 2015; 민경훈, 2007; 박신미, 2004; 박은현, 2007; 이경언 외, 2011; 장근주, 2015a, 2015b; 주대창, 2008; 최미영, 2015).

우선, 2000년 이후 음악교육과정 내용체계만을 독립적으로 연구한 양종모 등 (2001)의 '음악과 교육과정 국제 비교 연구'는 당시 제7차 음악교육과정과 독일, 미국, 영국, 프랑스, 일본의 문서로서의 음악교육과정 중 내용체계를 집중적으로 비교하며 세계적인 동향을 파악하였다. 석문주, 최미영(2011)은 2009 개정 교육과정 즈음에 미국, 영국, 핀란드, 일본의 음악과 교육과정을 비교 분석하였는데, 이 중 음악교육과정 내용체계에 있어서 각 나라마다 학년군별 분류를 제시하였으며 내용체계가 학년군별로 차별적으로 적용되는지 또는 동일하게 적용되는지 여부를 비교 분석하였다. 이를 살펴보면 우리나라 음악과 교육과정 내용체계는 미국, 일본과 유사하게 학년군별 동일한 내용체계를 적용하고 있으며, 영국과 핀란드는 학년군별로 다른 내용체계를 적용하고 있다.

〈표 7-2〉 각국 음악교육과정의 내용체계

	미국	일본	영국		핀란드	
학년	k-4학년 5-8학년	1~2학년 3~4학년 5~6학년 7학년 8~9학년	1~2학년 3~6학년 7~9학년		1~4학년 5~9학년	
내용	▷노래하기 ▷연주하기 ▷즉흥연주하기 ▷작곡ㆍ편곡하기 ▷음악 읽고 쓰기 ▷음악을 감상ㆍ분석ㆍ서술하기 ▷음악과 연구평가하기 ▷음악과 타 예술 과목/타 교과 간 관계 이해하기 ▷역사ㆍ문화와 관련하여 음악 이해하기	▷표현 • 가창 • 기악 • 창작 ▷감상	1~6 학년군 ▷연주 ▷창작 ▷평가 ▷감상	7~9 학년군 ▷핵심 개념 ▷핵심 과정	1~4 학년군 ▷가창 ▷기악 ▷감상ㆍ비평 ▷창작 ▷개념	5~9 학년군 ▷가창 ▷기악 ▷창작 ▷감상

2) 학습자 관점에서의 음악과 교육과정 내용체계 연구 동향

'아동중심 교육과정'이란 1920년대에 듀이(J. Dewey, 1859~1952)의 영향으로 미국에서 태동한 교육과정의 한 사조로서 아동의 흥미와 자발적 활동이 교육과정의 중심이 되어야 한다는 생각을 기본으로 한다(교육학용어사전, 1995). 앞에서 서술한 교과중심 교육과정이 사실, 개념, 이론, 법칙 등으로 교과 내용을 구성하는 것과는 달리, 아동중심 교육과정은 학습자의 발달을 이끌어 줄 수 있는 다양한 경험과 활동으로 교육과정 내용체계를 구성하는 특징을 갖는다.

학교에서의 음악과 교육은 '소리'를 형상화하는 활동 안에서 학습이 이루어지기 때문에, 일차적으로 생각할 수 있는 음악활동 방식은 '노래 부르기(가창)' '악기연주하기(기악)' '창작하기(창작)' '음악 감상하기(감상)'이다. 여기에 음악 요소 및 개념에 대한 이해 활동이 덧붙여지면 음악에 대한 전반적인 활동을 모두 포괄하게 된다. 이에 음악교육자들은 학습자 중심의 음악교육이 이루어지기 위해서는 음악활동과 음악 이해의 두 가지 범주를 통합하여 지도할 것을 적극 권장하고 있다(정세문,

1987; 주대창, 2010; 한국교육과정평가원, 2005).

활동과 경험을 중심으로 하는 교육과정의 일반적인 특징 중 하나는 교과목의 엄격한 구분보다 통합을 지향한다는 점이다(홍후조, 2011). 유럽 일부 국가의 음악교육과정 내용체계 중 학습자의 음악적 활동과 경험에 높은 비중을 둘 경우, 일반적인 음악활동인 가창, 기악, 창작, 감상을 그대로 적용하는 대신, 이러한 음악활동을 종합적으로 포괄하려는 '음악의 수용'을 내용체계의 전면에 구성한다(양종모 외, 2001; 주대창, 2001, 2010; Schlegel, 2004). 예를 들어, 아일랜드 초등 음악과 교육과정 해설서에 제시된 내용영역 구분을 살펴보면 음악에 대한 '반향적 사고' 활동이 '듣기' 활동과 연계되어 제시되기도 하였으며 함부르크 중등 음악과 교육과정 내용영역을 살펴보면 '듣기'와 '음악에 대해 숙고하기'가 따로 분리될 만큼 음악을 듣고 생각하는 활동을 중심으로 다른 음악활동이 연계되어 있다. 이만큼 감상활동이 단지 음악 듣기에 머무르는 것이 아니라 비판적인 감상활동을 통해 일상생활에서도 연계될 수 있을 만큼 적극적인 학습활동이 이루어지길 기대하고 있는 것으로 파악된다.

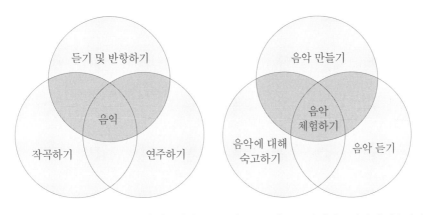

아일랜드의 초등 음악과 교육과정 내용체계　　함부르크의 중등 음악과 교육과정 내용체계

[그림 7-1] 아일랜드와 독일 함부르크의 음악과 내용체계 구분

출처: 주대창(2010).

3) 사회적 관점에서의 음악과 교육과정 내용체계 연구 동향

사회를 중심으로 한 교육과정의 종류를 구분하면 ① 급변하는 사회 속에서 실생활 적용을 강조하는 생활적응 교육과정, ② 사회가 요구하는 새로운 직업 준비 교

과정, ③ 사회적 문제를 중심으로 여러 교과의 내용을 통합적으로 구성하는 중핵 교육과정, ④ 모순된 사회 현실을 구조적으로 변화시킬 사회개조 교육과정으로 나눌 수 있다. 이들은 사회를 유지하고 개혁하는 데 필요한 학습자의 적응과 변화 능력을 조금씩 다르게 강조하여 분류한 것이다(홍후조, 2011).

변화하는 미래 사회의 교육은 대량의 지식과 정보의 홍수 속에서 특정 교과의 내용이나 지식의 단순 암기보다는 실생활의 문제를 해결할 수 있는 범교과적인 요구 측면에서의 핵심역량 개발을 더 강조하고 있다(김현수 외, 2014; Mclain, 2014; Shuler, 2014; Tobias, 2014). 그동안 음악교육계는 무엇을 가르치고 배울지 교육내용을 선정함에 있어 음악 영역이나 유형에 대한 큰 비중을 두었다. 예를 들어, 초기 교육과정에서는 서양 예술음악 중심의 내용으로 구성하다가 점차적으로 우리나라 음악과 다문화 · 세계음악을 확대하였으며 최근에는 생활 속의 음악을 강조하여 대중음악, 실용음악에 대한 내용으로 확장하고 있는 추세이다. 하지만 4차 산업혁명시대를 준비해야 하는 미래 음악교육의 방향을 논의하며 많은 연구들은 '어떤 음악적 내용을 학습할 것인가?'보다는 실생활 속에서 음악과 관련하여 '무엇을 할 수 있는가?'에 좀 더 중점을 둔다는 것이다. 따라서 2015 음악교육과정에서는 핵심역량을 특정 교과에서 모두 동일한 수준으로 길러 주기보다는, 교과의 본질과 특성에 따라 중점적으로 길러 줄 수 있는 공통(기본) 핵심역량을 추출하고, 이를 교과 교육에서 중점 역량 또는 필수 학습내용으로 선정하였다(교육부, 2015).

그 외에도 사회의 변화와 유지에 순응하기 위하여 미래 사회에서 요구되는 교과 교육적 요구를 바탕으로 음악과 교육과정의 내용체계를 구성하는 연구가 이어져 왔다. 우선, 지난 제1차 음악교육과정 내용체계에 구성된 후 50여 년만에 2007 개정, 2009 개정, 2015 개정 음악과 교육과정에 재등장하고 있는 '생활화' 영역에 대한 연구가 관심을 받고 있다. 학교에서 학습한 음악을 사회 속에서 경험하고 실천할 수 있도록 대다수의 음악교육자들은 음악과 교육과정의 내용영역이 '활동' 중심으로 제시되는 것이 바람직하다고 본다. 이에 학생의 음악적 경험 및 생활 속에서 음악적 소통을 부각시키기 위하여 교육과정의 내용체계에 '생활화 영역'을 복구한 점에 대해 대다수 긍정적인 견해를 보이고 있다. 반면에 음악교육과정 내용체계에서 '생활화'를 독립적인 내용영역으로 설정하는 것이 불필요하며 음악교과의 성격과 목적을 나타내는 '성격과 목표' 수준에서 진술하는 것이 바람직하다는 일부 의견도 있다(석문주, 최미영, 2011; 함희주, 권덕원, 문경숙, 2014). 그 외에 음악과 교육과정에서 '공교육의 목적'이나 '교육적 보편성과 교육적 시사성'에 연결될 수 있는 생활화의 내용은 가능성만 제시할 뿐 단순하고 막연하다는 문제점이 지적되기도 하였다(윤성원, 2010).

3. 연구 과제 및 전망

이 장에서는 음악과 교육과정의 내용체계에 대한 연구 동향과 전망을 파악하는 데 있어 크게 '교과 관점에서의 교육과정' '학습자 관점에서의 교육과정' '사회적 관점에서의 교육과정'으로 분류하여 연구 문헌을 정리해 보았다. 급변하는 사회 속에서 학습자와 시대적 요구에 순응하면서 동시에 음악 교과의 본질적인 가치와 학습 내용을 잃지 않기 위한 내용체계의 연구는 지속적으로 이루어져야 한다.

그동안 이루어진 연구 동향을 정리하며 음악과 교육과정 내용체계 연구 과제를 크게 두 가지로 전망하면 다음과 같다.

첫째, 내용체계 대영역의 구성요소 선정에 있어 이해영역에 해당하는 음악개념 지도가 차지하는 비중은 하향 조정되는 추세에 있다고는 하지만 이를 지도하기 위한 적정한 기준과 방법에 대한 연구는 지속되어야 할 것이다. 또한 이해영역을 삭제하는 대신 제시된 '음악의 요소 및 개념 체계표'의 내용과 위계를 보완하기 위한 후속 연구가 이어져야 할 것이다.

둘째, 음악교육과정 내용체계 중 학습자의 음악적 활동과 경험의 비중을 높이기 위한 연구도 지속되어야 할 것이다. 앞서 유럽 일부 국가의 음악교육과정 내용체계 중 일반적인 음악활동인 가창, 기악, 창작, 감상을 그대로 적용하는 대신, 이러한 음악활동을 종합적으로 포괄하려는 '음악의 수용'을 내용체계의 전면에 구성한다는 사례를 제시하였다. 우리나라의 경우 최근 음악교육과정 내용체계에 '생활화' 영역을 포함시킴으로써 학교에서 학습한 음악 교과를 일상생활에서 경험하고 실천하려는 노력을 해 오고 있다. 하지만 음악교육과정 내용체계에서 '생활화'를 독립적인 구성요소로서 설정하는 것이 적합한지에 대한 논의는 지속되어야 할 필요가 있다. 이 연구의 결과가 음악 교과의 가치와 기능을 살려 학교 음악교육에서 무엇을 강조하여 지도할 것인지를 제시하는 음악과 교육과정 내용체계의 연구에 효율적으로 활용될 수 있기를 기대하는 바이다.

참고문헌

교육과학기술부(2008). 초·중등학교 교육과정. 교육과학기술부 고시 제 2008-148호[별책 1].

교육과학기술부(2011). 음악과 교육과정. 교육과학기술부 고시 제 2011-361호[별책 12].

교육부(1992). 초등학교 교육과정. 교육부 고시 제 1992-16호.

교육부(1997). 초등학교 교육과정. 교육부 고시 제 1997-15호.

교육부(2015). 음악과 교육과정. 교육부 고시 제 2015-74호[별책 12].

교육인적자원부(2001). 초·중·고등학교 음악과 교육과정 기준(1955~1997).

교육학용어사전(1995). 아동중심교육과정. 서울: 서울대학교 교육연구소.

권덕원(2002). 미국의 음악교육 이론이 한국의 해방이후 음악교육사에 끼친 영향에 관한 연구. 음악교육연구, 23(1), 1-38.

권덕원, 석문주, 최은식, 함희주(2005). 음악교육의 기초. 경기: 교육과학사.

김원명, 민경찬, 양종모, 이내선, 장기범, 주대창, 최은식(2002). 국제 비교를 통한 우리나라 음악과 교육과정의 특성 분석: 독일·미국·영국·일본·프랑스를 중심으로. 음악과 민족, 24, 317-353.

김은주(2015). 싱가포르 2015 개정 음악과 교육과정(GMP) 내용 분석. 음악교육연구, 44(3), 1-22.

김현수, 김기철, 장근주, 박소영, 이은희(2014). 교과 교육과정 쟁점 및 개선 방향: 도덕, 실과(기술. 가정), 체육, 음악, 미술 교과를 중심으로. 한국교육과정평가원 연구보고(RRC 2014-7). 서울: 한국교육과정평가원.

문교부(1955). 국민학교 교육과정. 문교부령 제44호.

문교부(1963). 국민학교 교육과정. 문교부령 제119호 별책.

문교부(1973). 국민학교 교육과정. 문교부령 제310호 별책.

문교부(1981). 국민학교 교육과정. 문교부령 제442호 별책.

문교부(1987). 국민학교 교육과정. 문교부 고시 제 87-9호.

민경훈(2007). 독일 중등학교 음악교육에 관한 분석 연구. 예술교육연구, 1(1), 1-18.

민경훈(2014). 학교 교육 본위 음악과 교육과정에 관한 함의, 예술교육연구, 12(4), 225-250.

민경훈, 김신영, 김용희, 방금주, 승윤희, 양종모, 이연경, 임미경, 장기범, 조순이, 주대창, 현경실(2015). 음악교육학총론(제2판). 서울: 학지사.

박도순, 홍후조(1998). 교육과정과 교육평가. 서울: 문음사.

박신미(2004). 한국과 일본에 있어서 음악과 교육과정의 비교 연구: 중학교의 음악교육과정을 중심으로. 음악교육연구, 26, 77-100.

박은현(2007). 독일 노트라인-베스트팔렌 주(州) 초등학교 음악교과의 구 교육과정과 개정시안 비교 연구. 음악과 문화, 16, 159-182.

석문주, 최미영(2011). 외국의 음악과 교육과정 분석을 통한 우리나라 음악과 교육과정 개발에 대한 시사. 교육과정연구, 29(2), 145-172.

성경희(1984). 중학교 음악과 교육과정 국제동향연구. 충북: 한국교육개발원.

성경희(1986). 국민학교 음악과 교육과정 국제동향연구. 충북: 한국교육개발원.

소경희(2000). 교육과정·교육평가 국제 비교 연구(II) 주요국의 학교 교육과정·교육평가 운영 실태 분석. 한국교육과정평가원 연구보고 (RRC 2000-6-1). 서울: 한국교육과정평가원.

송주현(2011). 역량중심 음악과 교육과정 비교 연구: 영국과 캐나다 쿼백 주 중심. 음악교육연구, 40(3), 215-249.

양종모, 이경언(2001). 음악과 교육목표 내용 체계 연구(I). 한국교육과정평가원 연구보고 (RRC 2001-13). 서울: 한국교육과정평가원.

양종모, 이경언(2002). 음악과 교육목표 내용 체계 연구(II). 한국교육과정평가원 연구보고 (RRC 2002-9). 서울: 한국교육과정평가원.

양종모, 이경언, 김원명, 민경찬, 이내선, 장기범, 주대창(2001). 음악과 교육과정 국제 비교 연구: 음악과 교육목표 및 내용 체계 연구(l) 자료집 3. 서울: 한국교육과정평가원.

오지향, 문경숙, 최미영(2014). 한국 음악과 교육과정의 역사적 고찰: 음악 개념 내용을 중심으로. 학습자중심 교과교육연구, 14(7), 187-207.

윤성원(2010). 공교육으로서의 음악교과교육의 정체성. 음악교육공학, 10, 1-17.

이경언(2007). 음악과 새 교육과정(7~10학년)의 특징과 의의. 敎員敎育, 23(1), 331-340.

이경언, 진의남, 김기철, 이승미(2011). 체육, 음악, 미술 교과 교육과정 구성 체계 및 내용 국제 비교 연구. 한국교육과정평가원 연구보고(RRC 2011-4). 서울: 한국교육과정평가원.

이경섭(1999). 교육과정쟁점연구. 서울: 교육과학사.

이광우(2014). 문·이과 통합형 교육과정을 위한 교과교육과정 개정(안)의 설계 방향. 2014년도 한국교육과정학회 추계학술대회 자료집, 91-122.

이상규(2016). 초등학교 음악과 교육과정의 변천과 국악 기악 교육. 국악교육, 42, 195-221.

이영미, 장근주(2016). 2015 개정 음악과 교육과정에 따른 교과 역량 증진에 관한 인식 조사 연구. 음악교육연구, 45(2), 187-221.

임유나, 홍후조(2016). 2015 개정 교육과정의 교과별 교육내용 제시 방식 검토. 아시아교육연구, 17(3), 277-302.

이홍수(2006). 교육과정 개정(제8차) 시점에서 본 "음악과 교육과정" 개선 방향. 음악교육연구, 31, 145-167.

장근주(2015a). 2009 개정 음악과 교육과정의 인식 및 요구 분석. 예술교육연구, 13(1), 77-99.

장근주(2015b). 프랑스와 독일의 음악과 교육과정과 교과서 연계 국제 비교. 음악교육공학, 23, 261-283.

정세문(1987). 초등학교 음악과 교육 과정 해설. 서울: 문교부.

정진원, 정은경(2013). 음악과 교육과정에 나타난 역량 및 인성교육에 관한 고찰. 국악교육연구, 7(2), 107-127.

주대창(2001). 음악듣기 교육의 포괄적 이해. 음악과 민족, 21, 민족음악학회.

주대창(2008). 독일 함부르크 주의 교육과정에 나타난 초등 음악교과 내용의 변화. 음악교육연구, 35, 151-175.

주대창(2010). 음악교육학 총론(제6장 음악교육과정, pp. 165-202). 서울: 학지사.

최미영(2015). 미국 국가핵심음악기준의 분석적 고찰. 음악교육공학, 23, 79-98.

최은식, 승윤희, 정진원(2015). 음악과 교육과정의 내용체계 유형. 음악교육연구, 44(1), 111.

한국교육과정평가원(2005). 음악과 교육과정 개정시안 공청회. 한국교육과정평가원 연구보고(ORM 2005-60). 서울: 저자.

한국교육과정평가원(2015). 교과 교육과정 문서 체계- 성격, 역량, 목표, 내용체계-. 각론 조정회의 자료집.

함희주, 권덕원, 문경숙(2014). 2009 음악과 교육과정의 분석. 미래음악교육연구회 제5회 세미나 자료집, 25-44.

현경실, 홍혜연(2016). 한국, 미국, 캐나다, 영국, 호주의 예술고등학교 음악과 교육과정 비교 분석. 음악교육연구, 45(1), 119-137.

홍후조(2011). 알기 쉬운 교육과정. 서울: 학지사.

Dewey, J. (1902). *The child and the curriculum*. Chicago, IL: University of Chicago press.

Mclain, B. P. (2014). Scott Shuler's "Music and education in the twenty-first century: A retrospective"-Review and Response. *Arts Education Policy Review, 115,* 12-18.

Schlegel, C. M. (2004). *Europäische Musiklehrpläne im Primarbereich*. Augusburg: Wißner.

Shuler, S. C. (2014). From retrospective to proactive: Creating the future that students need. *Arts Education Policy Review, 115,* 7-11.

Tobias, E. S. (2014). Reflecting on the present and looking ahead: A response to Shuler. *Arts Education Policy Review, 115,* 26-33.

Tyler, R. W. (1949). *Basic principles of curriculum and instruction*. Chicago, IL: University of Chicago press.

http://terms.naver.com/entry.nhn?docId=511446&cid=42126&categoryId=42126

음악 교과서

홍인혜

1. 도입

교과서는 교육과정을 바탕으로 구체적인 내용을 담은 주된 학습 자료로서, 교과가 지니고 있는 지식과 경험의 체계를 쉽고 간결하게 편집해서 학습의 기본 자료로 활용할 수 있도록 제작된 교재이다(민경훈, 2014, p. 62). 교과서는 교육과정이 의도하는 바를 잘 나타내기 위한 학습 자료이므로 수업 시간에 실제적으로 활용될 수 있는 다양한 수업 모형, 다양한 교수·학습방법, 악곡, 실제적이고 다양한 교수·학습 자료(오디오·비디오 자료, 멀티미디어 자료, 악기 등), 다양한 평가방법 및 도구 등이 포함된다(권덕원 외, 2014, p. 180). 즉, 음악 교과서는 음악과 교육과정을 구체적으로 실현화한 것으로 음악 교과에서 요구되는 내용을 체계적이고 위계적으로 조직하여 교사에게는 교수 자료로, 학생에게는 학습을 안내하는 기본 자료로 개발된 교재라 할 수 있다.

학교 음악수업에서 음악 교과서는 가장 중요한 교육 자료라 할 수 있다. 우리나라와 같이 교사의 교과서 의존도가 높은 상황에서는 교과서를 두고 교사와 학생이 상호작용을 함으로써 교수·학습이 이루어진다고 할 수 있다(정혜승, 2003, p. 451). 그리고 미국에서 교사의 수업을 분석한 마시(Marsh, 1992, p. 59)는 전체 수업 시간의 78%가 교과서를 사용하는 시간으로 소비되고 있다고 하였고, 영국에서도 교과서는 교수·학습의 가장 일반적인 자료로 웨스트버리(Westbury, 1991, p. 74)가 교육과 교육과정의 발전이 교과서 집필과 선택에 좌우된다(정혜승, 2003, p. 434에서 재인용)고 한 것 역시 동서고금을 막론하고 교과서가 교육활동에서 중요한 역할을 차지함을 말해 준다. 학교 음악수업에서도 대다수의 교사가 음악 교과서를 매개로 수업을 운영하므로 음악 교과서는 학교 음악 교육에서 활용되는 일차적인 교재라 할 수 있다. 즉, 음악 교과서는 음악과 교육과정의 내용을 구현하는 교육 자료로, 포괄적인 교육과정의 내용을 구체적으로 자료화함으로써 교사에게는 가르칠 내용을 제공하고, 학생에게는 학습을 안내하는 중요한 자료로 사용되고 있다고 할 수 있다.

음악 교과서가 중요한 기능을 담당하는 만큼 음악 교과서에 대한 연구는 매우 심도 있게 다루어져야 한다. 학교 현장에서 음악 교과서를 교수 · 학습의 주된 자료로 활용하는 우리나라에서는 음악 교과서에 대한 관심이 매우 높으며, 교육과정의 부분 · 수시 개정으로 인해 앞으로 교육과정 및 그에 따른 교과서 개발에 대한 관심은 더욱 높아질 것이다. 이와 같은 음악 교과서에 대한 관심으로 최근 관련 연구가 활발히 이루어지고 있으나, 이러한 많은 연구들이 실제로 음악 교과서를 개발하거나 수정 · 보완하는 데 얼마나 직접적인 영향을 미치는지는 의문의 여지가 많다. 이런 점에서 이 장에서는 지금까지 음악 교과서 관련 연구가 어떻게 이루어졌는지 살펴보고 앞으로 어떠한 연구가 필요한지를 제안하고자 한다.

2. 음악 교과서의 연구 동향

음악 교과서와 관련한 연구 동향을 살펴보기 위해 국내외 학술지에 게재된 연구논문 500여 편 가량을 대상으로 하여, 연구 시기별, 연구 주제별, 연구 대상별, 연구 방법별로 분석 기준을 설정하여 정리해 보고자 한다.

1) 연구 시기별 동향 분석

음악 교과서와 관련한 연구는 1950년대부터 해외에서 시작되었으며, 국내에는 1970년대부터 수행되었다. 음악 교과서에 관심을 두고 연구의 양적 성장이 시작된 시기는 2001년 이후부터로, 이때부터 논문 편수가 조금씩 증가하여 2011년부터 최근까지 연구의 양적 · 질적 발전이 가장 활발히 이루어졌다.

초기 연구에서는 음악 교과서를 중심한 국악의 문제점 연구(이성천, 1976), 음악 교과서에 나타난 교육내용 분석 연구(황현정, 1990), 음악 교과서의 해외 비교 연구

(김도수, 1998; 조성환, 1992), 음악 교과서 분석 및 개선 방안 연구(김미숙, 1995; 이홍수, 1988) 등이 이뤄졌으며, 중기 연구에는 음악 교과서에서의 다문화적 접근에 관한 연구(왕금령, 오경희, 2010; 주대창, 조효임, 2004; 한영숙, 2010), 음악 교과서의 국악 내용 고찰에 관한 연구(김혜진, 2010; 황준연, 성기련, 2010), 실용음악 전문교과 및 교과서 분석 연구(강민선, 2009; 양은주, 강민선, 2008) 등이 시도되었다. 2011년 이후부터 최근까지는 기존의 연구 영역에서 보다 확장되어 학교급 간 음악 교과서 연계 연구(장지원, 2016), 음악 교과서 영역의 맥락적 연계성 연구(장윤서 외, 2014) 등 다양한 관점에서의 연구가 수행되고 있다. 이상에서 살펴본 연구 시기별 동향을 정리하면 다음 〈표 8-1〉과 같다.

〈표 8-1〉 음악 교과서의 연구 시기별 동향 분석

연구 시기	주요 내용
초기 (1970년~2000년)	• 음악 교과서 연구의 태동기 • 주요 주제: 음악 교과서를 중심한 국악의 문제점 연구, 음악 교과서의 교육내용 분석 연구, 음악 교과서 해외 비교 연구, 음악 교과서 분석 및 개선 방안 연구 등
중기 (2001년~2010년)	• 음악 교과서 연구의 양적 성장기 • 주요 주제: 음악 교과서에서의 다문화적 접근에 관한 연구, 음악 교과서의 국악 내용 고찰에 관한 연구, 실용음악 전문교과 및 교과서 분석 연구 등
최근 (2011년 이후~)	• 음악 교과서 연구의 양적·질적 발진기 • 학교급 간 음악 교과서 연계 연구, 음악 교과서 영역의 맥락적 연계성 연구 등 기존의 연구 주제 외 다양한 관점의 연구 수행

2) 연구 주제별 동향 분석

음악 교과서 관련 연구가 연구 주제별로 어떻게 이루어졌는지를 분석하기 위해 교육과정 내용 영역별, 음악 유형/장르별, 연구 내용별로 분류하였다. 교육과정 내용 영역별로는 표현 영역을 대상으로 한 연구(강선영, 2017; 현경실, 2014, 2015a), 감상을 대상을 한 연구(정미영, 2014; 조유회, 2013), 생활화를 대상으로 한 연구(김일영, 2015; 임은정, 2015) 등이 수행되었다.

음악 유형/장르별로는 국악을 대상으로 한 연구(김정림, 2014; 임미선, 2016; 현경실, 2014), 다문화/세계음악을 대상으로 한 연구(박주만, 2015a; 이지선, 2015; 정교철, 2013b), 양악을 대상으로 한 연구(송재녕, 현경실, 2015; 장윤서 외, 2014), 대중음악을 대상으로 한 연구(박정은, 2014; 정교철, 2013a) 등이 수행되었다.

연구 내용별로는 교과서 전반적 분석 및 개선 방향 연구(최은식, 김일영, 2011; 양은주, 강민선, 2008), 교과서 지도 내용 연구(성기련, 2015; 정은경, 2016), 교과서 변천 및 역사 연구(윤문정, 승윤희, 2013; 현경실, 2015b), 해외 교과서 비교 연구(문경숙, 2008; 조순이, 2004; 허지선, 현경실, 2015), 교과서 연계 연구(장지원, 2016) 등이 수행되었다. 이상에서 살펴본 연구 주제별 동향을 정리하면 다음 〈표 8-2〉와 같다.

〈표 8-2〉 음악 교과서의 연구 주제별 동향 분석

연구 주제	주요 내용
교육과정 내용 영역별	• 표현, 감상, 생활화를 대상으로 한 연구
음악 유형/장르별	• 국악, 다문화/세계음악, 양악, 대중음악 등을 대상으로 한 연구
연구 내용별	• 교과서 전반적 분석 및 개선 방향 연구 • 교과서 지도 내용 연구 • 교과서 변천 및 역사 연구 • 해외 교과서 비교 연구 • 교과서 연계 연구 등

3) 연구 대상별 동향 분석

음악 교과서 관련 연구가 연구 대상별로 어떻게 이루어졌는지를 분석하기 위해 연구 대상을 초등학교, 중학교, 고등학교, 중등학교(중·고등학교), 초·중등학교로 분류하였다. 초등학교 음악 교과서 대상으로는 음악 교과서 제재곡 분석, 교육과정 각 영역별 관련 활동 분석, 지도 내용 분석, 단원 구성 체계 분석(박주만, 2015b; 조경선, 김민하, 2016; 한윤이, 2015; 함희주, 2015; 홍승연, 2017) 등의 연구가 이루어졌고, 중학교 음악 교과서 대상으로는 음악 교과서 비교, 지도 내용 분석, 교육과정에 따른 내용 변화(김미숙, 권진희, 2015; 성기련, 2015; 현경실, 2017) 등의 연구가 이루어졌다. 또한 고등학교 음악 교과서 대상으로는 교육과정별 음악 교과서 내용 변천, 음악 교과서 분석 및 개선 방안, 국악 내용 고찰(정은경, 2015; 최은식, 김일영, 2011; 현경실, 2015b) 등의 연구가 수행되었다. 대부분의 연구가 초등학교, 중학교, 고등학교의 학교급별로 이루어지는 경향이 있으나, 중등학교(중·고등학교)를 대상으로 한 연구(김성희, 2015), 초·중등학교 모두를 대상으로 한 연구(김창곤, 2013) 등은 학교급에 따른 연계가 어떻게 이루어지는지 살펴보는 데 유용한 연구가 될 수 있을 것이다. 이상에서 살펴본 연구 대상별 동향을 정리하면 다음 〈표 8-3〉과 같다.

〈표 8-3〉 음악 교과서의 연구 대상별 동향 분석

연구 대상	주요 내용
초등학교	• 초등학교 음악 교과서 제재곡 분석 연구 • 초등학교 음악 교과서의 교육과정 각 영역별 관련 활동 분석 연구 • 초등학교 음악 교과서의 지도 내용 분석 연구 • 초등학교 음악 교과서의 단원 구성 체계 분석 연구 등
중학교	• 중학교 음악 교과서의 비교 연구 • 중학교 음악 교과서의 지도 내용 분석 연구 • 교육과정에 따른 중학교 음악 교과서 내용 변화 연구 등
고등학교	• 교육과정별 고등학교 음악 교과서 내용 변천 연구 • 고등학교 음악 교과서 분석 및 개선 방안 연구 • 고등학교 음악 교과서 국악 내용 고찰 등
중등학교(중·고등학교)	• 중등학교 음악 교과서에 반영된 다문화 고찰 등
초·중등학교	• 초·중등학교 음악 교과서 내용 분석 연구 등

4) 연구 방법별 동향 분석

음악 교과서 관련 연구가 연구 방법별로 어떻게 이루어졌는지를 분석하기 위해 질적 연구, 양적 연구 및 통합 연구로 분류하였다. 질적 연구 방법은 사례 연구, 내용 분석으로 분류하였는데(최병훈, 방정숙, 2012, p. 204), 이 중에서 음악 교과서의 내용 분석 연구가 대부분을 차지하였다. 내용 분석 연구로는 해외 음악 교과서 비교 연구, 음악 교과서 분석 및 개선 방안 연구, 음악 교과서 영역 분석 연구(김도수, 1998; 김미숙, 1995; 장윤서 외, 2014; 현경실, 2017)가 이뤄졌으며, 음악 교과서 분석 및 교육 실태 조사, 음악 교과서 분석 및 모형 개발(양은주, 강민선, 2008; 장근주, 2007) 등의 양적 연구와 통합 연구는 그 비중이 매우 저조하게 나타났다. 이상에서 살펴본 연구 방법별 동향을 정리하면 다음 〈표 8-4〉와 같다.

〈표 8-4〉음악 교과서의 연구 방법별 동향 분석

연구 방법	주요 내용
질적 연구 (내용 분석, 사례 연구)	• 해외 음악 교과서 비교 연구 • 음악 교과서 분석 및 개선 방안 연구 • 음악 교과서 영역 분석 연구 및 면담을 통한 교육 실태 조사 등
양적 연구, 통합 연구	• 음악 교과서 분석 및 설문을 통한 교육 실태 조사 • 음악 교과서 모형 개발을 위한 설문조사 및 전문가 의견 수렴 등

3. 연구 과제 및 전망

음악 교과서와 관련한 연구 동향을 정리하면 다음과 같다. 연구 시기별로 살펴보면, 해외에서는 1950년대에 연구가 시작되었고, 국내에서는 1970년대부터 연구가 시작되어 2001년 이후부터 연구의 양적 성장이 이루어졌으며, 2011년부터 최근까지 양적·질적 면에서 연구가 활발히 수행되었다. 연구 주제별로 살펴보면, 교육과정 내용 영역에서 표현 영역, 감상 영역, 생활화 영역 관련 연구가 이루어졌다. 음악 유형/장르별로는 국악, 다문화/세계음악, 양악, 대중음악 등이 연구되었다. 연구 내용별로는 교과서 전반적 분석 및 개선 방향 연구, 교과서 지도 내용 연구, 교과서 변천 및 역사 연구, 해외 교과서 비교 연구, 교과서 연계 연구 등이 수행되었다. 연구 대상별로는 초등학교, 중학교, 고등학교 관련 연구, 중등학교 관련 연구, 초·중등학교 관련 연구로 이루어졌다. 연구 방법별로는 내용 분석 연구가 가장 많이 수행되었고, 양적 연구와 통합 연구 방법은 상대적으로 저조하였다. 이러한 결과로부터 다음과 같은 향후 연구 과제를 제안하고자 한다.

첫째, 음악 교과서와 관련하여 교육과정 내용 영역 및 음악 유형/장르에 관한 미흡한 영역에 대한 연구와 아직 다루어지지 않은 주제들에 초점을 둔 연구가 필요하다. 우리나라 음악 교과서 관련 연구들을 교육과정 내용 영역별로 분석한 결과, 표현 영역의 연구들은 상대적으로 많이 이루어졌으나, 감상 영역과 생활화 영역에 대한 연구는 그에 비해 미흡하였다. 또한 음악 유형/장르별로 살펴보면 국악에 비해 다문화/세계음악, 양악, 대중음악에 대한 연구가 미진하였다. 그리고 연구 내용별로는 교과서 전반적 분석 및 개선 방향 연구가 활발하게 이루어진 반면, 교과서 지도 내용 연구, 교과서 변천 및 역사 연구, 해외 교과서 비교 연구, 교과서 연계 연구

등은 저조하였다. 따라서 현재까지의 연구 주제에서 미흡한 부분에 대한 후속 연구
가 필요할 뿐만 아니라, 그 외의 다양한 주제들에 초점을 맞춘 후속 연구가 진행되
어야 할 것이다.

둘째, 모든 학교급에서 음악 교과서 관련 연구가 활발히 이루어질 필요가 있다.
우리나라의 경우 대부분의 연구가 초등학교, 중학교, 고등학교의 학교급별 음악 교
과서를 대상으로 하고 있으며, 이에 비해 중등학교(중·고등학교) 및 초·중등학교
의 연계성 관련 연구는 상대적으로 부진하였다. 따라서 다양한 학교급을 고려한 분
석 및 연계성 연구가 꾸준히 실행될 필요가 있다.

셋째, 연구 방법적 측면에서의 전환이 필요하다. 지금까지의 연구가 음악 교과서
에 대한 내용 분석에 치중하였다면, 앞으로의 연구는 보다 실증적이고 해석적인 방
식으로 이루어져야 할 것이다. 질적 연구는 연구 절차나 방법이 연구자의 주관으로
결정되어 가치중립적이지 않은 반면, 양적 연구는 주어진 통계적 자료만을 통해 해
석하기 때문에 연구 현장에서 일어나는 사건의 흐름을 관찰하기에 적합하지 않다
(최병훈, 방정숙, 2012, p. 212). 따라서 연구 문제, 연구 방법, 자료 수집, 그리고 분석
절차 및 도출에서 질적과 양적 접근을 취하는 연구 설계(Tashakkori & Teddlie, 2009:
이현철, 김영천, 김경식, 2013, p. 20에서 재인용)인 통합 연구는 양적 연구와 질적 연
구의 방법을 보완해 줄 수 있는 방법으로 향후 음악 교과서 관련 연구에서 필요로
하는 연구 방법이라 할 수 있다. 이에 따라 음악 교과서 관련 연구 방법은 개발한
음악 교과서를 수업에 적용하여 효과성을 검증하는 실증적이고 객관적인 방법, 실
제 교수·학습 현장에서 교과서가 교시와 학생과의 상호관계 속에서 어떻게 반영
되는가에 대한 관찰 연구 및 사례 연구, 그리고 이들 양적 연구와 질적 연구 방법을
상호 보완해 주는 통합 연구 방법 등으로 보다 다양하게 수행될 필요가 있다.

우리나라 음악수업에서 음악 교과서는 매우 중요한 교수·학습 자료로 활용되고
있으며, 교육과정의 잦은 개정으로 인해 앞으로 음악 교과서 개발에 관한 관심은
보다 높아질 것이다. 따라서 음악 교과서가 교육활동에서 중요한 기능을 담당하는
만큼 음악 교과서에 대한 연구는 향후에도 매우 깊이 있게 다루어져야 할 것이다.
이에 이 연구의 결과가 활발한 음악 교과서 연구를 촉진하고 실제로 음악 교과서를
개발하는 데 효율적으로 활용될 수 있기를 기대한다.

📑 **참고문헌**

강민선(2009). 미국 예술계 공립 고등학교 실용음악 전문교과 및 교과서 분석. 예술교육연구, 7(2), 137-148.

강선영(2017). 중학교 음악교과서의 시각정보 유형 분석: 2009 개정 교육과정의 '바른 자세로 표현하기' 부분을 중심으로. 예술교육연구, 15(1), 99-126.

교육과학기술부(2012). 음악과 교육과정(교육과학기술부 고시 제2011-361호[별책 12]). 교육과학기술부.

권덕원, 석문주, 최은식, 함희주(2014). 음악교육의 기초(제3판). 서울: 교육과학사.

김도수(1998). 한국과 미국의 중학교 음악과 교과서의 비교 연구: 2학년 가창곡을 중심으로. 음악교육연구, 17(1), 247-264.

김미숙(1995). 6차 교육과정에 의한 중학교 음악 교과서 분석 및 개선방안. 국악교육, 13, 127-148.

김미숙, 권진희(2015). 교육과정 변화에 따른 중학교 음악 교과서의 대중음악 내용 변화 연구. 음악교육공학, 23, 39-57.

김성희(2015). 한국 중, 고등학교 음악교과서에 반영된 중국음악에 대한 고찰. 음악교육연구, 44(4), 27-48.

김일영(2015). 고등학교 '음악과 생활' 교과서에 제시된 토론 논제의 내용과 적합성에 대한 논의. 학습자중심교과교육연구, 15(1), 441-462.

김정림(2014). 2009 개정 교육과정에 따른 중학교 음악교과서의 민속기악 감상곡 내용 분석. 국악교육연구, 8(2), 5-26.

김창곤(2013). 초·중등 교과서에 수록된 아쟁 분석 연구. 국악교육, 35, 27-47.

김혜진(2010). 2007 개정 교육과정에 따른 중학교 음악 1 교과서의 국악 내용 고찰. 국악교육연구, 4(2), 29-64.

문경숙(2008). 미국 초등학교 음악교과서 교재곡의 실상 연구. 음악과 문화, 18, 21-47.

민경훈(2014). 음악교과서의 효과적 분석을 위한 분석 준거 모델 개발. 예술교육연구, 12(2), 43-66.

박정은(2014). 현행 교육과정에 의한 『고등학교 음악』의 K-Pop 분석비교 연구. 예술교육연구, 12(3), 105-123.

박주만(2015a). 2009 개정 교육과정에 따른 초등 3~4학년 음악교과서의 다문화 음악 단원 내용분석. 이화음악논집, 19(1), 27-53.

박주만(2015b). 초등 음악 교과서에 제시된 민요 제재곡 분석 연구-'2009 개정 교육과정' 초등 5~6학년 6종 검정 음악교과서를 중심으로. 국악교육, 40, 45-72.

성기련(2015). 2009 개정 교육과정에 따른 중학교 음악교과서의 판소리 지도내용 연구. 국악교육연구, 9(1), 127-152.

송재녕, 현경실(2015). 2009 개정 중학교 교과서의 20세기 음악 감상 영역 비교 분석. 음악교육연구, 44(2), 75-98.

양은주, 강민선(2008). 고등학교 실용음악 전문교과서 분석 및 모형 개발. 음악교육연구, 35, 47-73.

왕금령, 오경희(2010). 중국 다문화 교육 탐색: 중학교 음악교과서를 중심으로. 문화예술교육연구, 5(3), 105-125.

윤문정, 승윤희(2013). 교육과정 변천에 따른 초등학교 음악교과서의 구성 체계 및 교육적 패러다임 변화 관점에서의 인물삽화 비교 분석. 예술교육연구, 11(3), 43-63.

이성천(1976). 중·고등 음악교과서를 중심한 국악의 여러가지 문제점. 국악교육, 1, 11-36.

이홍수(1988). 국민학교 음악 교과서 내용의 변천 및 개선 방안 탐색. 음악교육연구, 7(1), 3-24.

이지선(2015). 2007년과 2009년 개정 교육과정에 따른 중학교 음악교과서의 일본음악 비교 2: 악곡을 중심으로. 국악교육연구, 9(1), 181-208.

이현철, 김영천, 김경식(2013). 통합연구 방법론: 질적연구+양적연구. 경기: 아카데미프레스.

임미선(2016). 중학교 음악교과서의 한국음악사 내용 고찰: 2009 개정 교육과정에 따른 18종 교과서를 중심으로. 국악교육연구, 10(1), 31-68.

임은정(2015). 초등학교 음악 교과서의 생활화 영역 분석 연구. 음악교수법연구, 16, 159-182.

장근주(2007). 고등학교 오페라 감상곡의 분석 및 감상교육의 실태조사: 고등학교 1·2학년을 중심으로. 문화예술교육연구, 2(1), 87-101.

장윤서, 조옥환, 김영미, 조대현(2014). 중학교 교과서 서양음악사 영역 분석 연구: 맥락적 연계성을 중심으로. 예술교육연구, 12(4), 161-182.

장지원(2016). 제재곡 중심의 초, 중등학교급간 음악교과서 연계 연구. 예술교육연구, 14(2), 131-146.

정교철(2013a). 고등학교 음악 교과서의 대중음악 수용사례에 대한 연구-6차, 7차, 2007 개정 교육과정의 기본-공통형 및 선택-심화형 교재를 예로-. 음악과 민족, 46, 223-266.

정교철(2013b). 고등학교 음악 교과서의 세계음악 수용사례에 대한 연구-6차, 7차 및 2007 개정 교육과정의 기본-공통 및 선택-심화 교재를 예로-. 음악논단, 30, 117-143.

정미영(2014). 중학교 음악교과서의 산조 감상 관련 내용 분석 및 구성 방안. 국악교육연구, 8(1), 173-216.

정은경(2015). 2009 개정 교육과정에 따른 고등학교 음악교과서의 해금 내용 고찰. 국악교육연구, 9(2), 143-165.

정은경(2016). 2009 개정 교육과정에 따른 초등 음악교과서의 종묘 제례악 지도 내용 고찰. 국악교육, 41, 133-149.

정혜승(2003). 국어 교과서 연구의 현황과 반성. 국어교육학연구, 16, 433-469.

조경선, 김민하(2016). 초등학교 음악교과서의 국악기 수록 현황 및 관련 활동 분석. 한국
　　초등교육, 27(1), 95-127.

조성환(1992). 중학교 음악교과서 개선을 위한 서양의 음악교과서와의 비교 연구. 음악논
　　단, 6, 123-175.

조순이(2004). 독일 초등학교 음악교과서와 교사용 지도서 "Musikunterricht(음악수업)"
　　의 내용체계 분석 연구. 음악교육연구, 27, 227-256.

조유회(2013). 초·중·고등학교 음악교과서에 수록된 정악 감상곡 비교 연구-2007 개
　　정 교육과정에 따른 검정교과서를 중심으로. 국악교육, 36, 159-197.

주대창, 조효임(2004). 음악교과서에 나타난 다문화적 접근 2: 중등학교를 중심으로. 음악
　　논단, 18, 43-72.

최병훈, 방정숙(2012). 수학적 창의성 교육에 관한 연구 동향 분석. 영재교육연구, 22(1),
　　197-215.

최은식, 김일영(2011). 음악 전문교과 교재 분석 및 개선방안 연구. 교원교육, 27(4), 185-
　　202.

한영숙(2010). 중학교 음악교과서에 수록된 아시아의 악기 고찰. 국악교육연구, 4(2), 253-
　　277.

한윤이(2015). 2009 개정 교육과정에 따른 음악교과서의 민요 지도에 관한 연구-초등학
　　교 5~6학년을 중심으로. 한국민요학, 43, 175-221.

함희주(2015). 초등 음악교과서의 다문화 단원구성 체계 분석. 음악교수법연구, 16, 255-
　　276.

허지선, 현경실(2015). 다양성 교육을 위한 중등 음악교과서의 방향 모색에 관한 연구: 한
　　국, 미국, 호주 교과서 분석을 중심으로. 예술교육연구, 13(1), 115-131.

현경실(2014). 교육과정에 따른 고등학교 음악교과서 국악 가창곡의 변천 연구. 예술교육
　　연구, 12(3), 35-49.

현경실(2015a). 교육과정에 따른 중학교 음악교과서의 분석 연구: 창작영역을 중심으로.
　　예술교육연구, 13(4), 83-101.

현경실(2015b). 교육과정별 고등학교 음악교과서 국악내용의 변천 연구-감상, 이해, 기
　　악을 중심으로. 음악교육연구, 44(4), 283-303.

현경실(2017). 한국, 중국, 일본의 중학교 음악 교과서 비교 연구. 예술교육연구, 15(1),
　　79-97.

홍승연(2017). 현행 초등학교 음악교과서 내 합창곡 분석 연구-음악 5, 6학년 부분 2부 합
　　창곡을 중심으로. 음악교육공학, 30, 55-72.

황준연, 성기련(2010). 음악교과서 국악 기보체계의 올바른 방향 모색. 국악교육연구,
　　4(2), 279-300.

황현정(1990). 중학교 음악교과서에 나타난 교육내용 분석 연구. 국악교육, 8, 3-41.

Marsh, C. J. (1992). *Key Concepts for Understanding Curriculum*. London: The Falmer Press. 박현주 역(1996). 교육과정 이해를 위한 주요 개념. 서울: 교육과학사.

Tashakkori, A., & Teddlie, C. (2009). *Foundation of mixed methods: Integrating quantitative and qualitative approaches in the social and behavioral sciences*. CA: Sage Publication.

Westbury, I. (1991). Textbooks. In A. Lewy (ed.), *The International Encyclopedia of Curriculum*. British Library Cataloguing in Publication Data.

제9장

음악교육에서의 다문화 교육

이가원

1. 도입

다문화 교육은 1970년대 초 인권운동에서 출발했다. 학교에서의 인종주의에 반격하기 위한 교육적 노력으로 개념화되었으나, 점차 인종, 민족, 성별, 사회계층과 같은 학교개혁운동으로 확장되었다(안경식, 2008). 우리나라는 국제결혼, 북한 탈북자 유입, 노동력 유입 등으로 인한 인구구조의 변화와 함께 다문화 교육에 대한 관심이 증가하게 되었다. 1990년대 초부터 다문화라는 개념이 점차 정립이 되기 시작하면서 2000년대에는 '다문화 교육'이 21세기 매우 중요한 과제로 떠올랐다.

음악교육은 다문화 교육의 과제를 해결하는 중요한 수단으로 부각되고 있다. 미국의 경우, 1955년 종족음악학위가 발족, 1963년 다문화 교육과 관련된 예일 세미나를 거쳐, 1967년 탱글우드 심포지움(The Tanglewood Symposium)에서 "모든 시대, 모든 양식, 모든 형식, 모든 문화의 음악들이 학교 교육과정에 포함되어야 한다. 우리 세대의 음악들이 학교에 서 사용될 수 있어야 한다"라고 선언하면서 다문화를 적용한 음악교육에 대한 본격적인 논의가 이루어졌다.

우리나라도 이를 교육과정에 반영하게 되는데, 제1차 교육과정에서 "음악적 체험을 통하여 아름다운 정서와 원만한 인격을 갖춤으로써 가정인, 사회인, 국제인으로서의 교양을 높이고, 애국 애족의 정신을 기름에 있다"라고 다문화적 요소를 포괄적으로 제시한 이래로, 교육과정 개정을 거듭하며 이를 보다 구체적으로 명시하기에 이르렀다. 즉, 2009 개정 교육과정에는 음악교과의 목표를 "문화의 다원적 가치를 인식하여 타인을 존중하고 배려하는 창의적 인재육성"으로 기술하고 있으며,

2015 개정 교육과정에는 '문화적 공동체 역량'을 통하여 음악 교과의 특성을 설명하고 있다.

음악교육에서의 다문화 교육에 대한 정의는 학자들 사이에서 다양하게 논의되어 왔으며, 이와 함께 '다문화주의 교육' '상호문화 교육' '국제이해교육' '월드뮤직' '세계음악' 등의 용어들도 혼용되어 사용되고 있다. 권덕원(2000)은 다문화주의 음악교육은 음악이 포괄하는 사회와 그 사회에 속해 있는 모든 민족의 문제까지 포괄적으로 다루어지는 것이라고 하였으며, 함희주(2003)는 다문화의 개념적 성격을, 미국에서 파생한 한 사회에서 소수민족의 문화 정체성 유지 및 회복, 한 사회문화에 유입된 이문화적 요인에 의한 전통 문화 정체성 바로 세우기, 세계화를 목적으로 하는 다른 나라 음악 이해하기의 세 가지로 설명하였다. 김향정(2009)은 다양한 집단의 음악적 개념과 가치적 개념을 인정하는 것이 다문화적 음악교육이라고 정의하였다.

민경훈(2010)은 교육 영역에서의 다문화 개념은 상호 간 공존이라는 개념으로 이해해야 한다고 주장하였다. 각 문화들 간의 접촉 혹은 공존이라는 의미를 부각시킨 '상호문화성'이란, 다원적 세계관을 바탕으로 상호 간의 문화를 동시에 인정하며 교류한다는 의미를 지니며, '다문화적 교육(multicultural education)'과 동등한 개념으로 이해되고 있다. '국제이해교육'은 외국의 사회, 정치, 경제, 문화 등을 중심으로 하지만, 다문화 교육에서는 외국 관련 내용과 함께 국내 문화도 중시하는 데서 차별성을 찾을 수 있다(양종모, 2007). 음악 교과에서 살펴보면, 국제이해교육은 외국 음악을 통해 국제사회를 이해하는 것에 목표를 두기 때문에 '외국음악'에 중점을 두고 있는 반면에, 다문화 교육은 국제사회의 다양한 음악과 함께 공동체의식을 강화하기 위해 '우리음악'에 무게를 두고 있다. 종족음악학계에서 쓰고 있는 '월드뮤직'이라는 용어는 '세계음악'이라고 번역되며 지구촌에 사는 모든 민족들의 음악의 총칭이다. 반면, '월드뮤직'은 1980년대 이후 대중음악계의 한 메타장르로 자리 잡아 온 음악장르를 가리키기도 한다(박미경, 2012; 변계원, 조효임, 2004). 여러 학자들의 의견을 정리해 보면, 음악교육에서의 다문화 교육은 다양한 민족이 가지고 있는 음악의 특수성을 이해하고 수용하며 자민족의 음악 특수성을 바로 세우는 것으로 정의 내릴 수 있다.

이 장에서는 지금까지 음악교육에서의 다문화 교육에 관련된 연구가 어떠한 방향과 내용으로 연구되어 왔는지 살펴보고, 향후 어떠한 연구가 수행될 필요가 있는지 제안하고자 한다.

2. 다문화 교육의 연구 동향

연구 동향을 살펴보기 위하여 국내외 학술지에 게재된 연구논문 100여 편, 국내 석·박사 학위논문 200여 편을 대상으로 하여, 연구 시기, 연구 대상, 연구 주제, 연구 방법의 측면에서 분석하였다.

1) 시기별 연구동향

한국의 교육 영역에서 '다문화 교육'이라는 용어는 '미국 다문화 교육(Multicultural Education)의 이론적 고찰'(김종석, 1984)에서 처음 언급되었으며, '다문화 음악교육'은 박혜정(1992)의 '다문화 음악의 이해 및 그 적용: 음악교육의 사례'와 고은정(1994)의 '다문화 중심주의의 개념적 접근에 따른 음악교육의 방법론 시안'을 그 시작으로 볼 수 있다. 2000년대 초기에는 음악교육에서의 다문화 교육에 대한 관심 정도가 저조하여, 이에 대한 의미를 찾고, 이론적 정립을 바탕으로 음악교육에서의 다문화 교육의 필요성을 인식하고자 하는 연구가 주를 이루었다. 2009년부터 다문화 교육에 대한 연구 빈도수가 괄목할 만한 증가를 보였는데, 이는 2007 개정 교육과정에 다문화 교육에 대한 내용과 비중이 강화되어 발표된 후 이를 반영한 교과서 분석과 지도 방안에 관한 연구가 증가한 것으로 볼 수 있다. 최근 연구 빈도는 주춤하는 추세이지만, 그 연구 주제나 방법, 대상에 있어서 세분화되었으며, 오히려 다양한 관점을 제시하고 있다.

2) 대상별 연구 동향

다문화 교육의 대상별 연구 경향의 분석에 의하면 중등 영역을 대상으로 한 연구가 전체 연구의 1/3 이상으로 가장 많으며, 이 영역은 특별히 학위논문 중심으로 연구가 이루어지고 있었다. 그다음으로는 초등, 유아, 대학을 대상으로 한 연구 순으로 나타났으며, 다문화 가정의 자녀나 대학생, 현직 혹은 예비 교사를 대상으로 한 연구는 극히 제한적이다. 대부분이 문헌을 바탕으로 한 교과서 분석과 이에 따른 수업지도안이나 교육프로그램 개발이라, 초·중·고등을 대상으로 교육 현장에서 실제적으로 적용될 수 있는 실용적 목적의 연구가 많이 행해지고 있다(박주만,

2015; 한나래, 2014). 반면, 유아를 대상으로 하는 경우 다문화 교육의 큰 테두리 안에서 음악 교과가 다른 교과와 통합적으로 이루어지고 있는 경우가 많고 교육과정의 구조가 다르기 때문에 초·중등을 대상으로 하는 경우와 그 내용이나 접근방법에서 차이가 있다(김현경, 이정수, 2008). 2005년 이후, 인적 대상 연구의 증가는 연구 방법의 다양화를 반영한 결과로 볼 수 있다. 이들은 다문화 교육으로 인한 인적 대상의 인식 변화(홍길회, 윤혜자, 2014), 정서지능 변화(임명희, 2003; 방은영, 2012), 교사의 자아효능감(이지선, 조효임, 2004), 실태조사(김민채, 김영연, 2012) 등을 포함하며, 주로 유아, 초등, 교사를 대상으로 하고 있다.

3) 지역별 연구 동향

음악교육에서의 다문화 교육이 어떠한 음악을 바탕으로 연구되었는지 알아보기 위해 아시아, 유럽, 아메리카, 아프리카, 오세아니아로 지역을 나눠 분류하였다. 유아를 제외한 초·중·고 대상의 연구에서는 아시아 지역의 다문화 음악이 가장 많이 선택되었다(이경언, 2011). 아시아 지역의 다문화 음악 연구는 고유 악기에 대한 학습과 전통 민요에 대한 가창과 감상 학습, 각 국의 창극을 비교 감상하는 내용 등으로 구성되어 있다. 아시아의 음악 가운데 일본과 중국 음악이 전체 아시아 음악의 반을 차지할 정도로 많이 연구되었으며, 특히 중국 민요 '모리화'와 일본 민요 '사쿠라'로 편중되어 있는 연구 경향을 보였다(김향정, 2014; 변미혜, 2011). 교과서에서는 유럽이나 아메리카 악곡이 비중 있게 다루어지고 있지만, 다문화적 학습목표를 담고 있는 악곡이 별로 없기에 다문화적 관점에서의 연구는 다소 저조하였으며, 아프리카나 오세아니아 지역에 대한 연구는 현저히 낮은 비율을 차지하고 있다.

4) 주제별 연구 동향

주제별 연구 동향은 교육과정 변천에 따른 수업지도안 개발, 교과서/ 교육과정 분석, 다문화 음악교육에 대한 인식조사, 다문화 교육의 영향, 음악 수집 및 분류, 연구 동향 및 필요성 고찰의 6개 영역으로 나누어 분류하였으며, 각각은 다음과 같은 소주제들을 중심으로 세분화하여 살펴보았다(〈표 9-1〉 참조). 주제 영역 중 다문화 교육 수업지도안과 교과서 분석이 가장 많은 비중을 차지하고 있으며, 음악교육에서의 다문화 교육의 영향, 인식조사, 다문화 음악 수집 및 분류, 다문화 교육의 의의/동향 영역은 많지 않았다. 대부분 연구가 수업지도안과 교과서 분석으로 집중되다 보니 시기와 주제, 내용이 반복되어 결과가 많이 중복되고 있기도 했다.

〈표 9-1〉 주제별 연구 동향 분류

영역	소주제
수업지도안, 지도 방안, 교육프로그램 개발	• 수업모형 적용(협동학습, PBL, 프로젝트학습) • 융합교육 • 통합교육 • 다문화 제재곡 적용 • 이론이나 철학적 관점 기반: 다문화주의, 구성주의, 다중지능이론, 학습동기이론 등
교과서/교육과정 분석	• 다른 나라 교과서, 교육과정의 비교 분석 • 교육과정에 따른 교과서 내용 분석 • 교육과정 변천에 따른 교과서 분석
다문화 교육에 대한 인식조사	• 다문화 교육에 대한 인식, 선호도, 효능감(학생, 교사)
음악교육에서의 다문화 교육의 영향	• 정서능력, 표현능력, 인성발달
음악 수집 및 분류	• 유아음악, 놀이음악
동향/ 필요성 고찰	• 음악교육에서의 다문화 교육의 연구 동향 • 음악교육에서의 다문화 교육의 필요성/ 의의

(1) 교육프로그램 개발/ 지도 방안 연구

다문화 교육 프로그램이나 지도 방안에 대한 연구는 다른 교과와의 융합교육, 다양한 영역의 통합교육을 통한 다문화 교육, 교수모형의 적용을 통한 다문화 교육, 교육이론이나 철학적 관점 반영, 다문화 제재곡 적용의 유형으로 분류하여 살펴볼 수 있다.

최근의 융합교육이 이슈화 되면서 다문화 교육을 위한 지도 방안으로 음악과 다른 교과의 융합을 주제로 한 연구가 진행되고 있다. 김선아 등(2014)은 미술, 국어, 음악을 중심으로 한 융복합적 다문화 교육과정의 연계 방안을 모색하였다. 김희숙, 장인한(2009)은 다양한 음악문화의 내용을 음악 느끼기, 문화 알기, 음악하기로 유목화하고 가창, 기악, 창작, 감상뿐 아니라, 연극적 요소, 무용적 요소, 미술적 요소를 통합한 음악활동 중심의 수업모형을 제시하고 적용하였다. 협동학습이나 PBL과 같은 기존의 수업모형을 적용하거나 새로운 수업모형을 만들어 프로그램이나 수업 안을 제시하는 연구도 있다. 방금주, 김용희(2007)는 통합학습모형, 맥락학습모형, 조사학습모형, 정의적 학습모형의 네 가지 학습모형을 사용하여 조선족 음악을 중 심으로 한 음악수업 지도 방안을 개발하였다. 박주만(2011)은 다문화 교육을 주제 로 초등 음악영재아의 잠재적 음악성과 창의성을 신장시킬 수 있는 교육프로그램 을 프로젝트학습을 중심으로 개발하였다. 이 외에도 다문화주의의 관점을 반영하 거나 다중지능이론, 구성주의, 엘리엇의 교육철학 등을 반영한 수업지도안 개발에 관한 석사학위논문이 있다. 상당수의 연구는 이론적 기초 없이 교육 대상과 활동 영역—감상과 가창 영역에 집중—의 제재곡만을 구체화한 프로그램이나 수업지도 안 개발이 차지한다.

(2) 교과서/ 교육과정 분석

교과서 분석을 주제로 하고 있는 연구의 경우, 다른 나라의 교과서, 교육과정의 비교 분석, 교육과정에 따른 내용 분석, 교육과정의 변천에 따른 비교 분석의 세 가 지 유형으로 나누어 볼 수 있다.

다른 나라와의 비교 분석은 주변 아시아 국가, 다문화 국가인 미국의 교과서나 교육과정 중 다문화 관련 부분을 분석하여, 다문화 교육의 동향을 파악하고, 앞으 로의 교육 방향 제시를 목적으로 하고 있다. 이경언(2011)은 한국, 일본, 중국, 홍콩 의 음악교육과정 중 전통음악 관련 내용을 비교 분석하고 있으며, 음악교육에서의 다문화 교육에 대한 방향성으로서 자국 음악의 이해를 통한 가치관 정립의 선행을 제시하고 있다. 장근주(2008)는 한국과 싱가포르의 초등학교 5학년 교과서의 장단 점을 분석하여 다른 나라의 음악문화를 포함하는 다양성을 새로운 교과서의 방향 으로 제시하고 있다.

교육과정에 근거한 교과서 내의 다문화적 단원의 분석은 꾸준한 연구를 거듭해 오고 있다. 박주만(2015)은 2009 개정 교육과정에 따른 초등 3~4학년 음악 교과서 의 다문화 음악 단원의 내용과 학습활동을 고찰하여 교육과정의 취지가 교과서 안 에서 어떻게 구현되고 있는지 보여 주고 있다. 한나래(2014)는 초등학교 3~4학년 음악 교과서의 세계 민요를 2009 개정 교육과정을 중심으로 살펴보고 있다. 이 외 에도 다수의 학위논문이 7차, 개정 7차, 2009 개정 교육과정의 관점에서 교과서의 다문화적 내용과 활동을 분석하고 있다.

교육과정 변천에 따른 다문화적 요소의 반영을 분석하는 것은 학위논문들을 중심으로 연구되어 왔다. 다문화 교육에 대한 언급이 직접적으로 제시된 제7차 교육과정에 대한 비교 분석 연구와 비슷한 형식으로 2007 개정, 2009 개정 교육과정에 대한 꾸준한 연구가 있었으며, 문화적 공동체 역량을 제시하고 있는 2015 개정 교육과정에 대한 분석과 그 적용에 대한 연구는 아직 발표된 바가 없다.

(3) 음악교육에서의 다문화 교육에 대한 인식조사

인식조사는 교사와 학생의 다문화 교육에 대한 인식과 선호도, 자아효능감에 대한 조사로 이루어져 있지만 그 수가 많지는 않다. 학생들을 대상으로 한 연구에는 다문화 음악에 대한 관심도와 이해도, 선호도 등을 다루고 있다. 홍길회, 윤혜자(2014)는 만 5세 유아를 대상으로 한 실험 연구에서 국악장단을 적용한 크로스오버 음악활동이 유아의 다문화 인식의 하위 요소인 문화개방성과 문화수용성의 인식증진에 효과가 있음을 통계적으로 보여 주었다. 최진호(2009)는 한국과 미국 내 초등학생들을 대상으로 다문화 음악에 대한 선호도를 조사하여 문화적 배경의 영향력과 학생들의 음악에 대한 선호도의 관계를 고찰하였다.

교사를 대상으로 한 연구는 다문화 교육에 대한 교사들의 인식과 태도, 수업환경, 어려움이나 개선 환경 등을 다루고 있다. 장근주(2016)는 다문화 관련 음악교육에 대한 음악 교사들의 태도, 학교 교실에서의 실천 정도를 278명의 교사들을 대상으로 조사하여, 중요성 인식에 비해 교사로서의 준비가 부족하다는 결론을 도출하였다. 심민채, 김영연(2012)은 다문화유아 음악교육 프로그램 개발에 필요한 기초 자료를 제공하기 위하여 유아 음악교육의 운영 실태와 유치원 교사의 인식을 조사하였다. 이러한 연구들은 다문화 교육에 대한 교사 연수의 부재, 다문화 음악 관련 수업 자료의 개발 미흡, 적은 음악수업 시수로 인한 제한적 음악경험을 공통적인 문제점으로 지적하고 있다.

(4) 음악교육에서 다문화 교육의 영향

다문화 교육이 실제적으로 학생들에게 어떠한 효과와 영향을 주고 있는지에 대한 연구는 주로 유아, 초등학생들을 대상으로 하고 있다. 오선화 등(2016)은 음악활동이 다문화 가정 아동의 친구관계, 부모관계, 일반 자아개념에 유의미한 변화를 주며, 우울감소에 긍정적인 영향을 주고 있음을 보여 주었다. 방은영(2012)은 음악 감상활동을 통한 다문화 교육이 유아의 정서지능 향상에 미치는 효과를 조사하여 정서인식과 표현, 정서에 의한 사고촉진, 정서지식의 활용, 정서의 반영적 조절요인 모두에 긍정적인 효과가 있음을 보여 주었다. 최근에는 그 연구 대상을 새터민과 다문화 가정의 아동으로 확대, 세분화되고 있다.

(5) 음악 수집 및 분류

다문화 음악을 수집하고 분류한 연구는 양적으로 많지 않다. 김신혜(2012)는 다문화 가정을 이루는 결혼이주 여성의 나라에서 불려지는 '효' 관련 노래를 수집하여, 그 사회의 정신과 문화를 이해하고 다문화 사회가 융화될 수 있는 정신체계를 세우고자 하였다. 김용희(2010)는 다문화 가정 출신의 아동들의 긍정적 정체감을 개발하고, 한국의 역사·사회·문화에 쉽게 다가갈 수 있게 하는 도구로서 사용되도록 할 목적으로 세계의 동요를 배경적 자료와 함께 제시하였다. 그 외에 다문화 음악수업에 활용 가능한 놀이노래를 수집하고 분류한 연구, 유치원에서 불리는 외국노래를 수집하여 분류한 연구 등이 있다. 이들 연구는 다양한 악곡을 수집하고 이를 수업에 적용할 수 있는 가능성을 제시하고 있지만, 유아 및 아동, 저학년을 대상으로 한 연구에 거의 한정되어 있다.

(6) 연구 동향과 다문화 교육의 의미/ 방향성 고찰

다문화 교육에 대한 의미를 살펴보는 논문은 다문화 관련 연구 초기에 많이 다루어진 주제이다. 다문화 음악교육의 필요성에 대한 연구가 저조한 시점에 필요성과 활성화 방안을 제시하여 한국의 다문화 교육에 음악 교과의 적용점을 제시하였다는 데 의미가 있다. 민경훈(2009)은 악곡의 선정이나 지도방법적인 측면에서 아직도 많은 연구가 필요함을 역설하고, 다양한 연주에 대한 동영상 자료·악기·행사·축제·문화 등과 관련된 다양한 그림이나 사진 등을 제작 개발하여 타 문화에 대한 이해의 폭을 넓혀 나가야 한다고 주장했다. 최성환, 이진아(2012)는 문화예술교육의 위상과 한국의 다문화 교육의 한계점을 살펴보고, 문화의 본질과 관련된 음악교육의 필요성과 우리의 정체성에 관련된 '한국 전통음악' 교육의 필요성과 다문화 교육 콘텐츠의 방향성을 제시하고 있다.

동향 분석 연구는 일정 기간을 정하여 그 기간 동안 다문화 음악교육이 어떤 주제를 바탕으로 하여 어떤 방향으로 연구가 되었는지를 조사한 것으로, 장근주(2007)는 미국, 영국, 호주, 독일, 캐나다, 일본을 중심으로 세계 다문화적 음악교육의 동향을 분석하고 우리나라 다문화 교육의 접근방향을 논하고 있다. 김향정

(2009)은 다문화적 관점의 사회적 변화와 다문화 교육과 관련한 연구의 흐름 및 동향을 한국과 미국 중심으로 살펴보고 음악교육에서의 다문화 교육의 방향을 제시하고 있다. 김현경, 이정수(2008)는 유아 다문화 교육과 관련한 국내 연구 동향을 연구의 유형, 대상, 주제를 분류하여 살펴보고 한국의 다문화적 음악교육의 접근방향을 논하였다. 또한 다문화 교육 관련 석사학위논문을 목록화하여 동향을 연구 조사한 학위논문이 꾸준히 발표되고 있다(김지혜, 2013; 정유진, 2010; 허정은, 2011).

5) 방법별 연구 동향

연구 방법은 크게 양적 연구, 질적 연구, 문헌 연구로 분류할 수 있다. 연구 방법별로 살펴보면, 대부분의 연구가 문헌 중심이다. 이러한 문헌 위주의 연구 방법은 새로운 사실을 밝혀내기보다는 다문화 교육에 관한 이론들을 정리하거나 소개하는 경우가 많으며, 주제별 연구 동향에서도 알 수 있듯이 수업지도안과 교과서 분석에 대한 연구가 대부분을 차지하고 있었다.

양적 연구는 사전·사후검사 방법, 설문지 방법, 가설검증 방법을 사용하고 있는데, 임명희(2003)는 유치원에서 음악 감상을 통한 다문화 교육활동이 유아의 정서 능력에 미치는 효과에서 사전·사후 검사를 사용하고 있으며, 다문화 음악에 대한 선호도를 조사한 최진호(2009)는 설문지 방법을 사용하고 있다. 그 외에 다문화 교육에 연구에서 학생, 교사를 대상으로 설문지/질문지와 같은 조사 연구 방법을 사용한 연구들로 이지선, 조효임(2004), 이동님, 홍주희(2009)의 학술지 논문 등이 있고, 연구 가설검증을 위해 t검증을 사용한 이은주(2005)의 박사학위논문이 있다.

질적 연구는 참여 관찰과 비형식적 면담, 인터뷰 방법을 사용하고 있다. 김희숙, 장인한(2009)과 심옥남(2009)은 수업 장면을 녹화한 비디오, 수업 관찰 및 면담, 참여관찰 일지, 학습 결과물, 자기평가, 모둠원 평가, 수업 소감문 등의 수집된 자료를 분석하였으며, 윤문정(2009)은 음악교육학자 및 현직 음악 교사와의 인터뷰를 통해 한국의 다문화 교육의 문제점과 나아가야 할 방향을 제시하였다.

3. 연구 과제 및 전망

우리나라는 이미 다민족 국가로 진입하였으며, 우리나라 음악교육에서의 다문화 교육은 한국음악의 정체성을 확립함과 동시에 다양성을 인정하고 추구하는 음악교육이 되어야 한다. 소수 이민자에게는 한국적 상황에 대한 적응 교육과 함께 그들 자신의 모국어나 정체성 확립을 유지, 발전시키고, 한국이라는 공동체적 정체성 교육이 필요하다. 한편, 한국 사회 다수자들에게는 다문화 사회에 능동적으로 대처하며 서로 존중하고 가치를 인정하는 교육이 수반되어야 한다. 즉, 소수 이민자 적응 및 정체성 교육, 다수자의 소수자 이해교육, 공동체적 정체성 교육이 균형을 이루어야 한다.

이를 위하여 우선, 다문화 교육의 연구 대상 관점의 확대가 필요하다. 다수를 위한 다문화 교육이 중요하나, 현재 한국 내 거주하는 다문화 가정의 수가 증가하고 있는 현실을 반영해야 할 필요가 있을 것으로 보인다. 연구 대상을 확대하여 코시안과 외국인 학생을 위한 다문화 교육 연구가 이루어져야 할 것이다. 이들이 사회성을 기르며 자신의 정체성을 회복할 수 있는 음악교육 방안을 마련하여, 사회적 및 교육적 측면에서 긍정적인 효과를 미칠 수 있는 연구가 이루어져야 한다.

두 번째, 이론이 실제 수업에 적용되었을 때의 효과에 대한 연구가 필요하다. 연구 동향을 살펴보면 교과서 분석과 수업지도안이 연구의 대부분을 차지하고 있는데 이들에 대한 실제 효과 검증이나 내용의 타당도 검사가 거의 이루어지지 않은 것이 대부분이다. 검증 결과는 학교 현장에서 활용되는데 더 직접적인 도움이 될 수 있을 것이다.

세 번째, 음악 교사들이 다문화 교육에 대한 필요성을 인식하고 있으나 교수 · 학습 자료의 부재, 다문화적 교수 · 학습 방법에 대한 지식습득은 미흡하다. 이는 근본적으로는 다문화 교육에 대한 교사교육의 부재가 중요한 원인이 된다고 볼 수 있다. 따라서 교사 연수에서 음악교육에 관한 적절한 프로그램 연구가 이루어질 필요가 있으며 단순히 세계지도 안에서 위치를 확인하거나 그 지역 또는 민족의 민요를 노래하는 단순한 다문화 음악수업보다는 미국이나 독일과 같은 다문화 연구의 선진적 국가의 연구 동향을 살피고 그들의 연구 결과나 지도방법 등을 선별해 한국에 이식하는 것이 필요하다.

마지막으로, 다문화 교육 연구 방법의 다양성이 필요하다. 현재 문헌 연구에만 치우쳐 있는 연구 방법에서 벗어나 한국 다문화 교육의 현실을 파악하고 진단하는 연구가 선행되어야 한다. 현대사회는 단일민족의 개념을 넘어 다민족, 다문화에 대한 이해와 존중이 필요하다. 이를 위해 다양한 접근의 교육이 이루어져야 하며 한국의 구조와 실정에 맞는 다문화 교육에 대한 관심과 연구가 필요하다.

참고문헌

권덕원(2000). 다문화주의 음악교육론과 국악교육. 음악과 문화, 2, 49-75.

김민채, 김영연(2012). 다문화유아음악교육의 운영 실태와 유치원 교사의 인식. 음악교육연구, 41(1), 167-191.

김선아, 홍지영, 임가영(2014). 비판적 다문화 교육을 위한 융복합 교육의 방안탐색. 미술교육논총, 28(3), 179-206.

김신혜(2012). 다문화 사회 융화를 위한 동아시아 속 孝에 대한 노래연구: 부모를 기리는 노래를 중심으로. 효학연구, 15, 61-90.

김용희(2010). 다문화 사회를 위한 교육자료 개발: 세계의 동요. 교육연구, 47, 129-157.

김지혜(2013). 국내 다문화 교육의 연구 동향 분석. 서울교육대학교 대학원 석사학위논문.

김향정(2009). 사회적 변화에 따른 한국 다문화 음악교육의 방향. 음악과 민족, 38, 371-398.

김현경, 이정수(2008). 유아 다문화 교육과 관련한 국내 연구 동향에 관한 소고. 아동교육, 17(4), 105-115.

김희숙, 장인한(2009). 통합적 음악활동 중심의 다문화 음악과 교육과정 재구성. 교육학논총, 30(1), 1-29.

민경훈(2004). 상호문화적 음악교육의 의미와 지도방법에 관한 연구: 초등학교를 중심으로. 음악과 민족, 28, 432-455.

민경훈(2009). 다문화 교육으로서 음악 교육의 필요성과 역할. 예술교육연구, 7(1), 93-111.

민경훈(2010). 다문화 교육으로서 음악교육의 전망. 한국음악교육학회, 48-59.

박남희(2010). 다문화 교육에 중점을 둔 통합교육으로서의 음악교육 활용 방안: 스페인 음악을 중심으로. 청소년 문화포럼, 24, 40-73.

박미경(2012). "다문화 음악교육" "다인종 음악교육" "세계음악 교육"이라는 용어들: 학술적 문헌 속의 쓰임새 비판. 음악과 문화, 26, 177-199.

박미경(2013). 종족음악학과 다문화음악교육: 그 만남의 지점 찾기. 음악과 문화, 28, 5-33.

박주만(2015). 2009 개정 교육과정에 따른 초등 3~4학년 음악교과서의 다문화 음악 단원 내용분석. 이화음악논집, 19(1), 27-53.

박한아(2013). 뱅크스(Banks)의 다문화 교육 접근법에 기초한 중학교 음악교과서 분석. 음악응용연구, 6, 75-92.

박혜정(1992). 다문화 음악의 이해 및 그 적용: 음악교육의 사례. 국악과 교육, 10, 103-171.

방은영(2012). 음악 감상활동을 통한 다문화 교육이 유아의 정서지능 향상에 미치는 효과. 음악교육연구, 41(3), 181-204.

변계원, 조효임(2004). 월드뮤직 용어의 개념적 고찰. 음악과 민족, 28, 321-340.

변미혜(2011). 중학교 음악 교과서에 수록된 중국음악 고찰. 국악교육, 32, 85-110.

안재신(2001). 유아음악교육의 세계화를 위한 다문화적 접근의 프로그램 개발. 음악교육연구, 21, 53-74.

양종모(2007). 음악교과에서 국제이해교육의 실천을 위한 전제. 음악교육연구, 33, 181-204.

오선화, 황은영, 전유미(2016). 음악활동이 다문화 가정 아동의 자아개념 변화 및 우울감소에 미치는 영향. 예술심리치료연구, 12(3), 208-225.

윤문정(2009). 한국의 다문화 음악교육 실태 조사. 음악교육공학, 8, 169-182.

이경언(2011). 한국·일본·중국·홍콩 음악 교육과정의 전통음악 내용 비교 분석. 국악교육연구, 5(2), 97-114.

이동남, 홍주희(2009). 21세기 세계화에 따른 다문화교수법 적용 방안 연구. 한국초등교육, 19(2), 119-134.

이은주(2005). 한국 전래 노래의 다문화적 음악교육을 위한 교사교육프로그램의 개발과 적용. 고려대학교 대학원 박사학위논문.

이지선, 조효임(2004). 월드뮤직의 수용과 다문화적 음악교육에 관한 초, 중등교사의 의식 연구. 한국음악연구, 35, 241-268.

임명희(2003). 음악 감상을 통한 다문화 교육 활동이 유아의 정서능력에 미치는 영향. 전남대학교 교육대학원 석사학위논문.

장근주(2007). 세계 다문화적 음악교육의 동향: 미국, 영국, 호주, 독일, 캐나다, 일본을 중심으로. 음악교육, 7, 59-82.

장근주(2016). 다문화 음악교육에 대한 음악 교사들의 태도, 필요성 및 실천. 예술교육연구, 14(4), 245-256.

정유진(2010). 다문화 음악교육의 국내 연구동향. 서울교육대학교 대학원 석사학위논문.

최성환, 이진아(2012). 다문화 사회에서의 '한국 전통음악'의 역할: 다문화 교육에서 문화예술교육의 위상을 중심으로. 다문화콘텐츠연구, 12(12), 285-316.

최진호(2009). 한국과 미국 내 초등학생들의 다문화 음악에 대한 선호도 조사. 음악교육공학, 8, 183-195.

한나래(2014). 초등학교 3~4학년 음악교과서의 세계 민요 분석: 2009 개정 교육과정을 중심으로. 음악응용연구, 7, 85-105.

함희주(2003). 초등학교교육에서 다문화적 음악교육 적용가능성 탐색. 음악교육연구, 25, 101-127.

허정은(2011). 다문화 음악교육 석사학위논문의 경향 분석(1994~2010). 이화여자대학교 대학원 석사학위논문.

홍길회, 윤혜자(2014). 국악장단을 적용한 크로스오버 음악활동이 유아의 다문화 인식에 미치는 영향. 한국보육지원학회지, 10(2), 21-41.

음악교육에서의 인성 교육

김미숙

인간과 공존해 온 음악은 인간의 타고난 능력을 개발해 주는 것뿐만 아니라 인간을 교육하는, 즉 인격을 형성하는 인성 교육의 한 역할을 담당하고 있다. 21세기에 화두로 떠오르는 창의·인성 교육에서도 음악이 중요한 교과목으로 대두되고 있다. 음악 교과는 다양한 음악활동을 통해 음악의 아름다움을 경험하고, 음악성과 창의성을 계발하며, 음악의 역할과 가치에 대한 안목을 키움으로써 음악을 삶 속에서 즐길 수 있도록 하는 교과이다. 음악은 음악적 정서 및 표현력 계발을 통해 자기표현 능력을 신장하고 자아 정체성을 형성하며, 문화의 다원적 가치 인식을 통해 타인을 존중하고 배려하는 소통 능력을 지닌 인재 육성을 목표로 한다. 이를 통해 우리 문화 발전에 기여하고 세계 시민으로서 문화적 소양을 지닌 전인적 인간 육성에 이바지한다(교육부, 2015).

1. 도입

인성은 교육의 기본인 동시에 미래 사회를 이끌어 갈 21세기 글로벌 인재가 갖추어야 하는 핵심역량이다. 창의적이고 유능한 인재가 국가 경쟁력의 핵심이 되고 사회에 대한 영향력을 바람직한 방향으로 행사하기 위해서는 인성적 측면의 성숙이 절대적으로 필요하며, 올바른 인성의 틀 속에서 창의성이 발휘되어야 글로벌 인재로 완성될 수 있다(교육과학기술부, 한국과학창의재단, 2010, p. 11). 학교의 역량은 학생의 인성, 사회적 감정 표현 기술, 학업능력으로 발휘된다. 도덕적인 행동과 봉사에 의한 공감대 형성을 통해서 학생들의 지도력이 향상되며 목표 설정, 의사결정,

문제해결의 능력을 키울 수 있는 기회를 인성 교육을 통해 얻게 된다(Bencivenqa & Elias, 2003, pp. 61-64). 인성 교육이란 학생들이 학업성취도를 강화하고 긍정적 · 윤리적 · 사회적 경향과 경쟁력 발달을 육성하기 위해서 교수법과 지원 체계를 마련하기 위한 시도이다(Berkowitz, 2011, p. 153).

음악 교과에서의 인성 교육은 음악의 특성을 고려한 인성 교육의 원리를 기반으로 구성된다. 음악교육을 통해 교사는 학생 개인의 내적 · 외적 특성에 대한 이해, 자각, 통찰에 이를 수 있도록 지도해야 한다는 '자기 이해의 원리', 음악교육을 통해 교사는 학생이 음악이 가진 표현적 속성을 이해하고 음악적 언어를 활용하여 자신을 적극적으로 표현할 수 있도록 지도해야 한다는 '자기표현의 원리', 음악교육을 통해 교사는 음악활동과 음악작품에 내재되어 있는 균형과 조화의 요소를 이해함으로써 인성이 균형과 조화를 이루도록 지도해야 한다는 '조화와 균형의 원리' 등을 기초로 음악수업을 구성해야 한다. 이러한 원리에 의해 학생 개인의 인성은 음악을 통해 탐색되고, 안정화되며, 통합을 이룬다(김미숙, 권혜인, 2013, p. 65).

뛰어난 교사는 인성 교육의 시작을 먼저 인성의 가치를 시험해 보는 기회로 삼고 규범의 원리를 이해하는 것을 선행하고 인성 교육의 전략을 세운다(Sanchez, 2007, p. 79). 그러므로 음악 교과에서의 인성 교육의 원리를 토대로 음악의 특성을 살린 인성요소를 추출하고 그러한 인성을 계발할 수 있는 음악활동을 계획하면 된다. 음악 수업에서 다룰 수 있는 인성요소는 존중, 신뢰, 책임, 배려, 공정성, 시민성, 심미성 등이 있다(김미숙, 권혜인, 2014, p. 29).

2. 인성 교육의 연구 동향

1) 인성 교육에 대한 연구

21세기에 들어서면서 인성 교육에 대한 연구는 정부 차원에서 또는 정부 산하기관에서 지속적으로 연구되어 왔다(교육과학기술부, 2010; 교육과학기술부, 한국과학창의재단, 2010; 서덕희, 2012; 양승실, 한국교육개발원, 2011; 이명준 외, 2011; 조난심, 차우규, 2000; 현주, 2009, 2012). 인성 교육에 대한 연구는 정부지원 연구뿐만 아니라 일반 학자들도 다양한 분야에서 학술지에 논문을 발표하고 있으며(강충열, 김동영, 2001), 한국의 인성 교육을 위한 미국 학교에서의 인성 교육내용을 연구하기도 하였다(안범희, 2005).

인성 교육을 위한 인성 덕목의 요인을 분석하거나(류청산, 진흥섭, 2006) 누리과정 교사용 지도서에 나타난 인성 교육 요소를 분석하기도 하였다(박선미, 2013). 한국 사회의 도덕성 측정을 위한 도덕성 개념 및 덕목 요소를 추출하고(박효정, 2000) 인성 교육 개념의 재구조화 방안을 연구하였으며(차경명, 2013) 인성 교육의 문제점을 고찰하기도 하였다(최준환 외, 2009).

같은 예술 분야인 미술 교과뿐만 아니라(강도현, 이주연, 2016; 고은실, 2015; 김미희, 김정인, 2015; 김성숙, 이정숙, 2015) 다른 교과에서는 활발하게 진행되고 있는 인성 교육(진의남, 김선혜, 2012; 이현숙, 2008)이 음악교과에서는 방향 설정이나 가이드라인이 명확히 제시되지 않은 상태이다. 인성 교육에 관련된 저서(강선보 외, 2008; 이주희, 박희현, 박은민, 2011)나 인성 교육의 방향 설정을 위한 이론적 기초 연구(강선보 외, 2008) 외에도 인성 교육을 위한 수업 설계와 평가방법 전략에 관한 연구(김현진, 2014; 신재한, 김현진, 오동환, 2013)도 교육학계에서 지속적으로 진행되고 있다. 예비 교사 교직 인성 평가도구를 개발하고(서경혜 외, 2013) 미국의 인성 교육 정책과 교사교육이 어떠한지 연구하였다(박종필, 조홍순, 박균열, 2015).

이러한 시점에서 음악교육에서는 인성 교육을 어떻게 해야 할지, 음악의 특성을 살린 인성 교육은 어떻게 진행되어야 하는지 등 인성 교육을 위한 음악 프로그램의 개발이나 적용에 앞서 음악교육에서 인성 교육의 연구 동향이 어떠한지에 대한 연구가 선행되어야 한다.

2) 음악교육에서의 인성 교육 연구 동향

음악교육에서의 인성 교육 연구 동향을 분석함에 있어서 크게 네 가지로 범주화하였다. 첫째, 음악과에서의 인성 교육에 대한 원론적인 연구, 둘째, 음악과 인성 교육 프로그램 개발, 셋째, 음악과 인성 교육 프로그램의 영향 조사 연구, 넷째, 음악과에서의 인성 교육 지도 방안 연구 등이다.

김미숙, 권혜인(2013)의 연구에 의하면 학위논문에서 인성 교육 관련 연구물은 1000여 건에 달하지만 음악 관련 인성 교육 논문은 52편이었다. 학교급은 중등이 35편으로 가장 많았고 연구 내용에서는 음악활동에 대한 내용보다는 전반적인 음악과 인성을 연관 지어 다룬 논문이 21편이었다.

(1) 음악과에서의 인성 교육에 대한 원론적인 연구

김미숙, 권혜인(2013, 2014)은 음악 교과에서의 인성 개념과 인성 요소를 고찰하였으며 권덕원(2016)은 인성 교육을 위한 음악교육의 역할에 대해서 연구하였다. 강유경(2012)은 한국음악에 있어서 거문고의 위상을 인격함양과 인성 교육 측면에서 연구하였다.

정은경, 정진원(2013)은 음악과 교육과정에 나타난 역량 및 인성 교육에 대해서 고찰하였으며 김영연(2016)은 예술교육을 위한 인성 교육의 가능성을 탐색하였다. 2009 개정 중학교 음악 교과서에 나타난 인성 교육 요소를 분석한 학위논문(김슬기, 2014)도 있다.

(2) 음악과 인성 교육 프로그램 개발

음악을 통하여 인성을 개발하고 육성하기 위해서 많은 연구가 진행되었지만 프로그램 개발에 머무는 수준이었다. 2015 개정 음악과 교육과정에서 강조하고 있는 핵심역량에 맞추어 김영미(2015)는 음악과 교수 역량 강화를 위한 교육 프로그램을 연구하였다. 권혜인, 이화식(2011)은 고등학교에서의 음악을 적용한 인성 교육 프로그램을 개발하였고, 김명환, 한길환(2011)은 합창을 통한 인성 교육 프로그램을 개발하였다.

승윤희(2013)는 거시적인 안목에서 음악교육에서의 인성 교육 프로그램이 아닌 학교폭력에 초점을 맞추어서 학교폭력 감소 및 예방을 위한 음악 프로그램을 개발하였다. 이 외에도 이가원(2015)은 다문화 가정 학생들의 인성 교육의 일환으로 다문화 교육을 위한 대학 음악 교양 교육과정을 개발하였다.

(3) 음악과 인성 교육 프로그램의 영향 조사 연구

양종모(2012)는 음악 단체 활동이 인성에 미치는 영향에 관한 인식조사를 하였다. 윤성원(2013)과 남지영(2012)은 오케스트라 활동이 인성에 미치는 영향에 대해 조사하였는데, 특히 남지영(2012)은 학교 오케스트라 활동을 하는 초등학생을 대상으로 하였다. 또 다른 초등학생을 대상으로 한 연구에서는 박성우, 정은경(2015)이 사물놀이 활동이 초등학생의 인성발달에 미치는 영향을 조사하였으며, 오상규, 김원중(2007)은 중학생을 대상으로 음악활동을 활용한 인성 교육 프로그램이 여중생의 사회성, 교우관계 및 대인 불안에 미치는 영향을 연구하였다.

김미숙, 허수연(2013)은 음악과 창의적 체험활동을 통한 인성 교육 활성화 방안에 대한 평가를 실시하였으며, 2014년에는 인성 교육을 위한 저소득층 청소년 음악 프로그램 평가 방안을 마련하였다(김미숙, 허수연, 2014). 또한 정문성 외(2012)는 초등학교 문화예술교육이 예술 및 인성적 변화에 미치는 영향에 대해서 연구하였다.

(4) 음악과에서의 인성 교육 지도 방안 연구

한국교육과정평가원에서는 음악을 포함한 도덕, 미술, 체육 등의 교과에서 교과 교육을 통한 인성 교육 구현 방안(양정실 외, 2013)을 연구하였다. 이 연구를 토대로 장근주(2015)는 음악교육에서 인성 교육 사례 관찰을 통한 실천 방안을 모색하고 인성 교육의 현황과 과제를 제시하였다.

박진홍(2011)은 음악비평 활동의 창의·인성 교육적 접근을 통하여 음악교육에서의 인성 교육을 시도하였으며, 조성기, 민경훈(2014)은 음악 교과에서의 인성 교육 활성화 방안을 제시하였다. 김미숙(2015)은 수업모형을 적용해서 음악과 인성 요소 지도 방안을 연구하였으며, 김영연(2014)은 예비 교사를 위한 인성 교육 방안을 모색하였다.

음악과에서의 인성 교육에 대한 석사학위논문에는 각 영역별 지도 방안이 대부분이었으며 특히 감상 활동 영역의 지도 방안이 많이 연구되었다.

3. 연구 과제 및 전망

이 장에서는 음악교육에서의 인성 교육을 음악과에서의 인성 교육에 대한 원론적인 연구, 음악과 인성 교육 프로그램 개발, 음악과 인성 교육 프로그램의 영향 조사 연구, 음악과에서의 인성 교육 지도 방안 연구의 네 가지로 구분하여 인성 교육의 연구 동향을 살펴보았다. 연구 동향에서도 알 수 있듯이 대부분의 음악과 인성 교육 연구는 인성 교육 프로그램이나 음악활동이 인성에 미치는 영향에 집중해 이루어지고 있으며 이들 또한 넓은 범위로 다루어지고 있어서 구체적인 인성 교육 지도 내용이 제시되지 않았다. 음악과에서의 인성 교육에 대한 원론적인 연구도 기초 수준에 머무르고 있고 이러한 이론들이 어떻게 음악과 인성 교육 프로그램에 적용되어 그 효과까지 검증할 수 있는지에 대한 연구는 이루어지지 않았다.

그러므로 연구 동향의 고찰을 통해 얻어진 결과를 토대로 음악교육에서의 바람직한 인성 교육을 위한 과제와 전망을 제시하면 다음과 같다.

첫째, 음악교육에서의 인성 교육을 위한 프로그램 개발의 다양성과 인성 교육 프로그램의 구체화를 시킬 수 있는 연구가 행해져야 한다. 지금까지 음악교육을 통하여 인성 교육이 가능한 프로그램의 연구는 많이 행해졌지만, 프로그램 개발에만 머무는 수준이었다. 단순한 프로그램 개발이 아닌 인성 요소와 인성 교육의 이론적인 고찰을 토대로 프로그램을 개발하고, 개발된 프로그램을 현장에서 직접 실현해보고 그 결과를 토대로 지속적으로 프로그램을 수정·보완하며 보다 나은 프로그램이 되도록 연구해야 한다. 이러한 연구를 수행하기 위해서는 음악교육학자 개인의 연구보다는 정부 차원에서 또는 기관이나 학교에서 공동으로 연구가 행해져야 한다. 프로그램 개발을 위한 관계자들이 함께 연구, 개발하고 개발된 프로그램을 현장 교사와의 협력하에 초·중등학교에서 적용해 보고 수정, 보완해서 인성 교육 프로그램을 완성해 나가야 할 것이다.

둘째, 교육과정에서 목표 달성을 위해서는 교육내용뿐만 아니라 확인 과정인 평가도 중요하므로 인성 교육 프로그램 개발 및 지도에 대한 구체적인 평가가 이루어질 수 있는 연구가 이루어져야 한다. 프로그램에 참여하는 대상뿐만 아니라 프로그램 개발자, 진행자, 학부모, 학생 등 인성 교육 프로그램에 직간접적으로 관여하는 모든 관계자들에 대한 평가와 피드백에 대한 연구도 행해져야 한다. 그러므로 개발 단계부터 평가까지 단기적인 프로젝트가 아닌 중장기적인 계획으로 음악교육에서의 인성 교육 프로그램이 개발되어야 하겠다.

셋째, 현직교사와 예비 교사를 위한 인성 교육 프로그램 개발 연구가 행해져야 한다. 음악수업을 통해 학생들에게 인성 교육을 하기 위해서는 먼저 음악 교사들을 위한 인성 교육이 필요하다. 음악 교사들이 인성에 대한 바른 이해와 활용 능력을 갖추기 위한 교사 교육이 선행되어야 한다. 음악 교사 자신부터 올바른 인성을 갖추고 미래 사회의 주역이 될 학생들이 갖추어야 할 인성은 무엇인지 확실하게 이해하며 어떻게 음악 교과에서 인성 교육을 실현시킬지에 대한 연구가 선행되어야 한다. 교사 교육은 정부 차원에서 또한 음악교육 관련 학회 차원에서 지속적으로 다루어야 할 과제이다. 음악교육학자들이 학문적 토대를 세우고 그것을 바탕으로 하여 교사를 위한 인성 교육 방향의 설정이 필요하다.

넷째, 음악교육에서의 인성 교육 지도 방안에 대한 연구가 영역별, 장르별, 대상별 등 다양한 분야로 확대되어 진행되어야 한다. 지도 방안의 연구 중에서는 감상 영역의 지도 방안이 대부분 포함되었으므로 표현과 생활화 영역을 포함해야 하고 유아기부터 성인 등 평생교육에 이르기까지 인성 교육을 강화하는 연구가 수행되어야 한다.

다섯째, 학위논문에서 인성 교육의 연구가 활성화되어야 한다. 음악교육의 석사학위논문이 양산되면서 대학원생들은 주제의 고갈에 당면하였다. 하고자 하는 대부분의 연구가 수행되었거나 학생 자신의 수준에는 역량 부족으로 부적합한 경우가 많았다. 음악교육에서의 인성 교육 분야 연구는 아직도 많이 수행되어지지 않았으므로 지도교수들의 조언과 권유가 필요하다. 석사학위논문으로 다양한 방면의 음악수업에서의 인성 교육이 연구된다면 현장 교사들의 학업 부담 또한 줄일 수 있게 된다. 올바른 인성을 음악을 통해서 육성할 수 있도록 음악과 교육과정의 각 영역별(표현, 감상, 생활화) 지도 방안이나 학년에 맞게, 활동에 적합하게, 또는 제재곡에 따른 인성 교육 지도 방안이 학위논문의 주제가 된다면 대학원생들에게는 주제 고민 해결이고 현장 교사들에게 학습 자료 고민 해결이므로 일거양득의 효과를 볼 수 있다.

이상과 같이 음악교육에서의 인성 교육의 연구 동향과 전망을 살펴보았다. 인성을 시각적으로, 수치상으로 명확하게 드러나게 교육을 시킨다는 것은 거의 불가능하지만 음악 역시 추상적이면서 인간의 마음을 움직이고 변화시키는 예술이므로 이러한 음악을 통해서 보이지 않지만 인간에게는 꼭 필요한 바른 인성을 가진 미래의 주역들을 길러 내는 것이 음악교육학자들의 사명이라 하겠다.

 참고문헌

강도현, 이주연(2016). 2015 개정 교육과정에 따른 교과 역량 및 인성 역량 강화를 위한 초등 미술과 수업 방안. 조형교육, 58, 1-28.

강선보, 박의수, 김귀성, 송순재, 정윤경, 김영래, 고미숙(2008). 21세기 인성교육의 방향 설정을 위한 이론적 기초 연구. 교육문제 연구, 30, 1-38.

강선보, 박의수, 김귀성, 송순재, 정윤경(2008). 인성교육. 경기: 양서원.

강유경(2012). 한국음악에 있어 거문고의 위상-인격함양과 인성교육의 위상을 중심으로. 음악교육연구, 41(3), 1-26.

강충열, 김동영(2001). 인성 및 창의성 신장 방안. 연구보고 RR 99-1-1. 한국교원대학교 부설 교과교육공동연구소. 교육정책 및 교육개혁 추진 과제.

고은실(2015). 사회정의와 인성함양을 위한 실천적 미술교육. 예술교육연구, 13(3), 23-

37.

교육과학기술부(2010). 창의성과 인성 함양을 위한 교육내용·방법·평가체제 혁신방안. 교육과학기술부.

교육과학기술부, 한국과학창의재단(2010). 창의·인성교육 활성화 방안 연구. 교육과학기술부.

교육부(2015). 음악과 교육과정. 교육부 고시 제2015-74호.

권덕원(2016). 인성교육을 위한 음악교육의 역할. 미래음악교육연구, 1(1), 1-21.

권미진(2014). 인성 함양을 위한 초등 음악 감상 지도 모형 개발. 이화여자대학교 대학원 석사학위논문.

권혜인, 이화식(2011). 법무부 산하의 특성화 학교인 고봉중, 고등학교에서 음악을 적용한 인성교육 프로그램 개발 연구. 음악교육연구, 40(3), 155-183.

김명환, 한길환(2011). 합창과 인성교육: 합창을 통한 인성교육 프로그램 개발. 교정담론, 5(2), 267-292.

김미숙(2015). 수업모형을 적용한 음악과 인성요소 지도 방안 연구. 예술교육연구, 14(3), 123-141.

김미숙, 권혜인(2013). 음악 교과에서의 인성 개념과 인성교육. 음악교육연구, 42(3), 41-69.

김미숙, 권혜인(2014). 음악교과에서의 인성 요소 고찰. 음악교육연구, 43(1), 21-40.

김미숙, 허수연(2013). Stake의 반응적 평가에 의한 음악과 창의적 체험활동을 통한 인성교육 활성화 방안에 대한 평가. 음악교육공학, 17, 267-282.

김미숙, 허수연(2014). 인성교육을 위한 저소득층 청소년 음악프로그램 평가 방안. 음악교육공학, 19, 49-66.

김미숙, 현경실, 민경훈, 장근주, 김영미, 조성기, 김지현, 조대현, 송주현, 박지현, 최윤경, 김지현(2015). 음악과 교재 연구. 서울: 학지사.

김미희, 김정인(2015). 신체놀이활동을 병행한 집단미술치료프로그램이 학령기 아동의 또래관계기술과 학교생활적응에 미치는 효과. 예술교육연구, 13(4), 123-139.

김성숙, 이정숙(2015). 행복교육을 위한 미술교육 방안. 예술교육연구, 13(1), 1-20.

김슬기(2014). 2009 개정 중학교 음악교과서에서의 인성교육요소 분석. 상명대학교 대학원 석사학위논문.

김영미(2015). 음악과 교수 역량 강화를 위한 교육 프로그램 연구. 예술교육연구, 14(1), 53-76.

김영연(2014). 예비 교사를 위한 인성교육 방안모색에 대한 소고. 교육과학연구, 19, 19-30.

김영연(2016). 예술교육을 통한 인성교육의 가능성 탐색. 예술교육연구, 14(2), 73-88.

김현진(2014). 창의인성교육을 위한 교실수업실천과 평가방법 전략. 경기: 한국학술정보(주).

남지영(2012). 학교 오케스트라 활동이 초등학생의 인성에 미치는 영향. 음악교육연구,

41(3), 109-134.

류청산, 진홍섭(2006). 인성 교육을 위한 인성 덕목의 요인 분석. 경인교육대학교 교육논총, 26(1), 139-166.

박선미(2013). 누리과정 교사용 지도서에 나타난 인성교육 요소 분석. 교과교육학연구, 17(4), 1007-1031.

박성우, 정은경(2015). 사물놀이 활동이 초등학생의 인성발달에 미치는 영향. 예술교육연구, 13(2), 45-58.

박종필, 조홍순, 박균열(2015). 미국의 인성교육 정책과 교사교육. 한국교원교육연구, 32(4), 1-21.

박진홍(2011). 음악비평 활동의 창의·인성 교육적 접근. 음악교육공학, 13, 95-114.

박효정(2000). 한국사회의 도덕성 측정을 위한 도덕성 개념 및 덕목 요소 추출. 한국교과교육학회. RR 2000-2.

서경혜, 최진영, 노선숙, 김수진, 이지영, 현성혜(2013). 예비 교사 교직 인성 평가도구 개발 및 타당화. 교육과학연구, 44(1), 147-176.

서덕희(2012). 학교현장 안정화를 위한 인성교육 방안. 한국교육개발원 현안보고. OR 2012-02-01.

승윤희(2013). 학교폭력 감소 및 예방을 위한 음악프로그램 개발연구. 학습자중심교과교육연구, 13(5), 565-586.

신재한, 김현진, 오동환(2013). 창의·인성교육을 위한 수업 설계 전략. 경기: 교육과학사.

안범희(2005). 미국 학교에서의 인성교육내용 및 특성 연구. 인문과학연구, 13, 133-169.

양승실, 한국교육개발원(2011). 창의적 체험활동을 통한 인성교육 활성화 방안 연구. 연구보고 RRC 2011-72.

양정실, 조난심, 박소영, 장근주, 은지용(2013). 교과교육을 통한 인성교육 구현 방안. 연구보고 RRC 2013-6.

양종모(2012). 음악 단체활동이 인성에 미치는 영향에 관한 인식 조사. 음악교육연구, 41(2), 227-255.

오상규, 김원중(2007). 음악활동을 활용한 인성교육 프로그램이 여중생의 사회성, 교우관계 및 대인 불안에 미치는 영향. 상담학연구, 8(2), 513-532.

윤성원(2013). 학생오케스트라 사업이 학생의 인성에 끼친 영향. 음악교육공학, 16, 137-159.

이가원(2015). 다문화 교육을 위한 대학 음악교양교육과정 개발 연구. 예술교육연구, 13(3), 39-55.

이명준, 진희남, 서민철, 김정우, 이주연, 김병준, 박혜정(2011). 교과교육과 창의적 체험활동을 통한 인성교육 활성화 방안. 한국교육과정평가원 연구보고 RRC 2011-7-1.

이주희, 박희현, 박은민(2011). 인성함양. 서울: 공동체.

장근주(2015). 음악교육에서 인성교육의 현황과 과제. 문화예술교육연구, 10(2), 47-66.

정문성, 석문주, 모경환, 김해경, 박새롬(2012). 초등학교 문화예술교육이 예술 및 인성적 변화에 미치는 영향. 열린교육연구, 20(2), 267-284.

정은경, 정진원(2013). 음악과 교육과정에 나타난 역량 및 인성교육에 관한 고찰. 국악교육연구, 7(2), 107-127.

조난심, 차우규(2000). 학교 인성 교육 프로그램 평가 방안 연구. 서울: 한국교육과정평가원.

조성기, 민경훈(2014). 음악교과에서의 인성교육 활성화 방안. 음악교육공학, 21, 209-231.

진의남, 김선혜(2012). 실과(기술·가정) 교과에서의 인성교육 방안 탐색. 한국기술교육학회지, 12(2), 250-274.

차경명(2013). 인성교육 개념의 재구조화 방안 연구. 서울대학교 대학원 석사학위논문.

최준환, 박춘성, 연경남, 민영경, 이은아, 정원선, 서지연, 차대길, 허준영, 임청묵(2009). 인성교육의 문제점 및 창의·인성교육의 이론적 고찰. 창의력교육연구, 9(2), 89-112.

한국교육과정평가원(2013). 교과교육을 통한 인성교육 구현 방안. 한국교육과정평가원 연구보고 RRC 2013-6.

현주(2009). 중학교 인성교육 실태분석 연구. 한국교육개발원 연구보고 RR 2009-09.

현주(2012). 학교 인성교육의 의의와 과제. 한국교육개발원 현안보고 OR 2012-05-2.

Bencivenqa, A. S., & Elias, M. J. (2003). Leading schools of excellence in academics, character, and social-emotional development. *NASSP Bulletin, 87*(637), 60-72.

Berkowitz, M. W. (2011). What works in values education. *International Journal of Educational Research, 50*(3), 153-158.

Broudy, H. S. (1991). Realistic Philosophy of Music Education. In R. J. Colwell (Eds.), *Basic concepts in Music Education II* (pp. 3-12). Colorado, Niwot: University Press of Colorado.

Lickona, T. (2007). *CEP's eleven principles of effective character education.* Character Education Partnership.

Lumpkin, A. (2008). Teachers as role models: Teaching character and moral values. *Journal of Physical Education, Recreation & Dance, 79*(2), 45-49.

Milson, A. J. (2001). Fostering civic virtue in a high-tech world. *International Journal of Social Education, 16*(1), 87-93.

Milson, A. J., & Chu, Beong-Wan (2002). Character education of cyberspace: Developing good netizens. *Social Studies, 93*(3), 117-119.

Narvaez, D., & Lapsley, D. K. (2008). Teaching moral character: two alternatives for teacher education. *Teacher Educator, 43*(2), 156-172.

Sanchez, T. (2007). The forgotten American: A story for character education. *International Journal of Social Education, 21*(2), 79-90.

제11장

음악교육에서의 융합교육

조대현

1. 도입

오늘날 '융합'이라는 개념은 우리 사회가 추구하는 주요 지향점 중 하나로 자리매김하고 있다. 천연자원이 부족한 우리나라는 일찍이 우수한 인적자원 개발에 주력해 왔으며, 궁극적으로는 이를 통한 창의적인 결과물, 그래서 경제적으로나 산업적으로 가치 있는 결과물의 도출을 목표로 해 왔다. 최근 이러한 노력을 정치계에서는 '창조경제'라고 정의하고 있다. 창조경제란, 존 호킨스(J. Howkins)의 저서 『The Creative Economy』(2001)에 처음 등장한 개념으로 '새로운 아이디어, 즉 창의력으로 제조업과 서비스업, 유통업, 엔터테인먼트 산입 등에 활력을 불어넣는 것'을 의미하는데, 이를 우리 정부가 국정운영 최우선 전략과제로 강조하면서 그 의미가 커지고 있다.

학문적으로는 '통합'이라는 개념에서부터 시작된 학문 간 또는 교과 간 경계의 붕괴 및 확장과 공유의 현상이 개인적 홍미나 실험적 차원에서뿐만 아니라, 공적인 영역으로까지 확대되고 있다. 이러한 시대적 변화에 따라 우리나라의 교육계 또한 '창의와 인성을 지닌 미래 융합형 인재 양성'을 교육의 주된 목표로 내세우고 있으며, 이를 국가 정책에 반영하여 초·중등교육에서의 집중적인 융합교육을 추진하고 있다.

이에 이 장에서는 '융합'과 '융합교육', 그리고 '음악과 예술이 중심이 된 융합교육'의 연구 내용 및 흐름 등을 살펴보고, 이를 통해 보다 나은 융합교육을 위해 요구되는 연구는 무엇인지 이에 대한 지향점을 제안하고자 한다.

2. 융합교육의 연구 동향

오늘날 발표되는 융합 및 융합교육을 주제로 하는 연구들은 과학 분야에서의 연구들을 필두로 하여 점차 그 내용과 영역이 확대되는 경향을 띠고 있다. 초기 연구는 융합의 개념을 정의하고 이해하고자 하는 기초 연구가 주를 이루었으며, 내용적으로는 융합의 개념적 정의, 역사적 관점에서의 융합이론의 변화와 발달, 융합교육의 방법 및 특정 사례에 대한 분석 등이 주요 주제로 다루어졌다. 기초 연구 이후에는 융합교육의 목적에 따른 과학교육 활성화를 위한 실험적이고 방법적인 융합연구가 많이 진행되고 있고, 교육학적으로는 다양한 사례에 대한 이론적 분석을 통해 융합교육의 교육적 효과를 살펴보고 이에 따른 교육환경 구성의 조건, 대상에 따른 차이, 교수자의 역할 및 자질 등 다양한 교육학적 관점에서의 상관관계와 그 과정을 파악함으로써 융합교육에 대한 구조화가 시도되고 있다. 이러한 결과물은 오늘날 융합교육의 활성화를 위한 정책 연구의 기초가 되고 있으며, 나아가 상이한 연구 목적에 따른 다양한 연구 영역과 대상으로 확대, 발전하고 있다.

오늘날 발표되고 있는 융합 및 융합교육 관련 연구 영역 및 내용은 [그림 11-1]과

철학적 관점	융합에 대한 정의적 · 철학적 연구, 역사적 관점에서의 접근, 이론적 · 환경적 전제조건, 상황적 문제 등에 관한 연구 등
교육적 관점	융합에 대한 교육 및 교육철학적 관점에서의 연구, 학교 및 학교 밖에서의 융합교육, 다양한 교과 영역에서의 융합교육, 교과 간 융합교육, 대상에 따른 융합교육, 융합교육의 방법에 관한 연구, 융합교육의 실제적 연구와 사례 연구, 융합교육 프로그램의 효과성 연구 등
정책적 관점	학교 및 사회교육 정책연구 다양한 정책 영역에서의 활용을 위한 연구, 관련 정책 및 내용의 효과성 연구 등
실용적 관점	다차원적인 관점 및 실용적 영역에서의 활용을 전제한 연구 등

[그림 11-1] 융합 관련 연구 주제와 내용

같으며, 이 장에서는 크게 과학적 방법, 즉 과학 중심으로 이루어지는 융합교육 관련 연구와 음악적 방법을 추구하는 음악 중심의 융합교육 연구로 구분하여 제시하였다.

1) '과학적 방법'을 목적하는 융합교육의 연구 동향

'수학적 기초 위에서 공학과 예술을 통한 과학과 기술의 이해(Science & Technology interpreted through Engineering & the Arts, all based in Mathematical elements)'(Yakman, 2008)라고 정의되는 STΣ@M[1] 교육에 대한 국내 연구는 최재천(2007), 민경찬(2009), 김진수(2010) 등의 STEAM 개념 및 정의와 관련한 철학적 관점의 초기 연구를 비롯하여, 전반적인 융합 방법에 대한 이론적 모형 연구, 특정 교과나 분야, 대상에 따른 모델 연구, STEAM 교육 효과 및 운영에 대한 사례 연구, 융합교육에 대한 교사 인식에 관한 연구, 융합교육을 위한 교사 교육에 관한 연구, 융합인재교육의 문제점을 다룬 연구 등 다양한 관점에서 진행되고 있다. '과학적 방법에 따른 융합' 관련 연구의 범주는 크게 네 가지 관점, 즉 철학적, 교육적, 정책적, 실용적 관점으로 구분될 수 있으며, 이는 각각 연구의 주요 주제와 목적, 그리고 연구 방법 및 대상 등에 따라 세분된다. 이에 따른 연구의 예는 다음과 같다.

(1) 철학적 관점

철학적 관점에서의 융합교육 관련 연구는 융합의 개념과 정의, 사상, 그리고 역사적 배경 등 전반적인 이론적 배경을 주요 논제로 삼고 있다. 시기적으로는 융합 연구 초기에 많이 이루어졌으며, 현재까지도 보다 심화된 관점에서의 융합 관련 연구, 예를 들면 기존 발표된 내용에 대해 비판적이거나 보다 성숙한 관점의 대안들이 발표되는 현재 진행형의 영역이기도 하다. 대표적인 연구물로는 최재천(2007), 민경찬(2009), 김진수(2010), 임유나(2012), 김성운(2016) 등의 연구가 있다. 〈표 11-1〉은 철학적 관점에서 진행된 연구 결과물의 하나인 '융합'에 대한 여러 학자들(김진수, 2010; 민경찬, 2009; 최재천, 2007)의 정의를 비교, 정리한 것이다. 이때 융합과 흔히 혼용되는 유사 개념인 통합 및 통섭과 함께 비교함으로써 오늘날 추구하는 '융합'의 의미를 분명하게 구분하여 제시하고 있다.

---

1) STΣ@M 은 수학적 기초에서 시작되는 STEAM 교육의 내용을 이미지화한 것이다.

〈표 11-1〉 융합과 통합, 통섭에 대한 정의 비교(조대현, 2013)

구분	통합(Integration)	통섭(Consilience)	융합(Convergence)
최재천 (2007)	물리적으로 합친 것으로 진짜로 섞이지 않은 상태	원래의 학문이 사라지는 것이 아니라 학문들 간에 잦은 소통을 하는 것	화학적으로 진짜로 합쳐져 원래 형태가 하나가 되면서 전혀 새로운 것이 되는 상태
민경찬 (2009)	물리적인 연합의 성격으로 둘 이상의 것을 하나로 모으는 것	생물학적인 변신의 성격으로 서로 다른 요소들이 모여 새로운 개체로 변화되는 것	화학적인 섞임으로 녹아져서 하나로 합쳐지는 것
김진수 (2010)	서로 다른 학문을 물리적으로 일부분만 통합하는 것	–	서로 다른 학문을 화학적으로 완전히 통합하는 것

(2) 교육적 관점

교육적 관점에서 이루어지는 연구는 융합교육 관련 연구 중 가장 큰 비중을 차지하는 영역으로 실제 교육 현장에 적용하기 위한, 혹은 그 이전의 준비 단계에서 설정한 가설의 유의미성과 교육적 효과, 또는 이때 발생하는 여러 문제점 등을 주요 논제로 다룬다. 교육적 관점에서의 연구는 내용적으로 교육방법(김동연, 2014; 김진수, 2010; 이두현, 2015; 최유현, 2013; 함성진 외, 2014), 사례 분석(김영아, 2014; 김예람 외, 2016; 박형욱 외, 2013; 임부연 외, 2011; 정영기, 2012; 한국교육과정평가원, 2014), 교육평가(강영숙, 2016; 김형재, 2016; 배진호 외, 2013; 오정현 외, 2015; 하주일 외, 2015), 교사 역량(권미영 외, 2014; 박경숙 외, 2015; 이미순, 2014; 정진현, 2015; 지성애, 2014; 최숙영 외, 2015a), 교사 교육(김은심, 2011; 손연아 외, 2012; 정민주, 2016; 최숙영 외, 2015b) 등으로 구분되며, 그 외 다양한 영역에서의 새로운 연구목적을 가진 연구들(양수영, 2016; 이경진 외, 이범웅, 2014; 2013; 이부연, 2014; 홍순희, 2013)이 진행되면서 연구의 범위가 지속적으로 확대되는 경향을 보이고 있다. 최근 2015 개정 교육과정으로 말미암아 학문적 관심이 크게 증대된 영역이다.

(3) 정책적 관점

정책적 관점에서의 융합교육 관련 연구는 정부 및 공공기관의 정책 관련 주제와 대상을 주요 논제로 다루고 있다. 주요 연구로는 김왕동(2011)의 '창의적 융합인재

양성을 위한 과제: 과학기술과 예술 융합(STEAM)', 진종순(2013)의 '공공부문 융합 행정의 성공요인에 관한 연구', 정재화 외(2015)의 '융합인재교육(STEAM)의 정책과 실행 방향에 대한 국내외 전문가들의 인식 연구', 황광선(2015)의 '융합연구정책의 효율적 논의를 위한 과학기술분야 융합연구과정에 대한 질적 탐구', 배유진(2016) 의 '사회공헌 지식관리와 융합법제의 필요성에 관한 소고' 등이 있다. 정책 수립을 목적으로 하는 연구의 경우, 정책 대상이나 영역에 대한 분명한 사전이해가 전제되 어야 하고, 제안하는 정책을 뒷받침할 수 있는 합리적이고 객관적인 이론적 배경의 제시와 함께 실제 사례에 대한 비판적 분석이 주요 연구 과제라고 할 수 있다.

(4) 실용적 관점

실용적 관점에서의 연구들은 여러 융합 관련 이론과 선행연구를 토대로 한 다양 한 영역으로의 확장을 목적하는 연구로서, 융합이라는 주제에 가장 잘 어울리는 연 구 영역이다. 대표적인 연구 결과물로는 2015년 발표된 하주일 등(2016)의 '교육용 융합공연 프로그램의 학습게임화 전략-로제 카이와의 놀이론을 중심으로'와 이진 구(2016)의 '국가상징의 융합적인 활용을 통한 홍보연구', 장혜원(2016)의 '융합관광 의 개념화를 위한 탐색적 연구' 등이 있으며, 융합이라는 관점(이명희 외, 2015)과 물 리학적 배경(김성운, 2016)을 마케팅 및 광고 표현 전략에 활용한 연구, 3DVR 기반 예술융합형 의료재활 콘텐츠 개발을 목표로 한 정은주(2016)의 연구 등이 있다. 실 용적 관점의 융합 관련 연구는 연구자 관점에서는 주관적이나, 보다 실용적일 수 있는 연구문제와 목적, 그리고 결과물을 도출한다는 특성을 갖고 있다.

2) '음악적 방법'을 목적하는 융합교육의 연구 동향

음악적 방법에 따른 융합교육 관련 연구는 2012년에 발표된 예술 중심 융합교육 프로그램을 다룬 권수미와 채현경, 최유미의 연구를 시작으로 '음악 중심 융합교육 의 방법'을 모색한 양종모(2013), 양종모, 남지영(2014), 김미수(2015), 조대현(2017) 등의 연구와 '음악교육의 융합적 접근'을 위한 조대현(2013, 2014a, 2015a)과 김경화, 장기범(2015)의 철학적 개념 연구가 있으며, 석문주 외(2014), 양소영(2015) 등의 초 등학생을 대상으로 한 음악 중심 융합 프로그램 개발 연구와 오지향 등(2014)이 실 시한 중등에서의 융합인재교육의 적용 및 사례 연구 등이 있다. 이 외에도 함희주 (2014), 조대현(2015b)은 음악 교과에서의 융합교육을 다룬 외국의 사례를 우리의 교육 상황과 비교하였으며, 한윤이(2015)는 한국 전통음악 중심 융합교육의 유형과 내용에 대하여, 그리고 강인애, 김미수(2014, 음악과 미학의 융합), 양은주, 강민선(2015, 음악과 과학의 융합), 이상아, 김창원(2016, 문학과 음악의 융합) 등은 음악 외타 교과 또는 타 영역과의 융합을 주제로 한 연구를 수행하였다.

연구력이 짧고 연구자 또한 충분치 않은 상황임에도 불구하고 시대와 사회가 요구하는 주요 개념인 융합 관련 연구는 점차 늘어나는 추세에 있다. 그러나 '과학적 방법'을 목적하는 STEAM 교육 관련 연구와 비교할 때 그 양적 및 질적 차원에서 아직은 많이 부족한 면이 발견되며, 특히 융합이라는 주제에 가장 적절하다고 할 수 있는 실용적 차원에서의 시도가 없어 더 많은 학문적 관심과 노력이 요구되는 실정이다. 다음의 〈표 11-2〉는 현재까지 발표된 음악적 방법을 목적하는 융합교육과 관련한 연구의 주요 사례를 주요 관점에 따라 정리한 것이다.

〈표 11-2〉 '음악적 방법'을 목적하는 융합교육 관련 연구 동향

구분		연구 사례
철학적 관점		• 음악교과에서 융합교육의 의미와 실천 방법(양종모, 2013) • 음악 중심 융합교육과 이를 위한 전제조건(조대현, 2013) • 음악 중심 융합교육의 구현을 위한 제언(조대현, 2014a) • 융합음악에 대한 분석과 그 적용: 국악 관현악과 Orchestra를 위한 "Suite-Cycle" 중 제1곡과 제16곡을 중심으로(박이제, 2013) • 음악교육의 융합교육 접근을 위한 융합 개념 논의(김경화, 장기법, 2015) • 상상력에 기반한 융합 현대음악에 대한 분석과 적용: 자연배음에서 파생되는 음 소재들을 중심으로(박이제, 2015) • Luigi Nono의 작품 Fragmente Stille-An Diotima에 투영된 동양적 음악요소의 융합에 대하여(권기현 외, 2016)
교육방법		• 유아들의 집중력 향상을 위한 지능형로봇과 클래식 음악의 융합(강안나 외, 2011) • 예술중심 융합프로그램 개발 연구(채현경 외, 2012) • 융합교육(STEAM)에서의 음악교육 수업자료 개발(신창식 외, 2012) • 예술중심 융합교육 프로그램 개발을 위한 제언(권수미, 2012) • 음악 교과 중심의 초등 STEAM 프로그램 개발(석문주 외, 2013) • 미적 교육으로서 중학교 음악프로그램 개발 및 적용사례: 창의성 신장을 중심으로(강인애, 김미수, 2014) • 융합인재교육(STEAM)에서 예술교과의 활성화를 위한 교육 방안 연구(김미수, 2015) • 각 교과 간 핵심 내용 연계에 따른 초등학교 3, 4 학년군 음악과 중심 융합교육 방안 탐색(양소영, 2015) • 국악 중심 융합교육의 유형과 내용에 관한 연구(한윤이, 2015)

교육적 관점		• 영화를 사용한 조선후기 음악, 역사, 사회 융합교육방안 연구: 왕의 남자를 사례로(장윤희, 2015) • 음악-과학 융합인재교육(STEAM)프로그램 개발: 대중음악 악기제작과 앱 작곡을 중심으로(양은주, 강민선, 2015) • 음악 중심 융합교육을 위한 교수학습 모델 개발(조대현, 2017)
	사례분석	• 독일 초등학교 음악교육에서 융합학습 탐색과 수업사례 분석(함희주, 2014) • 융합인재교육(STEAM)의 중등 음악수업 적용 및 사례연구(오지향 외, 2014)
	교사역량	• 음악 중심 융합교육 수업을 위한 동료장학의 의미 - 부산 Y초등학교의 사례를 중심으로(양종모, 남지영, 2014) • 예술융합교육의 필요성에 관한 유아교사와 초등교사의 인식 및 요구(이애란 외, 2016).
	기타	• 감성 및 상황 정보 융합 기반의 확장된 협업 필터링 기법을 이용한 음악 추천시스템(최현석 외, 2011) • 바그너 오페라 미학의 융합교육적 성격(신동의, 2013) • 가·무·악 융합에 바탕을 둔 복원 연구(문숙희, 2014) • 융합형 교양교과목과의 연계를 통한 통합적인 인성교육의 방안과 새로운 인간상 모색:〈힐링을 위한 음악과 문학의 만남〉 운영 사례를 중심으로(홍순희, 2014) • 개념도를 활용한 융합 교과목의 개발(조대현, 2015b) • 문학과 음악에 대한 범 교과적 접근(이상아 외, 2016)
정책적 관점		• 2015 교육과정 개정안의 문제점 및 대안 연구: 총론과 음악과 내용을 중심으로(조대현, 2014b) • 2015 개정 교육과정에 대한 융합교육적 관점에서의 고찰: 독일 음악 중점 김나지움의 사례를 중심으로(조대현, 2015c) • 음악교육 관점에서 본 융합인재교육(STEAM) 정책과 최근의 교육 및 프로그램 개발 현황 고찰(문경숙 외, 2016)

3. 연구 과제 및 전망

이상의 내용을 종합해 볼 때, 융합과 관련한 연구는 크게는 이론적 영역과 실천적 영역, 나아가 다양한 활용성을 추구하는 창작의 영역으로까지 확대, 심화 발전하고 있는 반면, 음악교육 분야에서는 아직도 과학적 방법이 중심이 되어 이루어진 연구들을 기반으로 한 연구, 즉 연구의 초기단계에 머물러 있음을 알 수 있다. 더욱이 음악 또는 음악 교과 중심의 융합에 대한 이론적 배경과 당위성, 그리고 실제에 있어서의 연구는 질적으로나 양적으로 매우 부족한 상황이고, 진행되는 연구 주제 및 목적 또한 기초 수준에서 이루어짐을 알 수 있다. 시기적으로 유념해야 할 점은 2015 개정 교육과정이 학습자의 창의적 역량의 함양을 주된 교육의 목적으로 제시하고 있다는 사실이다. 따라서 교육 현장에서의 적용을 위한 각 교과별 연구가 매우 시급하며, 음악교육계 또한 융합적 사고를 토대로 한 음악에 대한 이해와 심도 있는 고찰, 그리고 이를 통해 적용 가능한 현장에서의 실제에 대한 연구가 절실하다고 할 수 있다. 이를 위해서는 무엇보다 음악교육의 본질과 가치를 논의하고, 나아가 현장에서 구현하고자 하는 학계와 교육 현장의 하나 된 노력이 전제되어야 한다.

 참고문헌

김광웅(2011). 융합학문, 어디로 가고 있나? 서울: 서울대학교출판문화원.

김진수(2010). STEAM 교육을 위한 큐빅 모형. 한국기술교육학회지, 제11권, 제2호, 124-139.

노석구, 박현주, 백윤수(2012). 4C-STEAM의 학교 현장 적용을 위한 이슈와 문제점. 교육과학기술부 2012 융합인재교육 STEAM 학술대회 자료집, 67-72.

민경찬(2009). 융합연구와 융합교육. 인문정책 포럼, 제2집, 35-38.

신재한(2013). STEAM 융합교육의 이론과 실제. 경기: 교육과학사.

안동순(2012). 학문융합 관점에서 본 융합인재교육(STEAM) 연구. 전북대학교 대학원 박사학위논문.

양종모(2013). 음악교과에서 융합교육의 의미와 실천 방법. 제7회 한국음악교육학회 콜로키움 & 워크숍 자료집, 17-34.

조대현(2013). 음악 중심 융합교육과 이를 위한 전제조건. 음악과 민족, 46, 267-289.

조대현(2014a). 음악 중심 융합교육의 구현을 위한 제언. 음악과 민족, 48, 183-210.

조대현(2014b). 2015 교육과정 개정안의 문제점 및 대안 연구. 예술교육연구, 12(4), 207-223.

조대현(2015a). 융합교육. 김미숙 외. 음악교재연구, 221-234. 서울: 학지사.

조대현(2015b). 개념도를 활용한 융합 교과목의 개발. 음악교육공학, 24, 105-123.

조대현(2015c). 2015 개정 교육과정에 대한 융합교육적 관점에서의 고찰: 독일 음악 중점 김나지움의 사례를 중심으로. 예술교육연구, 13(4), 141-156.

조대현(2017). 음악 중심 융합교육을 위한 교수학습 모델 개발. 음악교육공학, 31, 21-43.

조향숙(2012). 융합인재교육(STEAM)의 정책, 연구, 실천. 교육과학기술부 2012 융합인재교육 STEAM 학술대회 자료집, 9-28.

채현경, 최유미(2012). 예술중심 융합프로그램 개발 연구. 한국문화예술진흥원.

최재천(2007). 통섭-지식의 대통합. 한국생활과학회 하계학술대회 자료집, 제2집.

최재천(2010). 자연과 통섭하라. Design Talk, 4권, 7-12.

한국과학창의재단(2011). 한국의 다빈치 교육, 융합인재교육(STEAM). 2011년 성과발표회 자료집.

한국과학창의재단(2012). 융합인재교육(STEAM) 실행방향 정립을 위한 기초연구. 한국과학창의재단, 2012-12.

Fogarty, R. (1991). *The mindful school: How to integrate the curricular, palatine I.* Iri/ Skglight & Skylight & Training Pub, Inc.

Yakman, G. (2008). *2008 PATT Publication: STEAM research-based paper.* Retrieved August 11. 2014. http://www.steamedu.com.

Yakman, G. (2011). *Introducing Teaching STEAM as a Practical Educational Framework for Korea.* In: STEAM 교육 국제 세미나 및 STEAM 교사 연구회 오리엔테이션, 40-76.

음악교육에서의 역량

양종모

1. 도입

2015 개정 교육과정을 역량중심 교육과정이라고 한다. 그것은 개정 교육과정에 범교과적 핵심역량과 모든 교과에 교과 역량을 새롭게 제시하고, 모든 내용을 그 역량을 달성할 수 있도록 하는 체제로 구성하고 있기 때문이다. 역량은 교육의 목표와 내용을 구성하는 기본 개념으로 자리 잡고 있다. 이제 교육과정을 이해하기 위해서는 역량의 기본 개념과 그 내용을 깊이 있게 이해할 필요가 있다.

교육에서 역량이 대두된 것은 1970년대로 거슬러 올라간다. 그리고 직업 훈련과 기업의 인사 정책에서 기초적인 지식보다 실제 직업에서 요구되는 능력, 즉 역량을 중시해야 한다는 주장들과 그 적용이 나타났다. 그 이후 1997년부터 2003년까지 OECD는 '핵심역량의 정의와 선정'(DeSeCo) 프로젝트를 진행하여 핵심역량을 제안한다. 이런 이론이 바탕이 되어 각국은 교육에 역량을 반영하려는 시도를 추진하고, 우리나라도 관련 연구를 진행한 후에 2015년 역량중심 교육과정을 내놓는다.

2015 개정 음악과 교육과정에서도 역량이 제시되고 있다. 음악 교과에 제시된 역량을 잘 이해해야 하고, 그 적용 방법도 고안해야 한다. 그리고 역량은 시대와 환경에 맞게 계속 새롭게 정비되어야 한다. 이를 위해서는 역량에 대한 선행연구들을 잘 정리할 필요가 있다. 이 글은 역량에 대한 이전의 연구들을 정리된 관점으로 이해하려는 시도이다. 연구 대상은 주로 RISS(학술연구정보서비스)에 찾아볼 수 있는 국내 학술지 논문으로 하였으며, 연구의 실행 시기에 따라 발전해 온 음악교육에서의 역량의 개념과 내용을 정리하였다.

2. 역량의 연구 동향

1) 역량의 초기 연구와 의미

심리학자 맥켈랜드(D. McCelland)는 1973년에 '역량 검사의 우위성(Testing for Competence Rather than Intelligence)'이라는 논문을 통해 삶의 성과를 예측할 수 있는 검사가 필요하고, 그 준거는 지능이 아니라 직업 분석에 기초하여 만들 수 있는 역량(competence)이 되어야 한다고 주장한다(McCelland 1973, p. 2).[1] 그는 인간의 능력은 지능보다는 삶의 성과로 측정되어야 하고, 그것을 역량이라는 용어로 설명했다.

이후 심리학자들은 역량에 대한 여러 정의들을 내놓았다. 클램프(G. O. Klemp)는 "역량(competence)은 어떤 직업에 효과적이고 탁월한 행위(performance)를 만들어 내는 인간의 근본적인 특성이다"(Klemp, 1980, p. 21)라고 하면서, 역량을 어떤 직업에 필요한 근본적인 행위로 정의하기도 하며, 한편 패리(S. R. Parry)는 좀 더 상세하게 정의하기를 "어떤 사람의 직업에 요구되는 주요한 부분을 반영하는 지식, 기술, 그리고 태도와 관련이 있으며, 잘 받아들일 수 있는 표준으로 측정될 수 있는 것이어야 한다"라고 했다(Parry, 1996, p. 50). 패리는 역량의 의미를 인간의 총체적인 능력을 표준으로 측정할 수 있어야 한다고 보았다. 이 두 사람 이외에도 역량에 대한 정의들이 많은데, 대부분의 학자들은 역량의 의미에 대해 다음의 두 가지 속성을 공통적으로 포함한다.

- 역량은 관찰할 수 있고 측정할 수 있는 지식과 기술이다.
- 그 지식과 기술은 탁월하거나 모범이 되는 행위자가 보여 주는 것과 그 외 다른 행위자가 보여 주는 것들을 구별될 수 있어야 한다.

초기 역량의 개념은 직업에서 요구된 능력에 관한 연구에서 논의되었으며, 명확

---

[1] 맥켈랜드는 어떤 직업에서 요구하는 능력을 조사하기 위해서는 그 직업이 요구하는 실질적인 능력, 즉 역량을 기준으로 해야 한다고 했다. 그는 운전자의 능력은 지필식의 시험이 아니라 운전 역량으로 파악해야 하고, 좋은 경찰을 뽑기 위해서는 경찰이 무엇을 하는지 규명하여 그에 해당하는 역량을 조사해야 하는 것처럼 인간의 능력은 삶의 성과로 판단해야 한다고 보았다.

히 평가할 수 있는 능력에 초점을 두었다. 그래서 종종 일반적으로 측정되거나 관찰될 수 있는 지식과 기술에 한정하여 역량이라고 했으며, 그렇지 않은 태도 혹은 인간성 등과 같은 요인은 역량이 될 수 없다고 받아들이기도 했다. 특히 맥켈랜드를 비롯한 몇몇 학자들은 능력 모델(Capability Model)을 구성할 때 측정하기 어려운 태도(attitude)는 제외하기도 한다.

2) OECD의 역량 개념

OECD는 1997년 전체 인류를 위한 DeSeCo(Definition and Selection of Key Competencies) 프로젝트를 시작한다. 이 프로젝트의 목적은 인간이 가져야 하는 핵심적인 역량을 정의하고 선정하고자하는 것이다. DeSeCo 프로젝트는 세계화되고 현대화되는 세계의 당면한 문제를 해결하기 위해서 개인이 가져야 하는 기본적인 능력을 역량의 형태로 정의하고, 선정하려고 했다.

DeSeCo 프로젝트의 결과로 얻어진 역량의 정의는 "특별한 맥락에서의 복잡한 요구에 성공적으로 호응하는 능력(ability)"이다. 그리고 여기에 부가하여 "역량적 행위나 효과적인 활동은 지식, 인지, 실천 기술뿐만 아니라 태도, 감성, 그리고 가치와 동기화와 같은 사회적·행동적 요소의 형성을 포함한다. 그래서 역량이란 인지적 영역으로 축소시킬 수 있는 것이 아니며, 기술과 동의어도 아닌 총체적인 것이다."라고 설명한다(Rychen & Salganik, 2003, p. 2). DeSeCo의 연구 결과에는 역량의 초기 연구에서 제시되었던 행동 중심의 역량에서 태도나 감성 그리고 가치와 동기화 등도 포함되는 측정이 쉽지 않은 요소들도 포함되었다. 프로젝트의 최종 결과로 얻어낸 핵심역량의 기본 개념은 다음과 같다.

- 개인과 사회 수준에서 최고의 가치 있는 결과물을 얻을 수 있도록 하는 데 기여할 수 있는 능력
- 폭넓은 맥락에 어울리는 중요하고 복잡한 요구와 도전에 호응할 수 있는 중요한 능력
- 모든 개인에게 중요한 능력

여기에서는 역량이 최고의 결과물을 지향한다는 점, '폭넓은 맥락'이라고 표현하면서 어떤 상황에서건 호응할 수 있는 능력을 의미한다는 점, 그리고 개인의 능력

에 초점을 맞추고 있다는 점 등이 강조되고 있다.

이 프로젝트는 역량을 세 가지 기본 범주로 나누어 제시한다. 이 세 가지는 자율적 행동, 상호 교감하며 도구 사용하기, 그리고 이질적 집단에서 상호 교감하기 등이며, 그 각각에 대한 역량을 설명해 주었다. DeSeCo 프로젝트에서 내놓은 세 가지 범주는 최종적인 목적에 해당되며, 모든 인간이 가져야 할 핵심역량에 해당한다. 각각의 핵심역량에는 하위 역량을 제시해 놓고 있다. 그것은 '큰 그림 안에서 일하기' '권리, 이익, 한계, 그리고 요구 등을 방어하고 주장하기' 등 비교적 세부적인 능력으로 제시된다.

이렇게 OECD의 DeSeCo 프로젝트는 역량의 초기 개념인 표준적인 평가가 가능한 기술에서 총체적 능력으로 확장시켰으며, 핵심역량과 그 하위 역량이 규정될 필요가 있음을 보여 주었다.

3) 한국 교육에서 역량의 도입

한국 교육에서 역량에 관한 연구들은 2002년 이후에 계속 실행되었는데(유현숙 외, 2002), 교육 영역에서 역량의 적용과 개념 자체에 대한 의미 있는 논의는 손민호의 연구에서 발견된다. 손민호는 역량의 의미에 대해 두 가지 요인으로 정리한다. 그 한 요인은 "학교에서 가르치는 내용은 전통적인 학문중심 교과보다는 사회적 맥락에서 요구되는 능력을 우선한다"는 것이고 다른 요인은 "보다 보편적인 개인의 지적 능력을 나타내는 지표나 준거로 활용된다"는 것이다(손민호, 2006, p. 2). 즉, 역량은 사회적 맥락에서 요구되는 능력인 동시에 그 능력이 지표나 준거의 성격을 가지고 있어 측정 가능해야 한다는 것이다.

이후 소경희는 학교교육에 역량을 적용하는 문제에 대해 본격적인 논의를 시작한다. 그녀는 역량에 대해서는 "개인이 특정 맥락의 복잡한 요구를 충족시키기 위해 갖추어야 할 능력"이라고 보고, 학교는 21세기 사회를 성공적으로 살아가는 데에 있어서 모든 사람들이 반드시 갖추어야 할 공통적인 능력, 즉 핵심역량을 가질 수 있도록 해야 한다고 주장한다(소경희, 2007, p. 8). 그는 이런 역량을 학교교육에 적용하는 것이 세 가지 측면에서 비판을 받고 있음을 다음과 같이 정리한다(소경희, 2007, p. 9). 첫째, 역량의 개념이 인식론적 토대가 견고하지 않아 혼란스럽다는 것이고, 둘째, 역량 논의는 소박한 형태의 행동주의에 의존한 것으로서 지식과 이해보다 수행을 훨씬 더 강조하고, 특정 기술이나 능력을 평가하는 데 주로 사용되는 증거에 초점을 둔다는 것이며, 셋째, 역량중심 교육은 전반적인 교육체제를 직업화하고 학교교육에서 전통적으로 다루어 온 자유교육의 가치를 평가절하시킨다는 것이다.

그렇지만 그녀는 역량이 자유교육의 전통에 기반한 학교교육이 가지는 한계를 극복할 수 있는 하나의 방안이 될 수 있다고 주장한다. 자유교육이 교육을 추상적이고 비실제적이며 논리적인, 다시 말해서 지나치게 인문적인 성격의 지식으로 환원시키는 우를 범해 왔기 때문에 교육에 역량의 수용이 의미 있다고 한다(소경희, 2007, p. 11). 또한 현재 진행되고 있는 학교교육은 그 적합성에 문제가 있음을 지적받고 있는데 그 문제들의 극복 방안이 역량일 수 있으며, 학교에서 제공되는 교육과정을 역량중심으로 접근할 필요가 있다는 것을 주장한다(소경희, 2007, p. 18).

이후에 역량에 관한 국가 수준의 연구가 한국교육과정평가원에 의해 진행된다. 처음 진행된 연구는 이전에 정리된 역량의 개념을 활용하여 한국인에게 요구되는 핵심역량을 조사하는 것이었다. 델파이 조사로 진행되었는데, 이 연구로 얻어진 핵심역량은 '갈등조정 능력' '문제해결 능력' '의사소통 능력' '정보처리 능력' '창의력' '시민의식' '자기 주도적 학습능력' '다문화 이해 능력' '삶의 향유 능력' 등 아홉 가지였다(윤현진 외, 2007, pp. 116-120).

한국인이라는 거시적 범위에서의 핵심역량을 얻은 이후에는 학교급별, 직업세계 등에서 요구하는 하위 핵심역량을 조사한다(이광우 외, 2008). 이 연구는 국제 비교와 설문조사 방법을 활용하여 핵심역량을 조사한다. '초중등학교 교육에서 강조해야 할 핵심역량' '고등교육에서 강조해야 할 핵심역량' '직업세계에서 요구하는 핵심역량' '평생학습사회에서 요구하는 핵심역량' 등을 각각 연구하였다. 이 연구의 결과로 내놓은 '초등학교 교육에서 강조해야 할 핵심역량'은 창의력, 문제해결 능력, 의사소통 능력, 정보처리 능력, 대인관계 능력, 자기관리 능력, 기초학습능력, 시민의식, 국제감각, 진로개발 능력 등 열 가지이고, 각각에 대한 요인(내용)을 제시하고 있다(이광우 외, 2008, pp. 91-92).

여러 가지 역량의 논의가 진행되고, 국가 수준에서 핵심역량의 조사가 진행되던 시점에 역량의 개념에 대한 비판적 고찰이 시도되었다. 박민정(2009)은 교육에 역량 도입은 '학문적 지식과 실제적 지식의 통합을 강조하고' '교육과정이 역량 계발을 위해 설계되며' '교육과정 운영의 변화를 추구한다.' 그리고 '교육의 책무성을 강조한다'는 점 등에 있어 긍정적임을 강조한다. 그러나 동시에 역량 논의가 행동주의 접근에 의존하고, 실제적 지식을 강조하여 이론적 지식의 중요성을 과소평가하고 있으며, 교육을 직업 훈련으로 전락시킨다는 비판이 있다는 점도 함께 지적을 한다(박민정, 2009, pp. 88-89). 박민정은 교육에 역량을 도입하는 것에 대해서는 계속적인 자기 반성적 과정을 거치면서 진행되어야 한다는 점을 잘 정리해 주고 있다.

역량에 대한 기본적인 개념을 정리한 이후에 한국교육과정평가원은 역량을 학교 교육과정에 도입하는 구체적인 설계 방안을 연구한다(이광우 외, 2009). 이 연구는 영국, 독일, 대만 등 7개국의 교육과정을 비교하고, 전문가를 대상으로 하는 델파이 조사를 통해 핵심역량 기반 교육과정 설계 방안을 조사한다. 이 연구에서는 특히 총론적 성격의 공통 핵심역량과 교과 교육과정의 관계 설정을 어떻게 할 것인가에 대해 다양한 예시를 개발하여 제시하고 있다. 우선, 학교급 수준에서 제시할 핵심역량을 대영역과 중영역을 구분하여 두 가지로 제시하는 방법(이광우 외, 2009, p. 136)을 제안한다. 여기에서 대영역의 핵심역량은 개인적 역량, 사회적 역량, 학습 역량 등 세 가지로 구분하고, 중영역의 핵심역량은 개인적 역량에서 자기관리 능력 등 세 가지이며, 사회적 역량에서는 의사소통 능력 등 네 가지, 그리고 학습 역량은 창의력 등 세 가지를 제안한다(이광우 외, 2009, p. 137). 그리고 초·중등학교와 고등학교의 핵심역량에 대해 다르게 제시하는 방안이 여기서 논의된다. 초·중등학교의 경우에는 교과 교육과정을 상당 부분 재구조화하여 핵심역량을 살려 나가고, 고등학교의 경우에는 교과별 고유성을 유지시켜 나가기로 한다(이광우 외, 2009, p. 140).

2010년이 되면 역량기반 교육과정의 현장 적용 사례가 연구된다. 홍원표, 이근호(2010)는 역량기반 교육과정이 갖고 있는 가능성에 주목하면서, 역량기반 교육과정을 학교 현장에 적용할 수 있는 방안을 탐색한다. 이를 위해 역량기반 교육과정을 운영하고 있는 호주, 뉴질랜드, 캐나다, 그리고 영국의 수업 적용 사례를 분석한다. 이 연구에서는 역량기반 교육과정을 운영하는 학교들은 수업 내용과 방법에서 특이점이 발견되지 않지만 평가에서는 역량기반 교육과정에 합당해야 한다고 하면서, 학생들의 다양한 학습 경험과 역량, 잠재력을 평가하는 방법이 정착될 때, 역량기반 교육과정이 활성화될 수 있다고 맺는다(홍원표, 이근호, 2010, p. 140).

2007년 이후에 핵심역량의 개념과 적용에 관한 여러 가지 논의가 있었지만 그것들은 일반적인 제언에 불과하다고 평가하면서 새로운 핵심역량에 대한 정보들을 다각도로 검토하고, 21세기 글로벌 사회의 삶을 영위해야 할 학습자의 제반 능력을 도출하기 위한 연구를 진행한다(이근호 외, 2012).

이근호 등의 연구에서는 역량이 국가 차원에서 대범주 정도를 정하고 실천은 현장에서 하도록 하는 것이 타당하다고 본다. 여기에서 역량의 개념은 초기에 정리되었던 '명료한 행동 목표'라는 의미에서 '미래 사회에 최종적으로 지향해야 하는 교육의 목적'으로 전환된 것으로 이해된다.

2013년에 이근호 등(2013)은 '핵심역량 중심의 교육과정 재구조화 방안 연구'를 내놓았고, 주형미 등(2013)은 '핵심역량 중심의 교과서 모형개발'을 연구하고, 2014년에 이광우 등(2014)이 2015 교육과정 개발을 위한 방향 설정 연구를 진행함으로써, 정부 차원의 역량기반 교육과정을 개발하는 기본적인 준비가 끝났다. 2015 교육과정을 개발하는 시점에서 활용된 '역량' 개념을 다음과 같이 제시한다(이광우 외 2014, p. 33).

> "핵심역량은 사회 공동체 구성원으로서의 역할을 성공적으로 수행하기 위해 학습자에게 요구되는 지식, 기능, 태도의 총체를 말하는 것으로, 초·중등교육을 통해 모든 학습자가 길러야 할 기본적이고, 필수적이며, 보편적인 능력을 의미한다."

여기서 핵심역량은 사회의 구성원으로서 역할을 수행할 수 있는 능력이 되어야 하고, 모든 학습자가 길러야 할 기본적·필수적·보편적 능력으로 의미를 한정한다. 이전에 교육의 보편적 목적에서 종종 제시되었던 '전인교육'에서 어렴풋이 제시되었던 인간이 가져야 하는 총체적 능력에서 역할을 수행할 수 있는 능력이라는 보다 구체적인 의미로 설명된다. 그 능력의 수준도 핵심에 한정하여 필수적이고 보편적인 능력이라고 설명하고 있다. 이 연구에서 제시되고 있는 여섯 가지 핵심역량인 자기관리 능력, 공동체 의식, 의사소통 능력, 창의·융합사고 능력, 정보처리 능력, 심미적 감성 능력 등은 이후 2015 개정 교육과정에 적용된 핵심역량으로 구성된다.

4) 음악 교과역량의 논의

음악 교과역량에 관한 연구가 나타나는 것은 2009년 이광우 등(2009)의 연구이다. 2009년은 한국교육과정평가원에서 교육과정에 역량을 반영하기 위한 기초 연구를 진행하고 있던 시기이다. 이광우 등은 그의 연구에서 델파이 조사를 통해 여러 교과별 역량을 정리한다. 이 연구에서는 음악 교과의 여러 가지 역량을 제안하고 그것들의 중요도 순서를 조사한다. 가장 중요하게 다뤄야 하는 것으로 창의력을, 그다음으로 자기관리 능력과 국제 사회문화 이해 등임을 밝혀 주었다(이광우외, 2009, p. 116).

이후 음악 교과역량 연구는 2011년에 다시 나온다(송주현, 2011; 이경언, 2011a; 조성기, 2011). 송주현은 역량중심으로 총론을 개정했다고 밝히고 있는 영국과 캐나다 퀘백 주의 음악과 교육과정을 문서 체제와 목표, 내용, 그리고 평가 등의 공통점과 차이점을 분석한다. 연구 결과 중 하나는 두 나라의 음악과 교육과정이 모두 총론에서 제시하고 있는 역량 개발에 기여할 수 있도록 구조화되어 있다는 것이다(송주현, 2011, pp. 234-237). 송주현은 이 연구에서 역량중심의 교육과정의 의미를 뚜렷이 정의하진 않지만 영국과 캐나다의 음악과 교육과정에 대해 "음악 교과가 음악 교과 안에서만 머무르지 않고 사회 변화상에 발맞춰 가고자 하는 의미를 갖고 역량을 중심으로 교육과정을 설계한다는 점이다. 음악 교과가 음악 자체에 대한 이해를 뛰어넘어 학생들의 삶에 관심을 갖고 미래 사회에서 필요한 인간상을 길러 내는 데 기여해야 한다는 인식이 자리 잡고 있다"(송주현, 2011, p. 242)라고 설명하는 부분을 보면, 교육과정에서 역량의 의미는 음악과 관련된 능력이라기보다는 인간의 보편적 능력과 관련된 것으로 보고 있다고 해석할 수 있다. 즉, 교육에서 모든 대상이 가져야 하는 보편적 능력인 핵심역량과 교과 내에서 고려해야 하는 능력, 즉 교과역량의 관계에 대해 깊이 있게 논의했다.

같은 해에 이루어진 이경언(2011)의 연구는 선행연구를 통해 역량의 개념에 다의성이 있다는 것을 인정하고, 뉴질랜드, 대만, 영국의 교육과정에서 나타나는 교과역량에 대해 조사한다. 그는 "뉴질랜드, 대만, 영국 등의 음악과 교육과정에서 목표, 성취 목표, 교수 방법, 혹은 평가 어디에서도 핵심역량 관련 내용을 찾아볼 수 없다"(이경언, 2011b, p. 11)라고 조사 결과를 정리하고 있다. 연구의 결론으로, 첫째, 음악 교과에서 역량은 음악 교과를 통해 기를 수 있는 역량이 무엇인가를 먼저 고려해야 한다는 것, 둘째, 역량을 설정할 때 음악 교과가 개발할 수 있는 능력은 음악 교과 맥락에서 재해석되어야 한다는 것, 셋째, 역량의 논의는 학교와 교사 차원에서 이끌어 내야 한다는 것 등이 제시되고 있다. 이는 일반 교육에서 내세우고 있는 핵심역량을 음악 교과의 목표로 지정하는 데 어려움이 있으며, 음악 교과의 특성을 고려한 역량의 설정이 요구된다는 것을 의미한다.

같은 해에 이루어진 조성기(2011)의 연구는 핵심역량에 대한 외국의 사례를 선행연구를 통해 살펴보고, 교사와 교수, 그리고 일반 음악인 등을 대상으로 설문조사하여, 우리나라의 음악교육에 적절한 음악 교과역량을 찾아본다. 이 연구에서는 음악 역량을 전문가들에 의해 음악 기능, 음악 이해 능력, 음악적 창의성, 음악 학습 능력, 음악 활용 능력 등 다섯 가지로 설정하고, 그것에 대한 중요도를 설문조사한 것이다. 중요도 순위는 음악 기능이 가장 높고, 음악 학습 능력이 가장 낮았다. 세부 역량에서는 기초 기능과 표현 기능 그리고 음악 인지 및 직관 능력, 음악에 대한 평생 학습 태도, 생활에서의 음악 작용 및 활용 능력 등이 상대적으로 중요하다고 응답한다.

이후에 정은경, 정진원(2013)은 역량중심 교육과정에서 인성 교육을 구현하는 방식을 연구한다. 그들은 역량의 개념에 대해 DeSeCo 프로젝트와 이광우 등(2009)의 연구를 정리하고, 당시 각 교과 차원에서 역량기반 교육의 문제가 적극적으로 탐색되고 있었다는 것을 말해 준다. 이 연구는 "현대 교육은 삶에서 실천 가능한 역량적 능력으로 구현되어야 함을 강조하고 있으며 이러한 연구는 '핵심역량'을 중심으로 교육의 구조를 재편성하는 패러다임으로 이어지고 있다"고 하고, 그러나 "음악과 교육과정에서 역량과 구체적인 음악적 활동들이 어떻게 연계될 수 있는지에 대해서는 연구가 필요하다"는 입장을 보이고 있다. 이 연구는 인성의 문제를 논의하는 것이 주된 목적이기 때문에 역량에 대한 논의는 선행연구의 정리로 대신하고 있다(정은경, 정진원, 2013, p. 112).

정진원 등(2013)은 음악을 지도하는 현장 교사를 대상으로 집단 면담을 하여, 음악 역량, 교사역량 등에 대한 의미와 실천 방법에 대해 조사한다. 이 연구에서는 음악 역량으로 음악 표현 능력이 중요하게 거론되었으며, 음악 활동 중 합주, 합창 등의 활동을 통해 핵심역량에 해당하는 배려심이 계발될 수 있으며, 음악 학습은 인내심, 창의적 사고 능력에도 도움이 될 수 있음을 밝혀 주고 있다(정진원 외, 2013, p. 102). 이 연구는 음악 교과 활동과 교육 일반의 핵심역량과 밀접한 관련이 있다는 것을 보여 준다.

정진원, 오지향(2013)은 역량중심 교육과정을 쓰고 있는 영국과 뉴질랜드의 국가 교육과정을 분석하여, 우리나라의 음악과 교육과정 개정에 시사점을 얻고자 한다. 이 두 나라 모두 일반 교육 역량인 핵심역량과 음악 교과의 목표를 연결시켜 진술하고 있음을 보여 준다. 예를 들어, 영국의 경우, 핵심 기능은 의사소통, 수의 활동, 정보기술활동 등이며, 음악 활동에서 의사소통은 '다양한 관객을 대상으로 하는 음악 공연'으로 달성할 수 있다고 설명하고 있다. 또 수의 활동은 "패턴, 시퀀스, 순서 및 리듬적 관계 이해'로 달성할 수 있다는 것을 설명하고 있다(정진원, 오지향, 2013,

p. 496).

2014년부터는 음악 교과를 역량중심으로 개정할 수 있는 방법을 찾는 연구가 나타난다. 소경희 등(2014)은 독일 함부르크 주의 역량(Kompetenzen) 적용 사례를 탐색하여 음악과에서 역량중심 교육과정 개발 가능성을 탐색한다. 이 연구는 음악 교과 고유의 특성을 살려 교과역량을 개발하려는 필요성에서 출발한다(소경희 외, 2014, p. 27). 연구의 내용은 음악과 고유의 역량을 중심으로 교육과정을 설계하고 있는 독일의 사례를 분석하여 이것이 우리나라 음악과 교육과정에 주는 시사점을 탐색한다. 독일은 모든 교과에 교과역량 이외에 범교과적 역량과 교육언어구사 역량을 함께 달성하도록 한다. 범교과적 역량은 '자아 역량' '사회적−의사소통적 역량' '학습 방법 역량' 등의 세 가지 영역으로 구성되어 있다. 교육언어구사 역량은 교과교육을 통해 획득되어야 하는 언어 역량이다(소경희 외, 2014, p. 33). 음악 교과 역량은 '생산' '수용' '성찰'의 세 가지 역량 영역으로 구분하고 각각의 하위 내용은 노래하기, 악기 연주하기 등의 음악적 내용으로 구성한다. 독일의 교육과정은 범교과적 역량을 음악 교과 고유의 시각으로 재해석하여 반영하는 방식을 채택하고 있으며, 한국에서 핵심역량 및 교과역량과 밀접한 관련을 갖는 구조를 만드는 데 도움을 줄 수 있을 것이다.

함희주(2014)도 독일 교육에서 음악 교과역량의 특징을 이해하고, 한국 상황에서 역량의 수용에 시사점을 얻으려고 한다. 독일 교육에서 제시하고 있는 핵심역량은 지식, 인성, 사회적 역량이며, 교과역량은 행동 역량이 중시된다. 행동 역량을 갖기 위해서는 방법적 역량, 사회적 역량, 그리고 개인적 역량을 가져야 한다고 한다. 그런데 이런 내용은 주마다 약간씩 차이를 보이고 있다. 베를린의 경우 활동적 · 방법적 · 사회적 · 개인적 역량 등으로 구분하고, 베스트팔렌은 지식적 · 방법적 · 사회적 · 인성적 · 생활화 역량 등으로 구분한다(함희주, 2014, p. 237). 독일의 음악 교과의 음악적 내용들은 핵심역량과 밀접하게 관련이 있도록 구성되어 있다(함희주, 2014, p. 241). 함희주의 연구에서 보여 주는 독일의 교육과정에서도 핵심역량과 교과역량은 서로 관련을 가지고 진술되어 있다는 것을 보여 주고 있다.

2015 음악과 교육과정 개발이 막바지에 이를 때로, 음악과 교육과정 개정의 실질적인 내용이 제안될 즈음에 송주현(2015)은 '학교 음악교육의 음악 교과역량 연구'를 내놓는다. 그는 캐나다 퀘백 주와 독일의 베를린 등 13개 주의 역량중심 교육과정을 조사하고, 국내 전문가를 대상으로 한 델파이 조사를 통해, 교과역량과 공통 핵심역량이 연계되는 방안을 제안한다(송주현, 2015, pp. 140-141).

송주현은 음악 교과역량의 영역을 독일 형태인 수용, 표현, 성찰의 세 가지로 구분하고, 그 하위에 음악적 내용을 배치한다. 그리고 음악적 하위 내용과 국가 수준 공통 핵심역량과 관련 있는 내용을 배치시켰다. 국가가 제시하는 핵심역량을 우선하여 음악 교과역량을 결정하지 않고, 음악 교과역량을 먼저 결정한 다음에 그 각각이 핵심역량을 달성할 수 있다는 점을 설명하는 방식으로 제시하고 있다.

2015년 교육과정이 개정된 이후의 연구는 역량의 적용 혹은 실천에 대한 연구가 나타난다. 정은경(2016)은 핵심역량을 기반으로 한 음악 교육과정의 개정 배경과 취지에 따라 바르게 적용하고 실현하기 위한 교수·학습과 평가라는 실제적인 학습과정에서 역량의 구체적인 실천 방안을 제시한다. 연구 과정은 먼저, 2015 개정 교육과정의 문서 체계를 핵심역량을 중심으로 고찰하고, 음악과의 교육과정이 핵심역량을 어떻게 반영하고 있는지를 살펴본다. 또 교실 수준에서 핵심역량이 발현될 수 있도록 이를 평가할 수 있는 음악과의 평가방법으로 과정 중심 평가를 제안한다. 이영미, 장근주(2017)도 역량 교육을 실행할 수 있는 교수·학습 및 평가방법 개발 등의 실천적 연구를 실행한다. 이 연구는 교수·학습 및 평가 실행 방법을 얻기 위해 설문조사를 실시한다. 장근주는 미래에 요구되는 인재상과 교육의 방향에 대해 "미래 사회에 창의적인 인재에게 필요한 것은 다량의 지식을 소유하는 것보다 다양한 분야의 지식을 적용하고 활용할 수 있는 능력이다."라고 하면서 "기존의 교과 지식 체계와 내용에 포함된 교육내용을 가르쳐야 한다는 관점에서 벗어나 지식의 획득, 축적보다는 활용을 강조하는 핵심역량 기반의 교육이 요구되며, 기존 실생활과 유리되고 분절적인 교과 교육의 변화와 개선 등이 함께 모색되어야 한다."라고 하였다(장근주, 2017, p. 229).

권덕원, 박주만(2016)은 역량의 개념을 선행연구를 통해 정리하고, 역량중심 교육과정 체제에서의 국악교육 적용 방안을 탐색한다. 이 연구에서는 음악 교과에서 역량의 수용이 간단치 않은 작업이며, 역량의 의미가 '어떤 문제의 해결을 위하여 능력을 갖추어 주는 것'이라면, 음악 교과의 특성과 거리가 있는 것이라고 설명한다. 그리고 음악을 배우는 것이 총론에서 제시한 여섯 가지 역량을 기르게 하는 것에 한정되는 것은 무리가 있다. 따라서 "음악 교과에 적합한 핵심역량 요소의 재검토가 필요하다"라고 주장한다(권덕원, 박주만, 2016, p. 30).

2015 음악과 교육과정 공표 이후에 핵심역량과 음악 교과역량을 재해석하는 연구들이 발견된다. 주대창(2017)은 역량 교육에서 미적 교육의 내용이 깊이 연관되어 있다는 점을 논의하고 있다. 그는 2015 교육과정에 제시된 음악 교과의 역량이

기본적으로 구체적인 능력보다 추상적 능력을 우선한다고 진단하면서, 단순 기능 차원을 넘어서서 다양한 상황에서 활용할 수 있도록 다듬어진 능력이므로 학습자의 자율적 사고에 의한 판단이 전제되어 있다면서, 무엇을 할 수 있는가보다는 그러한 행위에 사고력을 더하여 무엇을 이룰 수 있는가에 초점이 있다고 한다(주대창, 2017, p. 211). 결론으로 미래 역량에서 내세우는 것을 미적 교육에 넣어 보면 동일한 승화의 단계가 드러난다고 하면서, 물질적, 즉 형이하학적 상태의 발달을 거쳐 미적 상태로 진입하게 하여야 하며, 이를 바탕으로 도덕적 상태, 즉 형이상학적 상태를 구현하게 해야 한다고 한다. 아울러 핵심역량의 신장이나 미적 교육이 단편적 음악교육 활동으로 바로 성취될 수 없다는 점을 밝히고 있다.

박지현(2017)은 음악 교과역량에 대한 숙고가 더 활발히 일어나야 한다고 하면서, 역량에 대한 정의부터 음악 교과의 역량에 대한 논의를 시도한다. 음악 교과에서는 삶 속의 음악으로 성장하고 발달할 수 있는 교육, 음악적 지식, 기능, 태도 등 여러 측면이 총체적으로 드러날 수 있는 교육, 음악을 행하고 적용하며 실천할 수 있는 교육에 보다 중점을 두어야 한다고 주장한다(박지현, 2017, p. 730).

3. 연구 과제 및 전망

음악 교과에서 역량은 많은 연구자들이 상당한 기간 동안 관심을 가져왔으며, 실제 교육과정에 반영되어 활용되고 있는 교육 현장의 이슈이다. 역량은 교육의 목표와 내용을 지정하는 것과 연관이 있어 매우 중요한 의미를 가진다. 중요한 의미가 있는 만큼 지속적인 관심과 논의가 필요하고 특별히 다음의 과제에 더한 관심을 가져야 할 것으로 사료된다.

첫째, 역량과 관련된 용어를 명확히 정리하면서 연구를 진행해야 한다. 역량과 관련된 용어는 현재 '역량' '역량기반 교육과정' '역량중심 교육과정' '핵심역량' '범교과 역량' '교과역량' '음악교육역량' 등 다양하다. 그런데 이 용어들의 의미가 계속 바뀌고 있어 혼란스러운 경우가 있다. 초기에는 '역량'의 개념'이 '관찰할 수 있고 측정할 수 있는 지식과 기술이다.'라고 하였다. 2015 개정 교육과정을 적용하는 단계에서는 "사회 공동체 구성원으로서의 역할을 성공적으로 수행하기 위해 학습자에게 요구되는 지식, 기능, 태도의 총체를 말하는 것으로, 초·중등교육을 통해 모든 학습자가 길러야 할 기본적이고, 필수적이며, 보편적인 능력을 의미한다."(이광우 외, 2014, p. 33) 다른 맥락에서의 정의이긴 하지만 역량의 정의를 명확히 하지 않으면 소통이 어렵고, 교육에서 지향해야 할 내용에 오해가 생길 수 있다. 용어의 의미는 지속적으로 변화할 수밖에 없다. 맥락에 따라 변화하는 의미를 잘 정리해 나가야 할 것이다.

둘째, 음악 교과역량과 범교과의 핵심역량 간의 관계에 대한 다양한 연구가 필요하다. 핵심역량은 교육의 궁극적인 목표이며, 교과역량은 핵심역량을 달성하기 위한 수단이다. 여섯 가지의 핵심역량에서는 여섯 가지 교과역량이 있어야 하는지, 핵심역량을 달성하기 위해 교과 목표와 내용 그리고 방법으로 충분하지는 않은지, 그 관계에 관한 깊이 있는 연구가 요구되고 있다.

셋째, 음악 교과의 역량에 대한 내용 연구가 계속되어야 한다. 음악 교과는 별도의 역량이 있어야 하는가? OECD에서는 총론의 핵심역량을 중심으로 제시했다. 그 이하는 핵심역량을 달성하기 위한 여러 가지 활동을 제시했다. 역량이라는 단어는 총론 수준에서 활용되고 그 하위에서는 잘 사용되지 않는다. 그런데 우리의 교육과정에서는 각 교과에 '역량'이라는 단어가 붙은 목표들을 여러 가지 제시하고 있다. 역량이 넘쳐나고 있다. 우리가 역량이라는 단어를 잘 활용하고 있는지 찬찬히 살펴보아야 할 것이다.

넷째, 역량에 관한 현장 적용 연구가 필요하다. 지금까지 역량에 관한 연구 방법은 델파이, FGI, 설문조사, 국제 비교 등 다양하다. 그런데 역량의 현장 적용에 관한 실천 연구는 부족하다. 역량의 교육적 의미와 효과를 실증할 수 있는 연구가 더 많이 다양하게 진행될 필요가 있다. 그리고 국제 비교에서 독일과 미국, 캐나다 등은 많이 다뤄지고 있지만 가까운 일본이나 중국 등 아시아권에 대한 관심이 부족하다. 더 다양한 나라의 교육과정에 대한 비교 분석이 필요하다.

참고문헌

권덕원, 박주만(2016). 역량중심의 국악교육 방안 탐색. 국악교육, 42, 7-33.

김경자(2017). 4차 산업혁명과 2015 개정 교육과정. 한국음악교육학회 제48회 여름학술대회 자료집, 3-11.

김경훈, 강오한, 김영식, 김윤영, 서인순, 안성진, 정순영, 최현종(2012). 미래 한국인의 핵심역량 증진을 위한 창의적 문제 해결력 기반의 정보 교육 정책 방향 탐색. 한국교육과정평가원 연구보고 RRC 2012-7.

박민정(2009). 역량기반 교육과정의 특징과 비판적 쟁점분석: 내재된 가능성과 딜레마를 중심으로. 교육과정연구, 27(4), 71-94.

박지현(2017). 음악적 리터러시 함양을 위한 음악교과 핵심역량 탐색. 예술인문사회융합멀티미디어논문지, 7(4), 723-731.

석문주(2011). 외국의 음악과 교육과정 분석을 통한 우리나라 음악과 교육과정 개발에 대한 시사. 교육과정연구, 29(2), 145-172.

소경희(2007). 학교교육의 맥락에서 본 '역량(competence)'의 의미와 교육과정적 함의. 교육과정연구, 25(3), 1-21.

소경희, 송주현, 홍원표, 강지영(2014). 독일 함부르크 주의 역량중심 음악과 교육과정 개발 사례 탐색. 음악교육연구, 43(2), 25-45.

손민호(2006). 실천적 지식의 일상적 속성에 비추어 본 역량(competence)의 의미: 지식기반사회? 사회기반지식! 교육과정연구, 24(4), 1-25.

송주현(2011). 역량중심 음악과 교육과정 비교 연구: 영국과 캐나다 퀘백 주 중심. 음악교육연구, 40(3), 215-249.

송주현(2014). 역량중심 음악과 교육과정 설계 방안 연구. 서울대학교 대학원 박사학위논문.

송주현(2015). 학교 음악교육의 음악 교과 역량 연구. 음악교육연구, 44(4), 117-146.

유현숙, 김남희, 김안나, 김태준, 이만희, 장수명, 송신영(2002). 국가 수준의 생애능력 표준 및 학습제체 질 관리 연구(I). 한국교육개발원 기본연구보고서.

윤현진, 김영준, 이광우, 전제철, 민용성, 김미영, 김혜진(2007). 미래 한국인의 핵심역량 증진을 위한 초중등학교 교육과정 비전 연구(1): 핵심역량 준거와 영역 설정을 중심으로. 한국교육과정평가원 연구보고 RRC 2007-1.

이경언(2011a) 한국·일본·중국·홍콩 음악 교육과정의 전통음악 내용 비교 분석, 국악교육연구, 5(2), 97-114.

이경언(2011b). 음악과 교육과정 개발에서 핵심역량 논의의 방향. 음악교육공학, 13(13), 1-15.

이경언(2013). 문화 역량 제고를 위한 음악과 교육과정 개선 방안. 음악교육연구, 42(3), 239-272.

이광우, 민용성, 전제철, 김미영, 김혜진(2008). 미래 한국인의 핵심역량 증진을 위한 초·중등학교 교육과정 비전 연구(II)-핵심역량 영역별 하위 요소 설정을 중심으로. 한국교육과정평가원 연구보고 RRC 2008-7-1.

이광우, 전제철, 허경철, 홍원표(2009). 미래 한국인의 핵심역량 증진을 위한 초중등학교 교육과정 설계 방안 연구: 총괄보고서. 한국교육과정평가원 연구보고 RRC 2009-10-1.

이광우, 정영근, 서영진, 정창우, 최정순, 박문환, 이봉우, 진의남, 유정애, 이경언, 박소영, 주형미, 백남건, 온정덕, 이근혼, 김사훈(2014). 교과 교육과정 개발 방향 설정 연구. 한국교육과정평가원 연구보고 CRC 2014-7.

이근호, 곽영순, 이승미, 최정순(2012). 미래 사회 대비 핵심역량 함양을 위한 국가 교육과정 구상. 한국교육과정평가원 연구보고 CRC RRC 2012-4.

이근호, 이광우, 박지만, 박민정(2013). 핵심역량중심의 교육과정 재구조화 방안 연구. 한국교육과정평가원 연구보고 CRC 2013-17.

이영미, 장근주(2016). 2015 개정 음악과 교육과정에 따른 교과 역량 증진에 관한 인식 조사 연구. 음악교육연구, 45(2), 187-221.

임언(2008). 미래 사회의 직업 세계에서 요구하는 핵심역량 연구. 한국교육과정평가원, 한국직업능력개발원 연구보고 RRC 2008-7-2.

장근주(2017). 2015 개정 음악과 교육과정에 나타난 역량중심의 창의성 교육. 한국연기예술학회 학술대회, 05, 227-323.

정은경(2016). 핵심역량 기반 교육과정에서의 음악과 평가에 관한 연구. 국악교육연구, 10(2), 57-84.

정은경, 정진원(2013). 음악과 교육과정에 나타난 역량 및 인성교육에 관한 고찰. 국악교육연구, 7(2), 107-127.

정진원, 오지향(2013). 역량중심 교육과정 사례 분석 및 음악교육에의 시사점: 영국, 뉴질랜드를 중심으로. 교사교육연구, 52(3), 489-505.

정진원, 오지향, 정은경(2013). 음악교과에서의 역량, 인성교육 요인에 관한 교사인식 FGI 연구. 예술교육연구, 11(3), 83-106.

조대연, 김희규, 김한별(2008). 미래의 평생학습사회에서 요구하는 핵심역량 연구. 한국교육과정평가원, 숙명여자대학교 연구보고 RRC 2008-7-3.

조성기(2011). 미래 사회를 위한 초·중등학생의 음악 역량 연구. 음악교육공학, 12, 1-15.

주대창(2017). 현대 역량 교육의 관점에서 본 쉴러의 미적 교육. 음악교육공학, 30, 201-216.

주형미, 가은아, 곽영순, 김명정, 문영주, 변희현, 안종욱, 윤현진, 이영아(2013). 핵심역량중심의 교과서 모형개발. 한국교육과정평가원 연구보고 CRT 2013.

최승현, 곽영순, 노은희(2010). 학습자의 핵심역량 제고를 위한 교수·학습 및 교사교육 방안 연구: 중학교 국어, 수학, 과학교과를 중심으로. 한국교육과정평가원 연구보고 RRI 2011-1.

함희주(2014). 독일 초등학교 교육특성에 따른 교육 역량 및 음악교육 역량 관련 연구. 음악교육연구, 43(1), 229-248.

홍원표, 이근호(2010). 외국의 역량기반 교육과정 현장적용 사례 연구: 호주와 뉴질랜드, 캐나다, 영국의 사례를 중심으로. 한국교육과정평가원 연구보고 RRC 2010-2.

Klemp, G. O. (1980). *The Assessment of Occupational Competence.* Washington,

DC.: Report to the National Institute of Education.

McCelland, D. (1973). Testing for competence rather than for "intelligence." *American Psychologist, 28,* 1-14.

OECD (2017). *The Definition and Selection of Key Competencies* (Executive Summary).

Parry, S. R. (1996). The Quest for Competence. *Training Magazine,* July, 1996, 48-56.

Rychen, D. S., & Salganik, L. H. (Eds.) (2003). *Key Competencies for a Successful Life and a Well.* OECD.

Rychen, D. S., & Salganik, L. H. (Eds.) (2001). *Defining and selecting key competencies.* OECD.

제13장

유아 음악 교수 · 학습 방법

유은숙

1. 도입

만 3세에서 만 5세까지의 교육과정은 누리과정으로 명명되고 있는데, 2012년 만 5세 누리과정을 시작으로 하여 2013년부터는 만 3세와 만 4세 누리과정이 운영되어 오고 있다. 누리과정은 유아교육과 보육의 통합 교육과정으로 음악교육 영역은 음악 · 음률로 구분되어 있으나, 신체, 이야기 나누기 등 음악 외의 영역에서도 통합교육으로서 음악교육이 다루어진다. 유아교육은 누리과정에서 '음악 영역 내의 통합' '음악과 예술 영역과의 통합' '음악과 타 교과 영역과의 통합'을 제시한 바와 같이 음악을 통하여 교과 간의 통합 활동이 이루어짐으로써 유아의 이해력과 인지 발달을 돕도록 하였으며, '음악으로 표현하기'에 목적을 두어 음악으로 유아들이 경험하고 표현하는 활동이 이루어지도록 하였다.

유아기 음악교육은 교육중심 기관인 유치원 또는 보육중심 기관인 어린이집에서 누리과정을 기반으로 교육되고 있지만, 일부 사립기관에서는 그 기관이 목표로 하는 교육과정을 따로 운영하는 사례도 있고, 또는 외부에서 음악전문교사를 초빙하여 정규교육과정이 아닌 방과후 등 비정규 교육시간에 음악교육 이론가들의 수업을 경험하게 하는 사례도 있다.

유아교육에서 음악교육은 이론중심의 지식을 만들어 가기보다는, 음악으로 표현하고 경험하는 활동중심의 교수방법으로 유아의 음악능력을 향상시키고, 통합교육을 통하여 인지, 정서, 사회성, 언어 등 유아기의 중요한 발달에 초점을 맞추고 있다.

유아가 하루 일과 중 많은 시간을 보내는 유치원의 음악교육은 유아에게 매우 중요한데, 이러한 음악교육 경험이 교육기관의 차이와 교사의 특기, 경험, 성향에 따라서 음악교육시간이 많기도 하고, 때로는 음악교육 경험이 거의 없기도 한 경우가 있다. 또한 교육내용과 교수방법도 유치원 환경이나 교사의 특성, 유아발달에 따라서 유아들은 다른 경험을 갖게 된다.

음악교수방법은 유아교육과정에서 제시하는 교육, 교과영역 간의 통합교육, 기관이 목표로 하는 교육과정, 유아교사가 선호하는 교육과정에 따라서 학습방법이 다양하게 만들어지며, 추구하는 발달의 목표에 따라서도 교수 · 학습 방법이 다양하여 유아음악교육을 위한 교수 · 학습 방법은 지속적인 연구가 필요하다고 하겠다.

2. 유아 음악 교수 · 학습 방법의 연구 동향

유아교육기관에서 교육되고 있는 유아 음악 교수 · 학습 방법 연구는, 첫째, 누리과정 중심의 유아교육과정에서 제시하고 있는 생활주제와 함께하는 음악교육 프로그램, 둘째, 음악발달과 정서발달에 긍정적 효과를 위한 음악교육 프로그램, 그리고 셋째, 음악활동 내용중심으로 교육하는 교수방법 등에 대한 연구로 나누어 살펴볼 수 있다.

1) 누리과정 생활주제 중심의 음악학습

유아교육에서 음악교육활동 연구를 위해서는 먼저 누리과정에 대한 이해가 필요하다. 누리과정은 유아교육과정에서 학습을 받고 있는 만 3, 4, 5세를 위한 교육내용으로서 누리과정은 만 3세 교사용지도서는 10개의 생활주제, 만 4세와 5세는 각각 11개의 생활주제로 구성되어 있다. 누리과정 만 3, 4, 5세 교사용지도서에는 213개의 음악 관련 활동이 있고(곽경화, 김지운, 박수경, 2013), 음악교육은 음악 · 음률 · 신체 영역에서 주로 학습되며(유은숙, 2016), 그 밖에도 이야기 나누기 영역에서도 음악 관련 활동이 이루어지기도 한다. 음악활동은 누리과정에서 제시하고 있는 생활주제 중심으로 학습되는데, 누리과정 만 5세 교사용지도서 1권의 '유치원과 친구' 생활주제에서 활동명 '내 친구'의 예를 보면, 친구와 함께 '내 친구' 노래를 다양한 방법으로 부르면서 친구에게 관심을 갖고 친구를 소중히 여기는 마음을 갖게 하는 활동으로 구성되어 있다. 누리과정 교사용지도서에 관한 연구는 유아교육기관에서 다루어지는 교육내용과 음악활동의 연계를 이해하는 것이고 또한 음악교육 내용을 이해하는 것이라고 할 수 있다. 누리과정 교사용지도서 분석 연구는 2012년부터 2017년까지 14편의 연구가 있으며, 분석항목으로는 활동내용, 동요, 음악의 난이도, 음악작품, 전래동요 등으로 분석해 볼 수 있는데, 전래동요는 관련 활동이 모두 20개이며, 제재곡으로는 22곡이 분석된 사례이다(정선아, 서화니, 2013). 누리과정 교사용지도서에 나타난 음악교육 관련 연구들을 항목별로 정리하면 〈표 13-1〉과 같다.

〈표 13-1〉 누리과정 교사용지도서 음악 관련 분석 연구

분석 항목	분석 내용	논문 수
활동내용 분석	음악적 개념, 행동, 태도, 음악활동유형(노래 부르기, 악기연주, 음악감상 등), 곡의 장르, 곡의 음역, 곡의 조성, 곡의 형식, 활동자료, 교수 · 학습 방법	8
동요 분석	창작동요, 생활주제 관련 동요, 노랫말, 음악적 요소 관련(박자, 형식, 조성, 음정 등) 빈도	3
음악 난이도 분석	연령별 곡조 난이도, 노랫말 난이도, 음역, 음정 난이도	1
음악작품 분석	작품의 활용, 작품의 음악적 요소, 작품의 활용방식, 음악작품의 미적 특질	1
전래동요 분석	전래동요곡, 활동명, 노랫말, 놀이, 교육내용	1

2) 발달중심의 음악교수방법

(1) 음악발달 중심의 교수방법

유아기는 음감발달과 리듬감 발달의 결정적 시기(Zimmerman, 1982)인 만큼 유아기의 음악교육은 매우 중요하다. 유아교육에서 중요하게 생각하는 발달적인 측면에서 볼 때에도 음악발달을 고려한 교육은 불가피하다고 할 수 있다. 유아의 음악능력은 음악 인지능력과 음악표현능력, 음악적 창의력으로 구성하여 발달의 효과를 검증할 수 있다(서현, 김현, 2016). 음악 인지능력은 음악의 개념을 이해하고 변별하는 능력으로서, 음악을 구성하는 원리와 구조를 이해하고, 기본 요소에 대한

이론적·실천적 지식을 습득하는 것이라고 할 수 있다. 음악 표현능력은 음악 인지
능력을 바탕으로 음악개념을 노래, 연주, 창작, 신체표현 등의 활동으로 표현할 수
있는 능력이라고 할 수 있다(임미경, 장기범, 함희주, 2002). 유아 음악능력 발달을 목
적으로 하여 음악교육 프로그램을 적용한 교수법 연구는 음악개념에 기초한 교수
법 연구, 누리과정에 기초하여 새롭게 구성한 교수법, 자연의 소리를 활용한 교수
법, MMCP에 기초한 교수법 등이 있고, 그 밖에도 ICT, 동화, 그림악보 등을 활용한
교수방법들이 있다.

〈표 13-2〉 음악능력 발달을 중심으로 하는 음악교육 프로그램 연구

교수법	교수법 내용	효과	연구자
음악개념에 기초한 교수법	셈여림, 빠르기, 리듬, 박, 박자, 음의 길이, 음색, 음의 고저, 가락, 화음, 형식, 조직, 음악적 양식	음악 인지 능력, 음악적 표현능력	서현, 김현 (2016)
포괄적 음악 교육에 기초한 교수법	유아교육과정 문헌고찰, 유아음악교육 목표와 내용, 유치원 교사의 요구도 조사 등을 고려한 내용	음악 인지 능력, 음악적 표현능력	김광자, 강문희 (2005)
누리과정에 기초한 교수법	누리과정 생활주제(예: 나와 가족, 우리 동네, 동식물과 자연 등), 누리과정 활동영역(미술, 게임, 음악, 이야기 나누기, 음률, 신체 등)	음악적 능력 음악적 태도	하정희 (2015)
자연의 소리를 활용한 교수법	자연의 소리(비. 바람. 천둥, 파도, 낙엽, 풀피리, 나무, 매미, 참새, 뻐꾸기, 개구리, 귀뚜라미), 동물소리(강아지, 고양이, 염소, 코끼리) 등	음악능력 환경친화적 소양	장정애, 조형숙 (2011)
MMCP에 기초한 교수법	음높이, 셈여림, 음색, 음악 감상, 노래 부르기, 악기연주, 음악 만들기, 신체표현	음악 인지 능력, 음악적 표현능력	김광자 (2004)
ICT	웹, 멀티미디어, CD-ROM, PPT, 캠코더, MP3, 노래CD, 감상CD 등으로 정보 탐색 및 안내하고 만들기	음악적 능력 음악적 흥미	오숙현, 박순자, 이규림 (2011)
동화	융판동화, 플래시동화, 그림동화와 연계한 음악 감상곡 감상활동	음악적 능력 음악적 태도	단은미, 조유나 (2009)

그림악보	주제그림악보, 막대그림악보, 감상그림악보를 통한 노래 부르기		음악능력 음악창의성	김애옥, 홍지명 (2014)
음악교육 이론가의 교육 철학에 기초한 교수법	오르프	전통음악 활용(전래동요, 국악기연주, 국악음악감상), 음악활동을 통한 다중 표상활동(노래 부르기, 악기연주, 신체표현, 음악 만들기)	음악적 태도 (탐색, 표현능력, 감상, 리듬 감 발달) 음악표현능력	하홍표, 정혜영 (2006) 김혜영, 허혜경 (2015)
	달크로즈	유아교육과정 주제와 유리드믹스 음악활동과 통합(언어리듬, 리듬게임, 음악 감상, 미술표현, 신체표현)	음악능력 음악창의성	김선의, 유선희 (2009)
	코다이	노래 부르기, 악기연주, 즉흥연주, 노랫말 만들기, 음악 감상, 음악과 신체 움직임	창의성 사회성	김선정 (2016)

(2) 정서발달 중심의 교수방법

유아기는 정서의 이해능력과 조절능력이 빠르게 성장하는 시기로서, 음악활동을 통하여 정서이해능력과 정서조절능력을 키워 나가는 것은 중요하다(Goldsmith & Rothbart, 1992). 음악활동을 통해 얻고자 하는 정서의 가장 큰 목적은 사회성 발달과 자기조절능력, 즉, 정서조절능력의 발달이다. 유아교육기관에서 그룹으로 활동하는 음악교육은 또래친구들과의 상호작용으로 사회성을 길러 주고, 악기 연주, 노래 부르기 등으로 이루어지는 그룹 활동인 합주 또는 합창 활동을 함으로써 친구들과 호흡을 맞추어 가는 과정에서 자기조절능력을 갖게 된다(김영희, 권민균, 2011). 이러한 자기조절능력은 집중력을 키워 주고, 공격적 행동을 저하시키며, 학습능력에 향상을 가져오며, 유아기에 잘 형성된 자기조절능력은 유아의 삶에 긍정적 영향을 주며, 음악을 통한 표현활동은 유아의 정서함양에 긍정적 효과를 가져온다는 연구 결과들이 있다(방은영, 2012; 서현, 김현, 박미자, 2013; 윤영배, 2009).

〈표 13-3〉 정서발달을 중심으로 하는 음악교육 프로그램 연구

교수법	교수법 내용	음악활동	연구자
자기조절능력을 위한 교수법	음악 감상, 노래 부르기와 함께 리듬악기 합주	리듬합주 활동	김영희, 권민균 (2011)
창의성 증진을 위한 교수법	누리과정 생활주제(모양과 크기, 마음 읽기, 화해, 비슷해요 · 달라요, 신나는 변신, 소리를 찾아라, 째깍째깍, 가깝고 멀고, 따그닥 따그닥, 말과 마부, 하늘의 별처럼, 자동차)	음악기반 감각통합 놀이	이경화, 태진미, 조민아 (2015)
상상력 개발을 위한 교수법	소리 탐색(목소리, 물건, 악기, 음향기기), 신체표현(음악의 요소, 음악의 전체적 특징에 대한 신체적 반응), 음악감상	소리탐색, 음악 감상	안재신 (1992)
사회성 발달을 위한 교수법	노래 부르기, 악기 연주, 즉흥연주, 노랫말 만들기, 음악 감상, 음악과 신체 움직임	코다이 교수법	김선정 (2016)

3) 유아음악교수방법

(1) 음악활동 중심 교수방법

유아음악교육 연구에서 가장 많이 연구되는 주제는 음악활동유형의 교수법으로 음악 감상, 노래 부르기, 신체표현, 국악, 음악극, 악기 연주, 음악학습 교육계획안, 교육과정 적용이 높은 빈도로 나타났다(이영애, 2009). 이 중에서도 특히 노래 부르기와 음악 감상하기 활동이 현장에서 많이 실행되고 있으며(이인원, 김일영, 2005), 누리과정 분석 결과에서도 노래 부르기와 음악 감상하기가 가장 높은 빈도로 활동되고 있음을 알 수 있다(이영애, 양지애, 2012). 노래 부르기는 유아교육 현장에서 교사와 유아가 쉽게 접근하여 활동할 수 있는 유형이며, 노랫말을 통해서 모든 교과영역에서도 접근이 용이한 활동 유형이다(이민정, 2011). 음악 감상활동은 듣기를 통한 청각능력을 발달시키고, 음악을 들으며 음악적 분위기에 맞추어 자연스러운 신체표현을 가능하게 하며(문금희, 이민정, 2007), 감상곡에 들어 있는 다양한 음악 요소를 감상과 표현활동으로 경험함으로써 음악개념의 이해를 돕는 데 용이하다.

〈표 13-4〉 음악활동유형을 중심으로 하는 음악교육 프로그램

음악활동유형	교수법 내용	연구자
노래 부르기	코다이 음계사용, 친구들 돌아가면서 제시하기(pointing)를 하여 노래 부르기, 반복하여 부르기, 순서 바꿔 부르기	이민정 (2011)
음악 감상	음악적 표현활동, 리듬(박자), 멜로디(음높이), 셈여림, 빠르기, 음색, 형식 등 음악개념 지각하기, 신체와 악기로 음악 표현하기	이상미 (2011)
신체표현	고전음악을 중심으로 음악 요소에 기초한 음악 감상	주수미 (2016)
음악극	통합교육형태(노래 부르기, 음악 감상, 악기 연주, 동작)로 접근함. 교육활동형태(음악, 이야기, 무용, 시각예술, 상상적 요소) 정서적 경험(음악적, 극적, 미술적)	오영민 (2009)
악기 연주	신체악기, 무선율타악기 연주를 통한 표현능력과 연주 지도, 오르프 이론을 기초로 한 악기 연주 교수방법 제시(박자-신체, 말하기-모방, 동화-합주)	박명숙 (2012)

(2) 유아음악교육 교수법

교육을 시작할 때 반드시 필요한 요소 중 하나가 교과내용이다. 교과내용은 교육방법과 교과과정 등 교육을 위한 자료로서 어떻게, 무엇을 가르칠 것인가에 대한 이론과 실제를 제시하는 내용이라 할 수 있다. 교수법은 교육을 시작할 때 반드시 필요한 요소 중 하나이고, 교과내용은 교육방법과 교과과정 등 교육을 위한 자료로서 어떻게, 무엇을 가르칠 것인가에 대한 이론과 실제를 제시하는 내용이다.

유아기는 지적 · 신체적 · 정서적 발달이 중요하며(최성숙, 1997), 음악은 유아기의 인지 · 신체 · 정서 발달뿐만 아니라, 언어, 사회성, 창의성 등의 다양한 발달을 돕는 역할을 한다. 음악활동을 통해 신체운동과 함께 사회정서가 발달하며 음악적 반응을 함으로써 인지와 언어 발달로 음악적 반응을 보이기 시작한다. 유아음악교육은 먼저, 연령별로 세분화하여 그룹을 만드는 것이 좋다. 유아기는 빠르게 성장하는 시기이므로, 연령을 세분화하여 구분하는 것이 필요하다. 활동내용으로는 들으면서 몸을 움직이고, 노래 부르고, 다양한 악기도 연주하는 것이 있다. 악기는 소리를 만들 수 있는 모든 도구로 연주할 수 있게 하며, 유아가 다루기 쉬운 리듬악기, 실로폰과 같은 선율악기, 하모니를 연주할 수 있는 아코디언, 오토하프, 기타 등의 악기를 연주할 수 있도록 하는 것이 필요하다.

3. 유아 음악 교수 · 학습 방법의 연구 과제 및 전망

유아교육기관에서의 음악교육은 교육의 의미보다 활동으로서의 의미가 크다. 짐머만(Zimmerman, 1982)에 따르면 "2세~6세 유아의 음악활동 목표는 음정에 맞춰 노래 부르기, 리듬에 맞춰 신체표현하기, 간단한 악기 다루기, 주의 깊게 소리 듣기 등으로서, 이 같은 경험이 부족하면 음악적 성장에 치명적 손상을 입을 수도 있다"고 언급하였다. 그러므로 유아기 음악교육은 다양한 음악적 환경을 통하여 경험되어야 하며, 이러한 경험을 통하여 창의력, 표현력, 상상력을 증진시키는 과정은 유아에게 매우 중요하다. 부모의 특별한 관심으로 사교육의 영향을 받지 않는 한, 대부분의 유아는 생애 처음으로 경험하는 음악교육을 유치원에서 시작하게 된다. 따라서 유치원의 음악교육과 음악환경, 교육내용, 교사의 음악교수에 대한 전문성 등이 중요하게 요구된다.

음악발달에 있어서 중요한 유아기 음악교육을 담당하고 있는 유치원 교육의 발전은 유아의 음악능력 향상과 밀접하게 연결되어 있으므로, 유치원 음악교육과 교수방법에 대한 연구는 지속적으로 이루어져야 하며, 유아교육기관에서의 유아의 음악능력과 정서발달을 함양시키는 음악교육 프로그램에 대한 다양한 연구가 이루어져야 할 것이다.

 참고문헌

곽경화, 김지운, 박수경(2013). 누리과정 교사용 지도서의 음악관련활동분석. 유아교육연구, 33(3), 133.

김광자(2004). MMCP에 기초한 유아의 음악적 능력 증진 프로그램 개발 및 효과. 아동연구, 10, 7-21.

김광자, 강문희(2005). 포괄적 음악교욱에 기초한 유아의 음악적 능력 증진 프로그램 개발 및 효과. 유아교육연구, 25(1), 25.

김선의, 유선희(2009). 주제와 통합된 Dalcroze 유리드믹스 음악활동이 유아의 음악능력과 창의성에 미치는 효과. 변형유아교육연구, 3(2), 5-26.

김선정(2016). 코다이 교수법 기반 집단 음악활동이 유아의 창의성과 사회성에 미치는 효과. 복지상담연구, 5(2), 91-117.

김애옥, 홍지명(2014). 그림악보를 활용한 노래부르기 활동이 유아의 음악 능력 및 음악적 창의성에 미치는 효과. 아동교육, 23(1), 119.

김영희, 권민균(2011). 리듬합주 활동이 유아의 자기조절능력에 미치는 효과. 열린유아교육연구, 16(3), 65-87.

김혜영, 허혜경(2015). 오르프접근법의 다중표상 활동이 유아의 음악표현능력에 미치는 영향. 음악교육연구, 44(2), 25-48.

단은미, 조유나(2009). 동화를 활용한 음악 감상 활동이 유아의 음악 능력 및 태도에 미치는 영향. 유아교육 · 보육복지연구, 13(4), 333-354.

문금희, 이민정(2007). 포괄적 음악 감상을 통해 나타나는 유아의 음악적 표현력에 관한 연구. 열린유아교육연구, 12(4), 395-424.

박명숙(2012). 악기연주 교수방법에 관한 연구. 인문과학논집, 24, 111-145.

방은영(2012). 음악 감상활동을 통한 다문화 교육이 유아의 정서지능 향상에 미치는 효과. 음악교육연구, 41(3), 181.

서현, 김현(2016). 음악개념에 기초한 유아음악교육 프로그램이 유아의 음악적 인지능력과 음악적 표현능력에 미치는 영향. 어린이문학교육연구, 17(1), 431.

서현, 김현, 박미자(2013). 타악기를 활용한 음악활동이 유아의 음악적 창의성과 정서지능에 미치는 영향. 유아교육연구, 33(3), 253.

안재신(1992). 음악과 음악교육에서의 상상력. 음악교육연구, 11, 13.

오숙현, 박순자, 이규림(2011). ICT 활용 음악활동이 유아의 음악적 흥미와 음악적 능력에 미치는 효과. 미래유아교육학회지, 18(3), 377.

오영민(2009). 음악극을 통한 통합적 유아음악 학습지도 방안연구. 종합예술과 음악학회지, 3(1), 19.

유은숙(2016). 누리과정과 연계한 리듬중심 음악교육 프로그램 개발 및 적용가능성 탐색. 동덕여자대학교 대학원 박사학위논문.

윤영배(2009). 오르프 접근법에 의한 유아 음악교육 프로그램이 감성지능에 미치는 효과. 음악교육공학, 9, 95-114.

이경화, 태진미, 조민아(2015). 음악기반 감각통합 놀이 프로그램이 유아의 창의성에 미치는 효과. 영재와 영재교육, 14(2), 111-126.

이민정(2011). 노래 부르기 활동에 적용한 개별화 교수법의 효과, 열린유아교육연구, 16(1), 71-89.

이상미(2011). 음악감상을 통한 음악적 표현활동에서 나타나는 유아의 음악개념 학습과정 분석. 한국영유아보육학, 69, 283-314.

이영애(2009). 유아음악교육의 연구동향 분석-국내 학위논문을 중심으로-. 음악교육연구, 37, 193.

이영애, 양지애(2012). 5세 누리과정 교사용 지도서의 음악관련 활동분석. 幼兒敎育硏究, 32(6), 243-262.

이인원, 김일영(2005). 유치원 일일교육계획안에 나타난 음악교육내용분석. 미래유아교육
    학지, 12(4), 319.

임미경, 장기범, 함희주(2002). 음악교육의 이론과 실제. 서울: 예종.

장정애, 조형숙(2011). 자연의 소리를 활용한 통합적 유아음악교육 프로그램이 유아의 음
    악 능력과 환경 친화적 소양에 미치는 영향. 유아교육학논집, 15(4), 303.

정선아, 서화니(2013). 3-5세 연령별 누리과정 교사용 지도서의 '전래동요 분석'. 음악교
    육연구, 42(4), 121.

주수미(2016). 음악요소에 기초한 음악 감상활동이 유아의 음악개념 및 음악적 표현력에
    미치는 영향. 한국유아교육학회 정기학술발표논문집, 666.

최성숙(1997). 유아의 음악교육에 관한 연구. 論文集, 25(1), 511-525.

하정희(2015). 누리과정에 기초한 통합 유아음악 프로그램의 효과. 한국유아교육 · 보육복
    지연구, 19(4), 247-795.

하홍표, 정혜영(2006). Carl Orff 교수법에 의한 전통음악교육이 유아의 음악적 태도와 리
    듬감 발달에 미치는 영향. 어린이미디어연구, 5, 85-109.

Dewey, J. (1934). *Art as experience*. New York: Penguin Group, Inc.

Goldsmith, H. H., & Rothbart, M. K. (1999). *The laboratory temperament assessment
    battery*. Locomotor version, 3.

Goldsmith, H. H., & Rothbart, M. K. (1992). *Laboratory temperament assessment
    battery(LAB-TAB): Pre-and Locomotor versions*. Eugene: University of Oregon.

Zimmerman, M. P. (1982). Developmental processes in music learning. In *Symposium
    in music education* (pp. 55-72). Urbana-Champaign: University of Illinois.

제14장

초등 음악 교수 · 학습 방법

임미경

1. 도입

　음악교육이란 용어 자체가 음악을 가르치고 배우는 학문을 말하므로 음악 교수 · 학습 방법에 관한 연구는 다른 어떤 분야보다 연구가 가장 활발히 진행되어 왔고 그 파급 효과 또한 교사나 학습자에게 가장 직접적이다. 인간이 개발한 상징 양식 중에 가장 어렵다고 할 수 있는 5선 악보를 이해시키려는 행위나 보이지 않는 소리를 들어서 이해하려는 행위 또는 소리로 표현하려는 행위 등을 효과적으로 지도하기 위해 다양한 방법들이 지속적으로 시도되어 왔다. 11세기 귀도 다레초(Guido d'Arczzo)의 손 이래로 음악 이해도를 높이기 위헤 음 높이를 손의 위치로 표현한다든지, 음 길이마다 이름을 다르게 읽어 본다든지, 음악을 몸동작이나 그림으로 표현한다든지, 그림 악보나 신체 리듬을 통해 노래나 악기로 연주해 본다든지, 여러 방식(놀이, 이야기, 그림 등)을 통해 즉흥적으로 표현하여 연주해 본다든지, 교육학 이론들(ICT, 협동학습, 인지주의, 구성주의 등)을 음악수업에 적용해 본다든지 등등 각양각색의 방법들을 초등 음악수업에 접목하여 왔다.

　전통적인 음악교수법에서 벗어나 새로운 교수 · 학습 방법으로 우리나라에 처음 소개된 것은 오르프 슐베르크와 달크로즈 유리드믹스이다(박준교, 1971). 1970년대부터 말 리듬, 오스티나토, 보르둔, 리듬 캐논, 리듬 즉흥연주 등의 음악활동들이 알려졌으며 1980년대에는 외국의 음악교수법들이 번역되어 음악성 계발을 위해 음악개념을 몸으로 표현하는 달크로즈 교수법의 유리드믹스, 솔페즈, 피아노 즉흥연주와 가창지도를 리듬 음절과 손기호를 사용하여 단계적으로 제시하는 코다이 교수법과 리듬 오스티나토, 신체표현 등을 활용하여 오르프 실로폰 반주나 다양한 리듬악기 합주 또는 즉흥연주로 이끄는 오르프 접근법, 그리고 모방과 암기로 재능을 키워 가는 스즈키 재능교육 등 여러 가지 음악교수기법들이 구체적으로 소개되었다. 1990년대에는 음악개념에 따른 다양한 음악활동 및 여러 시대의 악곡 경험을 강조하는 포괄적 음악성과 MMCP, 리듬 패턴이나 음정 패턴을 오디에이션으로 단계적으로 지도하는 고든의 음악학습이론도 더불어 알려지게 되다 보니 음악 교수 · 학습 방법에 관한 연구들이 봇물처럼 쏟아져 나오게 되었다. 21세기에 들어와서는 기존의 외국 음악교수법 적용이 더 세분화되어 실천되고 교육학의 여러 이론들(ICT, 표상양식, PBL, PCK, 도제학습, 협동학습 등)도 초등 음악수업에 다양하게 적용되었다.

이 장에서는 초등음악 교수 · 학습 방법의 변천을 단행본으로 우선 살펴보고 음악개념이 본격적으로 지도되고 있는 초등 3~6학년 음악수업에 적용된 여러 가지 음악 지도방법들을 주로 고찰하였다. 초등음악 교수 · 학습방법에 관한 문헌으로 한국교육학술정보원의 자료 중에서 1970년부터 2017년까지의 단행본과 국내 학술지 논문을 조사하였고 학위논문, 연구보고서, 학술대회논문집 등은 제외하였다.

2. 초등 음악 교수 · 학습 방법의 연구 동향

1) 초등 음악 교수 · 학습 방법의 변천

우리나라에 초등 음악교육 방법을 처음 소개한 단행본은 교육대학음악교육학회에서 1970년에 발간한 『초등음악교육』이다. 유덕희가 책임편집자로서 음악학습활동별로 지도방법을 소개하였는데 가창과 창작 활동은 음악 요소별로 지도하는 방법을, 기악 활동은 리듬 악기와 합주 지도방법을, 감상 활동은 2~3차시의 수업 내용을 포함하고 있다. 1973년에는 유덕희가 『음악교육학 개론』에서 영역별 지도 방침과 함께 오르프 교수법(말 리듬, 오스티나토, 보르둔 등)을 처음 소개하였고 오르프 교수법 교재인 오르프 슐베르크를 정정식, 황명자(1977)가 우리나라 실정에 맞게 편곡 및 번역하여 출판하였다. 다양한 교육심리(요소설, 연합설, 게슈탈트 이론, 장이론, 행동주의 등)를 접목한 음악 지도를 이용일(1982)이 소개하였으며, 이성삼(1982)은 학년에 따른 음악활동별 지도요령을 알려 주었고, 정세문(1987)은 음악개념에 따른 음악활동별 지도 내용을 소개하였다.

1980년대 이후부터는 미국에서 음악교육학을 공부하고 온 학자들이 음악교육론을 집필하면서 외국의 여러 가지 음악교수법들이 원리들과 함께 본격적으로 알려지기 시작하였다. 안미자(1984)는 찰스 호퍼(Charles R. Hoffer)의 책을 번역하면서 달크로즈 접근법, 코다이 접근법, 오르프 슐베르크, 스즈키 재능교육을 소개하였고, 성경희(1988)는 달크로즈, 코다이, 오르프와 함께 개념적 접근법을 강조하였으며, 이홍수(1990)는 달크로즈, 코다이, 오르프와 함께 포괄적 음악교육뿐만 아니라 음악지도의 접근 유형으로 개념적 접근방법, 경험적 접근방법, 통합적 접근방법, 창의적 접근방법을 소개하였다. 마이클 마크(Mark, 1986)의 번역서인『현대의 음악교육(Contemporary Music Education)』에는 다양한 음악교수법들(예: 달크로즈, 코다이, 오르프, MMCP, 에드윈 고든, 카라보-콘, 스즈키, 포괄적 음악성)이 총망라하여 소개되었다.

1990년대부터 여러 가지 교수법을 접목시킨 학습지도방법이 출간되었다. 길애경, 임미경(1996)은 제임스 오브라이언(James P. O'brien)의 책을 편역하면서 네 가지 음악활동(가창, 감상, 기악, 창작) 지도 이외에 화음지도, 율동지도, 독보지도를 포함하였고 타 교과와의 통합, 특수 음악교육뿐만 아니라 코다이, 오르프, MMCP 등도 소개하였다. 석문주, 음악교육연구모임(1996)은 제재곡에 따른 음악수업안과 활동별 지도방법을 제시하면서 외국의 음악교수법과 컴퓨터를 활용한 음악수업도 소개하였다. 장창환 등(1997)도 음악활동별 지도와 함께 컴퓨터 활용 음악지도, 특수 아동 음악지도를 다루었다.

코다이 교수법과 오르프 접근법을 전문적으로 다룬 책들도 발간되기 시작하였다. 조홍기는 에르제벳 쇠니(Erzsébet Szonyi)의 이론 책과 솔페이지 교재를 1994년부터 1997년까지 연속해서 번역한 후 한국적 적용을 위한 교재를 집필하였고(2004), 조효임 등(1999)은『오르프 음악교육의 이론과 실제』에서 동요를 활용한 오르프 수업과 음악극 수업을 제시하였다.

21세기에 들어서는 번역 책이 줄어들고 공동 집필이 두드러지는 현상이 일어났다. 임미경 등(2002)은 브루너의 표상양식별 음악학습, 음악활동별 음악학습, 개념적 · 포괄적(코다이와 오르프, MMCP) 음악학습, 멀티미디어 음악학습 방법들을 보여주었다. 김명신(2004)은 자연적 음악교육이라는 새로운 방법을 소개하면서 음악활동별 수업안을 제시하였다. 권덕원 등(2005)은 달크로즈, 코다이, 오르프 교수법을 소개하면서 통합적 음악학습이론, 생성적 음악교수이론, 다중지능이론, 협동학습

이론에 따른 음악 교수 · 학습 방법들을 다루었으며 ICT를 활용한 음악교육도 포함하였다. 석문주 등(2006)은 달크로즈, 코다이, 오르프 교수법과 함께 이해영역의 음악 요소별 지도방법과 네 가지 음악활동별 수업 전략을 제시하였다. 방금주, 박남순(2006)은 고든의 음악학습이론에 바탕을 둔 음악수업안을 학년별로 제시하면서음 지도, 리듬 지도, 화음창 지도, 창작 지도를 모두 다루었다. 민경훈 등(2010)은달크로즈, 코다이, 오르프 교수법 이외에도 고든의 음악학습이론, 포괄적 음악성과MMCP, ICT 활용 음악 지도도 포함하여 다루었다. 승윤희 등(2013)도 달크로즈, 코다이, 오르프 교수법을 다루었으며 다양한 방식의 네 가지 음악활동과 함께 수업모형을 구안한 후 각 활동의 수업 모형에 따른 음악수업안도 제시하였다.

　2010년 이후부터 음악교수법만을 전문적으로 다룬 책뿐만 아니라 최신 교수 · 학습 이론을 음악수업에 적용한 책들이 쏟아지기 시작했다. 임미경 등(2010)은 다섯 가지 음악교수법(달크로즈, 코다이, 오르프, 고든, 포괄적 음악성)의 이론과 적용 및실제를 심도 있게 다루면서 초등학교의 음악수업안도 제시하였다. 석문주 등(2012)은 여섯 가지의 새로운 동향―문제중심 학습방법, 프로젝트 학습방법, Arts Propel의 연주 도메인 프로젝트, 이해를 위한 교수, 인지적 도제이론과 스캐폴딩, 통합적교수 · 학습 방법―을 접목시킨 수업안을 학년군별로 제시하면서 교사용지도서처럼 학습목표, 학습 자료, 수업 절차, 평가 관점 및 기준, 심화활동, 활동지 등도 제공하였다. 석문주, 음악교육이론실천연구모임(2012)은 음악 중심의 융합수업을 개발하면서 학년마다의 통합 요소를 정하여 ―1학년: 음악과 생활, 2학년: 음악과 수학/과학, 3학년: 음악과 무용, 4학년: 음악과 국어, 5학년: 음악과 사회/문화, 6학년: 음악과 진로―주제별로 제시하면서 교사용지도서처럼 학습목표, 학습 자료, 수업 절차, 평가 관점 및 기준, 보충자료, 활동지 등을 제공하였다. 김용희(2016)는 음악개념 여섯 가지(리듬, 가락, 짜임새와 화음, 셈여림과 아티큘레이션, 음색, 형식)에 따른 학습활동과 음악활동 다섯 가지(노래 부르기, 악기 연주하기, 창작하기, 감상하기, 신체표현하기)에 따른 다양한 활동들을 목표와 함께 제시하였다. 방은영 등(2016)은 음악교수법(달크로즈, 코다이, 오르프)에 따른 음악활동과 교수 · 학습 이론에 따른 학습 모형(이해중심, 열린 학습, 인지적 도제이론, 문제중심, 프로젝트, 다중지능이론, 협동학습, 반응중심, 통합문화예술교육, 탐구학습) 열 가지의 교수 · 학습 계획안을 제시하였다.

　음악활동마다의 교수 · 학습 방법도 출간되었다. 조효임, 장기범(2004)은 오르프악기의 연주법을 소개하면서 소리 탐색으로 물체 악기 만드는 방법과 즉흥연주로 음악극 만들기도 제시하였고 석문주, 음악교육이론실천연구모임(2015)은 초등학교 음악 교과서에 실린 대부분의 감상곡들을 어떻게 다양하게 지도하는지를 상세히 기술하였다.

개개의 음악교수법마다 전문가들이 특성화됨에 따라 전문 서적을 번역하거나 한국 실정에 맞게 변용하여 지도법이 발간되었다. 유승지(2001)와 문연경(2005)은 달크로즈 유리드믹스 관련 문헌을 저술하였고, 조순이(2002)와 김영전(2008)은 오르프 접근법 관련 문헌을 번역하였으며, 조홍기(2004)와 이영미(2009)는 코다이 교수법 관련 문헌을 집필하였다.

2) 음악활동별 교수 · 학습 방법의 연구 동향

분석의 범위는 국내 학술지에 발표된 초등음악 교수 · 학습 방법 관련 연구 중에서 음악지도법의 효과 검증이나 수업자료 개발, 음악실기지도 관련 연구들은 제외하고 초등 음악수업 현장에서 지도 가능한 방법들로 제한하였다. 조사한 문헌들을 세 가지 분야(음악활동, 음악교수법, 교수 · 학습 이론)로 나누어 유목화하였다.

(1) 가창, 합창

가창수업을 위한 지도방법으로는 노랫말 발음을 활용하여 여러 가지 놀이 수업(카논 연주, 론도 즉흥연주, 말 리듬, 오스티나토 연주)을 고안하거나(조순이, 2007), 고든의 학습이론 방법(홍승연 외, 2010)이나 빔창 교수과정을 직용하기도 하고(홍승연, 2013), 음정조절원리 등을 반영한 전략적 음정지도 방안을 구안하며(고선미, 2012), 스토리텔링으로 노래 가사를 지도하였다(고선미, 2015).

합창수업을 위한 지도방법으로는 멀티미디어를 활용한다거나(류미옥, 2001), 유리드믹스를 이용하기도 하고(우두선, 2010), 아카펠라를 활용하기도 하였다(조순이, 2011).

(2) 기악, 합주

기악수업을 위한 지도방법으로 협동학습을 적용하거나(박상하, 2003), 바이올린으로 음악개념을 지도하기도 하고(윤혜원, 2003; 최은아, 2013), 스토리텔링으로 계명을 익히면서 첼로 지도도 하였다(한송이, 2013).

기악합주수업을 위한 지도방법으로 3학년 음악 교과서의 기악 제재곡을 변용하거나(오세규 외, 1999), 4학년에게 즉흥연주 중심으로 합주지도하기도 하여(주현정, 2004), 핸드벨, 핸드차임, 붐웨커를 활용하여 지도하고(최은아, 2012), 디지털피아노를 사용하여 오케스트라 합주지도 방안도 구안하였다(한영희, 2014).

(3) 감상

감상수업의 지도방법으로 신체표현과 그림 그리기 활동을 소개하거나(강주호, 1990), 3개의 발달단계에 따른 감상곡 지도를 구안하기도 하며(최은아, 1997), 초·중·고등학교 음악 감상의 연계성을 추구하고(김서경, 배현주, 2006), 창의적 표현활동(오스티나토, 반주, 가사 붙이기, 글쓰기·말하기, 그리기·만들기, 신체표현)으로 감상지도하기도 하였다(김혜진, 2007). 또한 오스티나토나 보르둔, 캐논, 론도 활동과 같은 오르프접근법을 활용하여 감상을 지도하고(윤지영, 2009), 그림악보를 사용하여 기악곡을 듣거나(주대창 외, 2009), 연극놀이와 드라마 활동으로 감상을 하며(김영경, 2015), 청각적 접근과 발견학습 모형을 적용하여 현대음악을 감상하는 방법을 구안하기도 하였다(윤관기, 2014).

(4) 창작

창작지도와 관련된 연구는 다른 음악활동지도보다 많이 진행되어서 세 가지로 세분화하였다. 즉, 리듬짓기·가락짓기, 즉흥연주, 창의성 등이다.

① 리듬짓기·가락짓기

리듬짓기의 지도방법으로 노래에 알맞게 만들거나(김현, 김길순, 1997), 협동학습의 한 모형인 집단탐구(Group Investigation) 모형을 적용하기도 하며(서춘선, 2003), 음원샘플(대중음악, 클래식 음악 등)을 사용하기도 하였다(조치노, 2006).

가락짓기의 지도방법으로 비화성음을 응용하거나(박기섭, 1999), 7단계로 제시하기도 하고(박기섭, 배연옥, 2008), 주요3화음에 따라서(박기섭, 2009), 또는 반주 패턴(4마디, 8마디, 16마디)에 따라 가락 만드는 방법을 구안하였다(조치노, 2009).

② 즉흥연주

즉흥연주 지도방법은 일찌감치 개발되었다. 오르프의 슐베르크와 달크로즈의 유리드믹스에 근거한 리듬 창작과 리듬 즉흥연주 지도가 소개되었고(박준교, 1971), 놀이를 통해서(김성희, 2002)와 숫자, 시각적 소재 등에 의한 즉흥연주 지도도 개발되었고(이성주, 황옥희, 2002), 음악동화를 만들기나(조효임, 김애경, 2003), 또는 언어 요소를 활용한 여러 가지 리듬 즉흥활동도 구안하였다(김현, 2004). 그리고 크라투스의 단계적 즉흥연주 모델을 적용하거나(최미영, 2010), 고든의 오디에이션 이론에 기초한 7단계의 즉흥연주 수업안도 개발되었다(최미영, 2014).

③ 창의성

포괄적인 음악활동을 통해 창의성 계발을 추구한 연구를 창의성 지도로 분류하였다.

창의성 연구는 CMP에 근거한 여러 가지 창작활동을 도형악보로 활용하여 지도한다든지(김서경, 1995), 창조적 사고과정의 5단계를 통해 신체표현, 리듬반주, 리듬합주, 변주곡 등 여러 가지 창작활동을 제시하기도 하며(이명호, 1997), 소리 탐색, 악기 만들기, 즉흥연주, 놀이활동 등의 창의성 지도방법도 소개하였다(조효임, 2002). 또한 모델링, 코칭, 과제 해결, 명료화가 포함된 스캐폴딩을 적용한 창작수업 모형도 개발하고(한혁수, 2006), 포괄적 음악교수법(달크로즈, 코다이, 오르프)을 토대로 하여 창의적인 음악활동을 구안하기도 하며(김효정, 2008), 주제 인정, 활동 계획, 음악 탐구, 창의적 표현, 성찰의 5단계를 포함하는 프로젝트 학습을 적용한 음악 만들기 수업도 개발하였다(박지현, 양인승, 2016).

(5) 신체 활동

게임, 놀이, 신체표현 등 여러 가지 신체 활동들을 활용한 음악지도 방안들이 연구되어 왔다.

음악수업에 활용할 수 있는 게임으로 짝짓기 게임, 주사위를 활용한 판 게임(윷놀이, 셈여림 활동판), 사다리 게임, 미로 게임 등이 소개되었고(김미숙, 2003), 음악활동 놀이를 개발하여 지도 방안을 제시하기도 하였으며(현경실, 2003), 전통 놀이와 TV 오락 프로그램의 게임을 활용한 음악지도 방안도 구안하였다(박은현, 2007). 또한 음악개념 지도에 적합한 신체표현활동도 제시하였으며(최미영, 2008), 다양한 놀이 지도 방안(리듬놀이, 가락놀이, 창작놀이)도 구안하였다(김샤론, 함인아, 2016).

(6) 독보

독보력 향상을 위한 교수 · 학습 방법은 주로 리듬감 지도 개발이 주류를 이루는 편이다.

초기의 독보력 지도는 소집단 활동을 통해 이루어졌고(박정원, 염광일, 1986), 그 후에 제재곡을 활용한다든지(김은석 외, 1995), 코다이 교수법을 적용하였다(최은아, 2017). 더불어 리듬감 향상을 위해 변형리듬 만들기를 시도한다든지(강득성, 박채옥, 1988), 겹리듬을 단계적으로 지도하기도 하고(박채옥 외, 1992), 20세기의 여러 가지 교수법(달크로즈, 코다이, 오르프)을 활용하여 다양한 접근방법(신체적, 시각적, 청각적, 창의적, 동시, 게임 등)으로 리듬지도 방안을 개발하였다(이연경, 2002). 또한 리듬 개념에 따른 여러 가지 리듬활동(신체, 말, 즉흥연주, 놀이)을 제시하기도 하고(조현경, 2007), 통합적 음악학습단계인 CMLS(함명희, 2007), 달크로즈의 유리드믹스(국혜림, 2010), 웨이커트의 춤곡 지도(권정숙, 고영신, 2015)를 접목하여 리듬지도 방안을 구안하기도 하였다.

3) 음악교수법의 연구 동향

우리나라에 처음 소개된 외국 음악교수법은 달크로즈 교수법이다. 박준교(1972)는 열 가지(속도, 강도, 음질, 음고, 음가, 악센트, 리듬꼴, 프레이즈, 리듬캐논, 리듬 적기)의 리듬운동과 세 가지(음계, 음정, 도미솔 가창 등) 이상의 솔페즈, 피아노 즉흥연주 지도방법을 구체적으로 제시하였다. 21세기에 들어와서 달크로즈 교수법은 창의성(이에스더, 2003)이나 음악개념 지도 방안(오은혜, 2012; 하나영, 2010)으로 활용하였고 최근에는 솔페즈를 더 강조하는 교수법으로 변화하였다(유승지, 2016).

코다이 교수법은 1994년부터 단행본으로 소개된 것에 비해 학술논문은 21세기가 돼서야 등장한다. 이효순(2001)은 리듬음절과 계이름 부르기(Tonic Solfa), 손기호 지도를 간략히 소개한 반면에, 서종우(2008)는 코다이 솔페즈 교수법을 적용한 3학년 학습지도안 세 가지를 상세히 제시하였다.

오르프 접근법은 매체를 활용한 연구가 주를 이룬다. 윤영배(2004)는 말하기, 노래 부르기, 신체표현, 목소리, 악기(신체 타악기, 선율 타악기, 무선율 타악기)를 학습매체로 설명하면서 학습지도안을 제시하였고, 김지선(2009)은 리코더를, 조효임(2010)은 음악놀이를 오르프 매체로 활용하였다.

고든의 음악학습이론은 단행본보다 학술지에 먼저 소개되었다. 현경실(1994)은 음악학습이론을 소개하면서 듣기, 부르기의 학습단계 활동과 일반 수업활동을 제시하였고, 양소영은 기능학습 연계를 중심으로 한 3학년 음악수업안(양소영, 2009)과 3, 4학년 대상의 놀이를 중심으로 한 여섯 가지 통합 수업안(일정박, 리듬과 박자,

화음, 프레이즈, 집중하여 듣기, 즉흥연주)을 개발하였다(양소영, 2012).

보드만의 생성적 교수 · 학습 이론에 근거한 서술적 접근 학습방법도 소개되었다. 송예순(2004)은 브루너의 세 가지 표상 양식을 반영한 세 가지 서술하기(신체적 움직임, 시각적 이미지, 언어적 이미지)에 대한 음악지도안을 제시하였다.

4) 교수 · 학습 이론에 따른 연구 동향

교수 · 학습의 여러 이론들을 초등 음악수업에 접목시킨 연구를 네 가지로 분류하였다.

첫째, 컴퓨터를 활용하여 가창수업과 창작수업 모형을 제시한 것을 필두로(장창환, 1991), 인터넷을 활용하여 4학년 음악수업을 문제중심 학습방법으로 지도하는 것을 소개하기도 하고(류근웅, 2003), 미디 키보드, 소프트웨어, 웹 자료 등을 활용하여 음악개념 지도 방안을 구안하기도 하며(이연경, 2004), 동영상 자료를 활용하여 다문화 수업방법도 구안하며(민경훈, 2004), e-learning 음악 교수 · 학습 과정안도 개발하였다(허정미, 2006).

둘째, 브루너의 표상 양식에 의거한 다양한 시각 자료를 개발하여 초등음악 지도 방안이 개발되었다. 그래프식 기보를 활용하여 음악개념 및 기악, 감상 학습안이 구안되고(김창숙, 1997), 음악 듣기, 읽기, 쓰기 과정을 대체 기보법(음악지도, 노래 점찍기, 도형악보, 안내서)을 활용하여 지도하는 방법이 소개되며(김서경, 1998), 다양한 시각 자료(주제그림 악보, 주제막대 악보, 번호도표, 음악시노)를 활용하여 음악개념 및 가창, 감상 지도하는 방법이 개발되었다(임미경, 1998). 창작활동의 소재로서 또는 생활화의 소재로서 음향 디자인을 활용한 음악수업안도 모색하였다(김서경, 2010).

셋째, 구성주의 학습 원리를 기초로 한 문제중심학습이 4학년 음악수업에 적용되기도 하고(양은실, 2002), 인지적 도제학습을 감상 수업에 투입하기도 하며(최정현, 2004), 모델링을 적용한 음악수업 모형도 개발하고(박소영, 김석우, 2007), 내러티브를 활용한 PCK 음악수업 모형 또한 개발하였다(박정철, 강현석, 2013),

넷째, 다양한 협동학습 모형(Jigsaw, GI, Co-op, STAD, TGT, LT, TAI 등)이 5학년 음악수업에 적용되기도 하였다(김우식, 오세규, 2011).

3. 초등 음악 교수·학습 방법의 연구 과제 및 전망

약 반세기 간의 초등음악 교수·학습 방법의 연구 동향을 고찰해 보니 음악교육 학계에서는 새로운 교수·학습 방법이 나올 때마다 초등학교 음악수업에 곧바로 시도해 왔음을 알 수 있었다. 특히, 음악은 다른 교과와 달리 음악만을 위한 교수 법들(달크로즈 교수법, 코다이 교수법, 오르프 접근법, 포괄적 음악성, 고든 음악학습이 론, 생성적 음악학습 등)이 해외에서 바로 투입되어 우리나라 실정에 맞게 적용하려 는 노력들이 많았다. 앞으로도 음악교육학자들은 음악교육학이나 교육학 분야에서 쏟아 내는 여러 가지 교수·학습 이론들을 교사들에게 알려 주고 현장에 적용할 수 있도록 실제 지도법에 대해서도 친절히 제안해 주리라고 본다. 이때 교수·학습 방 법이 더 효과적이 되기 위해 학자와 교사가 서로 협력하여 실현가능성을 검토해 가 면서 지도 방안을 함께 구안해 나가야 할 것이다.

음악 교수·학습 방법의 변천을 살펴본 결과, 음악활동을 효과적으로 이끌기 위 해 각양각색의 시도가 진행되었다는 것을 알 수 있었다. 요즘 소위 말하는 융합을 음악교육에서는 일찌감치 실천한 것이다. 놀이, 신체표현, 이야기, 그림, 게임, 드 라마, 컴퓨터, 멀티미디어 등 수많은 매체를 활용하여 인지심리학적으로, 구성주의 적으로 접근하여 왔고 앞으로도 더 세분화하여 발전할 것으로 보인다. 이제는 초등 음악수업도 4차 산업혁명 시대에 적합한 음악교육으로 변모해야겠지만 테크놀로 지만을 앞세운 교육은 지양해야 한다고 본다. 기능이나 기술을 앞세운 음악, 편의 를 선호하는 디지털 소리를 벗어나 면대면으로 서로를 보며 자기의 소리를 내면서 서로의 음악적 견해를 교환하는 살아 있는 음악교육으로 나아가야 참 예술교육, 인 간을 풍성하게 하는 교육이 될 것이다.

우리나라에서는 음악수업이 초등 3학년부터 시작되므로 이 연구의 범위를 초등 학교 3~6학년에 적용된 지도법으로 제한하였음에도 많은 연구들이 쏟아져 나왔지 만 초등교육 현장에서 활성화되기는 어려운 실정이다. 왜냐하면 음악교육 전공자 가 아닌 초등교사가 음악수업을 지도하는 경우가 많기 때문에 음악 교과서에 제시 된 여러 가지 음악활동을 이끌어 가기에 벅차고 초등음악 심화과정을 이수한 음악 교사라도 교사교육과정에서 음악적 소양을 연마하기에는 많이 미흡하므로 새로운 방법들을 실천하기가 쉽지 않기 때문이다. 공교육에서 음악을 우리나라처럼 많이 교육하는 나라가 드물 것이며 음악 교수·학습 방법 연구도 이렇게 활발히 하는 나라도 많지 않을 것이나 초등 음악교육의 질은 보장받기 어려운 실정이다. 그러므로 명목상의 초등음악 전담교사제도가 아닌 효율성 있는 초등 음악교육을 위해서라도 음악수업은 초등 음악교육 전공자가 담당해야 하고 초등교사양성기관에서도 음악 심화과정에 음악교육 관련 과목을 더 확대하여 학생의 음악성 신장을 보장해야 한다.

 참고문헌

강득성, 박채옥(1988). 변형리듬 만들기를 통한 리듬감 형성 방안. 광주교대 초등교육연구, 3.

강시남(1997). Import의 공감을 돕는 음악 감상 교육의 실제. 제주교대 초등교육연구, 3, 5-24.

강주호(1990). 감상교육 지도방법에 관한 연구. 원광대 연구논총, 1, 122-148.

고선미(2012). 초등학생을 위한 전략적 음정지도 방안. 음악교육연구, 41(2), 1-40.

고선미(2015). 스토리텔링을 활용한 노래가사 지도방안: 스토리 구성을 중심으로. 교사교육연구, 54(4), 561-572.

교육대학음악교육학회(1970). 초등음악교육. 서울: 학문사.

국혜림(2010). 달크로즈 유리드믹스 원리에 근거한 리듬 학습: 호두까기 인형을 중심으로. 종합예술과 음악학회지, 4(2), 1-30.

권덕원, 석문주, 최은식, 함희주(2005). 음악교육의 기초. 경기: 교육과학사.

권정숙, 고영신(2015). 초등학생의 리듬감 향상을 위한 춤곡 지도 방안. 음악교육공학, 22, 63-82.

길애경, 임미경 편(1996). 초등음악지도법. 서울: 수문당.

김명신(2004). NLPMS로 쉽게 배우는 초등음악교육. 서울: 두양사.

김미숙(2003). 음악수업에서의 게임 활용. 음악교육연구, 24, 1-19.

김샤론, 함인아(2016). 음악놀이를 활용한 초등 3학년의 수업지도안 지도방안 연구. 음악예술연구, 6, 23-52.

김서경(1995). 창작지도의 새로운 방향. 부산교대 초등교육연구, 6, 315-337.

김서경(1998). 교실 수업을 위한 대체 기보법 활용에 관한 고찰. 부산교대 초등교육연구, 12, 183-199.

김서경(2010). 음향디자인을 활용한 초등 음악과 교수·학습방법 탐색. 한국초등교육, 21(2), 305-323.

김서경, 배현주(2006). 초·중·고등학교 음악과 교수·학습지도의 연계성을 위한 방안 연구-감상 영역을 중심으로. 부산교대 초등교육연구, 21, 23-93.

김성국, 김명(1996). 초등학교 음악교육의 효율적인 지도방안. 광주교대 초등교육연구, 10, 149-176.

김성희(2002). 놀이를 통한 즉흥연주 능력 신장 방안. 음악교육연구, 23, 123-143.

김영경(2015). 드라마 활동을 통한 초등 3학년 음악 감상 학습 방안. 교육연극학, 7, 83-111.

김영전 편(2008). 오르프 슐베르크 테크닉의 이해. 경기: 음악세계.

김용희(2016). 창의적 음악교육. 경기: 음악세계.

김우식, 오세규(2011). 협동학습 모형을 적용한 활동중심의 음악수업 지도방안. 음악교수법연구, 7, 23-48.

김은석, 박채옥, 박상하, 김명, 김성국, 오은규(1995). 독보력 신장을 위한 부제재곡의 활용방안. 광주교대 초등교육연구, 10, 87-113.

김지선(2009). 오르프학습과 리코더를 통한 음악교육 활용 방안. 음악교육, 9, 105-128.

김창숙(1997). 그래프식 기보법을 이용한 음악 교수법 연구안. 서울교대 한국초등교육, 9(1), 181-214..

김현(2004). 즉흥연주 활동에 의한 창작지도 방안 연구. 음악교육, 4, 117-135.

김현, 김길순(1997). 창작학습의 단계적 지도를 통한 음악적 창의성 신장. 광주교대 초등교육연구, 12, 249-270.

김혜진(2007). 초등 음악 감상학습 제재곡 주제를 활용한 지도 방안 연구. 음악교육, 8, 129-152.

김효정(2008). 음악적 창의성 신장을 위한 초등학교 음악수업의 개선 방안: 초등학교 3학년을 중심으로. 종합예술과 음악학회지, 2, 27-52.

류근웅(2003). 인터넷 활용 문제중심학습을 통한 초등 음악 교수 · 학습: 초등 4학년을 중심으로. 음악교육연구, 25, 1-15.

류미옥(2001). 초등학교에서의 효과적인 합창 지도방법에 대한 연구. 음악교육, 1, 135-167.

류미해(2009). 합창교육의 단계별 학습과정 개발을 위한 질적 연구. 음악교육공학, 9, 19-33.

문관룡, 김철수(1995). 제6차 교육과정 운영의 효율화를 위한 교과별 교수 · 학습방법의 탐색. 광주교대 초등교육연구, 10, 5-24.

문연경(2005). 유리드믹스 III. 서울: 현대음악출판사.

민경훈(2004). 상호문화적 음악교육의 의미와 지도방법에 관한 연구. 음악과 민족, 28, 432-455.

민경훈, 김신영 김용희, 방금주, 승윤희, 양종모, 이연경, 임미경, 장기범, 조순이, 주대창, 현경실(2010). 음악교육학 총론. 서울: 학지사.

박기섭(1999). 초등학교 학생들을 위한 비화성음 응용방법을 사용한 창작지도법. 대구교대 초등교육연구, 14, 121-138.

박기섭(2009). 화음교육과 창작지도방법. 대구교대 초등교육연구논총, 25(2), 121-133.

박기섭, 배연옥(2008). 초등 5학년을 위한 창작 지도법. 대구교대 초등교육연구논총, 24(1), 79-91.

박상하(2003). 초등학교에서의 개별악기 지도의 단계적 접근 방법. 광주교대 초등교육연구, 17(2), 61-106.

박소영, 김석우(2007). 인지적 도제학습에 의한 수업 모형: 초등학교 음악과를 중심으로. 교사교육연구, 46, 1-14.

박은현(2007). 놀이를 교수매체로 활용한 음악교수방법. 음악교육연구, 32, 1-29.

박정원, 염광일(1986). 소집단 활동을 위한 초보적 독보력 습득. 광주교대 초등교육연구, 1, 115-126.

박정철, 강현석(2013). 내러티브를 활용한 음악과 PCK 모형 탐색. 학습자중심교과교육연구, 13(5), 323-351.

박준교(1971). 창조적인 표현기능을 신장시키기 위한 즉흥연주 지도방안의 연구. 인천교대 교육논총, 2, 47-84.

박준교(1972). 음악교육에 있어서의 감각반응 지도에 관한 연구: Dalcroze의 Eurhythmics을 중심으로. 인천교대 교육논총, 3, 105-129.

박지현, 양인승(2016). 프로젝트 학습을 적용한 음악만들기 활동 수업 모형. 음악교육연구, 45(2), 149-168.

박채옥 외(1992). 음악적 표현능력 신장을 위한 단계적인 겹리듬 지도 방안. 광주교대 초등교육연구, 7, 41-78.

박홍규, 화성인(1997). 음악 감상을 통한 열린 교육. 진주교대 초등교육연구, 7, 101-122.

방금주, 박남순(2006). 음악교과 교수학습. 서울: 학지사.

방은영, 윤아영, 박영주(2016). 음악 교수학습 방법. 경기: 어가.

서종우(2008). 코다이 솔페이지 학습지도 방안: 초등학교 3학년을 대상으로. 음악응용연구, 1, 107-133.

서춘선(2003). GI(Group Investigation) 모형을 적용한 창작수업 효과. 음악교육연구, 24, 20-27.

석문주, 음악교육연구모임(1996). 음악적 성장을 위한 음악과 교수·학습지도. 서울: 풍남.

석문주, 음악교육이론실천연구모임(2012). 음악중심 융합수업의 실제. 경기: 교육과학사.

석문주, 음악교육이론실천연구모임(2015). 학교에서의 음악감상. 경기: 교육과학사.

석문주, 최은식, 권덕원, 함희주(2006). 음악교육의 이해와 실천. 경기: 교육과학사.

석문주, 홍종현, 이수진, 한혁수, 최유리, 김지연, 손미현, 정다은, 정지혜, 문아름, 이혜진(2012). (통합적 접근에 의한) 음악과 교수·학습 방법. 경기: 교육과학사.

성경희(1988). 음악과교육론. 서울: 갑을출판사.

송예순(2004). 보드만의 서술적 접근 학습 방법에 관한 연구. 음악교육, 4, 236-263.

승윤희, 민경훈, 양종모, 정진원(2013). 예비 교사와 현장 교사를 위한 초등 음악교육. 서울: 학지사.

안미자(1984). 음악교육론. 서울: 이화여자대학교출판부.

양소영(2009). Gordon의 기능학습연계에 따른 초등학교 3학년 음악과 수업의 청각 인지 능력 신장 방안. 교원교육, 25(1), 348-365.

양소영(2012). 기초 음악성 신장을 위한 초등학교 3, 4학년 단계별 통합 활동 방안 연구. 음악교육연구, 41(2), 199-255.

양은실(2002). 초등학교 4학년 음악수업의 PBL(Problem-Based Learning) 적용. 음악교육연구, 22, 59-79.

오세규(2011). 오르프 매체와 즐거운 생활 학습 내용 및 다문화 음악교육 연계. 통합교육과정연구, 5(1), 77-100.

오세규, 이상철, 이혜숙, 유의상(1999). 3학년 음악 교과서 제재곡의 기악합주를 위한 창의적 변용. 청주교대 초등교육연구, 9, 97-209.

오은혜(2012). 달크로즈 교수법을 활용한 음악 개념 지도방안. 음악교수법연구, 9, 61-86.

우두선(2010). 달크로즈 유리드믹스를 이용한 합창지도 방안 연구. 예술교육연구, 8(3), 55-76.

유덕희(1973). 음악교육학 개론. 서울: 학문사.

유덕희(1994). 놀이와 음악지도에 관한 고찰. 음악교육연구, 13, 1-28.

유승지(2001). 유승지 달크로즈 교실: 교사용 지침서. 서울: 태림출판사.

유승지(2016). 달크로즈 솔페즈 교수법의 이해와 적용. 음악과 문화, 34, 169-204.

윤관기(2015). 초등학교 음악수업에서 현대음악 교수학습 방안 개발. 예술교육연구, 13(3), 75-95.

윤영배(2004). 오르프 매체(Orff Media)를 활용한 학습활동 연구. 음악교육연구, 26, 101-123.

윤지영(2009). 오르프 음악 교수법을 적용한 감상 수업 지도 방안 연구: 초등학교 3, 4학년을 중심으로. 음악교육, 10, 135-164.

윤혜원(2003). 개념적 접근법을 통한 바이올린의 포괄적 지도방안-초등학교 3, 4학년을 대상으로. 음악교육. 3, 243-278.

이명호(1997). 초등학교 음악 창작 지도 과정 연구. 음악교육연구, 16, 253-290.

이성삼(1982). 음악교수법. 서울: 세광출판사.

이성주, 황옥희(2002). 즉흥연주 중심의 음악학습 지도 방안. 음악연구, 28, 181-212.

이에스더(2003). 음악적 창의성 신장을 위한 달크로즈의 교육방법에 관한 고찰. 아동교육, 12(2), 237-239.

이연경(2002). 리듬감 신장을 위한 다양한 리듬 지도 기법에 대한 연구. 음악교육연구, 22, 105-152.

이연경(2004). 초등학교 음악수업의 교수·학습 과정 개선을 위하여 미디키보드와 컴퓨터를 활용하는 교수 전략 연구 및 학습 프로그램 개발. 음악교육연구, 27, 155-196.

이영미(2009). 코다이 개념의 노래지도. 충북: 협신사.

이용일(1982). 음악교육학 개설. 서울: 현대음악출판사.

이홍수(1990). 음악의 현대적 접근. 서울: 세광출판사.

이효순(2001). Zoltan Kodaly의 음악지도법. 평택대학교 논문집, 15, 343-378.

임미경(1998). 시각 자료를 활용한 초등학교 음악 지도. 음악교육연구, 17, 119-139.

임미경, 장기범, 함희주(2002). 음악교육의 이론과 실제. 서울: 벨로체.

임미경, 현경실, 조순이, 김용희(2010). 음악교수법: 달크로즈, 코다이, 오르프, 고든, 포괄적 음악성. 서울: 학지사.

장창환(1991). 초등음악과 교육-학습방법의 개선연구. 서울교대논문집, 24, 255-277.

장창환, 조효임, 이동남(1997). 초등음악과 지도법. 서울: 삼호뮤직.

정세문(1987). 음악과 학습지도. 서울: 창지사.

정정식, 황명자(1977). 올프 기초음악의 길잡이. 서울: 수문당.

조순이(2002). 오르프 음악교육의 원리와 적용. 서울: 태성.

조순이(2007). 노랫말 발음을 활용한 가창지도 방안 연구: 초등학교 4학년 〈음악〉 "방울꽃"을 사례로. 음악교육연구, 33, 235-261.

조순이(2011). 아카펠라를 활용한 초등학교 합창수업 지도방안 연구. 음악교육연구, 40(3), 251-274.

조치노(2006). 창의성 계발을 위한 초등 창작지도 방안. 제주교대 논문집, 35, 245-263.

조치노(2009). 초등음악교육에서 체계적인 선율 창작지도 연구 II. 제주대 초등교육연구, 14(1), 81-101.

조현경(2007). 리듬활동을 통한 리듬 개념 지도 방안. 음악교육, 8, 107-127.

조홍기 편(1997). 코다이 솔페이지 2. 서울: 다라.

조홍기(2004). 코다이 음악교육. 서울: 세광음악출판사.

조효임(2002). 창의력 계발을 위한 포괄적 음악지도방안 연구. 서울교대 한국초등교육, 13, 115-141.

조효임(2010). 오르프 음악놀이 십이지 론도. 한국초등교육, 21(2), 169-182.

조효임, 김애경(2003). 즉흥연주 중심의 음악 만들기 활동 모형 구안 및 적용 연구. 음악교육, 3, 51-91.

조효임, 장기범(2004). 초등기악교육론. 서울: 화인.

조효임, 장기범, 윤제상, 이경언, 이동재(1999). 오르프 음악교육의 이론과 실제. 서울: 학문사.

주대창, 최효숙, 김동규(2009). 청취그림을 활용한 기악곡 듣기 지도-초등학교 5, 6학년을 중심으로. 음악교육공학, 8, 79-94.

주현정(2004). 즉흥연주활동 중심의 합주 지도방안 연구. 음악교육, 4, 264-283.

최미영(2008). 초등음악수업에서 활용할 수 있는 신체표현활동. 음악교육연구, 35, 177-202.

최미영(2010). 초등음악수업에서 단계적 접근 모형을 이용한 즉흥연주지도. 예술교육연구, 8(3), 95-110.

최미영(2014). 고든의 오디에이션 이론에 기초한 초등음악수업에서의 즉흥연주지도. 교사교육연구, 53(3), 430-446.

최은아(1997). 초등학생의 발달 단계에 적합한 감상곡 및 지도 내용에 관한 연구. 음악교육연구, 16, 291-327.

최은아(2012). 핸드벨, 핸드챠임, 붐웨커를 활용한 기악지도방안: 초등학교 5, 6학년을 중심으로. 교과교육연구, 16(1), 325-346.

최은아(2013). 초등학교 음악수업에서의 바이올린 지도방안 개발 및 적용. 음악교육공학, 16, 95-115.

최은아(2017). 음악적 문해력 신장을 위한 수업 설계 방안. 음악교육공학, 31, 61-77.

최정현(2004). 음악적 창의성을 향상시키는 교수 · 학습지도안-감상으로 도입하는 통합 활동을 중심으로. 영재와 영재교육, 3(1), 85-103.

하나영(2010). 달크로즈의 이론을 적용한 음악 개념 이해도 향상 프로그램 개발. 종합예술과 음악학회지, 4(2), 91-110.

한송이(2013). 스토리텔링 계명 익히기와 현악기 운지법의 통합을 적용한 음악교수법에 관한 연구. 음악교육연구, 42(2), 263-290.

한영희(2014). 디지털피아노 합주 페다고지: 음악성 계발을 위한 오케스트라 대안 활동. 한국초등교육, 25(4), 149-166.

한윤이(2006). 음악과 교육과정 중심의 교과간 통합지도 방안. 초등교과교육연구, 7, 71-90.

한혁수(2006). 초등학교 음악창작수업에서의 스캐폴딩 적용. 음악교육연구, 30, 223-247.

함명희(2007). CMLS를 활용한 초등학교 3학년 리듬패턴 지도 방안. 음악교육공학, 6, 103-124.

허정미(2006). 초등 음악수업에서의 e-Learning의 실제. 교원교육, 22(1), 168-183.

현경실(1994). 고든 학습 이론과 실제 수업에의 적용 방안. 음악교육연구, 13, 175-196.

현경실(2003). 신체표현을 위한 음악놀이 개발과 수업에의 적용방안. 음악과 민족, 26, 469-487 .

홍승연(2013). 고든의 음악학습이론에 기초한 능동적 가창활동 방안-초등학교 3학년을 중심으로. 음악교육연구, 42(3), 357-385.

홍승연, 김연정, 홍기승(2010). 초등음악수업에서의 효과적인 노래부르기 지도방안 모색. 음악교육공학, 11, 167-183.

Mark, M. L. (1986). *Contemporary music education*. 이홍수, 임미경, 방금주, 김미숙, 장기범 역(1992). 현대의 음악교육. 서울: 세광출판사.

Szonyi, E. (1994). *Kodaly's Principles in practice*. 조홍기 역(1994). 코다이 음악교수법: 코다이 음악교육 원리를 통한 실제적 접근. 서울: 다라.

제15장

중등 음악 교수 · 학습 방법

윤종영

1. 도입

중등 음악 교수 · 학습 방법은 초등에서와는 달리 음악 전공 교사에 의해 이루어짐으로써 교사의 전문적 지식과 활동이 심화되어 투입된다. 그렇다고 음악 교과의 특성만을 고수하여 교수하거나 교과 내 통합만을 고집할 수는 없다. 이는 교육과정의 변화와 수업시수, 타 교과와의 균형적 조율, 나아가 통합수업과 융합수업을 강조하는 학교 교육과정의 흐름 안에서 교수 · 학습 방법을 고민하고 연구해야 하기 때문이다.

음악 교과의 특성상 소리라는 청각 기능을 활용해야 하기 때문에 음악실의 위치, 방음, 교구와 음향시설 등은 필수적이다. 하지만 이러한 환경이 갖추어지지 않은 학교 환경에서도 다양한 교수 · 학습 방법은 제시되어야 한다.

현행 교육과정에서 융합을 강조하고 있지만 자칫 음악과의 융합교육은 음악이 주체가 되거나 동등한 교과로서의 융합이 아닌 타 교과의 도구화가 되기도 한다. 예를 들어, 시조의 뜻을 이해시키기 위해 음악을 들려주거나, 영어 가사를 이해시키기 위해 팝송을 활용하고 과학이나 수학적 논리를 이해시키기 위해 음악의 조율법을 활용한다. 정작 음악의 본질적 목적인 음악적 감성과 미적 체험의 의미보다 타 교과의 학습의욕을 높이기 위한 도구로 활용된다는 것이다. 더욱이 생활화를 강조하여 생활 속의 음악을 즐기고 만날 수 있는 방법을 가르치는 것이 아니라 여흥으로서의 음악, 재미와 휴식의 의미라는 기능적 도구로 인식시킴으로써 음악 교과의 학문적 의미를 잃어버리기도 한다. 음악 교과의 주체적 목적을 가지고 음악 교수·학습 방법이 지금까지 지속적으로 연구되어 왔음에도 학교 현장에 투입과 실행이 미비했던 점도 간과할 수 없다. 이러한 교과시수의 부족, 인식의 문제, 교구의 부족에도 불구하고 중등 음악 교수·학습 방법 연구가 학교 현장에서 실천되고 발전되어 음악 교과의 주체적 당위성과 목적에 맞게 실행되기 위한 연구 노력들을 이 장에서 분석해 보고자 한다.

분석 자료에 따르면 1990년대에는 수업방법 개선과 관련된 단행본들이 한국교육개발원이나 시·도교육청 단위의 수업방법 개선에 관한 시범학교 사례집, 연구 자료들이 주로 발행되었다. 대부분의 주제가 수업방법 개선에 관한 내용 또는 개정 교육과정에 관한 연수 자료로서 이 시기에 수업방법에 대한 논의가 시작되었으며, 교과 활동 중심의 연구가 주를 이룬다.

2001년 7차 교육과정이 시행되면서 ICT활용의 감상 수업방법과 통합교육 연구가 시작되어 현재 대부분의 연구는 교과 내 통합 및 융합교육 연구가 대부분이다. 이러한 양상은 사회적 요구, 교육과정의 변화에 따른 것으로 현재까지의 연구 동향을 분석하여 그 의미를 파악하고 음악 교과가 중등교육에서 주체적 교과로서 타 교과와 동등한 위치에서 연구 및 실행되어 음악교육의 학문적 의미로서의 연구 방향을 제시하고자 한다.

2. 중등 음악 교수·학습 방법의 연구 동향

RISS에 등재된 국내 학술지와 단행본 자료를 토대로 분석하였으나 단행본의 경우 대부분 교육청 연수 자료로서, 주로 국내 학술지 중 중등 음악 교수·학습 방법 연구와 관련된 자료 36편을 중심으로 연구 시기별, 주제별 및 유형들을 항목화하여 분석하였다. 이에 RISS 외의 타 학술 기관이나 현장 교사들에 의한 학위논문, 현장 연구로서의 교육청 자료, 2017년 4월 이후 자료와 DB에 등재되지 않은 1990년대 지류 연구 자료들과 학교 교육과정 외에 전공자들을 위한 실기 교수·학습 방법 연구들은 제외하였다.

1) 연구 시기별 동향

1980년대 이후 2000년까지 교수·학습 방법에 대한 관심이 높아짐으로써 시·

도 교육청에서는 교수 · 학습 방법 개선이라는 모토로 직무 연수자료와 수업 모형을 제시한 단행본들(대전여자중학교, 충청남도교육연구원, 1983; 이선영, 1989; 성경희, 1993a, 성경희, 1993b; 성경희, 백일형, 1994; 영천여자중학교, 1997; 전라남도교육청, 1997)이 출간되고 배포됨으로써, 연구수업 및 프로젝트를 통한 교수 · 학습 방법의 개선 노력이 활발히 시작되어 가창, 기악, 감상, 창작 영역에 따라 구체적으로 제시하였다. 다만, 이 시기의 학술지 논문은 음악 감상을 위한 논문 1편(김미숙, 1996)만이 DB에 등재된 것으로 보아 교육청 자료 배포가 학문적 연구보다 먼저 시작되었음을 시사한다.

반면, 2000년 이후에는 학교 현장에 멀티미디어 기자재들이 도입되고, 모든 교과에 ICT라는 개념이 투입되면서 음악 교과에서도 이를 활용한 교수 · 학습 방법 연구가 활발해졌다. 특히, 감상 교수 · 학습 방법 연구(한국교육학술정보원, 2004; 한태명, 이에스더, 이재무, 2003)가 두드러지게 나타나는데, 이는 학교 현장에 멀티미디어 기자재들을 갖춘 교실 환경과 관련 자료들이 개발 · 보급되었기 때문이다.

이러한 추이는 학술지 논문에서도 나타나는데, 특이한 점은 감상수업 모형이나 자료 개발(윤종영, 2006; 이에스더, 2006) 외에 창의성과 통합 교수 · 학습 모형들도 제시되고 있다는 점이다. 단행본에서는 통합 교수 · 학습 모형들이 2012년 이후에나 제시되고 있지만 학술지 연구논문(승윤희, 2007, 2008, 2009; 최은식, 2003)에서는 2000년 이후 활발히 제시되고 있으며, 학습이론을 적용한 교수 · 학습 방법 연구(승윤희, 2007, 2008, 2009; 조성기, 2009; 최은식, 2003)가 수행됨으로써 학문적 연구가 앞서 시작되었음을 알 수 있다.

2010년 이후에는 통합교육, 융합교육의 강조로 교과 내 통합(김영미, 2011; 박지현, 양인승, 2016; 윤종영, 조덕주, 2013; 조성기, 2016) 또는 타 교과와 통합(김선미, 2012; 김일영, 2014; 민경훈, 2012b; 오지향, 정재은, 강선영, 하명진, 2014; 이영미, 2016; 조대현, 2017)하거나 새로운 학문으로서의 융합적 의미의 교수 · 학습 모형들이 개발되었다. 이러한 추세에도 불구하고 음악 교과 고유의 이론, 감상, 가창 활동의 역량 강화를 위한 교수 · 학습 모형들(김미숙, 2012; 김선미, 2013; 민경훈, 2012b; 조순이, 2013)도 개발 연구되었다.

이상에서 살펴본 연구 시기별 동향을 정리하면 다음 〈표 15-1〉과 같다.

〈표 15-1〉 음악 교수 · 학습 방법의 연구 시기별 동향 분석

연구 시기	시기별 특징	주요 내용
초기 (1980~ 2000)	교수 · 학습 방법 연구의 시작	• 교수 · 학습 방법 개선 노력의 시작 • 음악활동 영역별 교수 · 학습 방법의 구체적 제시
중기 (2000~ 2009)	교수 · 학습 방법의 학문적 발전 시기	• 기자재를 활용한 감상 교수 · 학습 방법 • 통합적 교수 · 학습 모형의 개발 • 학습이론을 적용한 교수 · 학습 모형 개발
최근 (2010~ 2017)	통합 및 융합 교수 · 학습 모형의 방법적 제시	• 교과 내 통합 교수 · 학습 모형 개발 • 타교과와의 융합 교수 · 학습 모형 개발 • 음악활동 영역의 역량 강화를 위한 교수 · 학습 모형 제시

2) 연구 주제 및 유형별 동향

연도별 연구 동향에서 해를 거듭하며 음악활동 영역 수업방법에 대한 연구가 점차 이론적 기반을 가지고 통합 및 융합교육으로 연구되어 가는 추이를 보였다면, 이 부분에서는 연구 주제와 영역, 내용, 유형, 방법에 따라 어떤 빈도로 연구되고 있는지를 분석하였다.

다음 〈표 15-2〉는 연구 주제 및 유형별 연구 동향 분석을 정리한 것이다.

〈표 15-2〉 연구 주제 및 유형별 연구 동향 분석

연구 주제 및 방법	주요 내용
주제별 연구	• 음악교육가에 의한 학습이론의 적용 연구 • 교육학 이론의 적용 연구 • 교과 외적 활동을 활용/교과 외 목적
영역별 연구	• 가창/감상/이론/통합/융합
연구 유형 및 방법	• 교수 · 학습 모형 및 프로그램 개발 • 적용 및 분석 연구

(1) 주제별 연구

연구 주제는 크게 세 가지로 구분해 볼 수 있다.

먼저, 음악교육가에 의한 학습이론을 적용한 것으로, 센커식 분석이론(조성기, 2009), 파루셀리 계명창법(조순이, 2013)을 적용한 연구이다. 이는 음악 가창 지도법을 연구한 것으로 두 편만이 제시되고 있다.

두 번째로 교육학이론을 적용한 연구로 대부분 통합교육과 융합교육을 위한 교수 · 학습 모형을 제시하였다. 구성주의(최은식, 2003), 스펙트럼이론(승윤희, 2008), 발견학습(승윤희, 2009), 다문화 교육(김향정, 2010; 이영미, 2014), 협동학습(정재은, 2011; 김영미, 2011), 융합교육(오지향 외; 조대현, 2017), 학습동기이론(승윤희, 2015), TPACK(조성기, 2016), 프로젝트 학습이론(박지현, 양인승, 2016)을 적용한 모형 개발 연구 등이다.

세 번째로 교과 외적 활동을 활용한 연구들로 대부분 융합 교수 · 학습 방법을 제시하고 있다. 음악비평(박진홍, 2009), 학문적 글쓰기(김선미, 2012), 토의와 토론(김일영, 2014)을 활용하거나, 사회정서학습(조정은, 2015), 인성교육(김선미, 2015), 문화적 공동체 역량 함양(이영미, 2016)을 위한 연구들이 이에 속한다.

(2) 영역별 연구

가창, 기악, 감상, 이론, 통합 등의 영역 중 가장 많이 연구되는 분야는 통합영역이다. 다음 〈표 15-3〉은 영역별 학술지 논문 편수를 정리한 것이다.

〈표 15-3〉 영역별 학술지 논문 편수

영역	주요 내용(4)	편수
가창	계명창법 연구(2), 판소리(1), 가사탐구(1)	4
기악		0
감상	감상지도(4), 감상자료 개발(2)	6
이론	음악비평(2), 개념학습(1), 서양음악사(1)	4
통합 및 융합	교과 내 통합(10), 타 교과와의 융합(14)	24

〈표 15-3〉에서 보면 대부분이 통합 또는 융합 교수 · 학습 방법 연구들이며, 기악 교수 · 학습 방법 연구는 없었다. 다만, 교육청 단행본으로 구체적 제안을 한 기악, 가창 영역에 관한 교수 · 학습 개선책(성경희, 1993b; 성경희, 백일형, 1994)이 있으며, 창작과 감상 교수 · 학습 지도 모형(성경희, 백일형, 1994)에서 구체적으로 제

시되고 있을 뿐이다.

　이는 개편된 교육과정의 영향과 사회문화적 소통으로서의 음악교육이 재정립되었기 때문이며, 기악활동 수업은 통합교육 안에 점차 흡수되거나 학교 음악 교구와 수업시수의 부족으로 전공자들을 위한 실기 수업에서 구체적으로 연구되고 있다. 하지만 영역별로 중복되어 통합 교수 · 학습 방법이 제시되고 있음도 간과할 수 없다.

　[그림 15-1]은 영역별 연구량에 따른 구조를 나타낸 것이다.

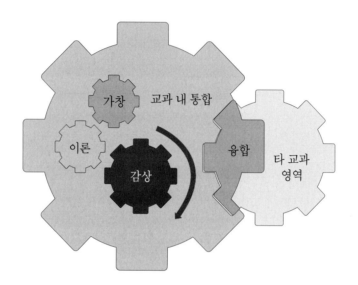

[그림 15-1] 영역별 연구량에 따른 구조

(3) 연구 유형 및 방법

　교수 · 학습 방법의 연구는 대부분 교수 · 학습 모형 개발 및 프로그램 개발과 이를 적용할 방안들을 제시한 것들이다. 이러한 모형과 프로그램이 수업에 적용되어 어떠한 문제점과 효과성, 수정 방안에 대해 연구한 논문으로 질적 연구 방법을 활용한 논문(석문주, 2011; 윤종영, 조덕주, 2013)은 두 편뿐이다.

　내용 또한 대부분 서양음악을 중심으로 연구되었으며, 다문화 음악과 국악의 내용은 미비하다. 이는 다문화에 대한 관심이 높아지고 있는 반면, 국악 교수 · 학습 방법은 아직 한정된 연구자에 의해 연구되고 있어 내용 통합 교수 · 학습 방법 연구도 절실하다.

3. 중등 음악 교수 · 학습 방법의 연구 과제 및 전망

'교수 · 학습 방법'이란 "학습자 개인이 특정한 행동으로 변화하고 효과적이고 효율적으로 학습 내용을 조작하도록 돕는 것"(방은영, 윤아영, 박영주, 2016)으로, 교수 · 학습 방법 연구는 학교 현장에서 실행되고 학습자의 변화와 성장을 목적으로 하여야 한다. 하지만 지금까지의 연구는 교수 · 학습 모형 및 프로그램 개발 연구가 대부분이며 이에 대한 검증이 후속 연구로 제시된 바가 거의 없다. 즉, 개발 모형이 수업 현장에 투입되고 이를 평가하여 문제점을 수정하고 피드백하는 과정평가와 종단 연구들로 이어져 실행, 적용, 평가 그리고 재투입의 과정들이 순환적으로 연구되어야 할 것이다.

내용 영역에서는 국악보다 서양음악의 비중이 대부분을 차지하고 있다. 2015 개정 교육과정에서는 세계화, 음악의 생활화를 강조하고 있다. 우리 음악이 세계 속에서 어떻게 확장될 것인가에 대한 교수 · 학습 방법도 제시되어야 하며, 단지 다문화 교육을 외치며 다른 나라의 음악만을 감상하고 노래하는 것이 아니라 서양 근대 민족주의 음악이 탄생한 것과 같이 우리 음악과 세계 음악의 차이를 이해하고, 이를 통합하고 확장할 수 있는 연구들이 있어야 할 것이다.

또한 음악의 생활화가 단순히 쉽게 감상할 수 있는 대중음악이나 기타, 드럼, 오카리나와 같은 주변 악기를 연주하는 데에 그치는 것이 아니라 일상에서 우리가 음악을 듣고 알고 있는 음악을 탐색하고 확장할 수 있는 능력을 키울 수 있는 프로그램이 제시되어야만 주체적 교과로서의 음악 교수 · 학습 방법을 올바로 제시했다고 할 수 있을 것이다. 그러므로 이러한 점에서 다음과 같은 개선 방향과 연구 과제를 제안하고자 한다.

첫째, 교수 · 학습 개발 모형의 적용 방안만을 제시할 것이 아니라 적용한 결과를 검증하고 이를 수정 보완한 수정 모형이 지속적으로 제시되어야 한다. 이는 교육과정의 변화와 사회적 요구, 흐름에 따라 현장에서 탄력성 있게 투입될 수 있어야 한다.

둘째, 국악 영역의 확장과 세계화를 위한 교수 · 학습 방법의 연구가 개발되어야 한다. 단순히 국악 교수 · 학습 모형을 의미하는 것이 아니라 국악과 서양음악, 다문화 음악, 실용음악이 서로 통합되어 음악이라는 범주 안에서 활용됨으로써 우리 음악이 세계 음악으로 확장, 발전될 수 있는 방법적 제시와 연구가 수행되어야 한다.

셋째, '음악의 생활화'란 누구나 즐기고 감상할 수 있는 음악적 역량을 강화하는 것을 의미하며, 이에 대한 교수·학습 방법의 연구가 절실하다. '음악의 생활화 교육'은 단지 생활 속의 음악을 감상하고 노래한다는 것을 의미하는 것이 아니라, 음악을 생활 속에서 함께할 수 있도록 교육하는 것이다. 이는 음악을 감상하고 비평하고 연주할 수 있는 음악적 역량 강화를 통해서만 얻을 수 있는 것으로, 이를 위한 학습 환경과 모형 개발 또한 꾸준히 제시되어야 할 것이다.

마지막으로 교수·학습 방법에 관한 연구는 학습 주체인 학생들의 수준과 개인차들을 고려하여 투입될 수 있는 방법들 또한 절실하다. 학급 내 수준차를 고려하여 수준별 투입될 수 있는 교수·학습 방법 연구는 미비하다. 수준별 수업이 아니더라도 수준차를 고려한 조별 수업이나 이에 따른 평가 방안까지 제시되어 음악적 기초가 없는 학생들도 음악에 대한 자신감과 성취감을 얻어 학교 현장을 떠나서도 음악적 탐색 욕구와 흥미를 가질 수 있도록 평생교육으로서의 의미를 부여하여야 할 것이다.

 참고문헌

김미숙(1996). 중등학교의 음악 감상. 음악교육학회, 15(1), 155-176.

김미숙(2012). 음악개념학습을 위한 개념도의 실제적 적용. 음악교육공학, 15, 57-72.

김선미(2012). 학문적 글쓰기를 활용한 중등 음악수업 교수·학습 프로그램 개발. 음악교육연구, 41(2), 125-146.

김선미(2013). 중등 가창 활동에서 표현력 향상을 위한 가사탐구 지도방안 연구. 음악교육연구, 42(4), 1-26.

김선미(2015). 인성교육을 위한 중등 음악수업 지도방안 연구. 음악교육공학, 24, 143-162.

김영미(2011). 중등음악 교육에서의 음악극 활동에 대한 연구-협동학습에 의한 창의적 음악 활동. 음악교육공학, 13, 115-133.

김일영(2014). 음악과 토의·토론 수업모형 및 지도방안 개발. 학습자중심교과교육연구, 4(4), 455-478.

김향정(2010). 다문화 음악교육을 위한 중등 교수·학습 모형 개발 및 적용 방안. 음악교육연구, 38, 203-239.

대전여자중학교, 충청남도교육연구원(1983). 청음학습을 바탕으로 한 음악과 교수·학

습 방법 개선: 음악과 시범학교 운영 보고서. 대전: 충청남도교육연구원.

민경훈(2012a). 고등학교 선택과목 '음악과 진로'와 관련하여 음악 산업에 관한 내용 및 지도 방법의 논의. 학습자중심교과교육연구, 12(4), 339-363.

민경훈(2012b). 중등학교에서의 현대음악 감상지도방법. 예술교육연구, 10(1), 1-13.

박지현, 양인승(2016). 프로젝트 학습을 적용한 음악 만들기 활동 수업 모형 개발. 음악교육연구, 45(2), 149-168.

박진홍(2009). 음악비평 활동을 활용한 음악학습 프로그램 개발. 음악응용연구, 2, 27-56.

방은영, 윤아영, 박영주(2016). 음악 교수・학습 방법. 경기: 어가.

석문주(2011). 국가 음악과 교육과정에 기초한 초・중등학교 음악예술프로그램 개발. 음악교육연구, 40(2), 1.

성경희(1993a). 새 교육과정에 따른 음악과 기본 능력의 교수・학습 방법 개선책에 관한 분석적 연구. 한국교육개발원 연구보고. 서울: 한국교육개발원.

성경희(1993b). 중학교 음악과 수업 방법 개선에 관한 연구: 1. 가창 및 기악중심 교수・학습 지도 모형 및 수업안 개발 한국교육개발원 연구보고 RP 93-28, 94-6.

성경희, 백일형(1994). 중학교 음악과 수업 방법 개선에 관한 연구: 2. 개념, 창작 및 감상중심 교수・학습 지도 모형 및 수업안 개발 한국교육개발원 연구보고 RP 93-28, 94-6.

승윤희(2007). 생물심리학과 음악 교수・학습 방법에 관한 연구. 음악과 민족, 34, 399-425.

승윤희(2008). 스펙트럼이론(Spectrum Theory)을 적용한 음악교수・학습 스펙트럼의 내용 개발. 교과교육학연구, 12(1), 161-182.

승윤희(2009). 브루너(J. Bruner)의 발견학습이론의 음악교육적 적용과 단계적 발견학습의 모델. 교과교육학연구, 13(3), 475-495.

승윤희(2015). 학습동기이론에 기반한 음악수업 연구. 학습자중심교과교육연구, 15(7), 357-382.

영천여자중학교(1997). 포괄적 음악 능력 신장을 위한 교수・학습 방법 개선 경상부고 교육 연구원 연구보고. 경북: 경상부고 교육연구원.

오지향, 정재은, 강선영, 하명진(2014). 융합인재교육(STEAM)의 중등 음악수업 적용 및 사례연구. 학습자중심교과교육연구, 14(1), 69-97.

윤종영(2006). 음악 감상 수업방법 개선 연구-멀티미디어를 활용한 자료 개발 중심으로. 음악교육연구, 30, 101-122.

윤종영, 조덕주(2013). 심미적 체험 중심 고등학교 음악교육 프로그램 개발 및 적용. 음악교육연구, 42(4), 77-100.

이선영(1989). 학습 방법 교수: 교과・영역별 교수모형. 서울: 李善榮.

이에스더(2006). ICT를 활용한 음악감상 교수・학습 모형개발. 음악교육, 6, 85-109.

이영미(2014). 다문화적 인성 함양을 위한 음악프로그램 개발에 관한 연구. 문화예술교육연구, 9, 167-188.

이영미(2016). 문화적 공동체 역량 함양을 위한 음악교수·학습 및 평가에 관한 소고: 인류무형문화유산의 문화예술영역을 중심으로. 문화예술교육연구, 11(2), 105-128.

전라남도교육청(1997). 중·고교 교수·학습 방법 개선을 위한 교과별 교수·학습 모형: 체육, 음악, 미술. 전라남도교육청 연구보고. 광주: 전라남도교육청.

정재은(2011). 음악수업에서의 협동학습의 의미와 적용: 중학교를 중심으로. 음악교육공학, 12, 33-52.

조대현(2017). 음악 중심 융합교육을 위한 교수·학습 모델 개발. 음악교육공학, 31, 21-42.

조성기(2009). 솅커식 분석 이론에 의한 노래 부르기(가창) 영역 교수·학습 모형 설계 및 개발. 음악교육연구, 40(2), 135-159.

조성기(2016). 음악 창작 교수·학습을 위한 TPACK 연구. 음악교육공학, 26, 113-133.

조순이(2013). 음악교육가 팔루셀리(S. Paluselli)의 계명창법 연구. 음악교육연구, 42(4), 167-185.

조정은(2015). 중등교육에서 사회정서학습(SEL)을 위한 모형 및 프로그램 개발. 음악교육공학, 23, 239-259.

최은식(2003). 구성주의 교육관에 기초한 중등음악교수모형 개발 연구. 음악교육연구, 25, 57-79.

한국교육학술정보원(2004). ICT활용 교수·학습 방법 연구전략 가이드. 한국교육학술정보원 연구보고 RM 2004-34.

한태명, 이에스더, 이재무(2003). (How to ICT) 음악과 ICT활용 교수·학습 방법 및 자료 개발 연구. 한국교육학술정보원 연구보고. 서울: 한국교육학술정보원.

국악 교수·학습 방법

박정철

1. 도입

국악교육은 '우리 음악을 가르친다'는 전제로 이루어진다. 이러한 의미에서 국악 교수·학습방법은 국악의 특성을 충분히 발현하며, 교사와 학생이 서로 상호작용하도록 가르치는 것을 말한다. 우리 음악은 인식체계가 서양음악과 다르므로, 두 종류의 음악을 같은 방식으로 지도하기에는 한계가 있다. 이러한 어려움에도 불구하고, 국악 교수·학습 방법은 이전부터 행해지던 구음 위주의 교육방식 외에 다양한 형태로 발전 및 변화하고 있다. 1950년대 이후 주로 서양음악 중심의 음악교육이 이루어지다가 점차 국악교육의 다양한 발전방안이 마련되고 시도되었다. 1970년대 중반에 이르러 초·중·고등학교의 국악 관련 문제, 국악교사 문제, 교과서 내용의 문제 등을 연구하였으며(한국국악교육학회, 1976), 이후 국악교육은 더욱 발전하여 교과서에서의 국악 비중이 양적으로 확연히 늘어나는 성과에 이르렀다(현경실, 2013). 국악 교수·학습방법은 신체표현과 구음을 활용한 방법을 다양하게 적용, 발전시킴과 동시에, 도제교육과 다를 바 없는 방식으로 교사가 구음을 읽고 시범을 보이면 학생들이 따라 하는 전통적인 수업방식 또한 현재에도 매우 중요한 하나의 교수·학습방법으로 행해지고 있다. 이후 교육과정이 점차 개정됨에 따라 일반적으로 서양음악교육에 사용되는 교수·학습 방법을 국악교육에도 많이 적용하고 있으며, 그 밖의 이론이나 교수·학습 방법의 활용도 활발히 시도되고 있다. 전통적인 교수방법뿐만 아니라 최근 트렌드를 반영하는 교수·학습 방법이 활발하게 연구, 논의되고 있는 점은 매우 바람직한 현상이라고 할 수 있다. 최근 우리나라 국악교육 연구 동향을 간단히 살펴보면 일반국악교육, 초등지도방안에 관한 논문이 주를 이루고 있으며, 유아의 창의성발달(박용미, 김경숙, 2008)과 전래동요를 활용한 논문이 유치원에서 연구되고 있다. 초등지도방안 연구로는 가창지도에 관한 논문이 많았다. 초·중학교에서는 교과내용에 관한 논문이 가장 높은 비율을 차지하지만 비교적 다양한 연구 경향을 보였고, 초·중·고에서는 국악지도방안과 제재곡에 관련된 연구가 이루어졌다. 중·고등학교에서는 그 이전의 연구 경향인 가창영역에 관한 지도방안을 다룬 논문이 여전히 주를 이루었으며, 중학교에서는 국악 제재곡에 관한 내용 분석, 고등학교에서는 국악 제재곡의 개념과 형식에 관한 교과내용 연구가 이루어졌다. 또한 전체적으로 교육과정의 개정이 이루어지는 시기에는 개정교육과정에 대한 전반적인 연구가 다양하게 이루어지기도 하였다.

교수·학습방법은 교사가 의도하는 목적을 보다 쉽고 빠르게 달성하기 위하여 교사가 어떻게 가르칠 것인가를 생각하는 다양한 전략을 말하며, 이는 전적으로 교사의 역량에 달려 있다고 해도 무방하다. 이번 국악 교수·학습 방법의 연구를 통해 국악 교수·학습 방법의 다양한 변화와 시도에 대한 연구 동향을 분석하고, 학문적 의미로서의 가치를 제시하고자 하였다. 분석 자료들은 RISS의 국내 등재 학술지와 단행본, 현장 교사들의 학위논문 등을 참고하였다.

2. 국악 교수·학습 방법의 연구 동향

1) 연구 시기별 동향 분석

국악 교수·학습 방법에 대한 연구를 살펴보기 위해 2000년부터 최근까지의 국악교육에 관한 논문을 분류하여 연구 시기별 결과를 제시하면 다음과 같다.

(1) 연도에 따른 논문 수

국악교육에 관한 논문은 꾸준히 증가하였으며 평균적으로 매년 10% 이상 증가하는 경향을 보였다(〈표 16-1〉 및 [그림 16-1] 참조). 또한 국악교육이 활발하게 연구되고 양적 성장이 이루어지는 2009년을 기준(현경실, 2013)으로 국악교육에 대한 연구가 매우 다양하게 진행되었음을 알 수 있었다.

〈표 16-1〉 연도에 따른 논문 수[1]

년도	2000 ~ 2004	2005	2006	2007	2008	2009	2010	2011	2012	2013	2014	2015	2016	2017	평균
논문 수 (편)	15	8	11	10	14	22	22	25	29	30	33	43	37	7	21.86

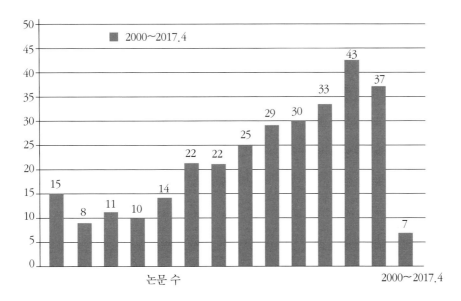

[그림 16-1] 연도에 따른 논문 수 그래프

　이러한 때에 주로 논의된 연구의 방향은 교수 · 학습 방법의 질적인 성장을 가져왔다는 점에서는 매우 유의미한 평가를 할 수 있으나 내용 측면에서는 교수 · 학습 방법의 다양성보다는 영역별 지도방안에 대한 연구와 음악과 교육과정 개정에 따른 내용 비교가 주를 이루어 다양한 연구 분야의 측면에서는 미흡하다고 할 수 있다.

(2) 학교급별 논문 수

학교급별 논문은 유치원, 초등학교, 초 · 중학교, 초 · 중 · 고, 중학교, 중 · 고등

---

1) 이지예(2016). 국악교육 분야의 최근 연구동향 분석. 음악교육연구, 45(1), p. 52-53를 참고하여 수정, 보완하였다.

학교, 기타로 나누어 살펴보면 다음과 같다.

〈표 16-2〉 학교급별 논문 수

학교급별	유치원	초등학교	초·중학교	초·중·고	중학교	중·고등학교	기타	합계
논문수	19	113	12	35	37	17	73	306

〈표 16-1〉과 〈표 16-2〉를 살펴보면 초등학교 분야에 관한 논문이 113편으로 전체의 30% 이상을 차지하고 있는데 이는 초등학교 현장에서의 연구가 활발히 진행되고 있음을 보여 주는 매우 고무적인 현상이라고 할 수 있다. 그러나 앞에서도 이미 말한 바 있듯이 이 중에서 국악 교수·학습 방법에 대한 논문자료 중 초등학교 국악 교수·학습 방법에 관한 연구 논문 8편을 포함, 38편으로 전체 연구 논문의 약 10%를 차지한다는 것은 연구 방향성을 구체화하거나 세분화하여 설정하는 데 참고할 부분이다.

(3) 연구 영역별 동향 분석

2000년 이후 학술지에 발표된 국악교육과 관련된 논문 및 단행본 등을 기준으로 가창, 기악, 감상, 창작, 이론 등 영역별로 살펴보면 다음 〈표 16-3〉과 같다.

〈표 16-3〉 영역별 학술지 논문

영역	주요 내용	편수
가창	평시조(1), 계명창법 연구(4), 판소리(1), 가사 탐구(1)	7
기악	기악(3), 장단(1)	4
감상	감상지도(3), 감상자료 개발(1)	4
창작	HTML, 홈페이지 (2), 자료 개발(1)	3
이론	음악 비평(2), 교수·학습 방법(21), 교수·학습이론(5), 교수·학습자료(1)	29
통합 및 융합	타 교과와의 융합(5)	5
계		52

영역별로 연구논문이 증가하는 현상은 매우 바람직한 현상이라고 할 수 있으나 일선 학교 현장에서의 교수 · 학습 방법에 따른 지도방안에 관한 논문이 전체 논문의 약 60% 이상을 차지할 정도로 많은 점은 지속적으로 바라보아야 한다. 특히, 초등학교 현장에서의 연구 논문이 대체적으로 지도방안 중심의 연구로 진행되고 있다는 것은 양적인 측면에서는 바람직한 현상이나 연구의 스펙트럼을 넓히는 것이 중요함을 시사한다. 논문의 양적인 성장을 바탕으로 근래에 다양한 연구가 시도되고 있는데 최근 국악교육 및 국악 교수 · 학습 방법에 대한 연구 경향을 살펴보면 스토리텔링을 중심으로 하는 연구(김민하, 2015; 이장원, 2016)를 비롯하여, 내러티브를 활용한 국악지도 방법에 관한 연구(김희숙, 2014), 가네의 9단계 수업 절차 이론을 적용한 소금 연주의 효과성 연구(이기정, 김미숙, 2016), 국악 교수 · 학습 방법의 유형과 적용에 관한 연구(김아현, 2017) 등 다양하고 발전적인 연구로 이루어지고 있다. 하지만 여전히 국악 교수 · 학습 방법의 연구에서 특수교육 및 다문화에 대한 연구는 아직 미미한 수준으로 이 분야에 대한 전문적이고 세분화된 연구로 융합적 미래 역량을 기르는 방안으로 볼 때 국악 교수 · 학습 방법 연구의 구체화 및 다양화를 시도하는 노력이 필요하다. 미래 사회는 다양한 역량을 기르도록 요구하고 있으며 이는 융합적인 사고를 바탕으로 미래 사회 인재로의 자질을 키우는 데 부족함이 없도록 우리의 음악을 배우고 가르치는 데 있어 다양한 교수방법과 시도로 학생들의 수요에 맞게 적용시키는 것이 중요하다. 수요자 중심의 요구를 반영함은 학습에의 참여도를 높여 수업목표 성취도를 완성하는 데 좋은 요건이 된다. 국악에 있어 단순히 우리나라의 음악이니까 당연히 어려워도 해야 한다는 배움 선결적인 요건보다는 전통적인 국악 교수 · 학습 방법을 진행함과 동시에 다양하고 새로운 시도로 학생들에게 우리 음악에 좀 더 다가갈 수 있는 학습 환경을 만들어 주는 것이 중요하다.

(4) 음악교육과정에 따른 국악 교수 · 학습 방법

　　음악과 교육과정 변천에 따른 국악 교수 · 학습 방법에 관한 연구 대부분은 음악과 교육과정의 국악 관련 내용의 개정 및 그에 따른 주요 사항을 살펴보고 방향성을 제시하는 내용이었다(권덕원, 2009). 국악 교수 · 학습 방법에서도 그 방향에서 크게 벗어나지 못하였는데 대부분 현행 음악과에서의 국악교육과정과 개정된 국악교육과정을 분석하여 영역별 교수 · 학습 방법을 분석한 연구 논문이 주를 이루고 있다.

3. 국악 교수 · 학습 방법의 연구 과제 및 전망

교수 · 학습 방법이란 "학습자 개인이 특정한 행동으로 변화하고 효과적이고 효율적으로 학습 내용을 조작하도록 돕기 위한 계획적인 방안"(방은영, 윤아영, 박영주, 2016)으로 정의하는데 국악도 크게 다르지 않다. 이는 현장에서의 교육이 학습자의 변화와 성장, 나아가 교사의 다양한 이해와 준비를 중심으로 학습자에게 지식을 구조화하여 전달할 수 있게 하는 것을 말한다.

지금까지 소개된 국악 교수 · 학습 방법은 국악의 다양한 분야에 걸쳐서 연구가 이루어지기보다는 내용영역에서는 가창 및 감상, 국악 이론에 대한 연구가 주를 이루었으며 교수법에 의한 개발모형 적용이라든지 융합교육을 통한 다른 교과와의 연계는 적었다. 그러나 최근 20여 년 가까이 음악 교과서에서 다양한 국악곡을 접하고 배울 수 있는 국악곡의 양적 성장이 이루어졌으며, 이는 곧 국악을 배우는 저변 확대로 이루어질 수 있음을 알 수 있다. 이러한 성장은 매우 바람직한 방향이다.

이러한 양적 성장의 바탕 위에 여러 가지 교수 · 학습 모형의 제시로 국악에서도 학생들의 수요에 맞는 다양한 수업이 이루어질 수 있다. 이는 전통적 방식의 국악 교수 · 학습 방법 이외에도 협력학습, 프로젝트학습, PBL, 스토리텔링과 내러티브 등 여러 가지 학습 방법을 적용, 논의하고 피드백을 할 수 있는 교육이 됨으로써 보다 발전적인 국악교육이 이루어지는 계기가 될 수 있을 것이다. 이러한 점에서 앞으로 국악교육의 개선 및 연구 방향에 대한 과제를 제시하고자 한다.

첫째, 기존의 교수 · 학습 지도방법, 교과내용의 지도방법 등에 관한 연구도 중요하지만 교과 간 통합, 교수 · 학습 이론 및 모형의 적용을 통한 국악의 일상적 수업을 탈피하는 시도로 연구가 진행되어야 하겠다. 이를 통해 우리 국악교육이 세계화의 흐름 속에서 어떻게 시도되고 발전되는지에 대한 연구도 함께 이루어져야 한다. 우리의 음악을 단순히 우리만 아는 것이 아닌 다양한 교수 · 학습 방법의 개발을 통해 음악적 차이를 이해하고 융합할 수 있는 연구가 있어야 할 것이다.

둘째, 국악사에 대한 연구가 이루어져야 할 것이다. 서양음악사는 익히 잘 알고 있는 반면, 우리 음악에 대한 역사 연구는 제대로 이루어지지 않고 있다. 이러한 연구를 통해 우리의 음악을 제대로 알고 올바르게 배우는 것이 중요하다.

셋째, 국악 교수 · 학습 방법 연구를 통한 효과성 검증으로 다양한 피드백을 주는 것이다. 연구자들이 어려워하는 것이 효과성 검증이다. 방대한 자료를 바탕으로 시간과 노력을 들이기 때문인데, 국악교육에서도 교수·학습 방법에 대한 효과성 검증에 관한 연구들이 지금보다 더 많이 이루어져야 할 것이다. 긍정적 피드백으로 수정, 보완하여 교육 현장의 적재, 적소에 보다 적절하게 투입된다면 더욱 융합적인 시너지를 가져올 수 있을 것이다.

넷째, 다양한 평가방법의 개발 및 적용에 관한 연구가 있어야 하겠다. 국악에서의 평가는 객관적인 기준이 마련되어 있기도 하지만 주관적인 영역으로 개입될 여지가 많다. 특히, 실기영역의 평가는 매우 다양하게 이루어지는데 사전에 마련된 루브릭(rubric)으로 적용, 일반화할 수 있는 기준이 마련되어야 하겠다.

다섯째, 국악 교수·학습 방법에 대한 다양한 연구가 활발히 이루어질 수 있도록 현장 연구를 지원하는 모임이 활성화되어야 하겠다. 앞서 국악 교수·학습 방법이 양적인 성장을 이루고 그 성장의 대표적인 것이 지도방안이었음은 이제 주지의 사실이 되었다. 그러하다면 현장에서의 다양하고 세분화된 연구가 활발히 이루어질 수 있도록 연구 논문의 방향성도 구체적이고 세부적으로 되게 지원하여야겠다. 학교 현장에서의 일선 교사들의 연구가 활발히 진행되는 시점에서 보다 다양하고 우수한 연구가 이루어질 수 있도록 지원하는 방안이 필요하다.

마지막으로, 다문화 시대에 대비한 국악교육이 이루어져야겠다. 다양한 문화를 가지고 그들의 문화를 접하는 것도 좋으나 우리의 음악을 다문화 학생들 및 부모들에게 알려 줄 사명도 있다. 다만, 그들에게 색다른 영역일 수 있으므로, 국악의 가치와 작자의 의도를 훼손하지 않는 범위 내에서 좀 더 쉽게 우리의 음악을 알려 주는 방법을 구안하고 연구하여 우리만 알고 있는 국악이 아닌 세계 속의 한국음악으로 거듭나서 모두가 함께 즐거워하고 부를 수 있는 국악이 되기를 기대해 본다.

 참고문헌

교육부, 한국교육과정평가원(2015). 2015 개정 음악과 교육과정 시안 개발 연구 보고서. 서울: 한국교육과정평가원.

권덕원(2009). 2007년 개정 음악과 교육과정에 기초한 국악교육의 방향. 국악과 교육, 27, 7-23.

권덕원(2015). 국악교육이 인성에 미치는 영향. 국악교육, 39, 7-26.

김민하(2015). 스토리텔링 기반의 국악 교수·학습 설계. 국악교육, 39, 27-58.

김병성(1996). 교육연구 방법. 서울: 학지사.

김아현(2017). 국악 교수 · 학습 방법의 유형과 적용에 관한 연구. 한국교원대학교 대학
　　원 박사학위논문.

김현실(2015). 예술교과통합 음악창작 프로그램이 음악적 창의성에 미치는 영향. 음악교
　　육연구, 44(1), 51-75.

김희숙(2013). 2009 개정 음악과 교육과정 국악개념에 대한 교사의 이해 및 중요도 인식
　　조사. 음악교육공학, 16, 179-192.

민경훈, 김신영, 김용희, 방금주, 승윤희, 양종모, 이연경, 임미경, 장기범, 조순이, 주대
　　창, 현경실(2017). 음악교육학 총론. 서울: 학지사.

박형신(2013). 국악감상을 토대로 한 이야기 꾸미기 활동이 유아의 창의 · 인성과 국악능
　　력에 미치는 영향. 국악교육연구, 7(2), 29-51.

박형신, 조은정(2013). 민요 형식을 활용한 창의적 노래 부르기 활동이 유아의 음악창의
　　성과 국악선호도에 미치는 영향. 열린유아교육연구, 18(5), 109-131.

방은영(2012). 음악 감상활동을 통한 다문화 교육이 유아의 정서지능 향상에 미치는 효
　　과. 음악교육연구, 41(3), 181-204.

방은영, 윤아영, 박영주(2016). 음악 교수학습방법. 서울: 어가.

석문주(2004). 음악교육의 최근 연구동향을 통한 우리나라 음악교육연구의 새로운 접근.
　　음악교육연구, 27, 91-128.

송주현(2014). 역량중심 음악과 교육과정 설계 방안 연구. 서울대학교 대학원 박사학위
　　논문.

이영미, 장근주(2016). 2015 개정 음악과 교육과정에 따른 교과 역량 증진에 관한 인식
　　조사 연구. 음악교육연구, 45(2), 187-221.

이장원(2016). 스토리텔링 교수 · 학습 방법을 활용한 탁영금 지도방안. 국악교육연구,
　　10(1). 225-256.

이지예(2016). 국악교육 분야의 최근 연구동향 분석: 국내 학술지를 중심으로. 음악교육연
　　구, 45(1), 45-65.

정재은, 석문주(2014). "음악교육연구" 분석을 통한 우리나라 음악교육연구의 동향. 음악
　　교육연구, 43(1), 165-188.

한국국악교육학회(1976). 국악교육.

한윤이(2016). 음악과 교육과정의 국악 내용 비교 분석 및 개선 방안: 2009와 2015 개정
　　음악과 공통 교육과정을 중심으로. 교원교육, 32(4), 235-262.

제17장

디지털 시대, 음악교육에서의 새로운 미디어 활용

김지현

1. 도입

미국 MIT 대학교의 니콜라스 네그로폰테(Nicholas Negroponte) 교수는 그의 저서 『디지털이다(Being Digital)』(1995)에서 "인터넷은 지식과 의미를 발견하기 위해 뻗어 나가는 새로운 매체"라고 하며, 디지털 기술이 우리에게 가져다 줄 사회 변화를 예측하였다.

디지털이라는 용어는 컴퓨터의 대중화와 인터넷의 확산으로, 우리 문화 속에 깊숙이 침투해 있는 21세기 변화의 패러다임을 규정하는 하나의 키워드이다(어경진, 박현식, 2011). 디지털은 이 세상의 모든 정보를 그것의 종류와 형태에 관계없이 0과 1의 이진분류법으로 전환하여 저장하고 인출할 수 있게 한다. 디지털 시대에는 디지털 방식으로 정보를 수집하고 가공하면서 학습할 수 있다. 또한 자신이 원한다면 어떠한 시간과 장소에서도 새로운 지식과 기술을 축적해 나갈 수 있고, 세계의 사람들과 공유하면서 서로 다른 가치체계와 문화에 대한 이해를 깊게 할 수 있다(김영애, 2014).

디지털 시대 인터넷을 중심으로 한 '이러닝(e-Learning)'의 등장 이후, 다양한 테크놀로지가 사용되면서 '모바일러닝(m-Learning)' '유러닝(u-Learning)' '스마트러닝(Smart Learning)' 등의 교수·학습 유형이 나왔고, '블렌디드 러닝(Blended Learning)' 등 온라인상에서만이 아니라 오프라인을 포함하는 공간적인 혼합 학습의 형태도 나타났다. 최근에는 로봇을 활용하는 로봇기반교육인 'R-Learning'과 가상현실(VR)과 증강현실(AR) 및 인공지능(AI)의 활용 등이 새로운 교수·학습 환경으로 등

[그림 17-1] 디지털 시대의 기본소양교육

출처: 김영애(2014).

장하고 있다.

　음악교육에서도 ICT 활용, 음악 테크놀로지, 게임, 앱(App, Application의 줄임말)
등 다양한 디지털 시대의 교수·학습 매체와 교수·학습 환경이 관련된 연구물들
이 발표되고 있다.

[그림 17-2] 스마트러닝 학습 환경

출처: 교육과학기술부(2011).

2. 연구 동향

2000년 이후 발표된 음악교육 분야의 국내 학술논문은 총 약 5천 건으로 매우 방대하다. 이 중 '디지털 시대' '새로운 미디어' 관련 주제어(키워드)가 포함된 음악교육 분야의 전문 학술지인 『음악교육연구』 『음악교육공학』 등의 출판된 연구논문들을 연구의 대상으로 하였고, 이외에도 『예술교육연구』 『문화예술교육연구』 『예술과 미디어』 『음악논단』 『음악과 민족』 『음악과 문화』 『이화음악논집』 『낭만음악』 『교원교육』 『교육과학연구』 『디지털융복합연구』 등 음악교육 관련 연구물이 게재된 학술지는 가능한 이 연구에 포함하였다.

연구 대상물에 대한 통합검색은 한국교육학술정보원(KERIS)의 학술연구정보서비스(www.riss.kr)를 활용하였다. 먼저, 기본 검색어인 '음악교육'을 포함하는 국내 학술지 논문을 대상으로, 결과 내 재검색을 통해 검색 키워드를 '디지털' '미디어'를 각각 지정하였는데, 검색 결과 2000년 이후의 연구물은 '디지털'이 145건, '미디어'는 277건이었다. '디지털'과 '미디어' 관련 주제어를 포함하고 있는 연구물들을 개별 고찰한 결과, 다음과 같이 세부 주제어들을 매우 다양하였다. 즉, '디지털 시대' '디지털 환경' '디지털 음악' '디지털 사운드(디지털 음향)' '디지털 오디오' '디지털 피아노' '디지털 매체' '디지털 콘텐츠' '디지털 교과서' '디지털 스토리텔링' '디지털 미디어' '스마트 미디어(시대)' '하이퍼미디어' '멀티미디어' 'ICT' '교수매체' '반주 매체' '영상매체' '테크놀로지' '음악 테크놀로지' '디지털 기기' '스마트교육(스마트러닝)' 'CAI' '컴퓨터 음악' '웹 코스웨어' '웹(인터넷)' '웹사이트' '온라인' '블로그' '위키' 'SNS' '스마트폰' '앱(애플리케이션)' '팟캐스팅' '스마트패드(아이패드)' '플립러닝' 'PBL' '게임' 등이다. 자주 등장하는 세부 주제어들을 재검색한 결과, 2000년 이후의 연구물로 '테크놀로지'는 150건, 'ICT'는 47건, '매체'는 184건, '스마트'는 54건이었다. 이 중에서 중복된 목록과 출판되지 않는 학술대회 발표 자료, 연관성이 적은 연구물의 주제는 분석에서 제외하였다.

앞과 같은 세부적인 주제어들을 다시 '디지털'과 '새로운 미디어'의 두 가지로 유목화하였고, 세부적으로 '교수·학습 환경'의 동향을 분석하였다. 기존의 선행연구 중 테크놀로지를 아날로그, 디지털, 뉴미디어로 분류하여 범주화한 연구 결과를 참조하였다(최은식, 문경숙, 최미영, 2014). 다만, '아날로그' 매체나 기기 등은 연구의 범위에서 제외하였다.

1) 디지털 관련 연구 동향

디지털 관련 연구의 동향은 ICT 활용 연구물에서 출발한다고 볼 수 있다. 여기서 '디지털'은 '아날로그'와 대치되는 개념이고, 매체와 기기를 중심으로 분석하였다. '디지털' 관련 세부 주제어들로는, '디지털 피아노' '멀티미디어' '디지털 오디오' '디지털 매체' '교수매체' '영상매체' 'MIDI' '컴퓨터' '컴퓨터 음악' '컴퓨터 프로그램' '소프트웨어' '음악 소프트웨어' 'CAI' 'CD-ROM' 'ICT' 등이 있는데, 연구물들의 발표 시점을 기준으로 하여 역사적 관점에서 'ICT 활용' '디지털 시대, 디지털 음악' '디지털 기기 활용' '디지털 매체 활용' 등 네 가지로 유목화하였다. 다만, '디지털'이나 '테크놀로지'라는 용어가 사용되었더라도, 연구의 내용상 인터넷 기반의 '디지털 교과서', 상호작용이 가능한 음악 테크놀로지 관련 연구물, 새로운 인터넷 기반의 교수 · 학습 환경은 새로운 미디어의 연구 동향으로 분류하였다.

(1) ICT 활용

우리나라에서는 1990년대 들어 컴퓨터의 보급과 함께 ICT 활용 교육이 등장한다. ICT란 'Information and Communication Technology'의 약자로 정보, 통신, 기술을 의미한다. 기존의 정보기술(IT) 개념에 의사소통을 강조하는 합성어이다. 좁은 의미에서는 정보를 검색, 수집, 전달하기 위한 하드웨어와 소프트웨어를 의미하고 있지만, 넓은 의미에서는 정보를 활용하는 모든 방법을 의미한다(주기호, 2003). 음악교육에서는 교수매체의 관점에서 컴퓨터를 도구로 하는 연구물이 나오기 시작하고 있다.

ICT 활용에 관한 연구로는, 다양한 모색에 관한 연구(김갑수, 2002)와 음악교육 논문을 분석한 연구(박유리, 2003)가 있고, 각 학교급별 연구로는 초등학교(홍승연, 2004)와 고등학교(주기호, 2003)의 음악수업에 대한 연구가 있다. 교수 · 학습 면에서는 자료 개발(이에스더, 이재무, 2004)과 모형 개발(이에스더, 2005), 모형 및 전략(이에스더, 2006) 등의 연구물이 나왔다. 활동별 세부 분야의 연구로는, 음악이론(박재성, 2002), 국악감상(조성보, 2003), 창작(이에스더, 2005), 음악 감상(이에스더, 2006), 전통음악(장윤정, 2004) 등에서 ICT 활용 연구물들이 있다.

(2) 디지털 시대, 디지털 음악

디지털 시대나 디지털 음악에 대한 일반적인 연구로는, 웹2.0 시대의 디지털 음악 산업 연구(정명숙, 2007), 대중음악 사례 연구(김병오, 2010), 힙합문화와 음악교육콘텐츠 연구(독고현, 2010), 디지털 테크놀로지와 대중음악에 대한 연구(나도원, 2011) 등 온라인 음악시장과 대중음악에 대한 연구가 주를 이루고 있다. 또한 창작문화 연구(독고현, 2008)와 새로운 악보 시스템 연구(김윤곤, 2016) 등 디지털 시대 새로운 기보법과 창작 활동의 변화를 추정할 수 있는 연구물들이 나왔다. 이 외에도 음악적 소리, 행위, 가치체계의 변화에 대한 연구(손민정, 2014)와 독일에서 진행 중인 음악 논쟁에 관한 연구(신혜수, 2016) 등 디지털 시대의 사회문화적인 현상을 논의하는 연구물들이 있다.

(3) 디지털 기기 활용

디지털 기기란 CD 플레이어, MP3 플레이어, DVD 플레이어, 전자악기, 컴퓨터 등 디지털로 된 기계나 장치를 의미한다. 테이프 레코더, 라디오, 신시사이저, 칠판, 실물 화상기와 같은 '아날로그' 기기의 활용에 관한 연구물은 제외하고, '디지털' 기기의 활용과 관련된 연구물만 분석하였다.

전자악기 활용 연구는 '디지털 피아노'에 대한 내용이 대부분인데, 초등 음악교육에서 활용 방안(고정화, 2002)과 활용 실태조사 연구(윤관기, 2014), 합주 페다고지(한영희, 2014)와 합주를 위한 교재 제작 연구(한영희, 2016), 미디키보드와 컴퓨터를 활용하는 연구(이연경, 2004) 등으로 초등학교 현장에 대한 연구물들이었다.

(4) 디지털 매체 활용

음악 분야에서 디지털 매체로는 CD, DVD, MIDI, MP3, 전자책, 컴퓨터 프로그램 등이 있는데, 디지털 정보를 운반하고 축적할 수 있는 수단을 의미한다. 디지털 매체 관련한 음악교육 분야 연구물들의 세부 주제어로는 교수매체, 영상매체, 디지털 매체, 디지털 오디오, 디지털 사운드 등이 나타났다.

디지털 매체 활용의 연구물로는 음악 교수매체를 활용하는 방안(조정은, 2010), 영상매체를 활용하는 연구(이에스더, 2011)와 영상매체의 교수 · 학습 프로그램 개발(이에스더, 2012)이 있고, 디지털 오디오 레코딩의 활용 방안(이연경, 2010), 디지털 사운드의 활용 방안(조치노, 2010), 디지털 매체를 활용한 창작학습에 관한 연구(박현진, 2011) 등이 있다.

MIDI 관련 연구물로는 유아음악교육에서 창작활동 관련 연구(심현애, 김경연, 2014)와 성인교육에서 키보드 연주 관련 연구(한인희, 김수지, 2013) 등이 있다.

컴퓨터 및 컴퓨터 프로그램과 관련된 연구물에는 CD-ROM과 소프트웨어 연구(서우석, 2001)와 사보 프로그램인 피날레의 특성과 응용방법 연구(김중곤, 2000)가 있고, 컴퓨터를 활용한 음악 만들기 교수ㆍ학습활동을 개발한 연구(강창희, 2012), 시퀀싱 프로그램과 소리 편집 프로그램을 활용하여 음악 감상 학습자료를 개발한 연구(이철우, 김용희, 2013)가 있다. CAI를 활용한 연구물로는 음악 감상 자료 제작(김덕룡, 2002)과 보컬 가창 훈련을 위한 개발(문원경, 이승연, 2016) 연구들이 있으며, 음악과 전자교과서의 모형도 개발되었다(한승록, 조성기, 2002).

2) 새로운 미디어 관련 연구 동향

미디어(media, 매체)는 송신자와 수신자 간에 정보를 전달하는 경로이자 의사소통의 수단으로, 상대방에게 지식이나 정보를 알려 줌으로써 서로 나눠 갖는다는 뜻이 포함되어 있다. 미디어가 컴퓨터의 발전과 더불어 디지털 데이터로 변환되면서 '멀티미디어'라는 새로운 개념이 출현하게 된다(최윤철, 고견, 2002: 김미숙, 2002에서 재인용). 멀티미디어란 문자, 그래픽, 음향정보, 영상정보 등과 같은 다양한 정보 미디어를 하나의 개체로 통합시켜 컴퓨터 기기와 인간과의 상호작용을 가능하게 하는 새로운 통합 시스템이라고 볼 수 있다(이윤배, 2000: 김미숙, 2002에서 재인용).

본고에서는 '멀티미디어'를 '디지털 매체'와 구분하여 '새로운 미디어'(혹은 뉴미디어)의 범주로 유목화하였다. 새로운 미디어로는 상호작용(interaction)이 가능한 인터넷 기반의 매체나 스마트 기기를 활용하는 것과 상호작용이 가능한 테크놀로지 및 인터넷 기반의 새로운 교수ㆍ학습 환경을 범주로 하여 관련 연구물들을 분석하였다. 분석 결과, 세부 주제어로는 웹2.0, 위키, 블로그, 온라인 커뮤니티, SNS, 화상강의, 인터넷 방송(팟캐스팅), 스마트폰, 스마트패드, 앱, 음악 테크놀로지 기반, 디지털 교과서, 웹 코스웨어, 웹기반 PBL, TPACK, 스마트러닝, 플립러닝 등이 나타났는데, 이를 다음과 같은 네 가지로 유목화하였다. 즉, 멀티미디어 활용, 테크놀로지 활용, 웹기반 학습, 새로운 미디어이다. 여기서 모바일러닝이나 유비쿼터스러닝에 해당하는 새로운 학습 환경, 즉 앱이나 스마트 기기를 활용하는 스마트러닝과 화상강의를 제공하는 플립러닝, 스마트 게임 학습 등은 새로운 미디어의 범주로 분류하였다.

(1) 멀티미디어 활용

멀티미디어의 활용에 관한 연구는 매우 다양하다. 음악교육에서 멀티미디어에 대한 개념과 특징을 고찰한 연구(김미숙, 2002)가 있고, 활동별로는 음악 감상 분야의 멀티미디어 활용 연구가 두드러졌다. 즉, Interactive 음악 감상 지도법에 대한 연구(김서경, 남덕순, 2001), 음악 감상 교수·학습 자료 개발 연구(임미경, 박승배, 2001), 감상 학습법을 중심으로 한 유아음악교육(박경선, 2003), 통합적 음악 감상 활동이 유아의 음악 지능과 정서 지능에 미치는 영향(육길나, 최경, 2012), 음악 감상 수업 방법 개선 연구(윤종영, 2006), 국악 감상 수업을 위한 자료 개발 연구(박주만, 2010) 등이 있는데, 감상 수업 자료 개발은 유아와 초등 교육 현장에 적용할 수 있는 연구물이 대부분이었다. 멀티미디어 콘텐츠 관련 연구로는 유아용 콘텐츠 개발(최유미, 2007), 동화를 활용한 유아의 창의성 연구(김준모, 2008), 유아음악교육의 활용실태 분석 연구(안경숙, 임수진, 김정주, 2010) 등 유아 대상의 연구물들이 있다. 이 외에 미디어 기술에 기반한 연구(김근호, 한희, 2012)와 스마트 미디어 시대의 음악교육콘텐츠에 관한 연구(신혜승, 2015)가 있다.

(2) 테크놀로지 활용

테크놀로지(technology)란 예술, 기술 혹은 지식을 의미하는 그리스어 '테크네(techne)'라는 용어에 표현하거나 설명한다는 의미의 '로고스(logos)'가 더해져 표현하는 기술 혹은 내용 전달의 방법상의 개념을 포함하고 있다. 즉, 테크닉(technic/technique)이 가지고 있는 기본적인 의미에 과학과 문화가 합쳐진 개념이며, 창작과도 밀접한 관계가 있다(독고현, 2008). 정보통신기술의 발달로 온라인 의사소통이 대중화가 된 이 시점, 디지털 시대에 테크놀로지는 학습도구로서 많은 역할을 하고 있다(김은진, 강인애, 2011). 테크놀로지를 활용하여 음악을 만들거나 연주하고 인터넷상에서 다른 학습자들과 공유하는 시대가 되었다.

음악 테크놀로지란 과거에는 '컴퓨터음악' '디지털음악' 또는 '전자음악'이라고도 칭했다. 넓은 의미에서는 전자 기기와 컴퓨터 소프트웨어를 사용하여 음악을 재생, 녹음, 작곡, 연주 그리고 저장할 수 있게 함으로써 음악예술과 관련된 테크놀로지의 모든 형태를 일컫는다. 즉, 음악 테크놀로지란 디지털 기술을 활용해 소리나 음악을 만들거나 창조적인 소리를 포함하는 형태를 말한다(Boehm, 2007). 이러한 테크놀로지에는 상호작용이라는 쌍방향의 의사소통 의미가 포함된다.

앞서 언급한 디지털 매체, 컴퓨터 음악, 멀티미디어 활용 등과 테크놀로지의 연구 내용은 일부 유사한 내용이거나 중복되기도 했는데, 테크놀로지의 개념과 활용을 주로 다룬 연구물이라는 점을 들어 다음과 같이 따로 범주화하여 분석하였다.

테크놀로지 관련 연구물로는 활용의 필요성 인식에 관한 연구(이에스더, 2002), 학교 음악수업의 활용 방식 연구(이연경, 2003), 역사적으로 고찰한 연구(최은식 외, 2014), 음악창작활동에 미치는 영향 연구(박은실, 2017) 등이 있다. 또한 '테크놀로지 교수내용지식(Technological Pedagogical Content Knowledge: TPACK)'이라는 새로운 개념이 포함된 연구물들도 나타났다(조성기, 2016; 조성기, 정선아, 2016).

음악 테크놀로지 관련 연구물로는 초등 방과후학교 프로그램 개발(강인애, 김은진, 서봉형, 2012)과 음악치료에의 활용(박예슬, 2015) 연구가 있고, '음악 테크놀로지 기반학습(Music Technology-Based Learning: MTBL)'이라는 새로운 개념이 등장하였다(김은진, 강인애, 2011).

(3) 웹기반

인터넷을 필수적으로 하는 웹기반 연구 동향에는 e-포트폴리오, 웹 코스웨어(CAI), 웹기반 시스템이나 프로그램들, 온라인 커뮤니티, 블로그, 위키, 스마트폰, 스마트패드(아이패드), SNS, 팟캐스팅, 앱(어플리케이션) 등의 매체를 활용하는 주제어가 등장했고, 교수·학습 환경과 관련하여 e-Learning, e-PBL, 스마트러닝, 플립러닝 등이 주제어로 나타났다.

웹기반 시스템으로는 e-포트폴리오 구성(석문주, 2015), 웹 코스웨어의 개발(김민제, 2017), 웹기반 음악적성검사 개발(강성빈, 박상호, 2004) 연구물들이 있다. 또한 웹기반 소셜 네트워크를 활용하는 연구물로는 위키의 활용(김지현, 2011), 인터넷 방송인 팟캐스팅의 활용(최미영, 2012), 온라인 커뮤니티의 분석(신혜경, 2016)에 관한 연구물들이 있다.

웹기반 교수·학습 환경과 관련한 연구물로는, 먼저 e-Learning 분야에서 고등학교 음악수업 연구(박언영, 2006), 초등학교 음악수업 연구(허정미, 2006)와 이러닝 품질 연구(박명숙, 2016)가 있고, 웹기반 PBL(Problem-based Learning)도 등장하였는데, 초등학생 대상의 연구(류근웅, 2003)와 블로그를 활용한 예비 교사교육 연구(김지현, 2010)가 있다. 또한 웹기반 교재인 디지털 음악 교과서에 대한 연구물(김재형, 2012)도 있다.

(4) 새로운 미디어

언제 어디서나 인터넷 연결을 통해 활용할 수 있는 스마트 기기, 즉 앱이나 스마트 기기를 활용하는 스마트러닝과 화상강의를 제공하는 플립러닝, 스마트 게임 학습 등은 새로운 미디어의 범주에 분류하였다. 플립러닝(Fillped Classroom, 거꾸로 교실)이란 혼합형 학습의 한 형태로 교실수업에서 학습을 보다 효과적으로 돕기 위해 테크놀로지를 활용하는 수업방식을 의미한다.[1] 사전 동영상 강의(화상강의)가 제공되며, 실제 수업에선 주로 학생들과 상호작용하거나 심화된 학습활동을 한다는 점에서 새로운 미디어로 분류하였다. 플립러닝 관련 연구로는 활용 연구(서동욱, 이에스더, 2015), 합창 활동을 위한 모형 탐구(윤성원, 2016), 스팻(SPAT)기반 활용 사례 연구(조성민 외, 2017) 등이 있다.

앱은 스마트 기기에서 활용되는 소프트웨어를 말한다. 앱은 일종의 응용 프로그램으로, 컴퓨터의 여러 프로그램과 유사하다(김지현 외, 2014).

앱 관련 연구로는 중학교 수업방안(박영주, 2014), 뮤지컬 지도방안(이여운, 임은정, 2017), 초등학교 음악교육에서의 사례분석(김민정, 이해구, 2012), 음악-과학 융합인재교육 프로그램 개발(양은주, 강민선, 2015), 초등학생 대상의 아이패드 활용 프로그램 개발(김주희, 김주헌, 한석진, 2017), 시니어 층 대상의 사용 행태(백아름, 전수진, 2015)의 연구물들이 있다.

스마트러닝 관련 연구로는 스마트러닝시스템 설계(조성기, 2014), 음악 감상 수업 모형(조성기, 장근주, 2014), 스마트-PBL 구안(김지현, 2014), 창작 프로젝트 평가모델 개발(김일영, 2016), 스마트러닝시스템 효과 분석(조성기, 최지은, 2017) 등의 연구물들이 있다.

그 밖의 새로운 미디어에는 게임, 가상현실, 증강현실, 로봇기반학습, 인공지능(AI) 등이 있어 인접 학문에서 최근 발표되고 있는 연구물의 관련 주제어들과 관련지어 볼 수 있는데, 음악교육 분야의 연구물로는 게임 활용 연구(김미숙, 2003), 컴퓨터 게임의 설계(현경실, 2005), 교육용 음악게임 개발 연구(오혜정, 2010), 리듬액션 게임의 활용 연구(곽소정, 길태숙, 2012) 등이 있다.

---

1) '플립드러닝'이라고도 하는데, 1997년 미국 콜로라도의 화학교사인 존 버그만과 애론 샘즈에 의해 시작된 수업방식이다(Bergmann & Sams, 2014; Bretzmann et al., 2013).

3. 연구 과제 및 전망

디지털 시대, 새로운 미디어의 연구 동향을 고찰해 보니 『음악교육공학』이라는 학술지가 출간된 2002년 이후 다양한 연구물들이 쏟아져 나오면서 활성화된 것으로 나타났다. 특히, ICT 활용, 컴퓨터 음악, 멀티미디어, 테크놀로지, 스마트러닝 등의 연구물에서 자주 나오는 주제어 중 하나가 '음악교육공학'인데, 이 주제어는 음악교육학 내에서의 음악교육방법, 음악교육평가 등과 마찬가지로 새로운 세부 학문의 영역으로 등장하였다.[2]

본고에서는 다루지 않았지만, 컴퓨터, 정보통신, 콘텐츠 등의 타 학문의 영역에서 음악교육 프로그램이나 음악교육용 시스템을 개발한 사례들이 많았다. 일부 연구물을 제외하고는 공학이나 교수설계 전문가들이 개발한 프로그램들이 대부분이었는데, 내용 전문성 면에서 아쉬움이 남는 연구물들도 있었다. 융합의 관점에서, 음악교육 전공자의 전문적인 내용학적 지식과 컴퓨터나 전자공학 전공자의 전문적인 교수설계학적 지식을 활용해 협업한다면, 보다 전문성 있는 연구 성과물이 도출될 수 있을 것이다.

2016년 1월, 스위스 다보스에서 열린 '세계경제포럼(World Economy Forum, WEF)'에서 개최한 '4차 산업혁명의 이해(Mastering the Fourth Industrial Revolution)' 이후 4차 산업혁명은 세계적인 화두가 되었다. 4차 산업혁명의 특징은 극단적인 자동화와 연결성이라 규정한다(김희선, 2017). 지금의 시대를 4차 산업혁명시대, 초연결사회(Hyper Connected Society), 지능정보사회(Intelligence Information Society), 인공지능시대(Era of Artificial Intelligence) 등으로 부른다. 이러한 시대적 변화를 반영한 연구로는 교사 보조 로봇을 활용하는 교수·학습 환경과 로봇기반교육(Robot-based Learning: RL)의 연구물들이 있고, 인공지능(Artificial Intelligence: AI)과 관련되는 연구물들도 발표되고 있다. 음악활동이나 음악교육이 가능한 인공지능 앱들이 출시되고 있지만, 국내에서 음악교육 관련 연구물은 전무하다. 또한 가상현실 및 증강현실을 교육에 접목하거나 콘텐츠를 개발하는 연구 등이 다른 학문 분야에는

---

2) 참고문헌 목록에 소개하였듯이, 미국이나 영국에서 발간된 단행본 중에는 '음악교육공학(music education and technology)' 관련 문헌들이 발간되고 있다(Armstrong, 2016; Bauer, 2014; King & Himonides, 2016). 이 문헌들에는 음악교육공학의 다양한 분야와 현장의 사례들이 수록되어 있다. 급변하는 IT와 인터넷 환경의 특성상 음악교육공학 분야의 사례들은 출판물 제작에 시간이 걸리는 단행본보다는 학술논문들이 시대적 변화를 빠르게 담고 있는 경우가 많다.

등장하고 있다. 이에 따라 음악교육에서도 음악치료에 가상현실을 접목하는 교육적 활용 방안 등이 도출될 것으로 기대한다.

이제 학습자 중심의 학습 환경은 구성주의와 플립러닝 등을 통해 자리 잡아가고 있다. 미래 교육 환경은 다양한 학습자의 흥미와 수준을 고려한 새로운 미디어와 콘텐츠의 개발뿐만 아니라, 이러한 환경을 조성하고 안내해 줄 음악교육 전공의 전문 교수자 양성이 더욱 중요한 때이다. 이는 교원양성기관, 음악교육 전문 기관에서 담당해야 할 것이다. 또한 인구가 급감하면서 고령 사회로 접어들고 있는 우리나라의 사회·문화적 상황에서, 평생교육 시스템, 원격 화상 교육, 로봇기반교육, 홈스쿨링 등 온·오프라인의 다양한 음악교육 현장을 이끌어 갈 수 있는 음악교육 전문가의 양성이 필요하다고 본다.

 참고문헌

강성빈, 박상호(2004). 초등학생용 웹기반 음악적성검사 개발. 한국교육학연구, 10(1), 215-237.

강인애, 김은진, 서봉형(2012). 음악 테크놀로지 기반 통합교과 프로그램 개발 및 적용: 초등학교 방과후학교 교육 사례. 음악교육공학, 10, 57-79.

강창희(2012). 2007년 개정 교육과정에 따른 중학교 1학년 "컴퓨터를 활용한 음악 만들기" 교수학습활동 개발. 음악교수법연구, 9, 1-23.

고정화(2002). 초등음악교육에서 디지털 피아노의 활용방안. 초등교육연구, 17, 127-150.

곽소정, 길태숙(2012). 스마트 디바이스 기반 리듬액션 게임을 활용한 초등학교 음악 감상수업에서의 학습 평가, 학습 몰입, 학습 만족 연구. 한국게임학회 논문지, 12(1), 113-122.

권덕원, 석문주, 최은식, 함희주(2014). 음악교육의 기초(제3판). 경기: 교육과학사.

김갑수(2002). ICT 활용 교육의 다양한 모색. 음악교육공학, 1, 17-41.

김근호, 한희(2012). 미디어 기술 기반의 학원 음악교육 혁신체계 설계. 음악교육공학, 15, 237-259.

김덕룡(2002). 멀티미디어 CAI 음악감상 자료 제작에 관한 연구. 음악교육공학, 1, 140-182.

김미숙(2002). 음악교육에서의 멀티미디어에 대한 고찰. 음악교육공학, 1, 88-107.

김미숙(2003). 음악수업에서의 게임 활용. 음악교육연구, 24, 1-19.

김미숙, 현경실, 민경훈, 장근주, 김영미, 조성기, 김지현, 조대현, 송주현, 박지현, 최윤경, 김지현(2014). 음악과 교재 연구. 서울: 학지사.

김민정, 이해구(2012). 스마트패드 앱 사례분석을 통한 UI 디자인 요소에 관한 연구: 초등학교 음악교육을 중심으로. 디자인지식저널, 22, 35-44.

김민제(2017). 현대 음악 학습을 위한 웹 코스웨어(CAI) 개발. 음악교육연구, 46(1), 155-173.

김병오(2010). 디지털음악의 시대, 혁신의 정체와 생태계의 왜곡: 벅스뮤직과 이동통신사의 사례를 중심으로. 인문콘텐츠, 17, 43-65.

김서경, 남덕순(2001). 멀티미디어를 활용한 Interactive 음악 감상 지도법 연구. 논문집, 3, 165-206.

김영애(2014). 디지털 미디어 환경과 읽기쓰기 교육. https://happyedu.moe.go.kr/happy/bbs/selectHappyArticleImg.do?nttId=3512&bbsId=BBSMSTR_000000000192 (2017년 9월 검색)

김용희(2016). 창의적 음악교육. 서울: 음악세계.

김윤곤(2016). 디지털 시대의 새로운 악보 시스템. 기계저널, 56(9), 20-22.

김은진, 강인애(2011). 대학 교양과목 수업에서 음악테크놀로지 기반학습(Music Technology-Based Learning: MTBL)이 감성의 활성화에 미치는 영향. 감성과학, 14(4), 513-524.

김일영(2016). 스마트교육 기반 창작 프로젝트 평가모델 개발. 음악교육연구, 45(2), 69-94.

김재형(2012). 디지털 음악 교과서의 인터페이스 분석: 가창영역을 중심으로. 음악응용연구, 5, 85-103.

김주희, 김주헌, 한석진(2017). 아이패드를 활용한 음악중심 문화예술교육프로그램 개발 연구: 초등학생을 대상으로 한 '디스코 버스(Disco Bus)'캠프를 중심으로. 예술교육연구, 15(2), 127-141.

김준모(2008). 동화를 활용한 멀티미디어 활동이 유아의 창의성에 미치는 영향. 컴퓨터산업교육학회논문지, 9(2), 47-52.

김중곤(2000). 피날레의 특성과 응용방법. 한국음악학회논문집, 21(1), 65-122.

김지현(2010). 예비 음악 교사 교육에서 블로그 기반 문제중심학습 음악수업 모형 개발. 음악교육연구, 38, 241-272.

김지현(2011). 위키를 활용한 예비 중등음악 교사교육 사례연구. 예술교육연구, 9(1), 39-56.

김지현(2014). Suggestion on the problem-based learning environment for smart learning in pre-service music teacher education(예비음악 교사교육에서 스마트 러닝을 위한 PBL 학습 환경 구안). 음악교육공학, 19, 227-239.

김지현, 조치노, 박은영, 기서, 오승식, 조은영, 이기천, 이복희, 김태하(2014). 고등학교 음악과 매체. 제주: 제주특별자치도교육청.

김희선(2017). 4차 산업혁명과 인공지능시대 전통예술의 미래전망과 과제. 한국예술연구, 16, 5-26.

나도원(2011). 디지털 테크놀로지와 대중음악. 황해문화, 73, 316-323.

독고현(2008). 디지털시대의 새로운 창작문화. 음악교육공학, 7, 57-71.

독고현(2010). 힙합문화와 음악교육콘텐츠: 디제잉과 엠씨잉을 중심으로. 음악교육공학, 10, 239-253.

류근웅(2003). 인터넷활용 문제중심학습을 통한 초등 음악 교수・학습지도: 초등 4학년을 중심으로. 음악교육연구, 25, 1-15.

문원경, 이승연(2016). 보컬 가창 훈련을 위한 CAI 개발 연구. 한국HCI학회논문지, 11(3), 13-22.

민경훈, 김신영, 김용희, 방금주, 승윤희, 양종모, 이연경, 임미경, 장기범, 조순이, 주대창, 현경실(2017). 음악교육학 총론(3판). 서울: 학지사.

박경선(2003). 멀티미디어를 활용한 유아음악교육: 감상 학습법. 아동교육, 12(1), 201-215.

박명숙(2016). 온라인 음악교육에서 이러닝 품질이 학습성과에 미치는 영향 연구. 음악교육공학, 28, 1-15.

박언영(2006). e-Learning을 활용한 음악과 수업방안 연구. 교원교육, 22(1), 184-201.

박영주(2014). 스마트폰 앱을 활용한 중학교 음악교과 수업방안 연구. 음악교육공학, 21, 119-140.

박예슬(2015). 음악치료에서의 음악테크놀로지 활용. 인간행동과 음악연구, 12(2), 61-77.

박유리(2003). ICT 활용 음악교육 논문 분석. 음악교육공학, 2, 150-170.

박유리(2006). ICT 활용 음악교육 논문 분석. 음악교육공학, 2(1), 150-170.

박은실(2017). 테크놀로지가 음악창작활동에 미치는 영향. 음악교육연구, 46(1), 67-87.

박재성(2002). 음악이론에서의 ICT활용. 음악교육공학, 1, 42-58.

박주만(2010). 초등학교 국악 감상수업을 위한 멀티미디어 교수・학습 자료의 개발 및 활용. 예술교육연구, 8(2), 81-98.

박현진(2011). 디지털 매체를 활용한 창작학습 지도방안. 음악교육공학, 13, 135-156.

백아름, 전수진(2015). 시니어 층을 대상으로 한 모바일 음악 어플리케이션의 사용 행태 연구. *Journal of Digital Interaction Design, 14*(4), 21-34.

서동욱, 이에스더(2015). 스마트 러닝 기반 Flipped Classroom의 활용연구: 대학의 음악 실기교육을 중심으로. 음악교육공학, 23, 99-119.

서우석(2001). 음악 교육에 활용되는 CD-R과 소프트웨어. 음악연구, 25, 97-110.

석문주(2015). 예비음악 교사의 전문성 개발을 위한 e-portfolio 구성. 음악교육연구, 44(3), 47-67.

손민정(2014). 디지털 시대의 음악적 소리, 행위, 가치체계의 변화. 기호학연구, 39, 73-95.

신혜경(2016). 온라인 커뮤니티 'Music-COMP' 분석을 통한 학교 음악 창작교육의 대안적 접근 탐색. 음악교육공학, 27, 107-125.

신혜수(2016). 독일에서 진행 중인 디지털 시대의 음악 논쟁. 음악이론연구, 26, 142-165.

신혜승(2015). Smart education, creating music education contents: Songs that express how beautiful you are(스마트 미디어 시대, 음악교육콘텐츠 창작: 아름다움을 표현

하는 노래들을 통해 보는 음악문화사). 이화음악논집, 19(2), 93-105.

심현애, 김경연(2014). 예비유아교사교육에서 컴퓨터 MIDI 프로그램을 활용한 음악 창작 활동의 효과. 학습과학연구, 8(2), 71-91.

안경숙, 임수진, 김정주(2010). 멀티미디어 기반 유아음악교육의 활용실태와 인식에 대한 조사 및 교사의 사고와 경험의 의미 분석. 한국영유아보육학, 65, 125-146.

양은주, 강민선(2015). 음악-과학 융합인재교육(STEAM)프로그램 개발: 대중음악 악기 제작과 앱 작곡을 중심으로. 예술교육연구, 13, 205-219.

어경진, 박현신(2011). 디지털시대에 나타난 패션의 표현특성에 관한 연구: 건축의 영향을 받은 패션을 중심으로. 한국패션디자인학회지, 11(2), 55-74.

오지향, 정재은, 석문주(2014). 21세기 음악교육에서의 테크놀로지 역량. 음악교육연구, 43(4), 187-209.

오혜정(2010). 효과적인 음악개념학습을 위한 교육용 음악게임 개발에 관한 연구. 음악교육공학, 11, 185-208.

육길나, 최경(2012). 멀티미디어를 활용한 통합적 음악 감상 활동이 유아의 음악 지능과 정서 지능에 미치는 영향. 어린이미디어연구, 11(2), 19-44.

윤관기(2014). 초등학교 음악수업에서 전자건반악기(디지털피아노)의 활용 실태조사. 음악교수법연구, 13, 77-95.

윤성원(2016). 합창 활동을 위한 플립드 러닝 교수설계 모형 탐구. 음악교육 공학, 29, 21-39.

윤종영(2006). 음악 감상 수업 방법 개선 연구: 멀티미디어를 활용한 자료 개발 중심으로. 음악교육연구, 30, 101-122.

이미경(2008). 인공지능 알고리즘 거문고 산조의 실시간 연주 및 정간보 생성. 음악교육공학, 7, 73-85.

이상훈, 신광철(2017). 제4차 산업시대 음악 콘텐츠의 발전 방향성에 대한 연구. 글로벌문화콘텐츠학회 2017 하계학술대회, 179-183.

이선호(2009). 디지털 미디어의 발전과 한국 음악 산업의 경향에 관한 연구: 디지털 음원 산업의 주요 쟁점을 중심으로. 음악교육공학, 8, 95-114.

이에스더(2002). 한국음악교육에서의 테크놀로지 활용의 필요성 인식과 지식기반에 관한 연구. 음악과 문화, 7, 93-111.

이에스더(2005). 음악창작 ICT활용 교수·학습 모형개발. 음악교육연구, 5, 35-59.

이에스더(2006). ICT활용한 음악감상 교수·학습모형 및 전략에 관한 연구. 음악교육공학, 5, 75-87.

이에스더(2006). 음악과 ICT활용 이해중심 교수·학습모형 및 전략에 관한 연구. 음악교육공학, 5, 75-87.

이에스더(2011). 영상매체를 활용한 창의적 음악교육. 문화예술교육연구, 6(2), 161-179.

이에스더(2012). 영상매체 활용 음악수업을 위한 교수·학습 프로그램 개발. 음악교육연구, 41(1), 1-23.

이에스더, 이재무(2004). 음악과 ICT(Information and Communication Technology) 활용 교수·학습 자료 개발. 중등교육연구, 52(1), 489-508.

이어운, 임은정(2017). 애플리케이션을 활용한 뮤지컬 지도방안 연구. 음악교육연구, 46(1), 89-112.

이연경(2003). 학교 음악수업에 테크놀로지를 활용하는 음악 지도 접근방식에 대한 고찰. 논문집, 41, 151-187.

이연경(2004). 초등학교 음악수업의 교수·학습 과정 개선을 위하여 미디키보드와 컴퓨터를 활용하는 교수 전략 연구 및 학습 프로그램 개발. 음악교육연구, 27, 155-196.

이연경(2010). 디지털 오디오 레코딩을 활용하는 음악 교수 방안. 교원교육, 26(1), 139-159.

이윤배(2000). 멀티미디어 이해 및 활용. 서울: 홍릉과학출판사.

이철우, 김용희(2013). VSTi를 활용한 음악 감상 학습자료 개발. 음악교육연구, 42(2), 119-142.

임미경, 박승배(2001). 멀티미디어를 활용한 초등학교 음악감상 교수·학습 자료 개발 연구. 음악교육연구, 21(1), 153-173.

임미경, 장기범, 함희주(2004). 음악교육의 이론과 실제. 서울: 도서출판 예종.

장윤정(2004). ICT를 활용한 전통음악 교수·학습 모형 연구. 음악교육공학, 3(1), 101-114.

정명숙(2007). 웹2.0시대의 디지털 음악 산업 연구와 활성화 방안: 온라인 음악시장의 비즈니스 모델을 중심으로. ceri엔터테인먼트연구, 7, 195-185.

정명철, 오준호(2017). 디지털 음악 플랫폼에서 창발하는 음악 생산과 수용의 새로운 모델. 음악논단, 37, 165-207.

조성기(2014). 음악 감상 학습을 위한 스마트러닝시스템 설계 및 구현. 음악교육공학, 18, 231-249.

조성기(2016). 음악 창작 교수학습을 위한 TPACK 연구. 음악교육공학, 26, 113-132.

조성기, 장근주(2014). 스마트교육을 위한 음악 감상 수업 설계 모형. 예술교육연구, 12(1), 53-67.

조성기, 정선아(2016). 음악 교사의 TPACK 인식 분석. 음악교육공학, 29, 135-155.

조성기, 최지은(2017). 음악 감상 학습을 위한 스마트러닝시스템 효과 분석. 음악교육공학, 31, 135-154.

조성민, 이가영, 금선영, 김명선, 나일주(2017). 음악교육에서의 스팻(SPAT)기반 플립러닝의 활용 사례연구. 음악교육공학, 30, 143-160.

조성보(2003). ICT를 활용한 국악감상 지도 방안 연구. 음악교육공학, 2(1), 1-20.

조정은(2009). 멀티미디어를 활용한 과제중심 음악 교수·학습 모형. 음악교육공학, 9(1), 209-229.

조정은(2010). 음악교수매체를 활용한 주제중심 학습방안. 교원교육, 26(4), 181-199.

조치노(2010). 음악교육에서 디지털 사운드의 활용 방안. 교육과학연구, 12(1), 89-106.

주기호(2003). ICT 활용한 고등학교 음악수업방안 개선 연구. 음악교육공학, 2(1), 136-149.

최미영(2012). 팟캐스팅의 음악 교육적 활용 가능성 모색. 한국초등교육, 23(1), 141-156.

최유미(2007). 유아용 한국음악 멀티미디어 콘텐츠 개발 연구: 애니메이션을 중심으로. 한국콘텐츠학회논문지, 7(2), 132-141.

최윤철, 고건(2002). 멀티미디어 배움터. 서울: 생능출판사.

최은식, 문경숙, 최미영(2014). 음악교육에서의 테크놀로지 활용의 역사적 고찰. 음악교육공학, 20, 17-38.

한승록, 조성기(2002). 음악과 전자교과서 모형 설계 및 개발. 음악교육공학, 1, 183-222.

한영희(2014). 디지털피아노 합주 페다고지: 음악성 계발을 위한 오케스트라 대안 활동. 한국초등교육, 25(4), 149-166.

한영희(2016). 디지털피아노 합주를 위한 교재 제작. 한국초등교육, 27(4), 303-320.

한영희, 장유라(2010). 초등학교 방과후 특기적성교육에서 피아노 지도에 대한 학부모의 인식조사: 디지털 피아노를 이용한 그룹지도를 중심으로. 한국초등교육, 20(2), 133-149.

한인희, 김수지(2013). 일반 성인의 키보드 연주 손가락 타력 MIDI 표준치 연구. 인간행동과 음악연구, 10(2), 79-97.

허정미(2006). 초등 음악수업에서의 e-Learning의 실제. 교원교육, 22(1), 168-183.

현경실(2005). 어린이 음악성 개발을 위한 컴퓨터 게임의 설계. 음악교육연구, 28, 181-211.

홍승연(2004). ICT를 활용한 초등학교 음악수업에 관한 고찰. 음악교육공학, 3(1), 89-100.

Armstrong, V. (2016). *Technology and the Gendering of Music Education*. London & NY: Routledge.

Bauer, W. I. (2014). *Music learning today: Digital pedagogy for creating, performing, and responding to music*. NY: Oxford University Press.

Bergmann, J., & Sams, A. (2014). *Flipped learning: Gateway to student engagement*. Washington DC: International Society for Technology in Education.

Boehm, C. (2007). The discipline that never was: Current development in music technology in higher education in Britain. *Journal of Music, Technology and Education, 1*(1), 7-21.

Bretzmann, J. et al. (2013). *Flipping 2.0: Practical strategies for flipping your class*. New Berlin: The Bretzmann Group, LLC.

Finney, J., & Burnard, P. (Ed.) (2007). *Music Education with Digital Technology*. London: Continuum International Publishing Group.

King, A., & Himonides, E. (Ed.) (2016). *Music, technology, and education: Critical perspectives.* London & NY: Routledge.

Negroponte, N. (1995). *Being digital.* 백욱인 역(1999). 디지털이다. 서울: 커뮤니케이션 북스.

Prensky, M. (2001). *Digital game-based learning.* New York: Mcgraw-Hill.

Webster, P. (2002). Computer-based technology and music teaching and learning. In R. Colwell & C. Richardson (Eds.), *The new handbook of research on music teaching and learning: A project of the music educators national conference* (pp. 416-439). New York: Oxford University Press.

PART

4

음악교육의 평가 그리고 교사

제18장

음악교육에서의 심리에 대한 평가

현경실

1. 심리검사의 이해

교육연구는 교육에 관한 새로운 사실을 발견하거나 확인하기 위해 체계적으로 분석하고 탐구하는 일이다. 어떤 형태의 교육이든지 그 효과를 증명하려면 측정도구를 반드시 사용해야 한다. 그런데 어려운 점은 사람을 대상으로 하는 것이 교육이기 때문에 연구 대상인 사람의 어떤 현상을 측정해야 한다는 것이다. 사람을 대상으로 뭔가 측정한다는 것은 어떤 물체의 길이나 양을 재는 것처럼 쉽게 잴 수 있는 일이 아니다. 교육은 사람 속에서 일어나는 일이며 사람 속에서 일어나는 여러 가지 현상은 직접 잴 수 없는 경우가 대부분이다. 사람 속에서 일어나는 일을 보통 '심리'라 부른다. 복잡하고 애매하며 게다가 수시로 변하는 사람 속의 심리 현상을 측정하기 위하여 교육학자들은 끊임없는 노력을 해 왔다.

음악교육연구에 쓰이는 평가도구를 크게 두 가지로 나누면 사람의 성격, 지능, 적성 같은 인간의 다양한 심리적 특성을 측정하는 것과 학습 결과를 측정하는 것으로 나누어 볼 수 있다. 사람의 심리적 특성을 측정하는 것이 심리검사이고, 학습한 결과를 측정하는 것이 수행평가를 포함한 각종 성취도 검사이다.

넓은 의미의 심리(心理, psychology, mind)란 사람 마음의 움직임과 행동을 포괄적으로 모두 포함하는 말이다. 보통 심리검사라 함은 한 개인의 지능, 적성, 성격 등을 측정하는 검사이며 크게 두 가지로 나눌 수 있다. 표준화 검사(standardized test)와 비형식적 검사이다. 표준화 검사는 누가 검사를 실행하든지 같은 방법과 기준으로 검사를 실시하고 해석할 수 있도록 전문가가 만들어 놓은 검사이다. 신뢰도와 타당도가 증명된 검사이므로 유용하다. 반면에 비형식적 검사는 교사나 연구자 등이 개인이나 공동으로 행동 발달 상황이나 심리를 조사하기 위해 개발한 질문지(설문지) 등과 같은 검사를 말한다. 어떤 질문에 대해 피험자가 어떻게 해석하며 반응하는지를 보며 심리상태 및 성격특성을 평가하는 것이다. 이 방법은 구조화 된 표준화 검사에 비해 신뢰도와 타당도를 객관적으로 규명하기 어렵다.

사람의 심리를 정확히 측정하는 일은 어려운 일이다. 전문가에 의해 개발되어 사용되고 있는 표준화 검사를 쓰는 것이 좋으나 개발된 심리검사가 적당하지 않을 경우 차선책으로 사용하는 것이 여러 형태의 질문지를 이용하여 조사하는 것이다. 일차적으로 쓰이는 대표적인 표준화 검사와 사이트를 소개하면 다음 〈표 18-1〉과 같다.

〈표 18-1〉 국내 검사 개발 관련기관의 주요 검사 목록[1]

출판사	홈페이지	검사명	개발자(개발년도)	소요시간(문항 수)	검사 대상
한국 가이던스	www. guidance. co.kr	홀랜드 진로발달검사	안창규, 안현의(2000)	40분(178)	초4~중1
		NEO 성격검사	안창규, 안현의(2006)	40분 (147/219/218)	아동/청소년/ 성인
		다요인 인성검사Ⅱ (16PF)	염태호, 김정규(2003)	45분(160)	중학생 이상
		CIS 창의성검사	최인수, 이종구(2004)	45분/40분(124)	중·고등 / 초4~6학년
		MIQ 다중지능검사	정종진(2005)	50분/45분(80)	초4~6학년/ 중1~2
어세스타	www. career4u. net	MBTI	김정택, 심혜숙(1990)	45분(96)	중학생 이상
		STRONG 직업흥미검사	Edward K. Strong 김정택, 심명준, 심혜술(2001)	50분(317)	중학생 이상
		학습효율성 검사	박병관(2000)	30~40분 (146~171)	초등학생 이상

---

1) 성태제(2016a), pp. 193-194를 참고하였다.

한국직업능력 개발원 커리어넷	www.career.go.kr	청소년 직업적성검사	임언, 서유정(2011)	20분(59)	중·고등학생
		청소년 진로성숙도 검사	임언(2012)	20분(64)	중·고등학생
중앙적성 연구소	www.cyber-test.co.kr	GATB 적성검사	연세대학교 인간행동연구소 (2003)	40분(234)	대학생
한국사회 적성개발원	www.qtest.co.kr	KAD 적성검사	한국사회적성개발원	60~90분 (60~298)	유아·초·중·고·대학생, 성인
인싸이트	www.inpsyt.co.kr	학습기술 진단검사	변영재, 김석우 (2002)	30분(60~80)	초등학생 이상
		상태-특성 불안검사 (YZ형)	한덕웅 외(2000)	5~10분(40)	만 16세 이상
		K-CTC 창의적 특성 검사	전경원(2011)	20분(40)	유아, 초등학생
		KMAT 한국 음악적성 검사	현경실(2004)	45분(30)	만 9~15세
		Kids' MAT 유아 음악적성 검사	현경실(2016)	20분(40문항)	만 5~7세
		SCI-II 자아개념검사	이경화, 고진영 (2006)	45분(83~107)	초등~성인
		K-BASC-2 한국판 정서-행동 평가시스템	Cecil R. Reynolds, Ph.D · Randy W. Kamphaus, Ph.D-표준화 안명희 (2016)	40분(139~185)	초3~대학생
		K-WISC-IV 한국 웩슬러 아동 지능 검사	David Wechsler -표준화 곽금주, 오상우, 김청택 (2011)	60~90분	만 6~16세 1개월

2. 심리검사를 이용한 연구 동향

음악교육연구에서 많이 쓰이고 있는 검사는 일반지능검사, 음악적성검사, 창의성검사, 인성검사, 만족도검사, 인식을 조사하는 검사 등으로 분류할 수 있다. 심리검사를 쓴 음악교육의 연구 동향을 살펴보기 위해 음악교육의 주요 학술지 5개에 게재된 2010년 1월부터 2017년 2월까지 794개의 논문을 조사하였다. 검색된 논문 790개 중 심리검사나 인식조사에 관련된 논문은 143개였다. 조사된 학회지의 목록과 논문 수는 ⟨표 18-2⟩에 나타냈다.

⟨표 18-2⟩ 학회지의 목록과 논문 수

학회지	총 개수	심리검사 논문 개수
한국음악교육학회	269	60
한국음악교육공학회	194	55
한국예술교육학회	146	22
한국국악교육학회	69	3
한국국악교육연구학회	112	3
합계	790	143

심리검사 관련 논문 143개는 모두 논문 초록을 검색하여 어떤 종류의 검사가 쓰였는지 조사 · 분석하였다. 초록으로 검사가 불가능한 것은 논문 전문을 다운 받아 조사하였다. 같은 것을 측정하는 검사라도 용어나 내용이 다를 수 있어 최대한 같은 종류로 분류하였다. 질문지의 형태를 이용한 검사가 가장 많았으며 표준화 검사를 이용한 연구도 있었다. 다음은 검사 종류별 논문 수이다(⟨표 18-3⟩ 참조).

⟨표 18-3⟩ 종류별 논문 수

검사의 종류	논문 수	다른 이름
지능검사	2	일반지능, 공간능력
음악적성검사	9	음악적 능력, 음악적 발달, 음악적 표현력, 음악학습능력, 음악성

창의성검사		9	창의성, 음악적 유창성, 융통성, 독창성, 창의적, 창작
인성검사	일반인성	5	인성
	성격/정서/태도	10	정서, 정서지능, 연주 스트레스, 다문화에 대한 태도
	흥미	8	흥미도, 음악흥미, 음악선호, 수업흥미,
	사회성	10	사회적 기술, 적응, 참여도, 자기표현, 갈등, 사회적 행동
	자아효능감	25	자기효능감, 자신감, 자아개념, 자아존중감, 교수효능감, 교사효능감, 진로효능감, 성취목표지향성, 능력믿음, 음악효능감, 학습동기, 자기조절
만족도 조사		8	교육만족도, 수업만족도, 교육과정 만족도, 학교생활 만족도, 전공만족도
인식조사	교육과정	17	우리나라 교육과정, 학교 교육과정, 영재교육과정, 교사양성프로그램
	국악	7	국악활동, 국악수업, 국악개념, 국악교육
	다문화	5	다문화 교육, 다문화 악곡
	실태	14	진로, 방과후 학교, 직업, 운영실태
	기타	14	가창지도, 개별화교육, 교사교육, 통합교육, 영재정의 탐색
합계		143	

이 장에서는 최근 발표된 음악교육연구 동향을 조사하여 성취도 검사를 제외한 음악교육연구에 많이 쓰이는 심리검사와 질문지를 조사하고, 검사별, 주제별로 조사된 연구들에 대해 대표적인 연구들을 예로 들어 소개한다.

1) 지능검사를 이용한 연구

지능검사는 종류가 많아 여러 가지 다른 이름과 형태로 이루어진다. 물론 지능검사에 따라 조금씩 측정하는 것이 다를 수 있다. 지능과 관련된 음악교육연구는 음악적성과 일반지능을 비교하는 연구나 음악적 능력이나 성취를 여러 가지 지능과 비교하는 연구가 대표적이다. 〈표 18-4〉는 지능을 이용한 연구의 예이다.

〈표 18-4〉 지능을 이용한 연구의 예

제목	저자	연구도구
5세 유아의 음악적성과 지능검사 하위항목 및 하위척도와의 상관관계	윤선희 (2010)	• 음악적성검사 Kids' MAT • 유아지능검사 K-ABC
음악하기(Musicing) 프로그램이 아동의 정보처리기능 및 공간능력에 미치는 효과	순진이 (2015)	• CAS • K-WPPSI

2) 음악적성검사를 이용한 연구

음악적성은 음악성, 음악적 능력, 음악적 재능, 음악지능, 음악의 IQ 등으로도 불린다. 바로 학습한 것을 측정하는 음악 성취도 검사와는 구별되는 개념으로 원래부터 내재되어 있는 음악적 능력을 총칭하는 말이다. 음악적성을 이용한 연구에는 음악적성과 음악 외의 다른 적성, 음악 성취도, 창의성, 인성 등을 비교하는 연구가 일반적이다.

〈표 18-5〉 음악적성검사를 이용한 연구의 예

제목	저자	연구도구
두 곡의 음악 감상을 통한 음악적 요소 탐색과 표현활동이 유아의 음악적 능력과 음악적 태도에 미치는 영향	윤은미 (2015)	• PMMA
악기를 활용한 음악 감상활동이 유아의 음악적성과 음악적 표현력에 미치는 영향	김희복 박형신 (2014)	• PMMA
오르프 교수법에 기초한 통합유아음악교육 프로그램 개발 및 효과 검증	김혜영 허혜경 (2016)	• 음악적 능력(Musical Talent Test) • 자기조절능력(SCRS)
'음악하기(Musicing)' 활동 프로그램이 예비유아교사의 음악적 자아개념과 음악교수효능감에 미치는 효과	방은영 (2017)	• 자아개념도구(MUSPI) • 음악교수효능감(STEB)

3) 창의성검사를 이용한 연구

현대는 창의성이 있어야 살아남는 시대이다. 창의성이란 '새롭고, 독창적이고, 유용한 것을 만들어 내는 능력' 또는 '전통적인 사고방식을 벗어나서 새로운 관계를 창출하거나, 비일상적인 아이디어를 산출하는 능력'(한국교육심리학회, 2000)으로 정의된다. 창의성이 강조되고 있으니 음악교육 분야에서도 창의성을 주제로 하는 연구들이 늘어나고 있다. 특히, 음악적 창의성은 연구의 중요한 주제이다.

〈표 18-6〉 창의성검사를 이용한 연구의 예

제목	저자	연구도구
그림책과 요리 활동을 활용한 창의적 음악 만들기 활동이 유아의 음악성과 창의성에 미치는 효과	안경숙 김소향 (2011)	• 창의성K-FCTYC • 유아음악적성검사(Kids' MAT)
숲 체험을 통한 음악활동이 유아의 음악적 유창성, 독창성, 상상력에 미치는 영향	박현아 문혜련 (2015)	• 창의성MCSM
예술 교과통합 음악창작 프로그램이 음악적 창의성에 미치는 영향	김현실 (2015)	• 창의성MCTM-II
오르프 교수법에 기반한 음악교육 프로그램이 유아의 음악적 창의성에 미치는 효과	정윤선 (2015)	• 창의성MCSM

4) 인성검사를 이용한 연구

인성(人性, personality)에 대해 우리나라 국어사전에는 "사람의 성품" 혹은 "각 개인이 가지는 사고와 태도 및 행동 특성"으로 정의하고 있다. 또 특수교육학용어사전에는 "인성은 일상생활을 유지하기 위한 개인의 방법을 특색지우는 일련의 습관"(국립특수교육원, 2009)이라고 정의하고 있다. 보통 인성이라 함은 개인의 성격, 인격, 인품, 특성 등 다양한 것을 모두 포함한 개념이다. 허수연, 김미숙(2013, p. 273)은 음악 교과에 나타난 인성교육의 덕목을 '신뢰성, 존경·정의, 책임, 공정성, 배려, 시민의식, 심미성' 등으로 정리하였다.

음악교육연구에 나타난 연구들을 분석한 결과, 인성으로 분류될 수 있는 것은 '성격, 정서, 흥미, 사회성, 자기효능감' 등을 주제로 하는 것이 많았다. 다음은 인성을 주제로 한 연구의 대표적인 예이다.

(1) 일반 인성/성격/정서/태도

일반적인 인성이나 성격, 정서, 태도를 다룬 논문의 예는 다음과 같다(〈표 18-7〉
참조). 연주 스트레스, 불안 등을 다룬 논문은 정서의 영역에 분류하였다.

〈표 18-7〉 인성, 성격, 정서, 태도 검사를 이용한 연구의 예

제목	저자	연구도구
다양한 음악 활동을 통한 비행 청소년의 인성 변화 조사	손승혁 (2016)	• 특수인성검사 SPI-III
사물놀이 활동이 초등학생의 인성발달에 미치는 영향	박성우 정은경 (2015)	• 설문지
음악 감상활동을 통한 다문화 교육이 유아의 정서지능 향상에 미치는 효과	방은영 (2012)	• 정서지능평가 '교사평정에 의한 유아용 정서지능 평가도구'
피아노 전공 대학생들의 연주불안과 연주경험과의 관계	최진호 정완규 (2011)	• 연주불안 PMPAI
현악 연주를 전공하는 음악대학 학생들의 연주불안과 연주능력과의 관계	박정엽 이명진 (2016)	• 불안척도 BAI

(2) 흥미/사회성

흥미에는 음악에 대한 흥미는 물론 선호 등이 포함되었고 사회성에는 사회성이
라고 표시되어 있는 것 외에 적응, 참여도, 갈등 등의 요소도 포함하였다.

〈표 18-8〉 흥미나 사회성 검사를 이용한 연구의 예

제목	저자	연구도구
교사-학생관계 및 부모의 학습관여가 자기효능감을 매개로 음악흥미에 미치는 영향	권슬기 (2016)	• 교사-학생관계척도 • 질문지(부모행동검사, 음악적 자기효능감, 음악흥미)

가정의 음악 환경과 부모의 음악 관심도, 유아의 노래 흥미도 및 노래 이해도의 관계	고영자 김민정 (2012)	• 설문지
세계 전래동요를 활용한 음악극 활동이 유아의 놀이성과 친사회적 행동에 미치는 효과	장훈 전인옥 (2016)	• 설문지
방과후학교 음악프로그램이 ADHD성향 청소년의 사회적기술에 미치는 영향	조정은 (2016)	• 설문지

(3) 자기효능감

자기효능감은 여러 영역에서 무엇인가를 성취할 수 있다고 믿는 개인의 신념 (Woolfolk, 1995)이며 자아효능감으로 표현하기도 한다. 자아효능감은 교수효능감, 교사효능감 등 다른 영역으로 그 기능을 넓혀 사용되기도 한다. 그러므로 음악적 자기효능감이란 음악 수행을 위한 자신의 능력에 대한 믿음과 기대이다(Gembris & Davidson, 2002).

〈표 18-9〉 자기효능감 검사를 이용한 연구의 예

제목	저자	연구도구
예비유아교사의 음악극 공연 경험이 자기주도적 학습능력과 자기효능감에 미치는 효과	최영경 정미라 (2014)	• 자기 주도적 학습능력검사 SDLRS-K-97 • 자기효능감 검사
개념도를 활용한 교사교육이 예비유아교사의 음악적 자아개념과 교수효능감에 미치는 영향	조대현 (2013)	• 음악적 자아개념 검사
동료피드백과 자기평가 활동이 초등예비 교사의 음악교과 자기효능감 향상에 미치는 연구	윤관기 (2015)	• 자기효능감 STEBI
오르프 기악합주 프로그램과 예비 초등교사의 자기효능감	윤문정 (2013)	• 자기효능감 검사
음대생들의 희망직업과 진로 자기효능감 조사	주희선 (2013)	• 자기효능감검사 CDMSE-SF
'음악하기(Musicing)' 활동 프로그램이 예비유아교사의 음악적 자아개념과 음악교수효능감에 미치는 효과	방은영 (2017)	• 자아개념도구 MUSPI • 음악교수효능감 STEB, MTEB

5) 만족도조사 연구

만족도조사 연구에는 교육만족도, 수업만족도, 학교생활 만족도 등 다양한 교육
관련 만족도가 포함되었다.

〈표 18-10〉 만족도조사 연구의 예

제목	저자	연구도구
상급학생 또래교수를 이용한 놀이중심의 전래동요지도가 창의적 신체표현력 및 학습만족도에 미치는 영향	우은정 외 (2014)	• 신체표현력 검사지 • 학습만족도 검사지
서울지역 대학주도 방과후학교 (예비)사회적기업 음악교육프로그램 만족도 및 요구분석연구	조원경 한정섭 (2014)	• 설문지
성격과 학습동기 및 학습유형이 전공만족도에 미치는 영향: 음악 전공생을 대상으로	강은주 외 (2010)	• 설문지
예술 고등학교 음악 전공 학생들의 학교생활만족도에 대한 탐색적 연구	연은모 외 (2014)	서술형 설문지

6) 인식조사 연구

인식은 교육과정에 대한 인식, 국악에 대한 인식, 다문화에 대한 인식 등이며, 인
식조사 연구에는 여러 가지 실태조사가 포함되었다.

〈표 18-11〉 인식조사 연구의 예

제목	저자	연구도구
2009 개정 음악과 교육과정 국악개념에 대한 교사의 이해 및 중요도 인식 조사	김희숙 (2013)	질문지
2015 개정 음악과 교육과정에 따른 교과 역량 증진에 관한 인식 조사 연구	이영미 장근주 (2016)	설문지
교과서 다문화 악곡의 음악 구성 요소와 다문화 요소에 대한 예비 초등교사의 인식조사	윤문정 (2015)	설문지

다문화 놀이를 활용한 초등음악 프로그램이 문화 인식에 미치는 영향	김기숙 김용희 (2015)	설문지
다문화유아음악교육의 운영 실태와 유치원 교사의 인식	김민채 김영연 (2012)	설문지
사물놀이를 통한 초등예비 교사들의 국악에 대한 인식변화	정은경 (2013)	설문지
어린이집 교실에서의 피아노 활용에 대한 원장의 인식	심민서 김영연 (2012)	설문지
예비음악 교사의 다문화 교육에 관한 태도, 인식 및 효능감 조사 연구	신혜경 (2015)	설문지
예체능계 대학 인력 공급 현황 및 인식분석	김계원 외 (2016)	설문지

3. 심리검사를 이용한 연구 과제 및 전망

우리 교육의 요즘 가장 핫한 이슈는 창의성과 인성이다. 창의성이 있어야 21세기에 살아남을 수 있다는 것은 누구나 인정하는 사실이며, 우리 교육에서 가장 부족한 점이 인성교육이라는 것도 엄연한 현실이다. 음악 교과는 이 모두를 해결하는데 큰 힘이 될 수 있다. 달크로즈와 오르프 등은 음악교육의 목표가 창의성의 계발이라고 강조하고 있다.

인성교육을 생각해 볼 때 우리의 교육은 위기에 봉착해 있다. 현대사회는 갈수록 복잡해져서 사람들은 정신적으로 어려움을 겪는 경우가 많아졌으며, 또 지적 학습만을 강조하여 온 우리 교육의 문제점이 서서히 드러나고 있기 때문이다. 학생들의 인성교육을 잘 시키려면 학생들의 심리 연구가 필수적이다. 학생들의 심리를 아는 것이 쉬운 일은 아니나 그 필요성은 더욱 높아지고 있다.

심리검사에 관련된 연구들을 분석해 본 결과, 음악과 창의성검사를 사용한 연구는 심리에 관한 연구 143편 중 9건으로 6.2%에 불과했다. 물론 일반적인 '창의성 신장'에 관한 지도안 연구나 교과서의 분석 연구는 있다. 그러나 객관적으로 창의성 측정 도구를 이용한 연구는 적었다.

음악과 인성에 관한 연구는 정서, 성격, 흥미, 사회성, 자기효능감에 관한 연구 등 다양하였으며 특히 자기효능감에 관한 연구는 인성에 관한 연구의 43.1%에 이를 정도로 많았다. 그런데 자기효능감이라는 것은 뭔가를 성취하는 데 중요한 역할을 하는 인성이다. 아직도 우리의 연구는 사람 자체의 정서나 인격에 관심을 가지기보다는 뭔가를 성취하는 것을 중요시 여기는 경향이 있는 것으로 나타났다.

그러므로 미래의 교육학자들은 그 어느 때보다도 학생들의 인성, 적성, 태도, 흥미, 창의성 등에 관심을 가지고 교육에 적용하려고 노력하여야 할 것이며 이에 대한 연구도 활발히 이루어져야 할 것이다.

 참고문헌

강은주, 임규혁, 한주희(2010). 성격과 학습동기 및 학습유형이 전공만족도에 미치는 영향: 음악 전공생을 대상으로. 예술교육연구, 8(2), 21-33.

고영자(2014). 유아교사의 음악교수효능감과 음악교육 실태 및 인식에 관한 연구. 음악교육연구, 43(1), 1-20.

고영자, 김민정(2012). 가정의 음악 환경과 부모의 음악 관심도, 유아의 노래 흥미도 및 노래 이해도의 관계. 음악교육연구, 41(2), 41-66.

국립특수교육원(2009). 특수교육학 용어사전. 서울: 하우.

권슬기(2016). 교사-학생관계 및 부모의 학습관여가 자기효능감을 매개로 음악흥미에 미치는 영향. 음악교육연구, 45(4), 23-48.

권덕원(2015). 국악교육이 인성에 미치는 영향. 국악교육, 39, 7-26.

김계원, 양은주, 최정수(2016). 예체능계 대학 인력 공급 현황 및 인식분석. 예술교육연구, 14(1), 1-16.

김기숙, 김용희(2015). 다문화 놀이를 활용한 초등음악 프로그램이 문화 인식에 미치는 영향. 음악교육연구, 44(1), 1-23.

김동은, 전인옥(2014). 난타 음악활동이 유아의 스트레스와 자아효능감에 미치는 영향. 음악교육연구, 43(4), 57-75.

김미숙(2001). JRME 논문 경향에 대한 소고. 음악교육연구, 20(1), 1-19.

김민채, 김영연(2012). 다문화유아음악교육의 운영 실태와 유치원 교사의 인식. 음악교육연구, 41(1), 167-191.

김병성(1996). 교육연구 방법. 서울: 학지사.

김석우, 최태진(2007). 교육연구 방법론. 서울: 학지사.

김설아(2013). 신체 게임 활동이 종일반 유아의 일상적 스트레스 및 친사회적 행동에 미치는 영향. 성신여자대학교 대학원 석사학위논문.

김영연(2016). 예술교육을 통한 인성교육의 가능성 탐색. 예술교육연구, 14(2), 73-88.

김정수(2012). 국악교육의 학업적 자기효능감 구성 요인 분석. 국악교육연구, 6(2), 27-40.

김현실(2015). 예술교과통합 음악창작 프로그램이 음악적 창의성에 미치는 영향. 음악교육연구, 44(1), 51-75.

김혜영, 허혜경(2016). 오르프 교수법에 기초한 통합유아음악교육프로그램 개발 및 효과 검증. 음악교육연구, 45(3), 75-103.

김희복, 박형신(2014). 악기를 활용한 음악감상활동이 유아의 음악적성과 음악적 표현력에 미치는 영향. 음악교육연구, 43(2), 1-23.

김희숙(2013). 2009 개정 음악과 교육과정 국악개념에 대한 교사의 이해 및 중요도 인식 조사. 음악교육공학, 16, 179-192.

노석준, 문승태, 장선철(2008). 교육연구 방법 및 통계. 서울: 동문사.

민경훈, 김신영, 김용희, 방금주, 승윤희, 양종모, 이연경, 임미경, 장기범, 조순이, 주대창, 현경실(2017). 음악교육학 총론. 서울: 학지사.

박성우, 정은경(2015). 사물놀이 활동이 초등학생의 인성발달에 미치는 영향. 예술교육연구, 13(2), 45-58.

박은영(2014). 유아의 음악적 태도 및 음악적 능력과 자기조절 능력 간의 관계. 예술교육연구, 12(3), 43-164.

박정엽, 이명진(2016). 현악 연주를 전공하는 음악대학 학생들의 연주불안과 연주능력과의 관계. 음악교육연구, 45(4), 73-91.

박현아, 문혜련(2015). 숲 체험을 통한 음악활동이 유아의 음악적 유창성 · 독창성 · 상상력에 미치는 영향. 음악교육연구, 44(4), 97-115.

박형신(2013). 국악감상을 토대로 한 이야기 꾸미기 활동이 유아의 창의 · 인성과 국악능력에 미치는 영향. 국악교육연구, 7(2), 29-51.

방은영(2012). 음악 감상활동을 통한 다문화 교육이 유아의 정서지능 향상에 미치는 효과. 음악교육연구, 41(3), 181-204.

방은영(2017). '음악하기(Musicing)' 활동 프로그램이 예비유아교사의 음악적 자아개념과 음악교수효능감에 미치는 효과. 음악교육공학, 30, 73-94.

변창진(1997). 교육평가. 서울: 학지사.

석문주(2004). 음악교육의 최근 연구동향을 통한 우리나라 음악교육연구의 새로운 접근. 음악교육연구, 27, 91-128.

성태제(2016a). 교육연구 방법의 이해. 서울: 학지사.

성태제(2016b). 현대교육평가. 서울: 학지사.

손승혁(2016). 다양한 음악 활동을 통한 비행청소년의 인성 변화 조사. 음악교육공학, 29,

63-94.

순진이(2015). 음악하기(Musicing) 프로그램이 아동의 정보처리기능 및 공간능력에 미치는 효과. 음악교육연구, 44(4), 147-173.

신지혜(2015). 면대면 강의와 화상 강의가 예비 문화예술교육사의 수업 만족도 및 효능감에 미치는 영향 비교 분석. 음악교육공학, 22, 83-102.

신혜경(2015). 예비음악 교사의 다문화 교육에 관한 태도, 인식 및 효능감 조사 연구. 음악교육공학, 25, 193-214.

심민서, 김영연(2012). 어린이집 교실에서의 피아노 활용에 대한 원장의 인식. 음악교육연구, 41(3), 205-226.

안경숙, 김소향(2011). 그림책과 요리 활동을 활용한 창의적 음악 만들기 활동이 유아의 음악성과 창의성에 미치는 효과. 음악교육연구, 40(3), 85-107.

연은모, 신종호, 최효식, 최예은, 이주연(2014). 예술 고등학교 음악 전공 학생들의 학교생활만족도에 대한 탐색적 연구. 음악교육연구, 43(4), 163-185.

염현경(1998). 유아의 일상적 스트레스 척도 개발 및 타당화 연구. 이화여자대학교 대학원 박사학위논문.

우은정, 구정모, 정은경(2014). 상급학생 또래교수를 이용한 놀이중심의 전래동요지도가 창의적 신체표현력 및 학습만족도에 미치는 영향. 예술교육연구, 12(4), 103-121.

윤관기(2015). 동료피드백과 자기평가 활동이 초등예비 교사의 음악교과 자기효능감 향상에 미치는 연구. 예술교육연구, 13(1), 37-54.

윤문정(2013). 오르프 기악합주 프로그램과 예비 초등교사의 자기효능감. 음악교육공학, 17, 1-16.

윤문정(2015). 교과서 다문화 악곡의 음악 구성 요소와 다문화 요소에 대한 예비 초등교사의 인식조사. 음악교육연구, 44(2), 119-140.

윤선희(2010). 5세 유아의 음악적성과 지능검사하위항목 및 하위척도와의 상관관계. 음악교육연구, 39, 1-26.

윤은미(2015). 두 곡의 음악감상을 통한 음악적 요소 탐색과 표현활동이 유아의 음악적 능력과 음악적 태도에 미치는 영향. 음악교육연구, 44(4), 195-219.

이영미, 장근주(2016). 2015 개정 음악과 교육과정에 따른 교과 역량 증진에 관한 인식조사 연구. 음악교육연구, 45(2), 187-221.

임명희(2003). 음악 감상을 통한 다문화 교육활동이 유아의 정서 능력에 미치는 영향. 전남대학교 대학원 석사학위논문.

장근주, 고승희(2013). 오디에이션 학습이 음악인지능력과 음악수업 흥미도에 미치는 영향. 음악교육연구, 42(2), 143-159.

장근주, 심소연(2013). 대학 음악 전공자들의 자기효능감과 연주자신감의 상관관계. 음악교육연구, 42(4), 101-120.

장훈, 전인옥(2016). 세계 전래동요를 활용한 음악극 활동이 유아의 놀이성과 친사회적 행동에 미치는 효과. 음악교육연구, 45(1), 67-92.

전경원(2001). 유아도형 창의성 검사. 서울: 학지사.

정윤선(2015). 오르프 교수법에 기반한 음악교육 프로그램이 유아의 음악적 창의성에 미치는 효과. 음악교육연구, 44(1), 185-217.

정은경(2013). 사물놀이를 통한 초등예비 교사들의 국악에 대한 인식변화. 국악교육, 35, 111-128.

정재은, 석문주(2014). "음악교육연구" 분석을 통한 우리나라 음악교육연구의 동향. 음악교육연구, 43(1), 165-188.

조대현(2013). 개념도를 활용한 교사교육이 예비유아교사의 음악적 자아개념과 교수효능감에 미치는 영향. 음악교육공학, 17, 121-143.

조원경, 한정섭(2014). 서울지역 대학주도 방과후학교 (예비)사회적기업 음악교육프로그램 만족도 및 요구분석연구. 음악교육연구, 43(1), 189-228.

조정은(2012). 방과후학교 음악프로그램이 ADHD성향 청소년의 사회적기술에 미치는 영향. 음악교육공학, 14, 227-244.

조정은(2016). 문화예술교육 프로그램을 통한 시설청소년의 자기표현 과정에 대한 질적 연구. 음악교육공학, 29, 201-219.

주성희(2016). 교육대학원 음악교육전공 석사 논문의 주제유형 분류조사. 학습자중심교과교육연구, 16(1), 961-976.

주희선(2013). 음대생들의 희망직업과 진로 자기효능감 조사. 음악교육연구, 42(4), 187-208.

최영경, 정미라(2014). 예비유아교사의 음악극 공연 경험이 자기주도적 학습능력과 자기효능감에 미치는 효과. 음악교육연구, 43(3), 135-156.

최은식, 권덕원, 문경숙, 석문주, 승윤희(2014). 음악교육연구 방법. 경기: 교육과학사.

최진호, 정완규(2011). 피아노 전공 대학생들의 연주불안과 연주경험과의 관계. 음악교육연구, 40(1), 169-190.

최진호(2012). 음악 전공 대학생들의 학업성취요인 분석 및 전공실기성취도와 전체학업성취도 간의 관계. 음악교육연구, 41(1), 89-111.

최효식, 신종호, 권수진, 최예은, 연은모(2013). 연주자의 스트레스에 영향을 미치는 개인의 내적 특성 및 경험 변인의 탐색: 연주불안과 학습된 무기력을 중심으로. 음악교육연구, 42(4), 235-262.

한국교육심리학회(2000). 교육심리학 용어사전. 서울: 학지사.

허수연, 김미숙(2013). Stake의 반응적 평가에 의한 음악과 창의적 체험활동을 통한 인성교육 활성화 방안에 대한 평가. 음악교육공학, 17, 267-282.

현경실(1999). 초등학교 음악수업의 실태 조사. 음악교육연구, 18, 49-78.

현경실(2004). 한국음악적성검사. 서울: 학지사.

현경실(2012). 중학교 음악과의 수행평가 실태조사 연구. 교과교육학연구, 16(4), 981-

999.

현경실(2016). Kids' MAT 유아음악적성검사의 이해와 활용. 서울: 인싸이트.

Anastasi, Anne. (1988). *Psychological Testing*. New York: Macmillan.

Gembris, H., & Davidson, J. W. (2002). Environmental influences. In R. Parncutt & G. McPherson (Eds.), *The science and psychology of music performance: Creative strategies for teaching and learning* (pp. 17–30). Oxford: Oxford University Press.

Radocy, R. E., & Boyle, J. D. (2003). *Psychological foundations of musical behavior* (4th ed.). Springfield: Charles C. Thomas.

Woolfolk, A. E. (1995). *Educational psychology*. New York, NY: A Simon & Schuster.

제19장

학생의 음악과 수행 및 성취에 대한 평가

윤문정

1. 음악과 수행 및 성취 평가의 이해

학교에서 평가를 하는 이유는 학생들의 학습성취 정도와 교육목표 달성 여부 등을 파악하여 교육이 제대로 되고 있는지 알아보고, 평가 결과를 토대로 다양한 행정적인 일을 계획하고 추진하여 교육을 발전시키기 위해서이다. 이렇듯 평가는 하나의 독립된 영역이 아닌 일련의 교육과정이라고 할 수 있으며, 교육이 바르게 되고 있는지 효과를 내고 있는지를 알 수 있는 방법은 평가밖에 없다(민경훈 외, 2014).

음악과 평가는 "음악적 역량, 즉 능력이나 지식 혹은 태도 등에 대해 정한 기준에 따라 도달 정도를 판단하는 행위"(승윤희 외, 2014) 또는 "음악적 행동에 대한 객관적·주관적 성격의 자료를 수집하고 이를 근거로 이루어지는 판단"(권덕원 외, 2017)이라고 정의를 내릴 수 있다. 2015 개정 음악과 교육과정에서는 평가의 방향에 대해 "교과의 성격과 교수·학습 내용에 따른 타당하고 신뢰성 있는 다양한 평가방법을 활용함으로써 음악과 교육과정의 목표를 구현할 수 있는 평가가 되도록 한다"라고 기술하고 있고, 수업을 통해 다루어진 내용을 평가해서 타당도와 신뢰성을 높이고 평가 결과를 교수·학습 계획과 수업 개선을 위한 자료로 활용해야 한다는 점을 명시하고 있다.

음악과 평가의 내용은 심동적·인지적·정의적 영역으로 나눌 수 있는데, 심동적 영역은 기능적 측면에 대한 평가이고 인지적 영역은 이론적인 부분의 평가를 의미하며, 정의적 영역은 태도나 느낌 등에 대한 평가를 포함한다(김용희, 2016). 성취도 평가는 크게 두 가지—필기고사와 수행평가—로 나눌 수 있고, 평가를 하는 방법은 관찰 평가, 지필 평가, 실기 검사, 면접 평가, 자기평가, 동료 평가, 포트폴리오 등 매우 다양하다(민경훈 외, 2014). 1990년대 이후에는 단순히 학생들의 성취 정도를 평가하는 평가 방식에 대한 비판이 일면서 학생의 문제해결력을 향상시키고 학생 스스로 학습을 관리할 수 있는 수행평가가 강조되고 있다. 수행평가는 "학생 스스로 자신의 지식이나 기술을 나타낼 수 있도록 답을 작성하거나 산출물을 만들거나 행동으로 나타내는 것"(백순근, 1999)을 말하는데, 학생이 보여 주는 모든 음악 행위를 평가하는 것으로 그 개념의 의미가 넓기 때문에 교사나 학생들은 수행평가에 대해서 잘 알고 있어야 한다.

학생의 음악 수행 및 성취에 대한 평가를 공정하고 객관적으로 하기 위해서는 교사나 학생 모두 평가의 개념, 내용, 방법 등에 대하여 잘 숙지하고 있어야 하며 평가가 올바르게 되도록 지속적으로 관심을 갖고 노력을 기울여야 한다. 이러한 노력의 일환으로 그동안 진행되어 온 음악과 수행 및 성취 평가에 대한 연구를 살펴보는 것은 의미 있는 작업이 될 것이다. 따라서 이 장에서는 학생의 수행 및 성취도 평가를 주제로 한 최근 10년간의 연구를 조사·분석하고, 앞으로 수행될 연구가 나아가야 할 방향을 제안하고자 한다.

2. 음악과 수행 및 성취 평가의 연구 동향

초·중등 학생의 음악 수행 및 성취에 대한 평가의 연구 동향을 파악하기 위해서 2007년부터 2017년 사이에 우리나라에서 발표된 석·박사 학위논문과 학술지 연구논문을 살펴보았는데, 이 장에서는 학술지에 실린 연구논문만 추려서 소개하였다. 먼저, 논문 초록을 검색하여 연구 주제와 내용을 조사·분석하였고 내용에 대한 상세한 정보가 필요하다고 판단한 경우에는 논문 전문을 내려받아 살펴보았다.

논문들을 내용영역, 연구 주제, 연구 방법별로 분류하여 정리한 후, 그중 몇 편의 연구 내용을 간략하게 정리하여 소개하였다.

1) 내용영역별 연구 동향

평가와 관련된 음악과 내용영역을 조사해 본 결과, 하나의 영역만 연구한 경우도 있었고 여러 영역을 연구한 논문도 있었지만 여기서는 하나의 영역을 중점적으로 연구한 논문들만 소개하고자 한다.

내용영역별로 살펴보면 가창영역(김희라, 2011), 기악영역(이가원, 2008; 정재은, 강선영, 2009; 최은식 외, 2008), 창작영역(김일영, 2016), 감상영역(곽소정, 길태숙, 2012)은 골고루 연구가 수행되어 왔다. 반면, 음악 요소 및 개념(이해) 영역 관련 연구는 대부분 석사학위논문이 많았고, 생활화 영역과 관련된 연구는 거의 이루어지지 않았다.

김희라(2011)는 국악 가창곡 '강강술래'를 중심으로 교수 · 학습 과정과 연계된 평가 방안에 대해 연구하였다. 소리 탐색 및 반응하기, 바른 자세로 호흡하고 발성하기, 듣고 부르기 단계를 통해서 1차 학습목표를 달성하였는지 확인하고, 보고 부르기, 특징 살려 부르기를 통해서 교수 · 학습과정 심화 및 2차 학습목표에 도달했는지 알아보았다. 최종적으로 다양한 방법으로 노래 부르기를 하면서 생활화 영역까지 평가하는 방안을 제시하였다.

김일영(2016)은 창작영역에 대한 평가방법을 개선하고자 스마트 앱을 활용한 음악창작 프로젝트학습 평가모델을 개발하였다. 이를 위해서 '준비' '계획' '실행' '발표' 단계로 나누어 각 단계별로 교수 · 학습 지도안, 수행과제별 평가방법 및 도구, 수행 결과에 대한 평가척도, 피드백, 수준별 심화 · 보충학습 자료로 구성된 평가모델을 개발하였다. 그리고 이것을 교육 현장에 적용한 뒤 학생 만족도 조사와 면담을 통해서 현장 적용 가능성에 대해 검증하였다.

내용영역별 연구의 주요 내용을 정리하면 〈표 19-1〉과 같다.

〈표 19-1〉 내용영역별 주요 내용

영역		주요 내용
표현	가창	• 가창영역 평가도구 개발 • 국악 가창영역 평가 • 가창영역 평가기준 개발
	기악	• 단소 수행평가 도구 개발 • 리코더 수행평가 • 연주 능력 검사 및 규준 개발
	창작	• 창작영역 포트폴리오 평가 • 창의성 신장을 위한 창작 수행평가 • 창작 프로젝트 평가모델 개발 • 스마트 기기 기반 창작영역 평가
감상		• 감상영역 포트폴리오 평가 • 스마트 기기 기반 감상영역 평가 • 국악 감상영역 평가
생활화		• 생활화 영역 관련 창작활동 평가
음악 요소 및 개념 (이해)		• 고등학교 '음악이론' 평가 절차 개발 • 이해영역 실음 지필 평가도구 개발 • 초등 음악교과 이해영역 평가도구 개발

2) 연구 주제별 연구 동향

연구 주제는 매우 다양하였으나 크게 음악과 평가방법 및 도구, 평가기준, 그리고 평가 실태로 범주화할 수 있었다. 최근 10년 동안 평가도구를 개발하는 연구(김경태, 김민정, 2016; 박은덕, 김일영, 2016; 정은정, 2017)와 평가기준을 분석·개발하는 연구는 활발하게 진행되어 왔고(정재은, 2009; 정재은, 강선영, 2009; 채로이아, 민경훈, 2013; 최은식 외, 2008), 학교에서 평가가 어떻게 이루어지고 있는지 알아보는 평가 실태 연구도 꾸준하게 발표되었다(권수미, 이지숙, 2010; 현경실, 2012).

박은덕, 김일영(2016)은 학생 중심의 수행평가 구현을 목적으로 초·중·고등학생을 대상으로 수행과제와 평가방법을 개발하고 평가요소와 평가척도를 제시하였다.

채로이아, 민경훈(2013)은 수행평가 준거를 내적 준거와 외적 준거로 나누고 내적 준거는 음악 교과 내용의 요소와 특성, 외적 준거는 음악 수행과제의 활용도 및 유용성을 중심으로 분류한 후 하위 요소로서 19개의 세부 영역을 개발하였다. 정재은, 강선영(2009)은 학령기 학생들의 연주수행능력 기준표를 개발하였는데, 주요한 요소에 따라 상, 중, 하 3단계로 평가기준을 제시하였다.

권수미, 이지숙(2010)은 고등학교 1학년 학생들과 음악 담당 교사 5명을 대상으로 2009년부터 실행하고 있는 3등급제 평가방식이 실제 학교에서 어떤 영향을 주고 있는지 알아보는 실태 조사를 하였다.

연구 주제별 주요 내용을 정리하면 〈표 19-2〉와 같다.

〈표 19-2〉 연구 주제별 주요 내용

연구 주제	주요 내용
평가방법 및 도구	• 평가도구 분석 • 수행평가 도구 개발 • 지필 평가 문항 개발 • 포트폴리오 평가도구 분석 및 개발 • 실음지필 평가도구 개발 • 음악 감상 평가지 개발 • 음악과 논술형 평가 문항 개발
평가기준(규준/준거)	• 수행평가 기준 개발 • 수행평가 규준 분석 • 연주 평가 루브릭 개발
평가 실태 조사	• 수행평가 실태 조사 • 수행평가에 대한 학생 인식 조사

3) 연구 방법별 연구 동향

연구 방법은 크게 분석 연구(정재은, 2009a, 2009b, 2010; 최윤경, 2010), 실험 연구(김경태, 김민정, 2016), 조사 연구(현경실, 2012)로 분류할 수 있었다. 정재은(2009a)은 중학교 1학년 음악교과서와 지도서에 제시된 평가도구를 비교·분석하는 연구와 음악과 영역별 수행평가방법 및 규준을 분석하였다. 또한 정재은(2009b)은 미국 국가학업성취평가(NAEP) 예술평가 부분 중 음악평가 부분도 세밀하게 분석하였다. NAEP 예술평가 부분의 개발과정과 구성, 목표 등을 살펴보고, 음악평가의 내용, 성취수준의 제시방법, 실제 검사 문항의 구성, 표집 및 채점의 방식 등을 알아보고,

이를 바탕으로 우리나라 학생을 대상으로 하는 음악성취도 검사도구 개발에 필요한 제언을 하였다. 최윤경(2010)은 초등학교에서 실시하는 음악 지필 평가 문항을 분석하고 음악 지필 평가가 갖고 있는 문제점에 대하여 알아보았다.

평가도구를 학생들에게 적용해 보고 결과를 알아본 실험 연구는 그 수가 많지 않았는데, 김경태와 김민정(2016)은 음역이 각기 다른 변성기 학생들의 개인차를 고려해서 다양한 조성의 반주가 제시된 스마트 기기를 개발하고 이 기기를 사용한 중학교 1학년의 수업에 대한 흥미와 학업성취 효과를 검증하였다. 총 4개 반 110명이 연구 대상이었는데 이 중 통제집단인 2개 반은 개발된 도구를 사용하지 않고 총 4차시에 걸친 가창 수행평가를 보았고, 실험집단인 나머지 2개 반은 개발된 도구를 활용하여 변성기 학생들의 조성에 맞추어 가창 수행평가를 보았다. 수행평가가 실시된 후에 학생흥미도와 학업성취도를 알아보고 개발된 도구의 효과성을 검증하였다.

조사 연구는 평가가 학교 현장에서 어떻게 실행되고 있는지에 대한 실태 조사 연구와 평가에 대한 학생들의 인식 연구가 있었다. 현경실(2012)은 서울과 경기도에 있는 중학교 119개 학교, 321명의 학생을 대상으로 우리나라에서 시행되고 있는 음악과 수행평가의 실태 조사를 실시하였다. 연구 결과, 전체 평가 중 수행평가를 70% 정도 적용하는 학교가 가장 많았고, 수행평가의 기준은 '매우 우수-우수-보통-노력 필요-매우 노력 필요' 형태가 가장 많은 것으로 나타났다. 이 결론을 바탕으로 다양한 형태의 평가와 객관적인 평가기준을 개발할 것을 제안하였다.

연구 방법별 주요 내용을 정리하면 〈표 19-3〉과 같다.

〈표 19-3〉 연구 방법별 주요 내용

연구 방법	주요 내용
분석 연구	• 교육과정 분석 • 음악과 평가도구 분석 • 수행평가 규준 분석 • 음악과 평가 문제점 분석
실험 연구	• 스마트 기기 평가도구 개발 및 효과성 검증 • 포트폴리오 평가도구 적용
조사 연구	• 실음평가 실태 조사 • 수행평가 실태 조사 • 수행평가에 대한 학생 인식 조사

3. 음악과 수행 및 성취 평가의 연구 과제 및 전망

음악교육에서 평가는 음악교육의 질을 향상시키기 위해 반드시 필요하지만, 이러한 목적을 달성하기 위해서는 제대로 된 평가가 이루어져야 한다. 음악과 평가는 객관성과 공정성을 확보한다는 것이 쉽지 않기 때문에 그동안 많은 연구자들이 음악 교과의 본질과 특성을 살리면서 객관적이고 타당한 평가가 이루어질 수 있도록 노력을 기울여 왔다. 이 연구에서는 학생의 음악 수행 및 성취도 평가와 관련된 최근 10년간의 연구를 살펴보았고, 이를 토대로 향후 연구 방향에 대한 제안을 하고자 한다.

내용 영역별로는 가창, 기악, 창작, 감상 영역은 비교적 골고루 연구되어 왔다. 반면, 음악 요소 및 개념과 생활화 영역 평가에 대한 연구는 타 영역에 비해서 많이 이루어지지 않고 있는 것으로 나타났다. 특히 생활화 영역에 대한 평가는 음악을 즐기는 태도에 대한 명확한 평가기준을 세우기가 쉽지 않고, 학생들이 음악을 생활화하는 데 평가가 오히려 지장을 줄 가능성도 있기 때문에 이 문제들을 해결하면서 제대로 된 평가를 할 수 있는 방안이 연구되어야 할 것이다. 어느 영역이 중요하다고 말하기 어려운 만큼 앞으로도 각 영역별로 균형 있는 연구가 꾸준하게 실행되길 기대한다.

최근 10년간 음악과 평가와 관련된 연구 주제는 음악과 평가를 위한 도구 개발, 평가 기준 및 규준, 평가 실태 등이었다. 이 중에서 평가도구의 문제점에 대해 논의하고 평가도구를 개발한 연구자가 가장 많았는데, 이것은 평가자와 평가 대상자가 모두 동의하는 타당하고 객관적인 평가 결과를 얻기 위한 노력으로 생각된다. 평가 기준에 대한 연구가 많은 것도 같은 맥락에서 이해될 수 있을 것이다. 한 가지 제안을 하자면 다른 나라의 평가방법, 기준, 실태에 대한 연구가 많지 않았는데, 앞으로는 다른 여러 나라의 음악과 평가에 대한 실태 조사 및 분석 연구도 활발히 이루어지길 바란다. 다른 나라의 음악과 평가가 어떤 내용과 방법으로 실행되고 있는지를 알아보는 것은 우리나라의 음악과 평가를 점검하고 계획하는 데 도움이 될 것이다.

연구 방법별로는 분석 연구, 실험 연구, 조사 연구가 있었는데 이 중에서 가장 많은 연구 방법은 분석 연구였다. 문제점을 발견하고 평가의 향방을 결정하기 위해서 도구나 교육과정을 분석하는 것은 매우 의미 있는 일이다. 하지만 이에 비해서 실험 연구는 상대적으로 그 수가 적었다. 현재 우리가 사용하고 있는 평가도구의 유용성, 연구자가 새로 개발한 평가도구의 실행 가능성, 평가 결과의 타당성 등에 대해 실험을 통해 알아보는 연구가 활발히 이루어지길 기대한다.

2015년 개정 음악과 교육과정에는 음악 교과의 성격에 대해서 "다양한 음악활동을 통해 음악의 아름다움을 경험하고, 음악성과 창의성을 계발하며, 음악의 역할과 가치에 대한 안목을 키움으로써 음악을 삶 속에서 즐길 수 있도록 하는 교과"라고 설명하고 있다. 또한 "음악적 정서 함양 및 표현력 계발을 통해 자기표현 능력을 신장하고 자아정체성을 형성하며, 문화의 다원적 가치 인식을 통해 타인을 존중하고 배려하는 소통 능력을 지닌 인재 육성"을 음악 교과 목표로 하고 있다. 음악과 평가는 이러한 음악과의 고유 성격을 살리면서 목표에 도달하기 위한 일련의 과정이 되어야 한다. 점수를 내기 위한 평가가 아닌 음악교육의 궁극적 목적을 달성할 수 있는 평가가 될 수 있도록 학생들의 수행 및 성취 평가와 관련된 다양한 연구가 지속적으로 실행되길 바란다.

 참고문헌

곽소정, 길태숙(2012). 스마트 디바이스 기반 리듬액션 게임을 활용한 초등학교 음악 감상 수업에서의 학습 평가, 학습 몰입, 학습 만족 연구. 한국게임학회논문지, 12(1).

교육부, 한국교육과정평가원(2015). 2015 개정 음악과 교육과정 시안 개발 연구 보고서. 서울: 한국교육과정평가원.

권덕원, 석문주, 최은식, 함희주(2017). 음악교육의 기초. 경기: 교육과학사.

권수미, 이지숙(2010). 음악 교과의 평가기록 방식 전환 이후 실태 조사 및 개선방안 연구. 음악교수법연구, 6, 1-15.

김경태, 김민정(2016). 스마트 기기를 활용한 변성기 학생의 가창 수행평가 맞춤형 지원 도구 개발 및 효과성 검증. 음악교육공학, 28, 73-90.

김용희(2016). 창의적 음악교육. 경기: 음악세계.

김일영(2016). 스마트교육 기반 창작 프로젝트 평가모델 개발. 음악교육연구, 45(2), 69-94.

김희라(2011). 국악 가창 영역의 평가 적용 방안: 초등학교를 중심으로. 국악교육연구, 5(2).

민경훈, 김신영, 김용희, 방금주, 승윤희, 양종모, 이연경, 임미경, 장기범, 조순이, 주대창, 현경실(2014). 음악교육학총론(2판). 서울: 학지사.

박은덕, 김일영(2016). 학생 성장을 위한 음악과 평가모델 개발. 교원교육, 32(2), 89-110.

박주만(2012). 국악교육의 수행평가를 위한 루브릭 개발 연구: 초등학교 3, 4학년 제재곡을 중심으로. 국악교육, 33, 69-100.

백순근(1999). 수행평가의 이론과 실제. 서울: 학지사.

승윤희, 민경훈, 양종모, 정진원(2014). 예비 교사와 현장 교사를 위한 초등음악교육. 서울: 학지사.

이가원(2008). 초등 현악 프로그램의 평가 모형 개발. 이화음악논집, 12(2), 97-121.

정은정(2017). 국악의 영역별 수행평가 도구 개발 및 활용에 관한 연구. 한국교원대학교 대학원 박사학위논문.

정재은(2009a). 음악과 영역별 수행평가방법 및 규준에 대한 분석. 과학과 문화, 6(4), 11-20.

정재은(2009b). 미국 국가학업성취평가(NAEP)의 내용분석: 2008년 음악을 중심으로. 예술교육연구, 7(2), 105-121.

정재은(2010). 중등음악교재에 제시된 평가 도구의 비교 및 분석. 교원교육, 26(1), 21-36.

정재은, 강선영(2009). 학령기 학생을 위한 연주수행능력 평가도구의 개발. 음악교육연구, 36, 235-260.

채로이아, 민경훈(2013). 음악과 수행평가 준거에 관한 연구. 교원교육, 29(3), 91-113.

최윤경(2010). 초등학교 음악 지필 평가 문항의 문제점 분석. 음악교육연구, 39, 101-128.

최은식, 권덕원, 정재은, 석문주(2008). 한국 초등학교 3-4학년 학생을 위한 연주능력검사 및 전국 규준 개발 연구. 음악교육연구, 34, 171-196.

현경실(2012). 중학교 음악과의 수행평가 실태조사 연구. 교과교육학연구, 16(4), 981-999.

제20장

음악과 교육과정에 따른 평가기준 연구

장근주

1. 음악과 교육과정 평가기준 개발 연구의 이해

제7차 교육과정부터 2015 개정 교육과정에 이르기까지 교육부는 교육과정이 개발된 후에 이를 기반으로 음악과 평가기준의 연구를 후속으로 개발·보급하였다.

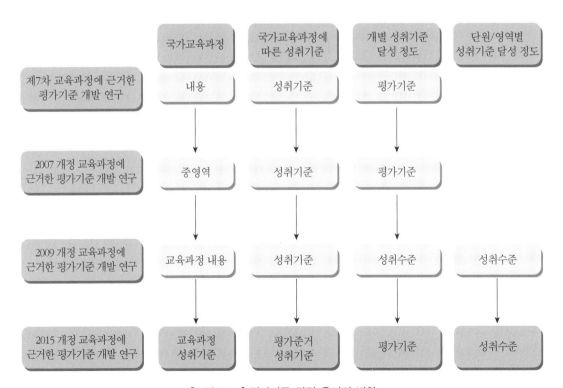

[그림 20-1] 평가기준 관련 용어의 변화

출처: 이미경 외(2016).

평가기준 개발 연구는 학교교육에서 교수 · 학습과 평가가 원활히 정착하는 것을 돕기 위하여 먼저 성취기준과 평가기준을 개발하고, 이것이 학교 현장에서 실제적으로 적용될 수 있는 지침이 되는 예시 평가도구를 제시하는 것을 기본으로 한다. 이에 따라 평가기준 개발과 관련된 용어들도 교육과정의 개발 방향에 따라 변화되어 왔다. [그림 20-1]은 평가기준 관련 용어의 변화과정을 보여 주고 있다.

1) 성취기준

우리나라에서 성취기준(achievement standards)의 용어는 허경철 등(1996)의 '국가 공통 절대평가 기준 일반모형 개발 연구'에서 처음으로 사용되었다. 여기서 사용된 기준은 1994년 미국의 기준 중심 교육과정에서 'standards'를 번역한 것이다. 미국에서의 기준은 "미국 내 모든 공립학교에서 공통적으로 가르치고 배워야 할 핵심적인 교육내용을 상세하게 한 것"으로 정의하고 있다(이경언, 장근주, 박지현, 2012). 반면에 2015 개정 교육과정 고시 문서 '일러두기'에서는 성취기준을 "학생들이 교과를 통해 배워야 할 내용과 이를 통해 수업 후 할 수 있거나 할 수 있기를 기대하는 능력을 결합하여 나타낸 수업 활동의 기준"으로 소개하고 있다.

2) 평가기준

평가기준(assessment standards)이란 '과목별 평가활동에서 실질적인 기준 역할을 할 수 있도록 각 평가 영역에 대하여 학생들이 성취한 정도를 몇 개의 수준(예: 상, 중, 하)으로 나누어, 각 수준에서 기대되는 성취 정도를 구체적으로 진술한 것'이다. 평가기준은 준거참조 평가에서의 '준거(criterion)' 역할과 '분할점(cutoff/passing line)'의 두 가지 의미를 모두 포함하는 것이다. 이는 교사가 특정한 영역에서 학생 수준을 평가하려고 할 때, 어떤 방식과 어떤 관점으로 평가할 것인가, 또 학생들의 수준을 무엇에 근거해 판단할 것인가를 결정하는 지침으로 활용되고 있다.

3) 성취수준

2009 개정 교육과정은 '성취평가제' 시행의 근간으로 개발된다는 점에서, 평가기준 대신에 성취수준(achievement levels)이라는 용어를 사용하였다. 이는 2009 개정

교육과정에서 성취수준 개발은 각 성취수준별로 학생들이 무엇을 알고, 무엇을 할 수 있는지에 대한 특성을 설명하여 각 수준 간 질적 차이를 제시함으로써, 교사가 학생들을 평가한다는 의미보다는 학생들이 성취한 정도를 파악하는 평가 활동과 관련된 실질적인 지침을 제공한다는 의미를 포함하고 있다. 하지만 2015 개정 교육 과정에서 성취수준은 다시 평가기준으로 용어가 변경되었다.

4) 평가준거 성취기준

평가준거 성취기준은 2015 교육과정 평가기준 개발 연구에서 새로이 도입된 용어로, 교육과정에 제시된 성취기준을 평가 활동에서 판단의 기준이 될 수 있도록 재구성하는 것을 의미한다. 이는 학교에서의 구체적인 평가 상황을 고려하여 학생 입장에서는 무엇을 공부하고 성취해야 하는지, 교사 입장에서는 무엇을 가르치고 평가해야 하는지에 관하여 구체적으로 안내하도록 하는 지침으로 재해석되어서 사용되었다.

5) 단원/영역별 성취수준

단원/영역별 성취수준은 각 단원 또는 영역에 해당하는 교수·학습이 끝났을 때 학생이 성취하기를 기대하는 지식, 기능, 태도에 도달한 정도를 기술한 것으로 A/B/C/D/E 또는 A/B/C로 표기되었다. 2009 개정 교육과정에서 처음으로 사용되었으며 2015 개정 교육과정에서도 같은 용어로 사용되고 있다. 단원/영역별 성취수준은 단원 또는 영역 내 성취기준들을 포괄하는 전반적인 특성에 도달한 정도를 성취수준별로 구분해 진술한 것이다.

2. 음악과 평가기준 개발의 연구 동향

1) 음악과 교육과정에 따른 평가기준 개발 연구

평가기준 개발 연구는 교육과정이 개발될 때마다 교육과정의 성공적인 안착을 위하여 국가 수준에서 수행되었다. 평가기준은 학습자의 성취 정도를 판단할 수 있도록 교육과정의 성취기준을 몇 개의 수준으로 나누어 각 수준에서 기대되는 성취 정도를 구체적으로 제시하여 교육과정의 현장 적용과 질 관리가 가능하기 때문이다. 이에 음악과 평가기준 연구가 시작된 제6차 교육과정을 시점으로 2015 개정 교육과정의 평가기준의 개발 연구까지의 내용을 요약하면 다음과 같다.

(1) 제6차 음악과 교육과정에 따른 평가기준 개발 연구

우리나라에서 처음으로 수행한 음악과 평가기준 개발 연구는 허경철 등(1997)의 '음악 I 국가 공통 절대평가 기준 개발 연구'이다. 이 연구에서는 음악 교과의 절대평가를 위한 모형을 설계하여, 이를 중심으로 고등학교 1학년 학생들의 음악적 성취도를 평가하기 위한 음악 교과의 성취기준 및 평가기준을 개발하였다. 이후에 양종모 등(1998)은 1996년부터 1998년까지 국가 교육과정에 근거한 총론의 평가 연구를 기초로, 우리나라 고등학생들의 음악 교과의 성취도를 평가하기 위하여 교육과정에 근거한 성취기준, 평가 기준, 평가 문항, 등급화 방안을 개발하였다.

(2) 제7차 음악과 교육과정에 따른 평가기준 개발 연구

제7차 교육과정에 근거한 평가기준 개발 연구는 2000년에 중학교를 대상으로 성취기준과 평가기준 및 예시 평가도구 개발에 대한 연구가, 2001년에는 초등학교와 고등학교 1학년을 대상으로 연구가 진행되었다. 이 연구는 국가 차원에서 절대평가의 기준을 마련하기 위하여 음악과 평가와 관련된 국내외 문헌 및 기초 연구를 분석하여, 제7차 교육과정에 근거한 음악과 평가기준과 예시 평가도구를 개발하여 학교에서의 교수·학습 활동 및 평가를 개선하기 위해 수행되었다(이경언, 양종모, 조재현, 2000, 2001a, 2001b).

(3) 2007년 개정 음악과 교육과정에 따른 성취기준 및 평가기준 개발 연구

2007년 개정된 음악과의 성취기준 및 평가기준과 예시 평가도구 개발 연구는 초등학교 3학년부터 고등학교 1학년까지 공통교육과정을 대상으로 하였다. 이 연구는 학교 현장에서 이루어지는 수업 및 평가를 고려하여, 성취기준을 개발하기 위한 기본 단위 영역을 가창, 기악, 창작, 감상으로 구분하였고 새롭게 강조되어 신설된 영역인 생활화를 추가하여 개발하였다(조성기 외, 2009). 이 연구는 교육과정의 '활동' '이해' '생활화' 영역의 내용들을 기반으로 학년별 위계가 드러나도록 하였으며, 이해 영역과 활동영역의 내용들이 함께 학습될 수 있도록 방향을 설정하여 개발되었다.

(4) 2009년 개정 음악과 교육과정에 따른 성취기준 및 평가기준 개발 연구

2009년 개정된 음악과 교육과정은 초 · 중등에서는 학년군별 교육과정 체제와 성취평가제 도입에 따라 새로운 평가방식에 부합하는 음악과 교수 · 학습 및 평가의 준거 제공 및 여건 조성을 위한 음악과 성취기준 및 성취수준 개발 연구가 수행되었다. 고등학교는 선택교육과정으로 고등학교 심화과목이 여러 과목들로 구성되어 있으며 학교별로 선택하는 과목이 다르기 때문에 성취기준, 성취수준, 예시 평가문항을 교사들이 스스로 개발할 수 있도록 지침과 안내 자료인 매뉴얼을 제시하였고, 여러 심화 선택 과목 중 이론적인 내용인 음악사와 합창 · 합주 과목을 예시로 선정하여 개발하였다(이경언, 장근주, 박지현, 권현정 외, 2012).

(5) 2015년 개정 음악과 교육과정에 따른 성취기준 및 평가기준 개발 연구

2015 개정 음악과 교육과정의 평가 방향은 교과역량을 반영한 평가, 학생 참여 수업을 촉진하는 평가, 성취기준 특성에 부합하는 다양한 평가 등의 방법 활용을 기본으로 한다. 이에 따라 2015 개정 교육과정에 따른 초 · 중학교 음악과 평가기준 개발 연구(이경언 외, 2016)는 음악과 평가준거 성취기준, 평가기준, 단원/영역별 성취수준, 예시 평가도구를 학교 급으로 개발하였고 초 · 중등 교사들의 현장 적합성 검토를 통해 예시 평가도구 문항이 현장에서 활용될 수 있도록 하였다. 2015 개정 교육과정에 따른 고등학교 음악과 평가기준 개발 연구에서는 선택 과목과 전문 교과의 평가기준은 7개 교과(음악이론, 음악사, 합주, 시창 · 청음, 음악전공실기, 합창, 공연실습) 모두를 개발하고, 전문 교과의 예시 평가도구는 음악이론 1개, 음악사에서 2개를 개발하였다.

2017년에 연구된 음악과 세부 능력 및 특기사항 기록 예시 개발(장근주, 고승희 외, 2017; 장근주, 김주연 외, 2017)은 2009 개정 교육과정을 중심으로 영역 및 단원을 선정하고 이에 적합한 성취기준과 성취수준에 따라 교사의 출제 및 평가 의도를 기록하고 이에 근거한 수행평가 과정과 채점기준, 개별 수행평가 기록 예시를 작성하는 것을 기본으로 하였다. 이를 바탕으로 중학교와 고등학교에서 각각 5개의 기재 예시를 제작하여, 수업과 평가 기록이 연계되어 수행평가 결과의 피드백이 이루어져야 한다는 평가 본연의 취지를 살리고자 하였다.

2) 음악과 교육과정 관련 평가도구 개발 연구

음악과 교육과정 관련 평가도구 개발 연구는 주로 음악과의 수행평가를 중심으로 개발되었다(권덕원, 2013; 박은덕, 김일영, 2016; 이동남, 주태원, 최윤영, 2000; 장기범, 2000; 채로이아, 민경훈, 2013; 정은정, 2016, 2017; 정재은, 2007, 2010; 현경실, 2012). 평가도구 개발 연구는 7차 교육과정과 관련된 초등학교 국악 감상 평가도구 개발 연구(이동남, 주태원, 최윤영, 2000)와 중등 음악과 수행평가 도구 개발 연구(장기범, 2000)를 시작으로 한다. 이후 정재은(2007)은 제7차 교육과정을 중심으로 제작된 초등학교 3, 4학년의 교과서 및 지도서와 미국에서 널리 쓰이는 교재인 『Music Connection』의 평가부분을 음악적 행동, 응답양식, 주요 개념, 영역별 기준 등의 여러 각도에서 분석하고, 평가도구 제작 시 활용할 수 있도록 각 음악적 행동에 해당하는 평가 문항의 예를 제시하여 음악 수업에서의 다양한 평가방법 및 도구를 제안하였다. 권덕원(2013)의 연구는 3~4학년 중심으로 음악과 수행평가 프로그램의 방향과 2007 개정 음악과 교육과정의 내용체계를 살펴보고, 음악과 평가를 위한 수행평가의 유형 및 학습 영역에 따른 실제 사례를 제시하였다. 채로이아, 민경훈(2013)의 연구에서도 2009 개정 교육과정을 기본으로 음악과 수행평가 준거를 제작하였다. 개발된 음악 수행평가 준거는 레이프(Rief)의 분류에 따라 음악 교과 내용의 요소와 특성인 내적 준거와 음악 수행 과제의 활동도 및 유용성을 중심으로 한 외적 준거로 분류하였고, 음악 수행평가 준거는 내적 · 외적 준거의 특성에 따라 영역을 나누고 하위 요소로서 19개의 세부 영역을 개발하였다.

2015 개정 음악과 교육과정과 관련된 평가도구 개발은 주로 핵심역량을 중심으로 평가모델이 개발되었다. 먼저, 학생 성장을 위한 음악과 평가모델 개발 연구(박은덕, 김일영, 2016)는 학생 중심의 음악과 수행평가를 구현하기 위한 방안을 모색하고, 핵심역량을 토대로 피드백 전략이 강화된 학생 성장을 위한 음악과 평가 모델을 개발하는 것으로, 평가모델은 초 · 중 · 고등학생을 대상으로 한 5개 주제에 대해 3차시씩 총 15차시로 개발하였다. 핵심역량 기반 교육과정에서의 음악과 평가에 관한 연구(정은정, 2016)는 2015 개정 음악과 교육과정의 문서체계를 핵심역량을 중심으로 고찰하고, 교실 수준에서 핵심역량이 발현될 수 있도록 이를 평가할 수 있는 음악과의 평가방법으로 과정 중심 평가를 제안하였다. 국악의 영역별 수행평가 도구 개발 및 활용에 관한 연구(정은정, 2017)는 2015 개정 교육과정을 근거로 교수 · 학습의 과정에서 활용할 수 있는 국악의 수행평가 도구를 개발하고, 이를 구현

하기 위한 방안으로 제재곡 별 평가 문항의 예시를 제시하였다. 이 연구에서는 영역별 기능의 학습활동이 독립적으로 이루어지는 것보다는 통합적으로 이루어져야 학습의 효과가 나타나고 의미 있는 평가가 된다는 것과, 평가도구는 반드시 한 기능에만 적용하는 것이 아니라 다른 기능에 따른 영역, 다른 교과와 융합한 교수·학습에서도 활용할 수 있도록 제작되어야 함을 제안하였다.

3) 음악과 교육과정 성취기준 적용 연구

음악과 교육과정 성취기준 적용 연구는 주로 학생들의 성취기준 도달 정도를 분석한 실태 연구가 주를 이룬다(권현정, 2013: 배승택, 김영복, 2003: 이영미, 2015: 장근주, 이영미 2017). 먼저, 배승택, 김영복(2003)은 7차 음악과 교육과정 이해영역에 대한 성취기준 도달 정도 실태를 분석하여, 현재 초등학교 학생들은 7차 교육과정에서 요구하고 있는 이해영역의 전체적인 면에서 성취기준의 도달 정도가 매우 낮은 것으로 나타남에 따라 음악교사들의 음악과 교육과정에 대한 전문성 신장을 위한 방안 마련이 필요함을 주장하였다. 권현정(2013)은 국악 관련 내용 고찰 및 성취기준, 성취수준을 적용한 평가 방안 연구가 있다. 이 연구에서는 2009 개정 교육과정에 따른 음악과 교육과정은 '국악교육의 질적 제고'를 내세운 2007년 개정 교육과정의 개정 방향을 유지하면서도 이를 수정·보완하였으나, 내용제시 방식의 변화, 즉 포괄적 수준으로 제시한 '성취기준'이 학교 현장에 미칠 수 있는 혼란을 최소화하고 실효성을 거두기 위해서는 보다 포괄성을 지닌 적절한 용어가 성취기준으로 제시되어야 하며, 더불어 다양한 학습활동 예시의 필요성을 주장하였다. 2015 개정 음악과 교육과정 적용 연구로는 이영미(2015)의 고등학교 전문 교과인 시창·청음을 대상으로 심동영역의 음악 교과 성취평가에 기초한 성취기준·수준의 진술문의 개발한 연구가 있다. 이 연구에서는 고등학교 전문 교과 선택교육과정의 목표와 내용체계에 적합한 시창·청음 전문 교과 교수·학습 내용을 제시하고, 제시한 내용을 고등학생이 학습하여 목표에 도달한 정도를 평가할 때, 준거가 되는 성취기준·수준의 진술문(안)을 개발하였다. 장근주, 이영미(2017) 연구에서는 핵심역량 증진을 위한 2015 개정 음악과 교육과정의 실행 방안을 학교 수준에서 교육과정 재구성, 교수·학습, 평가를 중심으로 제시하였다. 첫째, 교육과정 재구성과 관련해서는 역량기반 음악과 교육과정의 음악수업의 방향 설정, 수업목표 설정과 내용 구성, 성취기준에 따른 음악수업 목표 구체화와 수업 내용 상세화, 수업방법 계획 및 자료 개발, 평가 계획 및 도구 개발을 계획하고 실천하는 과정을 구안하였다. 둘째, 교수 · 학습 방법에서는 교과역량 중심으로 학습 내용을 재구성하여, 초등학교와 중학교에서 음악과 수업의 교과역량 중심의 내용 재구성 예시와 이에 따른 수업 과정과 전략의 예시를 제시하였다. 셋째, 평가는 음악 교과의 특성을 바탕으로 교과역량 실현에 적절한 교수 · 학습, 성취기준에 근거한 과정 중심 등의 다양한 평가도구 개발 및 보급 방안을 제안하였다.

3. 연구 과제 및 전망

음악과 교육과정에 따른 평가기준 연구는 교육과정의 현장 적용을 기본으로 하며 이와 관련된 후속 연구는 교육과정 성취기준의 특징을 반영한 교수 · 학습 방법의 개발 및 적용을 포함하는 연구의 활성화가 필요하다. 예를 들어, 2015 개정 음악과 교육과정은 학습자의 역량을 길러 줄 수 있는 내용이 교육과정의 성격, 목표, 내용에 반영되어 역량을 기르기 위한 교수 · 학습과 과정평가의 중요성이 강조되고 있다. 이에 2015 개정 음악과 교육과정이 현장에서 활용될 수 있도록 학습자의 역량과 과정을 평가할 수 있는 새로운 도구의 유형들의 지속적인 연구 개발이 필요하다. 이와 더불어 2015 개정 음악과 교육과정에서 중요시하는 교과 간, 교과 내 융합능력의 평가에 대한 새로운 교수 · 학습 및 평가에 대한 후속 연구의 개발이 적극적으로 이루어져 2015 개정 음악과 교육과정이 현장에서 원활히 적용될 수 있도록 할 필요가 있다.

 참고문헌

권덕원(2013). 초등학교 음악과 수행평가를 위한 프로그램 개발. 음악교육연구, 42(3), 1-39.

권현정(2013). 2009 개정 음악과 교육과정의 국악 관련 내용 고찰 및 성취기준 · 성취수준을 적용한 평가 방안. 한국국악교육연구, 7(1), 1-51.

박은덕, 구정미, 김일영, 김혜경, 양정인, 전지영, 최정호(2015). 학생 성장을 위한 평가시스템 개선 및 평가모델 개발연구(예술체육). 한국과학창의재단 연구보고 SBJ000012513.

박은덕, 김일영(2016). 학생 성장을 위한 음악과 평가모델 개발. 교원교육, 32(2), 89-110.

배승택, 김영복(2003) 음악과 이해영역에 대한 초등학교 아동들의 성취기준 도달도 분석. 음악교육, 3, 29-50.

양종모, 장기범, 조난심(1998). 국가 교육과정에 근거한 평가기준 및 도구 개발 연구: 고등학교 음악 1. (98-3-9). 서울: 한국교육과정평가원.

이경언, 양종모, 조재현(2000). 제7차 교육과정에 따른 성취기준 및 평가기준 개발 연구: 중학교 음악. (CRE 2000-3-8). 서울: 한국교육과정평가원.

이경언, 양종모, 조재현(2001a). 제7차 교육과정에 따른 성취기준 및 평가기준 개발 연구: 고등학교 음악 1학년. (CRC 2001-1). 서울: 한국교육과정평가원.

이경언, 양종모, 조재현(2001b). 제7차 교육과정에 따른 초등학교 음악과 성취기준과 평가기준 예시평가도구의 개발 연구. (RRE 2001). 서울: 한국교육과정평가원.

이경언, 장근주, 박지현(2012). 음악과 성취기준의 개발 양상 및 개선 방향 고찰. 음악교육연구, 45(2), 187-221.

이경언, 장근주, 박지현, 최은아, 권현정, 노혜정, 송주현, 곽태훈, 유명국, 강세연, 김지현, 모정미, 강민선, 양은주(2012). 2009 개정 교육과정에 따른 음악과 성취기준과 성취 수준 개발 연구. (CRC 2012-9). 서울: 한국교육과정평가원.

이경언, 장근주, 권현정, 길지희, 김미숙, 정진원, 최문정, 최은아(2016). 2015 개정 교육과정에 따른 초·중학교 음악과 평가기준 개발 연구. (CRC 2016-2-10). 서울: 한국교육과정평가원.

이동남, 주태원, 최윤영(2000). 초등학교 국악감상 평가도구 개발 연구. 한국초등교육, 11(2), 790-831.

이미경, 정영근, 권점례, 이근호, 김희경, 이주연, 이명애, 가은아, 김현수, 박은아, 박진동, 김현경, 진의남, 김기철, 이경언, 양윤정, 주형미, 백경선, 김경훈, 장호성, 이근님, 한혜정, 서민철(2016). 2015 개정 교육과정에 따른 초·중학교 교과 평가기준 개발 연구(총론). 한국교육과정평가원 연구보고 CRC 2016-2-1.

이영미(2015). 심동영역의 음악교과 성취평가에 기초한 성취기준, 수준 진술문 개발방안: 고등학교 전문교과 시창, 청음을 중심으로. 예술교육연구, 13(1), 133-150.

장기범(2000). 중등 음악과 수행평가 도구 개발 연구. (469-656). 충북: 한국교원대학교 교과교육공동연구소.

장근주, 김주연, 노승환, 박은진, 박현숙, 이은주(2017). 학교생활기록부 기재 예시: 중학교음악과 과정중심 평가와 연계한 교과 세부능력 및 특기사항. 연구자료 ORM 2017-26-14.

장근주, 고승희, 공현주, 김은주, 정원경, 정혜진(2017). 학교생활기록부 기재 예시: 고등학교 음악과 과정중심 평가와 연계한 교과 세부능력 및 특기사항. 연구자료 ORM 2017-26-25.

장근주, 이영미(2017). 핵심역량 함양을 위한 2015 개정 음악과 교육과정 실행 방안 탐색. 음악교육공학, 32, 233-255.

정은정(2017). 국악의 영역별 수행평가 도구 개발 및 활용에 관한 연구. 한국교원대학교 대학원 박사학위논문.

정은정(2016). 핵심역량 기반 교육과정에서의 음악과 평가에 관한 연구. 국악교육연구, 10(2), 57-84.

정재은(2007). 음악수업에서의 다양한 수행평가방법 및 도구의 제시: 초등 3, 4학년을 중심으로. 음악교육연구, 32, 101-125.

정재은(2010). 중등음악교재에 제시된 평가 도구의 비고 및 분석. 교원교육, 26(1), 21-36.

조성기, 장기범, 민경훈, 이상원, 함명희, 김한순(2009). 2007 개정 교육과정에 따른 음악과 성취기준과 평가기준 예시평가도구의 개발 연구. (CRC 2016-2-10). 서울: 한국교육과정평가원.

채로이아, 민경훈(2013). 음악과 수행평가 준거에 관한 연구. 교원교육, 29(3), 88-110.

허경철, 백순근, 김신영, 채선희(1996). 국가 공통 절대평가 기준 일반모형 개발 연구 (RM96-4). 서울: 한국교육과정개발원.

허경철, 장기범, 곽병선, 소경희(1997). 음악 1. 국가 공통 절대평가 기준 개발 연구 (CR97-55-08). 서울: 한국교육과정개발원.

현경실(2012). 중학교 음악과의 수행평가 실태조사 연구. 교과교육학연구, 16(4), 981-999.

제21장

교사 전문성과 교사교육

김영미

1. 교사 전문성과 교사교육의 이해

교사는 교육의 질을 결정하는 중요한 요인이다. 교사는 교수·학습 상황을 조성하여 이끌어 나가고, 문제를 해결하고, 학생들의 순간순간 필요를 채워 주고, 학생들을 성장시키는 중요한 주체이다. 학교 현장에서 문서화된 교육과정과 여러 교육 여건이 잘 갖추어져 있어도 교사의 질이 충족되지 않으면 교육과정 본연의 목적을 달성하기 어렵다(Elliott, 1995). 즉, 교실 현장에서 교사는 살아 있는 교육과정인 것이다. 그러므로 국가 교육과정에는 교육 요소인 교과, 학습자, 교사, 학교 환경 등이 제시되어야 하며 특히 교사와 학생을 균형적으로 고려해서 교육과정을 개발해야 한다(김두정, 2010). 특히 학습자의 경험이 국가 수준의 교육과정과 학교 교과의 중심이므로 이를 위해 교수·학습 활동을 계획하고 안내하는 교사의 질이 중요하다(김영미, 2014).

우리나라 공교육기관에서 음악 교육자가 되기 위해서는 「초·중등교육법」 제21조에서 명시된 정교사(1급, 2급) 자격을 갖추어야 한다. 초등학교 교사임용시험에 응시하기 위해서는 전국의 교육대학에서 전공을 선택하고, 전 과정을 수료하여 초등 정교사(교원) 2급 자격증을 취득하여야 한다. 중등학교 교사임용시험에 응시하기 위해서는 사범대학에서 일정한 교육과정을 이수하거나, 일반 대학에 인가된 교직 과정을 이수하여 중등 정교사(교원) 2급 자격증을 취득한다. 혹은 해당 전공이 설치되어 있는 교육대학원에 진학하여 중등 정교사(교원) 2급 자격증을 취득하는 방법이 있다.

정교사 2급 자격증과 3급 이상의 한국사능력 검정자격 소지가 전제되는 초·중등 교사임용시험은 이론 시험(1차)과 실기 시험(2차)으로 구성된다. 1차 시험인 이론 시험은 단답형, 서술형, 논술형 복합 주관식 시험 문항으로 구성되며, 2차 시험인 실기 시험은 17개 시·도교육청에 따라 구성문항은 달라질 수 있으나, 반드시 '수업 실연'과 '교직적성심층면접'을 포함한다. 그리고 음악, 미술, 체육 등 실기과목의 경우 해당 전공의 실기시험이 추가 실시된다. 음악과에서는 시창·청음, 범창 범주, 장구 반주, 단소, 소금, 민요창 등 실기 시험을 각 시·도교육청 별로 시행하고 있다. 이러한 국가고시를 통과한 교사들은 현장에 적응하여 학습자와 함께 효과적 교수·학습 활동을 진행하기 위해 음악 교사로서 갖추어야 할 다양한 전문적 지식과 교수법을 갖추어야 한다. 뿐만 아니라 급격하게 변화하는 사회문화와 다양한 학습자 상태에 따라 교육목표를 이루기 위해 다양한 교육이 가능하도록 적절한 교사교육이 필요하다.

1) 교사 전문성

(1) 현장 교사의 전문성

교사교육기관에서 전문 교육을 받은 후 국가가 시행하는 교사임용고사를 통과한 현장 교사들은 수업에 대한 능력 전문성을 평가를 통해 진단받고 연구를 위한 지원도 받고 있다(이가원, 2014). 교사 역량을 개발하고 발전시키기 위해 교원능력개발 평가제를 전면적으로 시행하여 교사의 전문성에 대해 평가하고 수업 공개를 점차적으로 의무화하도록 하고 있다. 또한 현직 교사들에게 교육 기회를 더 많이 제공하기 위해 장학과 연수 활동을 개발하여 실시하고 있다. 더불어 전문적 능력을 갖춘 교사 양성 목적으로 교원을 능력별로 평가하고 성과급제와 수석교사 제도 등 다양한 정책을 시행하고 있다. 이러한 국가 정책과 함께 학교 현장에서 활용할 다양한 자료와 방안들도 제시되고 있다. 예를 들면, 교사 동아리나 연구회와 같은 다른 교사와의 협동을 통해 동료 교사 간의 일체감과 소속감을 형성하여 교사들이 상호작용하며 전통적 교수활동에서 나타나는 단점을 보완하여 교수활동을 개선하도록 하고 있다.

(2) 예비 교사의 전문성

교육대학, 사범대학, 교육대학원 등 교육기관들이 자질 있는 교사를 육성하려는 목표를 성취하기에 적절한 교육 과정을 수립하고 예비 교사들을 음악 전문인으로 교육하고 있다. 교과 교육학과 더불어 교과 내용학을 학습하며 전문성을 갖춘 교사가 갖추어야 하는 기본적 조건들을 충족시키는 교육과정을 제시하고 있다. 진정한 전문인으로 음악 교사를 양성하기 위해서 이러한 교육내용들이 몸에 완전히 익숙해지게 하는 실습과 훈련 과정이 수반되어야 한다. 이러한 교사들이 양성되어야 비로소 교육의 질이 보장되고 교육의 효과도 나타나게 되는 것이다.

〈표 21-1〉 중등학교 전문 음악 교사 양성을 위한 교육과정

구분	교육 과목	교육내용
교과 교육학	음악 교육론	음악 교육역사, 음악 교육철학, 음악 미학, 음악교육 심리, 교육과정, 음악과 평가
	음악 교재 및 지도법	교수 · 학습 이론, 교수 · 학습 실제, 교재/교구, 수업 설계
	음악 교수법	음악과 교수법, 현대적 교수법과 실제
	음악과 논리 및 논술	논술 작성법
교과 내용학	음악이론(서양음악)	화성학, 대위법, 음악 형식론, 서양음악사,
	음악 이론(국악)	국악 개론, 국악사
실기	서양음악 실기	시창청음, 피아노 반주법, 지휘법
	국악 실기	장구반주법, 단소, 소금

2) 교사교육

(1) 현장 교사를 위한 교육

전문적 능력을 갖춘 교사를 양성하기 위해 교원의 능력별 성과급제, 수석교사 제도, 교원평가 등 다양한 정책이 시행되고 있다. 현장 교사를 위한 교육은 국가 지원 프로그램이나 의무적으로 참여하여야 하는 프로그램은 없고 각 시 · 도교육청이 제공하는 연수 또는 교과 연구회 등에서 진행하는 연수 등이 있다. 하지만 전문성을 갖춘 교사를 양성하기 위해서는 보다 많은 교사교육 프로그램이 필요하다.

(2) 예비 교사를 위한 교육

교육대학과 사범대학을 포함한 교사교육기관들은 국가가 필수로 지정한 교사교육과정을 준수하여 예비 교사들을 교육한다. 기본 자질을 갖춘 음악 교사 양성을 위해 교육과정은 교양 과목, 전공 과목, 교직 과목으로 조직된다. 교양과정에서 인문학, 어문학, 사회과학, 자연과학, 생활과학, 예술·체육, 영어, 컴퓨터, 융복합 교과 등을 학습하여 교사로서의 인격과 폭넓은 교양을 갖추고 다양한 학문의 기본 개념 및 탐구방법을 접하도록 한다. 교직과정은 교원자격 무시험 합격기준을 충족할수 있도록 교직이론, 교직소양, 교육실습으로 구성되어 있다. 교직과정 중 교육실습은 교직에 대한 종합적인 이해를 증진하고, 대학에서 배운 교육이론을 교육 현장에서 직접 적용해 보고 발전·심화할 수 있는 기회를 제공한다. 이와 함께 '교육봉사' 및 '학교생활 및 안전교육'은 비학점 P/F제로 운영하며, 교육봉사는 재학기간 중일정 시간 이상을 이수하도록 한다.

중등 음악 교사 양성을 위해서 전공과 교직은 교과교육, 교과내용학(서양음악과 국악) 등을 교육하고 있다. 이와 함께 음악 전문가로서 갖추어야 하는 기능 습득을 위해 다양한 음악 전공 실기 교육을 하고 있다. 그 외 음악 교수·학습 활동 능력을 개발하기 위해 다양한 지도법과 교수법 지도, 수업 실연, 마이크로티칭, 비디오 피드백 등 현장 감각을 계발하는 프로그램도 각 교육기관별로 시행하고 있다.

초등 음악교육을 맡게 될 교사를 양성하는 교육대학의 전공과정에서 교과교육 및 창의적 체험활동, 그리고 전공 심화과정 등은 교육기관별로 자체 교육과정을 운영하고 있다. 전공 심화과정은 전체 수강 과목과 각자 전공에 따른 선택 과목으로 편성하여 운영한다.

〈표 21-2〉 초등 전공 심화교육과정

구분	교육 과목
음악 교육론	음악 교재연구, 교육론(가창, 기악 등)
음악이론	초등 음악이론, 서양음악이해, 국악 이해
음악 실기	음악 실기지도, 기악 실기

2. 교사 전문성과 교사교육의 연구 동향

음악 교사 전문성과 교육에 대한 연구는 매우 다양하여 각 교육기관에서 발행되는 학위논문과 각 전문 분야에 대한 연구논문 등의 유형으로 발표되고 있다. 2007년에서 2017년까지 10년간 음악 교육 분야 연구 동향을 살펴본 결과, 교사교육에 대한 연구는 각 분야별/대상별로 다양하게 발표되었고 교사 전문성에 대한 연구는 예비 교사교육 분야에서 가장 활발히 이루어졌다. 또한 유아교육 분야에서도 교사교육에 대한 많은 연구가 다양한 주제로 발표되었다.

1) 주제별 연구 동향 분석

(1) 음악 교사 전문성에 대한 연구 동향 분석

음악 교사 전문성에 대한 연구는 다양한 주제로 활발히 발표되고 있다. 특히, 전체 음악 교사를 대상으로 음악 교사 전문성 신장과 향상, 전문성 개발, 전문성 요소 등 전반적 전문성 등에 대한 연구가 주를 이루었고, 예비 교사 대상과 국악 관련 내용이 연구되었다. 그 외에 교사능력 향상과 교사 간 협동에 대한 연구도 발표되어 그 예를 제시한다. 대다수의 연구가 현직 중등 음악 교사와 중등 예비 음악 교사 전문성에 대한 연구이다. 초등교육에서 음악교육을 담당하는 교사의 전문성에 대한 연구와 유아 교사들이 음악교육에 임할 때 갖추어야 하는 전문성 연구가 더 필요하다고 여겨진다.

〈표 21-3〉 음악 교사 전문성에 대한 주제별 동향 분석

내용		논문 예시
전문성 (모든 음악 교사)	신장/향상	예술 교과 PLC 활동을 통한 교사의 교수 전문성 신장에 대한 가능성 탐색(류미해, 2012)
	개발 연구/ 모형	음악 교사교육에 교사전문성개발모형(PDS)의 적용방안 탐색 (이가원, 2014)
	척도개발	음악 교사전문성 척도 개발 및 인식 수준 분석(홍인혜, 2014)
	요소	중등 음악 교사 전문성 요소에 관한 연구(이두용, 2008)
	연구 동향	실행공동체를 활용한 교사 전문성 개발 연구 동향 분석: 음악 교사 전문성 개발 연구의 시사점을 중심으로(신지혜, 2015)

예비 교사	전문성 개발	예비음악 교사의 전문성 개발을 위한 e-portfolio 구성(석문주, 2015)
	전문성 향상	중등예비음악 교사의 전문성 신장을 위한 반성적 실천 기반 교육실습 프로그램 개발 연구(정재은, 2013)
	수업 실연	중등 음악과 예비 교사 양성과정에서의 수업실연 실태 조사(오지향, 2012)
국악	교육전문성	중등학교 음악 교사의 국악교육 전문성에 관한 연구(정길선, 2008)
기타	교수능력 향상	유치원 초임교사의 음악교수능력 향상을 위한 멘토링 접근(김춘희, 2012)
	교사 간 협동	음악 교사 간 협동이 교사 전문성 신장에 끼치는 효과(신지혜, 2014)

(2) 음악 교사교육에 대한 연구 동향 분석

교사 전문성을 위한 교육내용을 예비 교사, 영유아 교사, 초등 교사, 국악, 기타 등으로 나누고 각 분야별 교육내용과 연구논문을 제시한다. 교육내용에 대한 연구는 교육과정, 교육실습, 프로그램, 교육과정, 연수 등 매우 다양한 논문에 발표되어 많은 연구가 이루어졌다.

〈표 21-4〉 음악 교사교육에 대한 교육내용별 동향 분석

내용		논문 예시
예비 교사	교육과정	사범계열 음악 교사 교육과정의 역사적 변천(최은식, 석문주, 2016)
	교육실습	예비음악 교사의 교육실습 경험 연구(신혜경, 2014)
	교사교육	중등음악 교사교육 프로그램 개발(임미경, 박미경 , 2008)
	프로그램 개발	예비 교사들의 예술 음악 듣기 강화 교육프로그램 개발(김영미, 2014)
	수업모형/수업 개발	예비 음악 교사 교육에서 블로그 기반 문제중심학습 음악수업 모형 개발(김지현, 2010)

영/유아 교사	교육/재교육	영아교사의 음악교육 경험 인식과 요구에 기초한 현직교육 방안 모색(박수미, 2014)
	음악개념 교육	예비 교사의 통합적 이해를 위한 개념도 활용 교사교육 모델의 제안: 음악교육을 중심으로(조대현, 2011)
	교육과정	유아교사의 음악전문성 향상을 위한 방안 모색: 대학 유아음악 교육과정 분석 및 현직 교사 인식 조사(윤지영, 권오선, 2012)
초등 교사	음악 전담교사 양성	초등음악 전담교사를 위한 교육대학원 음악교육과정 개발(임미경, 2007)
	교육과정	음악교육, 음악과 교육과정 그리고 초등학교에서의 음악 평가(김영미, 2016b)
국악	교사연수	'2007 개정 초등 음악과 교육과정'에 따른 교사 국악연수 프로그램 개발 연구(정은경, 2011)
기타	연구 동향 분석	교사관련 국내 유아음악교육 연구동향 분석(김미래, 2015)
	현직 교사교육	음악과 교수역량 강화를 위한 교육 프로그램 연구(김영미, 2016a)
	다문화 음악교육	다문화 유아음악 교사교육프로그램 개발을 위한 기초연구(김민채, 2012)

2) 연구 대상별 동향 분석

현직 교사에 대한 연구보다 '예비 교사교육'에 대한 연구가 더 다양하게 발표되었다. 예비 교사교육은 교육과정, 교육실습, 교육 프로그램 개발, 수업 모형 개발뿐만 아니라 교사 역량 강화를 위한 다양한 방법론에 대한 연구가 이루어지고 있다. 음악 교사교육에 대한 연구 대상별 동향은 현직 교사와 예비 교사로 구분하여 대상을 구별하고 각 대상에 따른 유아(영/유아), 초등, 중등(중/고등) 등 학교급별로 구분하여 제시한다.

〈표 21-5〉 음악 교사교육에 대한 대상별 동향 분석

대상		논문 실제
예비 교사	유아	음악개념중심의 유아음악 예비 교사교육프로그램 개발을 위한 기초 연구: 현직교사와 예비 교사의 인식을 중심으로(성영화, 최진숙, 정현영, 2010)
	초등	초등학교 예비 교사의 음악교수역량 제고를 위한 교육요구 분석(최미영, 2015)
	중등	중등예비음악 교사의 전문성 신장을 위한 반성적 실천 기반 교육실습 프로그램 개발 연구(정재은, 2013)
현직 교사	유아	유아음악교육 실제에 관한 문헌고찰을 통해 살펴본 교사교육의 방향(이영애, 2009)
	초등	초등교사의 음악과목과 교사교육에 대한 인식 조사(윤문정, 2010)
	중등	교과교육학의 관점에서 중등학교 음악 교사의 역량 강화에 관한 논의(민경훈, 2014)

학술 논문과 함께 각 교육대학원과 상위 교육과정에서 석사와 박사 학위논문도 발표되고 있다. 교사 전문성에 대한 연구의 경우, 유아와 중등 예비 교사에 대한 연구는 활발하게 이루어지고 있지만 초등 음악교육에서 음악을 심화과정으로 선택한 예비 교사 또는 음악 전담 교사에 대한 연구는 다른 연구 분야에 비해 상대적으로 적은 분량의 연구가 발표되었다.

〈표 21-6〉 교사 전문성과 교사교육에 대한 학위논문

대상		논문 실제
예비 교사	유아	유아음악교육을 위한 교사교육과정 모형 연구(박사빈, 2008)
	중등	중등음악교원 양성을 위한 교육과정 연구: 사범대학 음악교육과를 중심으로(우수정, 2010)
현직 교사	유아	유아음악교육을 위한 액션러닝 기반의 현직교사교육 프로그램 모형 개발(김지운, 2015)
	초등	음악교수효능감이 초등학교 교사의 음악교과전문성에 미치는 영향(한수지, 2017)
	중등	중등학교 음악과 교사 재교육의 문제점과 개선방안 연구(김지은, 2011)

3. 교사 전문성과 교사교육의 연구 과제 및 전망

2015 개정 교육과정에 명시되어 있는 인간상을 만들어 가는 교육을 위해서는 교사의 역할이 중요하기에 음악 교사에 대한 연구 또한 다양하게 활발히 이루어지고 있다. 학교급별로 많은 연구들이 이루어지고 있지만 21세기 사회와 문화에 적합하고 4차 산업 혁명을 이끌어 갈 인재를 양성하는 교사 양성을 위해 다음의 과제를 해결하기를 제안한다.

첫째, 빠르게 변화하는 사회와 그에 따른 학습자들의 변화에 민감하게 대처하게 위해 현직 교사에 대한 국가 차원의 재교육 과정이 필요하다. 현재 각 시·도교육청과 교육기관 등에서 현장 교사들을 위한 연수가 이루어지고 있지만, 이는 자발적인 참여로 이루어지는 교육이다. 국가는 급격하게 변하는 현대 사회 구성원으로서의 몫을 다하는 인재 양성을 담당하고 있는 교사들의 능력을 개발하기 위해 계속해서 연구할 수 있는 환경을 제공하여야 한다. 음악 전문성 향상과 더불어 음악과와 다른 학과를 융합하고 통합할 수 있는 능력을 갖춘 교사가 될 수 있도록 교육의 기회를 제공하여 결론적으로 음악교육의 질을 높이도록 해야 한다.

둘째, 유아교육과 중등교육을 연결하는 초등학교 음악교육에 대한 연구, 즉 초등교육에서 음악 교사가 갖추어야 할 전문성에 대한 연구, 교사교육에 대한 학위논문이 상대적으로 부족하다. 초등 음악교육을 담당하게 될 현직 교사들을 위한 역량 강화 프로그램, 교육과정, 교수법 연구 분야 등이 활발히 연구되어 초등 음악교육의 질을 향상할 수 있도록 해야 한다. 이를 통해 현재 초등 음악을 담당하는 교사들이 전문적 연구를 할 수 있는 기회를 제공하여야 한다. 또한 초등 교사를 양성하는 교육대학에서는 음악을 심화과정으로 하는 교육과정을 운영하지만 학교 현장에서 전문적 음악수업 경영을 실현하기 위해 음악 전담 교사 제도를 더 활성화하여야 한다.

셋째, 중등 교사 교육 전문성을 위해 교육기관의 다양한 프로그램 개발에 대한 연구가 더 활발히 이루어져 교육기관과 학교 현장의 거리감을 좁혀 나가는 노력이 필요하다. 국가 임용 시험을 통과한 예비 교사들이 현장에서 즉각적으로 학생들과 교수·학습 활동을 할 수 있는 교사교육 교육과정 연구와 교수법 연구가 필요하다. 사범대학 음악교육과에 재학하고 있는 예비 교사를 위한 연구는 다양하게 이루어지고 있지만 초등교육에서 음악 교사 양성 교육과정과 비교해서 현장에서 수행 능력을 기르는 교육과정에 대한 연구와 프로그램 개발 연구가 더 활발히 이루어져야 할 필요가 있다.

넷째, 현재 각 시·도교육청별로 다양한 교육이 시행되고 있지만 국가적으로 표준화된 교사교육 프로그램이 필요하다. 교육부와 각 지역 교육청이 전국 음악 교사들에게 표준화된 '교사 재교육' 또는 '연수' 프로그램을 개발하여 참여할 수 있는 기회를 제공함으로써 교사들의 전반적 역량을 강화하도록 하여야 한다.

이와 같이 교육 현장에서 필요로 하는 교사를 양성하고 훈련하기 위한 연수 프로그램이 필요하다. 즉, 학생들의 지적·창의적·도덕적 전인교육을 책임질 수 있는 교원들을 양성하도록 교사교육을 조직하고 시행하여야 한다. 이러한 조건을 갖춘 음악 교사 양성을 위해 교원양성기관인 사범대 음악교육학과와 교육대학원 등의 교육과정에 대해 세밀한 연구가 필요하고 현장 교수 능력을 갖춘 교사를 배출하기 위한 교육프로그램을 개발하여야 한다.

 참고문헌

김미래(2015). 교사관련 국내 유아음악교육 연구동향 분석. 유아교육학논집, 19(3), 387-415.

김민채(2012). 다문화 유아음악 교사교육프로그램 개발을 위한 기초연구. 문화예술교육연구, 7(2), 115-136.

김영미(2014). 예비 교사들의 예술 음악 듣기 강화 교육프로그램 개발. 예술교육연구, 17(2), 1-18.

김영미(2016a). 음악과 교수역량 강화를 위한 교육 프로그램 연구. 예술교육연구, 14(1), 53-76.

김영미(2016b). 음악교육, 음악과 교육과정 그리고 초등학교에서의 음악 평가. (다시 생각하는)음악교육 음악 교사들과 함께하는 교육정보지, 57(가을).

김지운(2015). 유아음악교육을 위한 액션러닝 기반의 현직교사교육 프로그램 모형 개발. 원광대학교 대학원 박사학위논문.

김지은(2011). 중등학교 음악과 교사 재교육의 문제점과 개선방안 연구. 충남대학교 대학원 석사학위논문.

김지현(2010). 예비 음악 교사 교육에서 블로그 기반 문제중심학습 음악수업 모형 개발. 음악교육연구, 38(6월), 241-272.

김지현(2014). Suggestion on the Problem-based Learning Environment for Smart Learning in Pre-service Music Teacher Education. 음악교육공학, 19(4월), 227-239.

김춘희(2012). 유치원 초임교사의 음악교수능력 향상을 위한 멘토링 접근. 중앙대학교 대학원 박사학위논문.

류미해(2012). 예술교과 PLC 활동을 통한 교사의 교수 전문성 신장에 대한 가능성 탐색. 음악교육연구, 41(3), 135-155.

류미해(2015). 예비 초등 교사의 음악수업 전문성 연구. 예술·인문·사회 융합 멀티미디어 논문지, 5(2), 125-134.

민경훈(2014). 교과교육학의 관점에서 중등학교 음악 교사의 역량 강화에 관한 논의. 음악교육공학, 18(1), 251-274.

박사빈(2008). 유아음악교육을 위한 교사교육과정 모형 연구. 동국대학교 대학원 박사학위논문.

박수미(2014). 영아교사의 음악교육 경험 인식과 요구에 기초한 현직교육 방안 모색. 유아교육·교육복지연구, 18(3), 133-160.

석문주(2015). 예비음악 교사의 전문성 개발을 위한 e-portfolio 구성. 음악교육연구, 44(3), 47-67.

성영화, 최진숙, 정현영(2010). 음악개념중심의 유아음악 예비 교사교육프로그램 개발을 위한 기초연구: 현직교사와 예비 교사의 인식을 중심으로. 한국보육학회지, 10(4), 167-183.

신지혜(2014). 음악 교사 간 협동이 교사 전문성 신장에 끼치는 효과. 교원교육, 30(2), 131-147.

신지혜(2015). 실행공동체를 활용한 교사 전문성 개발 연구 동향 분석: 음악 교사 전문성 개발 연구의 시사점을 중심으로. 음악교육연구, 44(3), 69-89.

신혜경(2014). 예비음악 교사의 교육실습 경험 연구. 학습자중심교과교육연구, 14(1), 267-294.

오지향(2012). 중등 음악과 예비 교사 양성과정에서의 수업실연 실태 조사. 음악교육연구, 41(1), 191-227.

우수정(2010). 중등음악교원 양성을 위한 교육과정 연구: 사범대학 음악교육과를 중심으로. 동아대학교 대학원 석사학위논문.

윤문정(2010). 초등교사의 음악과목과 교사교육에 대한 인식 조사. 음악교육공학, 11(8월), 85-100.

윤영배, 강보라(2016). 유아교사의 유아음악 관련 직전교육과 교사 재교육에 대한 인식과 요구. 음악교육공학, 26(1월), 75-95.

윤지영, 권오선(2012) 유아교사의 음악전문성 향상을 위한 방안 모색: 대학 유아음악 교육과정 분석 및 현직 교사 인식 조사. 영유아교육·보육연구, 5.

이가원(2013). 다문화 음악교육을 위한 음악 교사 교육의 방향: 미국 음악 교사 교육과정의 다문화 교과목의 분석을 통하여. 한국콘텐츠학회논문지, 13(7), 473-483.

이가원(2014). 음악 교사교육에 교사전문성개발모형(PDS)의 적용방안 탐색. 이화음악논집, 18(1), 59-81.

이두용(2008). 중등 음악 교사 전문성 요소에 관한 연구. 경남대학원논집, 23(2), 51-70.

이상미(2015). 유아교사가 경험한 음악극 교사교육의 의미 탐색. 유아교육학논집, 19(6), 107-128.

이영애(2009). 유아음악교육 실제에 관한 문헌고찰을 통해 살펴본 교사교육의 방향. 유아교육학논집, 13(6), 167-186.

임미경(2007). 초등음악 전담교사를 위한 교육대학원 음악교육과정 개발. 초등교육연구, 18(1), 119-136.

임미경, 박미경(2008). 중등음악 교사교육 프로그램 개발. 음악교육연구, 30, 149-175.

장기범(2007). 음악과교사교육과 평가에 대한 생각. 음악교육공학, 6(2), 27-38.

정길선(2008). 중등학교 음악 교사의 국악교육 전문성에 관한 연구. 중앙대학교 대학원 박사학위논문.

정은경(2011). '2007 개정 초등 음악과 교육과정'에 따른 교사 국악연수 프로그램 개발 연구. 한국초등교육, 22(1), 81-98.

정재은(2013). 중등예비음악 교사의 전문성 신장을 위한 반성적 실천 기반 교육실습 프로그램 개발 연구. 음악교육연구, 42(4), 147-165.

정재은, 신소의(2015). 중등예비음악교원의 전문성 향상을 위한 멘토링의 적용 가능성 탐색. 교육발전(서원대학교 교육연구소), 35(1), 349-358.

조대현(2011). 예비 교사의 통합적 이해를 위한 개념도 활용 교사교육 모델의 제안: 음악교육을 중심으로. 교육연구, 52, 95-123.

최미영(2015). 초등학교 예비 교사의 음악교수역량 제고를 위한 교육요구 분석. 음악교육연구, 44(2), 163-184.

최은식, 석문주(2016). 사범계열 음악 교사 교육과정의 역사적 변천=A historical review of curriculums for music teacher education in the schools of education in Korea. 미래음악교육연구, 1(1).

한수지(2017). 음악교수효능감이 초등학교 교사의 음악교과전문성에 미치는 영향. 이화여자대학교 대학원 석사학위논문.

홍인혜(2014). 음악 교사전문성 척도 개발 및 인식 수준 분석. 음악교육연구, 43(4), 239-267.

홍인혜(2015). 음악 교사 전문성의 영향 요인 연구: 교사 요인과 학교 요인을 중심으로. 서울대학교 대학원 박사학위논문.

PART

5

음악교육의 확장

제22장

음악영재 교육

배수영

1. 음악영재 교육의 이해

우리나라 「영재교육 진흥법」 제2조 1항에 의하면 영재란 "재능이 뛰어난 사람으로서 타고난 잠재력을 계발하기 위하여 특별한 교육이 필요한 사람"을 말하며, 제5조 1항에서는 영재교육 대상자를 일반지능, 특수학문 적성, 창의적 사고능력, 예술적 재능, 신체적 재능, 그 밖의 특별한 재능이 있는 자를 포함한다고 하고 있다 (국가법령정보센터, 2018). 영재의 정의에 대한 여러 학자들의 의견을 살펴보면 지적 능력과 같은 단일 속성에 근거한 개념에서부터(Terman, 1925) 보다 확장하여 인지적·비인지적 요소를 모두 포함하는 경우까지(Gagné, 2004; Marland, 1972; Renzulli, 2011), 각각의 이론이 포함하는 능력의 범위가 다양하고 광범위하며, 동시에 이 분야에서 아직 합의된 영재의 정의가 도출되지 않음을 알 수 있다.

음악영재에 대한 정의도 영재의 정의와 마찬가지로 합의된 하나의 정의는 없다. 음악영재의 정의에 대해 우리나라 「영재교육 진흥법」에 제시된 영재의 정의를 적용해 보면 음악영재란 "음악재능이 뛰어난 사람으로서 타고난 잠재력을 계발하기 위해 특별한 교육을 필요로 하는 자"로 정의할 수 있다.

2. 음악영재 교육의 연구 동향

1) 음악영재의 특성 및 재능 발달 요인

(1) 음악영재의 특성

학자들 간에 음악영재의 특성에 대한 큰 틀에는 이견이 없지만, 그에 해당하는 세부 사항들에는 조금씩 차이가 있다. 음악교육학자들이 제시한 음악영재의 특성을 종합해 보면 다음과 같다. 첫째, 또래에 비해 음고 지각력, 리듬감, 음색·셈여림 변별 및 지각력 등 음악적 재능이 뛰어나다(김정휘, 1998; 태진미, 2006; Gardner, 1983; Hallam, 2006; Haroutounian, 2000; Karnes & Lawrence, 1986; Winner & Martino, 2000). 둘째, 음악활동에 대한 열정과 동기가 매우 높다(김정휘, 1998; 태진미, 2006; Gardner, 1983; Haroutounian, 2000; Karnes & Lawrence, 1986; Winner & Martino, 2000). 셋째, 신체 협응력과 연주 능력이 뛰어나다(Hallam, 2006). 넷째, 주의력, 이해력, 사고력, 집중력 등 일반적 재능 또한 우수하다(태진미, 2006). 다섯째. 음악적 표현력, 작곡 및 즉흥연주 능력 등 음악적 창의성이 뛰어나다(김정휘, 1998; 태진미, 2006; Gardner, 1983; Hallam, 2006; Haroutounian, 2000; Winner & Martino, 2000).

음악영재는 또한 감수성이 예민하고 직감력과 상상력이 뛰어나며 섬세하고 꼼꼼한 정서적 특성을 가진다(태진미, 2006). 이러한 특성은 일반학생과 영재학생의 성격유형을 비교한 연구(나윤희, 2010)에서도 발견되었다. 음악영재는 MBTI 성격유형 검사 결과, 일반학생보다 N(직관형), F(감정형), P(인식형)의 비율이 유의미하게 높게 나타났으며, 16개의 성격유형 분포 결과, 일반학생이 각 성격유형에 전반적으로 고르게 분포되어 있었던 것에 반해 음악영재는 절반이 넘는 61.4%가 ENFP(외향성 직관형)에 집중 분포하고 있다고 한다. 학습양식 또한 음악영재는 독립적·경쟁적·회피적인 반면에 일반학생은 의존적·협동적·참여적 학습양식을 가졌다고 한다(나윤희, 2010).

(2) 음악영재의 재능 발달 요인

음악영재의 재능발달에는 영재아의 선천적인 능력이나 개인적 특성도 중요하지만 가족이나 주위 환경, 교육 기회, 교육 여건과 같은 환경적인 요인들도 중요한 영향을 미친다. 따라서 영재성이 최대한 발현되기 위해서는 이 두 가지 요인이 모

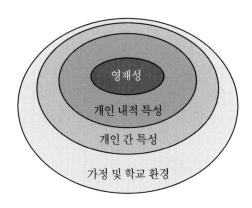

[그림 22-1] 영재아 재능발달의 요인

출처: 박성익 외(2003, p. 78).

두 작용하여야 한다(김성혜, 이경진, 2014; 민세나, 2009; 박성익 외, 2003; McPherson, 2003).

민세나(2009)는 음악영재의 음악적·정의적·환경적 특성을 알아보고 이 특성들에 있어 성취 영재와 미성취 영재 사이에는 어떤 차이가 있는지 알아보았다. 연구결과, 성취 영재와 미성취 영재 간의 가장 큰 차이를 보인 것은 환경적 특성이었다. 미성취 영재의 부모들은 자녀의 재능을 입증 받았더라도 그에 대한 신뢰가 높지 않았으며, 설사 재능에 대한 확신이 생기더라도 음악을 전공하는 것을 가급적 원하지 않았다. 이와 같은 가정 내 무관심은 영재아의 정의적 특성에 영향을 주게 되어 자신의 잠재력과 재능에 대한 자신감이 떨어지게 되고, 이는 동기하락 및 목적의식 결여 등의 결과를 가져오게 되어 충분한 잠재력과 재능이 있는 학생이 미성취에 머무르게 되는 결과를 초래한다고 보았다.

유미정(2014)는 낮은 자아존중감으로 어려움을 겪었던 한 음악영재를 대상으로 심층면담을 통해 성장과정에서 정의적·환경적 특성에 따라 자아존중감에 영향을 미치는 요인들을 파악하였다. 타인과의 관계형성이나 다른 사람과의 사회적 비교는 자아존중감에 영향을 주었으며 이는 후에 성취욕구에도 영향을 준 것으로 나타났다. 낮은 자아존중감은 학교생활에 흥미를 잃게 하고 또래관계 형성에도 부정적 영향을 미치며 학습에 대한 성취 욕구를 저하시키는 등 음악영재의 재능을 발전시키는 데 부정적 요인임을 알 수 있었다.

김용희(2012)는 전국 국공립 음악영재교육기관에 재학 중인 음악영재학생 부모 103명을 대상으로 부모의 배경 및 영재 발달환경에 대한 인식을 조사하였다. 연구 결과, 우리나라 음악영재학생 부모의 대부분은 고학력에 화이트칼라 직종에 종사하고 중산층 이상의 소득을 가지며 음악에 관심을 가지는 경우가 대부분이었다. 또한 음악영재학생 부모 대부분은 자녀의 음악교육에 대하여 굳은 신념을 가지고 있으며 물심양면으로 헌신하고 자녀를 위한 좋은 음악 교사를 찾기 위해 노력하는 것으로 나타났다. 이러한 결과는 민세나(2009)의 연구에서 미성취 영재의 부모들이 자녀의 재능에 신뢰가 높지 않고 무관심하다는 결과와 비교해 볼 때, 음악영재들의 재능발달에 환경적 요인이 크게 작용함을 시사한다.

2) 음악영재 교육 현황

국내에서는 2002년 3월 「영재교육진흥법 시행령」이 공포된 후 공교육 차원의 음악영재 교육이 시작되었으며, 2003년 제1차 영재교육진흥종합계획에 따라 각 교육청을 중심으로 음악영재 교육이 본격화되었다. 2008년 8월 제2차 영재교육진흥종합계획에 의해 한국예술영재교육원이 설립되었다. 현재 국내 음악영재 교육은 전국 시ㆍ도교육청 산하 음악영재교육원과 대학 부설 음악영재교육원, 학생교육문화회관 내 예술영재교육원에서 시행되고 있다(박은경, 2015).

(1) 음악영재의 판별

음악영재를 선별해 내고 판별하기 위해서 대부분 표준화된 음악 적성 검사와 음악 성취도 검사를 병행하여 실시한다. 하지만 성취 중심의 실기 평가방식을 활용하는 현재의 영재 선발 및 판별 방법 때문에 소외계층 음악영재들이 영재교육에 진입하는 데 큰 어려움이 있다. 이러한 문제점을 개선하고자 소외계층 음악영재를 위한 선발 방향이 새롭게 제시되었다(김지혜, 2016; 이선영, 2012). 또한 국악영재를 실기시험만으로 판별하는 방법이 국악영재의 잠재적 능력을 간과할 수 있다는 문제점이 제기되어 이러한 점을 보완하는 국악영재 판별 방법도 연구되었다(김선희, 2010; 김희라, 2013; 원영실, 2009, 2011a, 2011b, 2012). 이밖에도 다중지능 측정을 통한 초등학교 영재 판별의 타당도(이수경, 2007)와 한국어판 MTORS(Music Talent Observation Rating Scale)의 음악영재 예측타당도(박수민, 2014)에 대한 연구도 이루어졌다.

(2) 국내 음악영재 교육 현황

음악영재 선발기준과 교육과정 및 교육프로그램은 음악영재 교육기관별로 큰 차이가 있다. 국내 음악영재 교육 현황과 운영 실태를 분석한 다수의 연구가 있으나, 대부분 최근 5년 이전에 수행된 연구이거나 특정 지역 혹은 특정 대상의 현황을 조사하는 데에 국한되어 있다. 전국 단위로 진행된 연구로는 박은경(2015)의 국내 음악영재교육 운영실태(2002~2015) 및 발전방안 연구가 있으며, 교육기관별 교육목적, 선발과정, 교육과정 및 교육프로그램과 국내 음악영재 교육 담당 교원 양성 현황이 자세히 분석되어 있다. 국악영재 교육의 현황과 운영방안에 대한 연구(김희라, 2016)도 지속적으로 이루어지고 있으며, 북한의 영재 교육제도에 대한 연구(강경숙, 2001)도 진행된 바 있다.

3) 음악영재 교육프로그램 및 교수 · 학습 방법

(1) 음악영재 교육프로그램 분석

국내 음악영재 교육프로그램을 분석한 연구로는 오택구(2008)의 '음악예술영재 교육과정 비교 연구'와 김혜숙(2009)의 '음악예술영재교육 프로그램 비교 연구'가 있으며, 국내 음악영재 교육프로그램과 국외 음악영재 교육프로그램에 대한 비교 연구로는 최현아(2010)의 '국내 · 외 음악영재 교육프로그램 비교분석 및 관찰평가를 위한 기초음악성 수업방안 연구'와 임혜빈(2012)의 '국내외 음악영재 교육프로그램 비교 분석'이 있다.

(2) 음악영재 교육프로그램 개발을 위한 이론적 기반

음악영재 교육프로그램 개발을 위한 이론적 기반을 제시하기 위한 연구로 정진원(2011)의 '음악영재 교육과정 모형개발을 위한 이론적 기반에 관한 연구'가 있으며, 이경진 등(2015)은 음악영재 교육과정 개발을 위하여 103명의 음악영재들을 대상으로 교육목표, 교육내용, 교육방법, 교육평가, 그리고 교육환경에 대한 요구를 조사하였다. 연구 결과, 음악영재 교육목표 중 '자기의 느낌을 표현함으로써 관객과 소통할 수 있는 능력'에 대한 요구도가 가장 높았으며, 교육내용에서 '클래스 피아노' '부전공실기' '음악 현장체험'에 대한 요구도가 높았고, 교육방법에서 '학습자의 자율적 선택과 흥미를 추구하는 수업'과 '현장 수업'에 대한 요구도가 높았으며, 교육평가에서는 '학생들 서로에 대한 상호평가'와 '그룹별로 협동해서 공동의 작품이나 연주에 대한 평가'에 대한 요구도가 높았다. 교육환경에 대한 요구로는 '실기실/실습실(연습실)'에 대한 요구도가 높았으며 고등학생들은 '공연장'에 대한 요구도 있었다.

이경진 등(2014)은 음악영재 교육과정 개발을 위해 선행연구와 해외 음악영재기관의 교육과정을 분석하여 총 19개 교육목표와 총 18개 교과목을 도출한 후, 음악교육 및 음악영재 교육 전문가를 전문가 패널로 선정하여 총 2회에 걸친 델파이 조사를 실시하였다. 19개의 교육목표 중 16개(기능영역 6개, 창의표현영역 4개, 지식영역 4개, 태도영역 2개)의 교육목표와 18개 교과목 중 16개(전공실기 4개, 기초실기 5개, 이론 4개, 통합 및 사회활동 3개)의 교과목이 최종 확정되었다.

(3) 음악영재 교육프로그램 개발

현재까지 연구된 음악영재 교육프로그램으로는 '사회적 배려대상 음악영재의 음악성 발현을 위한 프로그램'(석문주 외, 2017), '음악영재 교육을 위한 음악 창의성 프로그램'(신혜경, 정진원, 2012), '도형음표를 활용한 음악영재교육 프로그램'(전정임, 2011), '통합과정모형(Integrated Curriculum Model)을 적용한 통합음악영재프로그램'(최민아, 2012), '프로젝트형 초등 음악영재 교수 학습 프로그램'(박주만, 2011), '초등 영재 대상 시각적 사고를 활용한 음악 프로그램'(백민주, 2014) 등이 있다.

(4) 음악영재 교수 · 학습 방법

음악영재 교수 · 학습 방법 연구로는 협동학습구조를 이용한 초등음악영재 교수 학습방법 연구(김태훈, 2010), 초등 음악창작수업을 중심으로 Joseph Renzulli의 심화학습 3단계 모형을 적용한 음악영재교육 지도안 연구(정한결, 2015), 그리고 초등학교 6학년 영재 학생을 대상으로 한 프로젝트 수업 설계(김동현, 2015)가 있다. 또한 '평행 교육과정 모형(PCM)을 활용한 음악영재교육 학습지도안 개발'(최경은, 2012)과 '조기 음악영재상 계발을 위한 피아노 입문 지도 방안'(김옥경, 2008) 그리고 '국악 작곡 영재교육의 지도방안연구'(임교민, 2009)도 이루어졌다.

4) 음악영재 교육에 대한 인식도

음악영재 교육에 대한 인식도 조사에는 서울특별시교육청 지정 운영 음악영재교육원을 중심으로 음악영재 교육기관 프로그램의 적절성 및 효과에 대한 학생과 교사의 인식을 조사한 연구(박은지, 2010), 서울시 교육청 산하 초·중·고등학교 영재교육기관에서 음악영재 교육을 담당하는 교사를 대상으로 영재교육에 대한 인식과 관찰 추천제도에 대한 견해를 조사한 연구(박은경, 2012), 음악영재 교육에 대한 초등 교사들의 인식을 조사한 연구(강은혜, 2011), 우리나라 국·공립 영재교육원 교사들이 인식하는 음악영재의 교육환경을 조사한 연구(김용희, 2013), 그리고 음악영재 지도교사를 대상으로 한 음악영재 부모교육에 대한 인식도와 요구를 조사한 연구(김성혜, 2016) 등이 있으나, 대부분 음악영재 교육을 담당하는 교사를 대상으로 연구되었고 학부모나 학생들을 대상으로 한 연구는 드물다.

박은경(2012)의 연구에 따르면, 음악영재 담당교사들은 영재의 개념 및 특성에 관한 이론적인 내용에는 친숙하나 선발기준이나 평가방법 등 실무적이고 전문적인 내용에 대해서는 잘 알고 있다고 할 수 없다. 음악영재 담당교사들은 초등학교 저학년부터 영재 선발이 이루어져야 한다고 생각하며 음악영재 선발기준으로 현재의 성취도인 연주 능력을 가장 중요하게 생각하는 경우가 많다. 박은경(2012)은 잠재능력을 가진 탁월한 영재가 많이 선발되기 위해서는 연수와 같은 직무 교육을 통한 교사의 인식 변화와 더불어 집중관찰 시간 확보, 관찰체크시트 및 평가기준의 세분화, 다양한 평가방법 등이 도입되어야 함을 제안하였다.

김용희(2013)의 연구에 따르면, 영재교육원 교사들은 음악영재의 가족 환경, 특히 부모의 역할이 재능의 발굴 및 계발과 지원에 있어서 지대하다는 한편, 너무 지나친 열성은 영재성의 발달에 오히려 바람직하지 못하다고 생각한다. 또한 부모 다음으로 교사의 역할도 크다고 인식하며 영재성 계발을 위해서는 교사의 실력뿐만 아니라 인성도 중요하다고 생각한다. 일부 음악영재아의 사회성 부족이나 정서적 문제는 많은 교사들이 우려하는 바였고, 우리나라 음악영재 판별 및 교육 정책과 교육과정 등에 관해서는 개선할 여지가 있다고 인식하고 있는 것으로 나타났다.

서울과 지방 소재 음악영재교육원 5개 기관에서 음악영재교육을 담당하는 교사 108명을 대상으로 음악영재 부모교육에 대한 인식도와 요구를 조사(김성혜, 2016)한 결과에 따르면, 교사들은 음악영재 부모교육이 필요하다고 인식하며 음악영재 부모교육의 목적으로 '음악영재인 자녀에 대한 이해'와 '음악영재성에 대한 이해'가 가장 적합하다고 생각한다. 또한 교사들은 음악영재 부모교육의 주제로 음악영재의 특성에 대한 이해와 더불어 생활지도와 인성교육을 가장 중요하다고 여기는데, 이는 교사들이 부모를 교육의 조력자와 지원자로 인식하고 있으며 부모에게 음악영재 학생들의 어려움과 내적 갈등 해소를 위한 상담자로서의 역할도 수행해 주기를 기대하고 있음을 보여 준다.

3. 음악영재 교육의 과제 및 전망

음악영재에 대한 국내 연구는 최근에서야 활발히 이루어지고 있다. '음악영재의 특성' '음악영재 교육 현황 및 실태' '음악영재 판별 방법', 그리고 '음악영재 교육프로그램과 교수·학습 방법'등에 관해서는 다수의 연구물들이 있으나, 국내 음악영재에 대한 사례 연구와 음악영재 교육의 효과를 검증하는 실증적인 연구가 부족한 실정이다. 또한, 영재들의 성장과정 및 변화의 양상을 구체적으로 파악하고 변인들 간의 상호 상관 혹은 인과관계를 규명하기 위한 종단적 연구는 단 한 건도 시행된 바가 없다. 음악영재의 특성과 개인차, 초기 경험과 후기 행동 간의 인과관계, 발달상의 변화를 가져오는 결정적 요소 등을 파악하고 영재음악 교육의 실제적인 효과를 파악하기 위해 좀 더 실증적이고 체계적인 연구가 음악영재 교육 발달을 위해 시행되어야 하겠다.

참고문헌

강경숙(2001). 북한의 영재 교육제도 고찰. 영재교육연구, 11(3), 221-244.

강은혜(2011). 음악영재교육과 초등 교사들의 인식 분석. 서울교육대학교 대학원 석사학위논문.

김동현(2015). 음악 특성 학습을 위한 프로젝트 수업 설계 및 적용: 초등학교 6학년 영재 학생을 대상으로. 부산대학교 대학원 석사학위논문.

김선희(2010). 국악 영재 발굴을 위한 영재성 평가 방안. 국악교육연구, 4(1), 31-54.

김성혜(2014). 국내 사회통합범주 음악영재의 내재적 특성 탐색. 영재교육연구, 24(6), 1073-1097.

김성혜(2016). 음악영재 부모교육에 대한 교사 요구 조사. 한국예술연구, 13, 57-83.

김성혜, 이경진(2014). 사회적 배려대상 음악영재의 환경요인 특징 탐색. 영재교육연구, 24(4), 629-655.

김옥경(2008). 조기 음악영재상 계발을 위한 피아노 입문 지도 방안. 고려대학교 대학원 석사학위논문.

김용희(2013). 우리나라 음악영재 교육환경에 대한 교사의 인식. 음악교육연구, 42(1), 71-86.

김용희(2012). 음악영재학생 부모의 배경 및 영재발달 환경 인식 조사. 교과교육학연구, 16(2), 461-480.

김정휘(1998). 영재 학생 식별 편람. 서울: 원미사.

김지혜(2016). 소외계층 음악영재를 위한 선발 방향 제시. 이화음악논집, 20(1), 69-107.

김태훈(2010). 협동학습구조를 이용한 초등음악영재 교수학습방법 연구. 한양대학교 대학원 석사학위논문.

김혜숙(2009). 음악예술영재교육 프로그램 비교 연구. 중앙대학교 대학원 석사학위논문.

김희라(2013). 국악영재 관찰 추천을 위한 장단교육 프로그램 개발. 국악교육연구, 7(1), 81-105.

김희라(2016). 국악영재 교육의 현황과 운영방안. 국악교육연구, 10(1), 295-322.

나윤희(2010). 초등음악영재와 일반학생의 성격유형과 학습양식 비교. 고려대학교 대학원 석사학위논문.

민세나(2009). 음악영재와 미성취 음악영재 간의 음악적·정의적·환경적 특성 연구. 숙명여자대학교 대학원 석사학위논문.

박성익, 조석희, 김홍원, 이지현, 윤여홍, 진석언, 한기순(2003). 영재교육학원론. 서울: 교육과학사.

박수민(2014). 한국어판 MTORS의 음악영재 판별도구로서의 예측타당도 탐색. 건국대학교 대학원 석사학위논문.

박은경(2012). 음악영재선발의 관찰추천제도에 대한 교사인식과 개선방안 연구: 서울시교육청 시행제도를 중심으로. 이화여자대학교 대학원 석사학위논문.

박은경(2015). 국내 음악영재교육 운영실태(2002-2015) 및 발전방안. 이화여자대학교 대학원 박사학위논문.

박은지(2010). 음악영재교육기관 프로그램의 적절성 및 효과에 대한 학생과 교사의 인식 조사: 서울특별시교육청 지정 운영 음악 영재교육원을 중심으로. 서강대학교 대학원 석사학위논문.

박주만(2011). 프로젝트형 초등 음악영재 교수 학습 프로그램 개발: 다문화 음악 프로젝트 활동을 중심으로. 이화음악논집, 15(1), 121-152

백민주(2014). 초등 영재 대상 시각적 사고를 활용한 음악 프로그램의 개발 및 적용: 초등 영재의 창의적 사고에 대한 효과 검증. 이화여자대학교 대학원 석사학위논문.

석문주, 신지혜, 정재은, 최미영(2017). 사회적 배려대상 음악영재의 음악성 발현을 위한 프로그램 개발. 음악교수법연구, 18(1), 87-116.

신혜경, 정진원(2012). 음악영재 교육을 위한 음악 창의성 프로그램 개발. 음악교육연구, 41(1), 25-47.

오택구(2008). 음악예술영재교육과정 비교 연구. 공주대학교 대학원 석사학위논문.

원영실(2009). 국악영재 판별을 위한 가락 및 리듬 인지능력 검사도구 개발. 연세대학교 대학원 박사학위논문.

원영실(2011a). 음악(국악) 영재성 판별 모형. 한국음악연구, 49, 165-201.

원영실(2011b). 음악(국악) 영재 판별을 위한 부모 관찰정보지의 문항개발 및 적용. 음악교육연구, 40(1), 241-273.

원영실(2012). 음악(국악) 영재성 선별을 위한 부모 관찰정보지(OSPG)의 구인타당화. 영재교육연구, 22(1), 61-85.

유미정(2014). 음악영재의 정의적 환경적 특성에 따른 자아존중감 및 성취욕구의 변화에 대한 질적 연구. 아주대학교 대학원 석사학위논문.

이경진, 최진영, 최나영(2014). 음악영재 교육과정 개발을 위한 전문가 델파이 조사: 교육목표 및 교과목을 중심으로. 영재교육연구, 24(5), 807-827.

이경진, 최진영, 최나영, 김지혜(2015). 음악영재 교육과정 개발을 위한 요구조사. 영재교육연구, 25(6), 771-797.

이선영(2012). 사회적 배려대상 예술영재 판별 모형 개발. 영재교육연구, 22(1), 87-115.

이수경(2007). 초등학교 영재 판별을 위한 다중지능적 접근의 타당도 연구. 한국교원대학교 대학원 석사학위논문.

임교민(2009). 국악 작곡 영재교육의 지도방안연구. 영남대학교 대학원 석사학위논문.

임혜빈(2012). 국내외 음악영재 교육 프로그램 비교 분석. 한양대학교 대학원 석사학위논문.

전정임(2011). 도형음표를 활용한 음악영재교육 프로그램 개발 연구. 이화음악논집, 15(2), 1-25.

정진원(2011). 음악영재 교육과정 모형개발을 위한 이론적 기반에 관한 연구. 음악교육연구, 40(1), 1-31.

정한결(2015). Joseph Renzulli의 심화학습 3단계 모형을 적용한 음악영재교육 지도안 연구 : 초등 음악창작수업을 중심으로. 연세대학교 대학원 석사학위논문.

최경은(2012). 평행 교육과정 모형(PCM)을 활용한 음악영재교육 학습지도안 개발. 충남대학교 대학원 석사학위논문.

최민아(2012). 통합과정모형(Integrated Curriculum Model)을 적용한 음악과 공연의 통합음악영재프로그램 개발. 연세대학교 대학원 석사학위논문.

최현아(2010). 국내·외 음악영재 교육프로그램 비교분석 및 관찰평가를 위한 기초음악성 수업방안 연구. 성신여자대학교 대학원 석사학위논문.

태진미(2006). 음악 영재 교육. 인천: 예종.

Gagné, F. (2004). Transforming gifts into talents: The DMGT as a developmental theory. *High Ability Studies*, *15*(2), 119-148.

Gardner, H. (1983). *Frames of mind*. New York: Basic Books.

Hallam, S. (2006). *Music Psychology in education*. London: Institute of Education, University of London.

Haroutounian, J. (2000). Perspective of musical Talent: A study of identification criteria and procedures. *High Ability Studies, 11*(2), 137-160.

Haroutounian, J. (2002). *Kindling the spark: Recognizing and developing music talent*. New York: Oxford University Press.

Karnes, M. B., & Lawrence, J. J. (1986). Identification and assessment of gifted/talented handicapped and nonhandicapped children in early childhood. *Journal of Children in Comtemporary Society, 18*, 35-56.

Marland, S. P. Jr. (1972). *Education of the gifted and talented: Vol. 1. Report to the Congress of the United States by the U. S. Commissioner of Education*. Washington, DC: U. S. Government Printing Office.

McPherson, G. E. (2003). Giftedness and talent. In G. McPherson (Ed.), *The child as musician* (pp. 239-256). Oxford: Oxford University Press.

Renzulli, J. S. (1978). What makes giftedness? Reexamining a definition. *Phi Delta Kappan, 60*(3), 180-184, 261-261.

Terman, L. M. (1925). *Genetic studies of genius: Vol. 1. Mental and physical traits of a thousand gifted children*. Stanford, CA: Stanford University Press.

Winner, E., & Martino, G. (2000). Giftedness in nonacademic domains: The case of the visual arts and music. In K. Heller, F. Monks, R. Subotnik, & R. Sternberg (Eds.), *International handbook of giftedness and talent* (2nd ed.) (pp. 95-110). New York: Elsevier Press.

국가법령정보센터 http://www.law.go.kr (검색일: 2018. 02. 10.)

제23장

통합음악교육에서의 음악교육

김용희

1. 통합음악교육의 이해

통합교육(inclusion)이란 특수아동을 포함하는 일반교육을 말한다. 특수아동이란 일반아동과 특정한 영역에서 차별되는 아동을 말한다. 2007년에 제정된 「장애인 등에 관한 특수교육법」은 특수아동이 차별성을 가지는 영역을 11가지로 분류하는데, 그것은 시각장애, 청각장애, 지적장애, 지체장애, 정서·행동장애, 자폐성장애, 의사소통장애, 학습장애, 건강장애, 발달지체, 그 밖에 대통령령으로 정하는 장애이다. 이와 같이 다양한 영역에서 여러 가지 필요를 가진 아동들이 일반아동과 함께 교육받는 것을 통합교육이라고 부르며, 이때 장애아동을 포함한 모든 아동의 교육적 필요가 충족되어야 한다. 특수아동은 일반아동이 경험하는 환경과 최소로 차별되는 환경에서 교육받을 권리를 가진다. 이것을 최소제한환경(least restricted environment)이라고 부르며, 특수아동은 다양한 인적·물적 관련 서비스를 받을 수 있다(이대식 외, 2011, p. 223).

통합교육은 모든 아동의 개별성과 다양성을 충족시키는 교육이다. 따라서 통합교육을 하려면 보편적 학습설계(Universal Design for Learning: UDL)가 필요하다. 보편적 설계란 본래 건축에서 나온 용어인데, 계단 옆에 경사로를 두거나 강당에 휠체어석을 마련하는 등의 설계를 말한다. 이로 인하여 장애인은 물론 일반인도 유익을 얻을 수 있다. 보편적 학습설계란 이와 비슷한 개념으로 다양한 배경과 학습양식과 능력과 장애를 가진 모든 학생이 유익을 얻을 수 있는 학습설계이다. 다시 말하면, 각 아동의 차이와 요구, 그리고 다양성을 반영하여 자신의 능력을 최대화시킬 수 있는 환경을 위하여 각 학생의 필요를 만족시키도록 교육과정을 유연하게 적용하여 교수방법, 교재, 학습활동, 평가과정을 수정하는 것을 의미한다(Gargiulo & Metcalf, 2010, pp. 25-26). 이러한 수정을 교수적 수정 혹은 교수적합화라고 부른다.

일반학교에서 통합교육이 가장 빈번하게 이루어지는 교과 중 하나는 음악 교과이다. 보편적 학습설계의 원칙에 따라 통합음악교육은 다양한 기능과 활동을 포함할 수 있는 지식, 기술, 학급 크기, 지원을 제공해야 한다. 다시 말하면, 통합음악교육은 학급 내 다양한 능력을 가진 일반아동과 특수아동을 모두 지도할 수 있는 교육이다. 대부분 특수아동은 자신의 필요에 따른 개별화교육 프로그램(Individualized Education Program: IEP)을 가지고 있다. 음악을 지도하는 교사는 각 특수아동의 IEP를 참조하여 그들의 필요와 요구에 맞도록 음악수업을 수정해야 한다. 그리고 이를 위해 특수교사나 학교행정가, 학부모 등과의 사전 의사소통이 필요할 수도 있다. 교수적 수정은 특수아동이 음악수업에 참여할 때 그저 시간만 보내는 것이 아니라, 음악적 · 교육적 · 정서적으로 도움이 되는 학습활동에 참여하게 하는 것이다. 그리하여 특수아동은 수업시간에 최대의 유익을 얻는다(Adamek & Darrow, 2005, pp. 65-69).

교사는 학생들의 다양한 요구와 배경과 필요를 인식하고, 그들을 위한 최적의 교수 · 학습활동을 제공하며, 다양성을 수용하고 허용하는 학급 분위기를 만들 필요가 있다. 또한 교사는 특수아동에게 적절한 사회활동을 제공하고 동료와 협동하는 기회를 주며 일반아동이 다양한 요구를 가진 사람들을 수용하는 방법을 배우도록 하고 개인의 장단점을 이해하는 기회를 주도록 한다. 최근에 일반학교에 재학하는 특수아동이 점점 증가하는 추세에 있고 그들 대부분이 음악수업에 참여한다는 사실을 고려할 때 통합음악교육에 대한 연구는 향후 필요성이 더욱 증가될 것이다.

2. 통합음악교육에서의 음악교육 연구 동향

이 연구는 한국교육학술정보원(http://www.riss.kr), 구글학술검색(http://scholar.google.com), 서울대학교 중앙도서관(http://lib.snu.ac.kr), 경인교육대학교 인천캠퍼스 디지털도서관(libproxy.ginue.ac.kr)에서 통합교육과 음악교육 관련 주제어를 입력하여 검색된 2000~2017년 사이에 출간된 21편의 석사학위논문과 39편의 학술지 논문을 대상으로 했다. 2000~2017년 이루어진 통합음악교육의 연구 동향을 정리해 보면 [그림 22-1]과 같으며, 통합교육 환경이 아닌 특수학교나 특수학급에서 장애학생만을 대상으로 행해진 연구는 제외되었다. 통합교육이라는 주제어하에 나타나는 타 교과 연계 교육(interdisciplinary or integrative education)에 관한 논문들도 제외하였다. 특수아동의 통합음악교육이라는 주제는 음악교육에서 비교적 새로운 주제로서, 대부분의 논문들은 최근 십 여 년 동안에 발표되었다.

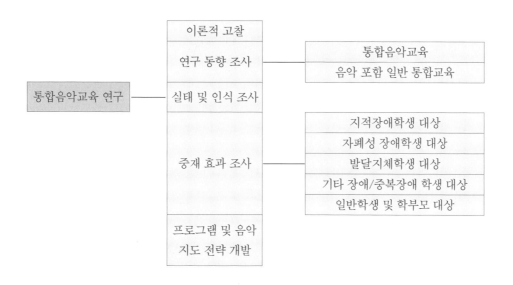

[그림 22-1] 통합음악교육의 연구 동향 분류

1) 이론적 고찰

이론적 고찰 연구란 특수아동을 통합하는 일반 교실 환경에서의 음악수업에 대한 기초 이론이나 일반적 원리에 관한 연구이다. 이론적 고찰 연구들은 학교에서 이루어지는 통합음악교육에 어떠한 방법이나 원리를 사용할 수 있을지, 통합교육에서 주장하는 기본적인 원리들이 음악교육에는 어떻게 적용될 수 있을지에 관하여 이루어졌다. 김희규(2010), 승윤희(2006, 2010)의 연구들은 통합음악교육의 일반적 원칙을 제시하는데, 특별히 승윤희(2006, 2010)는 음악치료와 특수교육, 특수음악교육의 원리를 통합음악교육에 적용할 것을 주장한다. 김희규(2010), 승윤희(2013, 2014)는 일반통합교육의 보편적 학습설계나 교수적합화(혹은 교수적 수정)의 개념과 원리에 대하여 고찰한 후 이것을 음악교육이나 음악교육과정에 어떻게 적용할지를 제안한다.

2) 연구 동향 조사

통합음악교육의 연구 동향을 조사한 연구들은 크게 음악 교과만을 대상으로 한 연구와 일반 통합교육을 대상으로 하지만 음악 교과를 일부 포함하는 연구들을 대상으로 한 연구로 나뉜다. 승윤희(2012b)는 음악 교과만을 대상으로 한 연구를 통해 통합음악교육에 대한 국내 학위논문 31편과 학술지 논문 15편의 연구 경향을 조사하였다. 서화자, 박대원, 박현주(2012)는 학습장애아를 위한 중재 효과에 대한 연구들을 분석하였다. 또한 실험 연구들만을 분석한 연구도 있다(전병운, 이지선, 2014).

3) 실태 및 인식 조사

실태와 인식을 조사한 연구들은 통합음악교육의 현황 및 실태를 조사하거나, 교사/학생/학부모의 요구를 분석하거나, 교사/학생의 인식을 조사한다. 장혜원(2008)과 황은영, 장혜성, 장혜원(2008)은 통합유아보육기관에서 이루어지는 음악활동의 현황 및 실태에 대하여 교사들을 대상으로 면담이나 설문지 기법을 사용하여 조사하였다. 또한 황은영, 장혜성, 장혜원(2008)은 교사들의 지원 요구에 대해서도 조사하였다. 이숙향, 안혜신(2011)은 중등학교에서의 통합교육의 실태를 면담을 통하여 조사하였으며 또한 교사들의 지원 요구를 함께 조사하였다. 승윤희(2012a)는 서울시 초등학교를 대상으로 통합교육의 실태와 함께 교사들의 의견을 조사하였다. 이밖에 교사/학생의 인식을 조사하는 연구에는 중학교 일반교사들이 음악을 포함한 통합교육의 교수적합화 필요성에 대해 갖는 인식을 조사한 연구, 중등 과정 교육대학원 음악교육 전공 학생들의 통합교육에 관한 태도와 인식을 조사한 연구들이 있다(윤문정, 2011; 황순영, 김지숙, 이미아, 2013).

4) 중재 효과 조사

통합음악교육에 관한 연구들 중 많은 것들이 음악활동의 중재 효과를 조사하며, 음악활동이 통합적인 환경하에 있는 지적장애, 자폐성 장애, 언어장애, 발달지체 등의 특정 장애, 혹은 2개 이상의 중복 장애를 가진 학생들에게 어떤 효과를 가지는지 조사한다. 또한 통합적인 환경에서의 음악활동이 일반학생이나 학부모에게 어떤 효과를 미치는지를 조사한 연구들도 있다.

(1) 지적장애학생을 대상으로 한 연구

통합음악교육이 지적장애학생에게 미치는 중재 효과를 다룬 연구들은 그들에게 필요한 정서표현, 사회적 상호작용, 자아개념, 반응행동 등의 기술에 음악 학습이 미치는 영향을 다루었다. 장혜원(2007a, 2007b)은 음악활동이 지적장애 유아의 정서표현이나 사회적 상호작용 발달에 미치는 효과를 다루었다. 최은실, 윤선희(2009)는 음악치료 놀이극 프로그램이 지적장애를 가진 장애유아의 자아개념에 미치는 효과를 다루었다. 홍은숙, 김의정(2012)은 초등학생을 대상으로 방과 후 음악활동이 지적장애학생의 사회적 상호작용 및 반응행동에 미치는 효과를 조사하였는데, 여기서의 음악활동은 방과 후에 실시된 치료적 활동이었다. 그러나 이러한 음악활동이 통합환경 안에서 지적장애학생들이 어떻게 사회적으로 상호작용하고 반응행동을 보이는지에 대한 중재효과를 조사하기 때문에 이것은 통합음악연구에 속하는 것으로 볼 수 있다.

(2) 자폐성 장애학생을 대상으로 한 연구

통합음악교육이 자폐증이나 자폐범주성 장애를 가진 학생들에 대한 중재 효과를 다루는 논문들에는 앞에서 언급한 장혜원(2007a, 2007b)의 연구들이 있다. 장혜원(2007a, 2007b)의 연구들은 통합 환경에서의 음악활동이 지적장애 유아에 미치는 영향뿐 아니라 자폐성 장애를 가진 유아의 정서표현에 미치는 중재 효과에 대해서도 다루었다. 그리고 박아름, 김진호(2010)의 연구는 통합적인 환경에서 오르프 슐베르크를 활용한 음악활동 프로그램이 자폐성 장애를 가진 중학생들의 과제수행 및 주의집중행동에 대한 효과를 다루었다.

(3) 발달지체학생을 대상으로 한 연구

발달지체학생의 사회성이나 의사소통 등에 미치는 통합음악교육의 중재 효과를 고찰한 연구들이 있다. 장혜원(2011, 2012)은 통합어린이집에서의 음악활동이 발달지체 유아의 사회성이나 사회정서 발달에 미치는 중재 효과를 조사하였다. 또한 오숙현, 최혜승, 서해경(2015)은 일반아동을 매개로 하여 또래 상호 활동을 포함하는 음악활동이 발달지체 유아의 음악활동 참여 및 사회적 상호작용에 미치는 영향을 다루었다. 그리고 놀이동요 활동이 발달지체 유아의 사회성 및 음악적 흥미 발달에 미치는 효과를 다룬 연구도 있다(김혜영 외, 2013). 또한 김유리, 노진아(2011)와 장혜성(2014)은 오르프 슐베르크를 적용한 음악활동이 발달지체 유아의 의사소통 기능 및 언어적 상호작용에 미치는 효과를 조사하였다. 김경양, 한선경, 박은혜(2015)는 초등학교의 통합교육 환경에서 발달지체 학생에 대한 보완대체의사소통(AAC)을 사용하는 지원이 음악을 포함한 교과의 수업 참여도 및 또래와의 상호작용에 미치는 효과를 다루었다.

(4) 기타 장애 및 중복장애 학생을 대상으로 한 연구

앞서 언급되지 않은 정서 · 행동장애와 같은 기타 장애뿐만 아니라, 2개 이상의 장애를 동시에 가지는 중복장애 학생에 관한 음악활동의 중재 효과를 다룬 연구들도 발표되었다. 김보경, 김용희(2014)와 남성자(2006)는 음악놀이 프로그램이나 전통음악 프로그램이 통합학급에서 ADHD를 가진 학생의 사회성 발달에 어떤 효과를 가지는지 조사하였다. 류현주, 이원령(2005)은 지적장애와 정서장애를 함께 가진 중학생들에게 통합 환경에서 음악을 포함한 레크리에이션 활동을 실시한 효과에 대하여 다루었다.

(5) 일반학생 및 학부모를 대상으로 한 연구

통합음악교육이 장애를 가진 학생들뿐 아니라 일반학생이나 학부모에게 어떤 영향을 미치는지에 대한 연구들도 발표되었다. 앞에서 언급된 류현주, 이원령(2005)의 연구는 통합 환경에서의 레크리에이션 활동이 중복장애 학생들의 자기주장 향상뿐 아니라 일반학생들이 장애학생들에 대하여 가지는 태도에도 영향을 미쳤음을 보여 주었다. 또한 임세란(2013)의 연구는 오르프 슐베르크 활동이 장애학생에 대한 일반 초등학생들의 태도에 영향을 미쳤음을 드러냈다. 또한 통합교육에서 사용하는 보편적 학습설계가 장애학생이 아닌 일반학생에게 미치는 효과를 문헌 연구를 통하여 조사한 연구도 있는데, 이 연구에서 음악은 국어 다음으로 보편적 학습설계의 효과가 큰 교과로 나타났다(김남진, 이혜은, 2015). 이미나(2010)는 학부모를 대상으로 하여 음악을 포함하는 독서치료 부모교육프로그램이 장애와 통합교육에 대한 학부모들의 인식에 영향을 미친다는 것을 보여 주었다(이미나, 2010).

5) 프로그램 및 음악지도 전략 개발

통합음악교육을 위한 프로그램이나 수업 방안, 혹은 음악지도 전략들을 개발한 연구들이 있다. 김용희(2013), 최은아(2014), 한송희(2016), 이다영(2016)은 경도의 지적장애아를 포함하는 통합음악교육 프로그램이나 수업 방안을 구안하였다. 또한 프로그램이나 수업 방안을 구안한 뒤 교수적 수정 과정을 거쳐 실제 수업에 적용하였다. 그리고 자폐성 장애를 가진 학생들을 대상으로 하여 통합음악 프로그램이나 교수모형을 개발한 연구들이 실시되었으며, 장애학생들의 IEP를 개발하는 방법을 설명하기도 하였다(윤문정, 2014; 장은언, 2016). 또한 김보경, 김용희(2014)는 ADHD 학생을 위한 통합음악교육의 프로그램을 개발하고 적용하였으며, 룽(Loong, 2014)은 ADHD 학생을 위한 지도 전략을 제시하였다.

3. 통합음악교육의 연구 과제 및 전망

최근 인간의 존엄성과 평등에 대한 의식의 발전과 함께 통합교육이 강조되고 있다(고해란, 2004). 음악 교과는 통합교육이 행해지는 가장 첫 번째 교과일 뿐 아니라 특수아동에게 정서적 만족, 언어 및 의사소통 기술의 발달, 사회적 기술의 발달 등 여러 가지 유익을 준다. 통합음악교육에 대한 필요가 증가함에 따라 향후에는 예비 교사와 현장 교사들이 통합음악교육에 대하여 더 많이 이해할 수 있도록 하는 여러 가지 연구가 더욱 수행되어야 할 것이다. 또한 교원 양성 시기부터 통합음악교육에 대해 이해하고, 적합한 지도방법을 더욱 습득할 필요가 있다. 특수아동을 현실적으로 경험하지 않고 이론적으로만 학습하는 것은 한계가 있으므로, 교육실습 시기부터 통합음악교육을 더 많이 경험할 수 있도록 준비해야 하며, 행정적으로도 통합음악교육을 위한 교육계획과 설비 등에 더 세심한 지원이 이루어져야 할 것이다.

참고문헌

고해란(2004). 통합교육을 경험한 음악 교사의 음악교육 실태와 만족도 분석. 영남대학교 대학원 석사학위논문.

김경양, 한선경, 박은혜(2015). 통합학급에서 협력적 AAC 지원이 발달장애 학생의 수업 참여도 및 또래 상호작용에 미치는 효과에 관한 사례연구. 자폐성장애연구, 15(1), 19-44.

김남진, 이혜은(2015). 보편적 학습설계가 일반학생의 학업성취도 향상에 미치는 효과에 대한 메타분석. 지적장애연구, 17(4), 19-39.

김보경, 김용희(2014). 음악놀이 프로그램이 ADHD 학생의 사회성 발달에 미치는 효과. 음악교육연구, 43(4), 77-94.

김용희(2013). 경도의 지적장애학생을 포함하는 통합음악수업 프로그램 개발. 음악교육연구, 43(3), 27-52.

김유리, 노진아(2011). 오르프-슐베르크를 적용한 음악활동이 통합된 발달지체 유아의 의사소통기능에 미치는 영향. 통합교육연구, 6(1), 163-184.

김혜영, 김정애, 손지영, 김경하, 오숙현(2013). 놀이동요 활동이 통합학급 유아의 사회성 및 음악적 흥미에 미치는 효과. 미래유아교육학회지, 20(2), 53-82.

김희규(2010). 통합학급 장애학생의 교육과정적 통합을 위한 초등학교 음악과 교육과정 수정 방안. 지성과 창조, 13, 205-239.

남성자(2006). 통합학급에서 전통음악 중심의 음악치료가 정서장애아동의 주의력결핍 및 공격행동에 미치는 영향. 경인교육대학교 대학원 석사학위논문.

류현주, 이원령(2005). 통합교육 레크리에이션 활동을 통한 장애학생의 사회적 기술 향상과 또래의 장애학생에 대한 태도변화. 특수교육재활과학연구, 44(2), 149-173.

박아름, 김진호(2010). 오르프-슐베르크를 활용한 음악교육활동이 자폐성장애학생의 과제수행 및 주의집중행동에 미치는 효과. 정서행동장애연구, 26(4), 232-253.

서유진(2010). 통합교육 환경에서 장애학생 지원을 위한 상담연구 방안: 장애학생 상담연구 분석을 중심으로. 특수교육학연구, 44(4), 133-147.

서화자, 박대원, 박현주(2012). 통합 상황에서 학습장애 아동을 위한 또래교수 중재 연구 동향 및 효과 분석. 학습장애연구, 9(3), 81-104.

승윤희(2006). 학교음악교육에 있어서 음악치료의 의미와 교육적 활용방법. 음악과민족, 32, 439-464.

승윤희(2010). 통합교육(Inclusive Education)을 위한 음악교과교육의 학문적 기초에 관한 연구. 음악교육연구, 38, 1-29.

승윤희(2011). 통합교육(Inclusive Education)의 실천을 위한 음악수업 연구-오르프 음악활동을 중심으로. 학습자중심교과교육연구, 11(4), 245-265.

승윤희(2012a). 서울시 초등학교 통합교육 실태 및 특수/통합학급 교사들의 의견 조사-통합학급 음악교육 연구를 위한 기초 자료. 예술교육연구, 10(3), 57-82.

승윤희(2012b). 음악교육에서의 통합교육 연구 경향 분석. 학습자중심교과교육연구, 12(4), 515-532.

승윤희(2013). 장애학생의 교육적 통합을 위한 통합 학급에서의 보편적 음악 학습 설계. 학습자중심교과교육연구, 13(3), 155-172.

승윤희(2014). 장애학생의 교육적 통합을 위한 통합학급의 음악수업 연구. 초등교육연구, 12(3), 69-86.

오숙현(2012). 통합적 음악활동 프로그램이 발달장애유아의 언어능력 및 일반유아의 정서지능에 미치는 효과. 미래유아교육학회지, 19(1), 509-531.

오숙현, 최혜승, 서해경(2015). 또래를 매개로 한 음악활동이 발달지체유아의 활동참여행동 및 사회적 상호작용에 미치는 효과. 미래유아교육학회지, 22(2), 53-75.

윤문정(2011). 통합교육(inclusive education)에 관한 중등과정 예비 음악 교사들의 인식조사. 음악교육연구, 40(2), 109-133.

윤문정(2014). 자폐범주성장애 학습자가 포함된 음악수업 연구. 음악교육공학, 20, 79-98.

이다영(2016). 초등학교 통합학급 지적장애학생의 음악과 교수학습 지도안 재구성에 관한 연구. 대구교육대학교 대학원 석사학위논문.

이대식, 김수연, 이은주, 허승준(2011). 통합교육의 이해와 실제. 서울: 학지사.

이미나(2010). 통합독서치료를 적용한 부모교육프로그램이 부모의 장애인식과 통합교육에 대한 태도에 미치는 영향. 심리행동연구, 2(2), 61-75.

이소현, 박은혜(2011). 특수아동교육. 서울: 학지사.

이숙향, 안혜신(2011). 중등 통합교육의 현실 및 지원요구에 대한 질적 연구. 지적장애연구, 13(1), 203-235.

임세란(2013). 오르프 음악 활동이 통합교육의 장애아동에 대한 수용태도 변화에 미치는 영향. 특수교육연구, 6(3), 21-37.

장은언(2016). 자폐성 장애학생을 포함한 초등학교 통합음악수업 프로그램 연구. 음악교육공학, 27, 67-86.

장혜성(2014). 또래와의 구조화된 노래활동이 어린이집에 통합된 발달지체 유아의 언어적 상호작용에 미치는 효과. 발달장애연구, 18(1), 1-21.

장혜원(2007a). 긍정적 정서표현을 유도하는 음악활동이 장애유아의 어린이집 자유놀이 시간에서 또래를 향한 정서표현 변화에 미치는 효과. 정서·행동장애연구, 23(4), 151-172.

장혜원(2007b). 비장애유아가 함께 하는 음악놀이가 어린이집에 통합된 장애유아의 사회적 상호작용 행동에 미치는 효과. 언어치료연구, 16(3), 133-150.

장혜원(2008). 통합유아교육기관에서 장애유아가 경험하는 음악활동의 의미. 한국음악치료학회지, 10(2), 83-102.

장혜원(2011). 사회성을 촉진하는 음악활동이 통합어린이집 발달장애유아의 사회성 발달에 미치는 영향. 지적장애연구, 13(4), 223-249.

장혜원(2012). 음악활동이 통합 어린이집 발달지체유아의 사회정서발달에 미치는 영향. 특수교육연구, 19(1), 241-266.

장혜원(2013). 음악활동이 어린이집에 통합된 발달지체유아의 운동발달에 미치는 영향. 특수교육연구, 20(2), 287-308.

전병운, 이지선(2014). 통합교육상황에서의 교수적 수정에 대한 실험 연구의 경향 분석. 학습장애연구, 11(3), 155-185.

최은실, 윤선희(2009). 음악치료 놀이극 프로그램이 통합교육과정에서 유아의 자아개념에 미치는 영향. 예술심리치료연구, 5(1), 71-90.

최은아(2014). 지적장애학생을 위한 통합음악교육 프로그램 개발 및 적용. 음악교육연구, 43(2), 115-138.

한송희(2016). 장애학생의 통합교육을 위한 중학교 음악과 교수적 수정. 한국교원대학교 대학원 석사학위논문.

홍은숙, 김의정(2012). 방과 후 음악활동이 지적장애 아동의 사회적 상호작용 향상에 미치는 영향. 지적장애연구, 14(4), 1-25.

황순영, 김지숙, 이미아(2013). 중학교 일반교사의 교수적합화에 대한 필요도 인식. 교육혁신연구, 23(2), 41-56.

황은영, 장혜성, 장혜원(2008). 통합보육기관에서 시행되는 음악활동의 실태와 교사 지원 요구 조사: 자폐, 정서행동장애 대상 포함. 정서·행동장애연구, 24(2), 275-301.

Abeles, H. F., & Custadero, L. A. (2005). *Critical Issues in Music Education*. New York: Oxford University Press.

Adamek, M. A., & Darrow, A. (2005). *Music in Special Education*. Silver Spring, MD: The American Music Therapy Association, Ind.

Loong, C. (2014). 음악교육동향: ADHD 학생을 위한 음악수업 전략. 음악교육연구, 43(4), 269-276.

Gargiulo, R. M., & Metcalf, D. (2010). *Teaching in Today's Inclusive Classroom*. Belmont, CA: Wadsworth.

Rose, D., & Meyer, A. (2002). *Teaching every student in the digital age*. Universal design for learning. Alexandria, VA: Associations for Supervision and Curriculum Development.

제24장

대학 음악교육

김선미

1. 대학 음악교육의 이해

1) 대학교육

대학교육은 교육 단계 중 최상의 단계인 고등교육(higher education)으로서 사회적 엘리트들을 양성하기 위한 전문교육과 교양교육을 제공한다. 오늘날의 대학교육은 학문 연마와 연구를 넘어서서 전문성과 더불어 인성 및 교양을 갖춘 인재를 길러 내고 준비시키는 교육기관으로서 그 역할이 증대되었다. 현대 사회에서 요구되는 고등교육의 역할은 급변하는 사회에 필요한 인재를 양성하고 배출하여 국가와 사회의 발전에 이바지는 것이라 할 수 있다. 또한 대학에서의 교육은 전공교육, 진로교육 외에 자기개발, 진실성, 사회적 자존감, 문화적 인식, 인내력, 그리고 창의성 등의 함양을 포함하는 전인적 인간교육을 목표로 한다(이가원, 2015, p. 39). 따라서 전공을 개발하여 필요한 지식과 기술을 습득하고 진로를 준비하는 것이 중요하나 사회 구성원으로서 갖추어야 할 인성요소들과 교양을 길러 내어야 하는 것도 대학교육의 중요한 사명이라 할 수 있다.

대학에서의 교양교육은 고대 그리스의 자유학문적 교육(liberal education)의 진리를 추구하고 선의 실체를 탐구하며 미를 창조해 가는 인간본성에서 출발하였다. 교양교육은 인문 사회, 자연과학, 예술 등의 분야를 통해 지적 교양, 인성과 자아의 계발, 비판적 사고능력과 문제해결력, 올바른 표현과 소통의 능력을 길러 주는 데에 목표를 두고 있다. 또한 대학에서의 전공교육은 자신의 소질과 재능을 살려 전문적 기술과 학문을 연마하고 졸업 후 학생들의 진로와 직업으로 연계시키는 과정이다. 대학교육의 이 두 가지 분야의 목적이 앞으로 한 사회를 이끌어 나갈 구성원으로서, 또한 자아를 실현하여 만족한 삶을 영위하는 개인으로서 준비하여야 할 중요한 교육과정이라 할 수 있겠다.

2) 대학 음악교육

대학에서의 음악교육 역시 중등 음악교육에 이어 보다 전문적이고 깊이 있는 교육을 추구하면서 교양음악으로서의 일반 음악교육과 음악전문인을 양성하기 위한 전공 음악교육으로 나뉘어 있다. 창조적 인재육성을 위한 교양교육은 현대 사회의 대부분의 대학에서 개설되고 있으며 다양한 예술 관련 교양수업을 통해 전인교육의 목표를 실천하고 타 영역 전문지식 습득의 폭넓은 기회를 제공하고 있다(장지원, 2012). 예술문화교육으로서의 교양음악수업은 이러한 전인교육의 목표를 위하여 많은 대학에 개설되어 학생들의 감성 및 예술문화교육을 담당하고 있다. 이러한 수업들은 입시 위주의 교육으로 예술적 경험이 부족했던 대학생들에게 음악적 지식과 예술적 경험을 제공해 줄 수 있다. 또한 교양음악수업을 통해 학생들은 동시대의 사회문화적 현상과 연계하여 음악을 생각할 수 있고 음악을 통해 자아를 표현할 수 있으며 비평적 사고를 통해 음악을 체험하며 즐기는 태도를 가질 수 있다(오지향, 김선미, 2009). 예술교육으로서 혹은 교양교육으로서의 음악교육은 지적 성장과 심미적 발전을 돕고 개인의 감성발전과 가치추구, 타인과의 사회적 교육, 자국의 문화와 타문화의 가치를 자각할 수 있도록 도와준다(성경희, 1987). 이와 같이 대학에서의 교양음악교육은 이 시대가 요구하는 전인적 인간과 포괄적 시각의 자유인으로서 성장할 수 있는 통로로서 꼭 필요한 교육활동이라 할 수 있다(한수정, 한경춘, 2013).

대학 교양음악수업은 많은 대학에서 '서양음악의 이해' '국악의 이해' '음악의 기초이론' '예술과 음악' '현대음악의 이해' '교양합창' '교양 음악 감상' 등의 다양한 명칭과 교과목으로 개설되어 있다(오지향, 김선미, 2009). 장지원(2012)에 따르면 수도권 대학들을 중심으로 음악 관련 교양 수업이 1970년대에는 음악 감상, 음악사, 음악개론 등 기본적인 음악 관련 주제 중심으로 분류되었던 것에 반해, 2000년대에 와서는 이외에 전통음악 감상, 재즈의 역사, 음악과 문학, 음악의 미학적 이해, 음악치료학, 음악 경영 등의 다양한 음악 관련 주제들로 확대되었다. 전국 대학교의 교양음악수업의 개설 현황에 대해 최원선(2015)은, 첫째, 개설된 교과목 수는 그 학교의 음악대학이나 음악 관련학과의 유무와 연관성이 있고, 둘째, 가장 보편적인 교양음악 교과목은 '음악의 이해'류로 서양음악과 한국음악 중 서양음악의 개설이 우세하며, 셋째, 교양음악수업은 실기보다는 이론 중심으로 행해지고, 넷째, 대개의 경우 선택 교과목으로 주어진다고 주장하였다. 이와 같이 대학 내에서 교양음악으로의 음악수업이 예술문화와 인성 교육으로서의 중요한 위치를 차지하고 있고 많은 대학생들을 대상으로 이루어진다는 점은 앞으로의 대학 음악교육 연구의 필요성을 증대시키고 있다.

한편, 전공 음악교육은 전문적 음악직업인을 양성하기 위한 교육기관으로 대학 내 음악대학에서 이루어져 왔다. 유럽의 음악원 성격으로 음악 실기와 이론을 중심으로 한 교육이 전문적으로 이루어져 왔고 그동안 국내외적으로 많은 음악가들을 배출시켜 왔다. 우리나라 음악대학의 공통적인 목표는 학생들의 연주기량을 연마시켜 최고 수준의 연주가를 배출하는 것으로서 교육과정 또한 전공실기 향상을 위한 교과목으로 형성되어 있다(기영화, 성정은, 2012). 음악대학 교육과정에서의 과목은 전공실기가 가장 많은 비중을 차지하고 있고 실기 중심의 합주과목과 음악이론, 음악사 등의 과목으로 구성되어 있다. 음악대학의 학위과정 또한 많은 대학들이 기악과(피아노과, 관현악과), 성악과, 작곡과 등의 전문 연주가 혹은 음악가 배출을 위한 학과들로 유사하게 구성되어 있다. 이러한 음악대학에서의 전문교육에 대한 연구가 대학 교양음악교육에 대한 연구보다 덜 활발하게 진행되었으나 최근 들어서는 다양한 방면에서의 연구가 점차 확대되고 있는 추세이다.

2. 대학 음악교육의 연구 동향

최근 대학 음악교육의 연구는 앞서 논의되었던 바와 같이 크게 두 개의 흐름으로 나뉜다. 하나는 교양교육으로서의 음악교육과 다른 하나는 전문교육으로서의 음악교육이다. 최근 십여 년간(2006~2016)의 연구 동향들을 정리해 보면 다음과 같다

1) 교양음악교육

최근 대학 교양음악교육에 관한 연구들을 조사해 본 결과, 크게 두 가지 분야의

연구로 분류되었는데 그것은 교양음악수업의 지도방향 및 지도방안에 관한 연구와 대학 내에 교양음악수업이 대학생들에게 미치는 영향에 대한 연구였다.

(1) 교양음악수업 지도방법 연구

대학 내 교양음악수업의 지도방안은 많은 연구(오유진, 2013, 2015; 오지향, 김선미, 2009; 장지원, 2012; 주성희, 이미선, 2015)에서 '통합적 접근방법'을 활용하여 제시하였다. 이는 교양수업의 취지에 맞게 단순히 음악적 지식이나 경험을 전달하는 것이 아닌 예술적이고 문화적인 관점에서 폭넓게 이해하고 역사와 사회 및 인문학적인 소양을 함께 쌓을 수 있도록 고안한 교수 · 학습방법이다. 장지원(2012)은 대학 내 개설되어 있는 교양음악수업의 역할을 고찰하고 전문적 지식 함양과 타 영역과의 통합에 따른 포괄적 성장을 도모하는 통합적 접근(Intergrated Approach)을 교양음악수업의 발전적인 설계 방향으로 제시하였다. 21세기의 대학 교양음악교육은 통합적 접근을 통해 간 학문적 접근과 맥락적 이해를 통한 포괄적 삶의 통찰력, 그리고 전인교육의 관점에서 중요한 가치와 의미를 지니고 있다고 주장하며 포가티(R. Fogarty)의 통합 교과과정 유형에 근거하여 '바로크'라는 음악사적 주제를 통한 교양음악수업의 예를 제시하였다.

오지향, 김선미(2009)는 예술 영역 간의 통합과 상황적 교수 · 학습으로 구축된 통합적 접근을 적용하여 대학 교양음악수업방안을 연구하였다. '음악의 주제를 전개하는 소나타 형식' '음악과 문학' '음악과 극' '영상을 완성하는 음악' 등 네 가지 주제를 가지고 제시한 수업지도안은 음악의 지적 · 예술적 교육과 사회문화적 측면을 강조하며 동시대의 문화예술과 연계된 다양한 주제와 활동을 제시하였다

주성희, 이미선(2015)도 음악사를 시대적으로 고찰하고 작품 감상을 통한 서양음악의 포괄적 · 맥락적 이해를 위하여 통합적 접근을 통한 대학 교양음악수업방안을 제시하였다. 제시한 강의의 차별적 방법으로는 다양한 시청각 자료와 영상매체 및 이러닝 시스템을 활용하여 수업에 참여함과 동시에 소통의 기회를 확대하고 간단한 예술 창작 활동, 조별 가창, 연주 등의 예술활동을 도입하여 실천적 음악교육을 도모하는 방법이 있다.

오유진(2013, 2015)은 대학 교양수업을 위하여 통합수업모형을 적용하여 음악, 미술 및 인문학 분야와 문학 작품과의 연계를 통하여 설계한 수업지도방안을 제시하였다. 또한 통합수업을 위한 참여, 토론, 발표, 평가의 활동과 아츠 프로펠(Arts PPOREL)의 수업 설계와 평가를 참고하고 비평지와 평가지를 활용하여 수업내용의

이해와 자기성찰의 시간을 갖도록 하였다.

　최원선(2015), 이가원(2015), 김명신(2015)은 교양음악수업을 통한 인성 교육과 다문화 교육, 창의성 함양을 목표로 하여 지도방안을 연구하였다. 최원선(2015)은 대학 교양음악교육을 통하여 인성 교육을 이룰 수 있다는 전제하에 우리나라 28개 대학에 개설되어 있는 음악 관련 교양 교과목들의 현황을 분석하여 인성 교육을 현실화하기 위한 '교양음악'의 가능성과 문제점을 타진하고 합리적이고 효과적인 대학 인성 교육을 위한 방향을 제시하였다. 최원선(2014)의 또 다른 연구에서는 대학에서 개설된 교양음악수업을 특별히 이공계열 중심으로 과학적·인문학적 시각에서 설계하였다. 이공계열을 위한 수학, 자연과학, 우주과학, 응용과학의 주제를 중심으로 과학과 음악, 인문학과의 연관성을 통합적으로 구성하여 설계하였다. 음악의 자매예술 교과에서의 접근 이외에 과학과 수학의 영역에서의 통합을 시도한 연구가 진행되었다.

　이가원(2015)은 다문화 교육을 위한 대학 음악교양교육과정을 개발하였다. 전통적인 교양음악에 현 다문화 시대의 요구를 수용하여 절충적이고 포괄적이면서도 학생들의 삶과 연관되어 흥미를 유발할 수 있는 음악교육과정을 개발하였는데 미리보기, 지식결합, 통합/반성의 학습 단계를 통해 강의식 수업을 지양하고 학습자들이 선행지식을 토대로 문제에 대해 통합적으로 접근하도록 하는 수업모형을 구축하였다. 김명신(2015)은 교양기초교육의 대학생 음악 초보자를 위한 창의성 함양을 위한 음악학습방안을 연구하였다. 초반 학습과정에서 인지적 측면을 배제하고 음악, 미술, 신체활동 등의 통합된 자연적 음악학습방법과, 음악의 청감각성과 운동성의 특성을 활용하여 음악 초보자도 쉽게 음악이론이나 테크닉에 구애 받지 않고 음악을 통한 창의성 향상을 위한 음악학습방안을 제시하였다.

　통합적 접근방법 이외에 대학 교양음악수업을 위한 지도방법으로 영화와 영상물을 활용한 연구도 있다. 현경실(2011)은 대학 교양음악수업을 위해 영화를 이용한 한 학기 분량의 음악 감상 수업을 구안하고 직접 대학 교양수업에서 실시하였으며 추후 음악 감상 능력 검사와 선호도 및 효과를 측정하는 설문지를 실시하였다. 그 결과, 영화를 이용한 음악 감상 수업 방식은 학생들이 예술 음악을 이해하는 데 도움을 주었고 클래식 음악에 긍정적인 관심을 갖게 하였으며 수업 후 학생들의 음악적 행위에 긍정적인 변화를 생기게 하였다. 유명의(2014) 또한 대학 교양과목 수업의 목적에 부합되도록 오페라의 지적인 측면, 예술적 교육과 더불어 사회문화적 측면을 강조하는 수업방안을 제시하였다. 교수·학습 방법으로 예술 영역 간의 통합과 상황적 교수·학습 방법을 적용하고 오페라, 영화, 드라마 등의 다양한 영상물을 활용하였다.

(2) 교양음악수업이 대학생들에게 미치는 영향 연구

교양음악수업지도방안 연구 외 또 다른 한편으로는 교양음악수업이 대학생들에게 미치는 영향을 연구한 논문들이 진행되었다. 한수정, 한경훈(2013)은 대학 음악 교과 교양수업과 신입생의 학교적응의 관계를 연구하였는데, 연구 결과 공통적으로 영향을 미친 중요한 요소는 수업만족도였으며 음악 교과 교양수업은 학업적응, 사회적응, 개인-정서적응에 유의미한 영향을 미치는 것으로 나타났다. 따라서 수업만족 향상을 위해 효율성 있는 교수행동으로 스트레스의 변화를 촉진하고, 체험과 소통의 실기 위주 교양교육을 활성화하여 음악 교과 교양교육의 개선과 발전을 도모해야 한다고 제언하였다.

홍성훈, 김휘수(2010)는 명상음악 프로그램을 적용한 교양교과 수업활동이 대학생들의 주의집중력과 학습태도에 미치는 효과를 연구하였는데 명상음악 프로그램을 적용한 수업을 받은 대학생들의 주의집중력과 학습태도가 그렇지 않은 집단의 학생들보다 더 향상되었음을 보여 주며 효과적인 학습 전략의 하나로 명상음악 프로그램의 적용을 제언하고 있다.

김은진, 강인애(2011)는 대학 교양과목 수업에서 음악테크놀로지 기반학습이 감성의 활성화에 미치는 효과를 연구하였는데, 음악테크놀로지 기반학습(MTBL)을 적용하여 설계하고 수업 후 마인드맵, 성찰저널, 심층 인터뷰 등과 같은 자료를 분석하여 학습자들의 감성 활성화에 대한 효과를 알아본 결과, 음악 테크놀로지의 활용을 통해 학습한 학생들은 다양한 감상표현과 문화예술에 대한 관심과 흥미를 나타냄으로써 감성 활성화에 긍정적인 변화를 보여 주었다. 앞선 논문들도 대학 교양음악수업의 지도방법을 위한 연구와 함께 명상음악과 테크놀로지 기반학습 등의 효율적 방안들을 제시하고 있다.

2) 전문 음악교육

음악대학에서 이루어지는 전문 음악교육에 관한 연구는 다양한 방면으로 연구되었다. 연구 주제로는 음악 전공자들을 위한 진로교육, 전문 음악교육의 교수·학습방법, 음악 전공 대학생들에 관한 연구가 있었고 그 외 전공자들의 연주불안을 비롯한 실용음악과에 관한 연구가 있었다.

(1) 음악 전공 진로교육 연구

음악 전공자들을 위한 진로교육에 관한 연구는 대부분 전문 음악인들의 진로의 폭이 현실적으로 매우 좁고 열악하다는 문제점을 제시하고 폭넓은 진로교육이 음악대학 안에서 개선되어야 한다고 주장한다.

기영화, 성정은(2012)은 음악 전공자의 교육과정을 통해 직업교육의 필요성을 고찰하여 음악 분야 직업의 다양화와 새로운 직업군 모색을 위한 교육 방향을 제시하였다. 이 연구는 음악 전공자에 대한 사회적 활동과 직업인으로서의 역할을 감당할 수 있도록 대학 안에서 음악과 관련된 직업에 대하여 탐색하는 과정을 이수하도록 제도화하고 산학협력을 통해 현장 참여의 기회를 주며 멘토링 프로그램이나 타전공과의 연계프로그램 실시 등을 제안하였다. 또한 이러한 작업은 다양하고 독창적인 음악의 콘텐츠를 개발하고 음악 전문인에 대한 수요를 인식하는 것에서 시작할 수 있다고 주장하였다.

정환호, 최진호(2013)는 음악대학 재학생들을 대상으로 대학전공 선택 이유와 졸업 후 진로에 대한 교과과정 적합도를 조사하였다. 연구결과, 음악 전공 대학생들은 음악적 흥미와 음악적 재능 등의 내적 요인들에 의해 전공을 선택하였고 현실적 직업요인들은 크게 영향을 미치지 못하는 것으로 나타났다. 또한 학년이 올라갈수록 졸업 후 진로에 대한 음악대학 교과과정 적합도를 낮게 평가하고 취업과 진로의 문제점을 인식해 나가는 것으로 밝혀졌다. 이를 통해 이 연구는 음악대학의 교과과정을 졸업 후 진로에 적합하도록 개정하고 보완하는 것이 필요하다고 주장하였다.

이가원(2006)은 바이올린 연주 전공자들의 음악대학 교육 상황과 진로 지도 관련성을 바탕으로 졸업 후 취업 현실에 준비시키기 위한 새로운 전략을 모색하였다. 그 대안으로 전공의 다양화, 체계적 진로 상담, 교육과정 개편을 제시하고 진로의 가능성을 인지하는 첫 2년과 세분화된 진로 설정에 따른 전문화 교육 2년의 두 단계의 교육과정을 제시하였다.

또 다른 연구들에는 음악 전공자들의 졸업 후 유학 실태, 희망 및 예상 진로, 직업세계 인식과 진로개발 역량 등에 대한 연구가 있었다.

조부환(2011)은 우리나라 음악 전공자들의 해외 유학 이후의 실태와 사회적 지위 등을 조사하여 해외 유학의 필요성과 문제점을 논의하고 고비용과 저효율의 전통적인 유학문제를 대체하는 대안적 시스템으로서 한국과 외국 유수 대학 간의 복수

학위 운영프로그램 도입을 제안하였다.

최진호, 정완규(2009)는 대학(원)에서 피아노 교수학을 전공하는 학생들을 대상으로 전공을 선택하는 데 영향을 준 요인과 학위과정 후 각기 원하는 희망진로와 실제 진로를 알아본 결과, 피아노 교수학을 전공으로 선택하는 데 가장 큰 영향을 준 요인들은 피아노를 가르치는 것이 좋아서, 피아노 음악이 좋아서, 아이들을 가르치는 것이 좋아서 등으로 나타났으며 가장 원하는 직업과 진로는 대학교수와 외국 대학원 진학인 반면, 실제 예상하는 직업과 진로는 피아노 지도교사와 외국 대학원 진학인 것으로 나타났다.

주희선(2013)은 서양음악 전공 대학생들을 대상으로 직업세계 인식을 조사하였는데 연구 결과, 음대생들의 희망직업은 연주가에 편중되어 있었으며 다른 직업에는 관심이 없는 학생들이 많았다. 또한 타 전공 학생들과 비교했을 때 음대생들은 희망직업을 갖기 위해 고학력이 필요하다는 인식을 갖고 있는 학생들이 많았다. 그러나 학교에서의 진로교육에 대한 부정적인 응답률이 높았고 학생들의 진로교육 프로그램 참여율이 낮아 이에 대한 음악대학의 대책이 필요하다고 주장하였다.

이승민, 장근주(2014)는 음악대학생들을 대상으로 진로탐색경험, 진로결정수준과 진로개발역량 관계를 조사하였는데 그 결과로, 첫째, 음악대학 학생의 전공과 학년 및 진로탐색경험 유무는 진로결정수준과 진로개발역량에 유의한 차이를 보이지 않았고 성악전공에서 진로확신수준이 높았다. 둘째, 진로탐색경험은 진로와 전공 선택에 대한 진로확신수준에 가장 큰 영향을 주며 진로개발역량의 평생학습능력, 직업/취업정보 수집, 활용능력, 네트워킹 능력에 영향을 주었다. 셋째, 진로개발역량과 진로결정수준은 전체적으로 부적 상관이 있으나, 각 하위요소 간의 상관관계는 정적으로 나타났다.

(2) 전문 음악교육 교수 · 학습 방법 연구

음악대학에서 이루어지는 전문 음악교육의 교수 · 학습 방법에 관한 연구들은 피아노 전공 수업이 많았고 그 뒤로 관현악, 성악, 이론과 컴퓨터 음악, 사회봉사 연계 수업에서 이루어졌다.

배수영(2016)은 대학 피아노 전공 실기 지도교수들의 레슨을 참관한 관찰일지를 연구하여 피아노 연습지도방법을 파악하였는데 지도교수들은 연습과정에 대한 점검을 거의 하지 않았고 연습일지나 자기 비평지, 자기 반성지를 활용하지 않았으며 학생의 연습과정에 대해서 질문하는 경우도 거의 관찰되지 않았다. 연습지도는 목표 심상화와 근운동적 생산에 중점을 두었고 연습과정의 중점 내용과 구체적인 연습의 틀을 제시하는 경우도 드물었다.

최지은, 배수영(2011)은 대학 피아노 전공 레슨의 지도교수의 담화와 학생들이 느끼는 감정과 몰입 정도와의 상관관계를 파악하였는데 연구 결과, 지도교수의 스캐폴딩 언어 사용률이 증가할수록 지도교수의 완전 순차적 지도 단위도 늘어나는 것으로 드러났으며 학생들의 레슨 경험 수준 또한 높아지는 것으로 밝혀졌다.

김정미(2013)는 음악대학 피아노 전공생들이 실기지도를 하는 데 필요한 지식과 기술 그리고 경험이 대학의 수업과정 속에서 운영되어야 할 필요성을 강조하고 그것의 효율적인 운영방식으로 동료지도방식, 자유토론, 학생들을 대상으로 한 피아노 교수 전략 프로그램 등의 제공을 통한 여건 조성을 제안하였다.

주희선(2010)은 아츠 프로펠을 적용하여 클래스 피아노 프로그램을 개발하여 클래스 피아노 수업의 모형을 제시하였다. 프로그램은 대학생 및 중·고등학교 피아노 전공생을 대상으로 개인연주, 연습 계획 및 반성, 연주 비교 및 비평의 3단계를 구성하여 제시하였다.

이가원(2012)은 아츠 프로펠 모델에 기반을 둔 포트폴리오 평가방법을 기반으로 하여 대학의 합주 수업 평가모델을 개발하였다. 포트폴리오는 성찰저널, 연주, 비평/비교, 지필 시험, 리허설 태도, 자기 포트폴리오 평가로 구성되어 있으며 각각의 내용에 따른 목표와 평가방법을 제시하였다.

김선미(2010)는 대학에서 성악을 연구하는 학생들을 위한 20세기 프랑스 예술가곡의 맥락적 접근을 제시하여 문화적 배경과 텍스트인 시, 그리고 그 시대의 음악적 스타일을 연구하고 교수법적 적용을 제시하였다.

김예진(2016)은 음악대학들의 무조음악 교육커리큘럼을 고찰해 보고 무조음악의 의미 있는 청취, 의미 있는 연주, 의미 있는 소통을 위해서 교육 커리큘럼의 점검, 재고 변화를 주장하였다.

강인애, 김은진, 송원구(2011)는 음악대학의 컴퓨터 음악수업을 위한 지도방법으로 '인지적 도제이론'을 적용하고 그 결과로서 학생들의 자신감 향상에 대한 긍정적 효과를 확인하였다. 연구를 통해 인지적 도제이론을 음악교육의 대안적 교수모형으로 제안하고 보다 학습자 참여적이고 체험적인 방식에 의한 음악수업의 필요성을 주장하였다.

신소미(2013)는 음악 전공 대학생들에게 교과목과 연계한 봉사학습 프로그램을 구안하여 수업과 현장경험을 통해 사회적 성취감을 배우고 재능기부 역량증진을 도모하였다.

(3) 음악 전공 대학생에 관한 연구

음악 전공 대학생들의 전공 연주에 관한 자신감, 자기조절학습, 성취지향성 및 성취도에 관한 연구가 진행되었다. 장근주, 심소연(2013)은 대학 음악 전공자들의 자기효능감과 연주자신감의 상관관계를 조사하였는데 연구 결과, 일반적 특성에 따른 자기효능감은 학년, 전공, 전공경력에서 유의미한 차이를 보이지 않았고 일반적 특성에 따른 연주자신감은 전공경력에서 부분적으로 유의미한 차이를 보였다. 또한 자기효능감이 높을수록 연주자신감이 높았으며 자기효능감의 하위 구성요인들은 연주자신감의 하위 구성요인들에 유의미한 영향을 미쳤다.

주희선, 이명진(2016)은 관현악 전공 음대생들의 실기연습에 대한 인식과 자기조절학습 성향에 대해 연구하였는데 분석 결과, 학생들은 효율적 연습의 중요성을 인식하고 노력하고 있으나 자기조절학습 성향은 보통 정도로 나타났다. 자기조절학습 성향과 실기 성적 간에는 정적 상관관계가 있으나 연습량과 실기 성적은 관계가 없는 것으로 밝혀졌고 연습량과 자기조절학습 간의 관계에서 가장 큰 효과 값을 나타낸 하위요인은 '환경관리'이며 가장 낮은 효과 값은 '시연/정교화'로 나타나 학생들의 인지/상위인지 조절을 위한 지도가 더 필요함을 시사했다.

윤보나, 한지희(2011)는 음악 전공 대학생의 성취목표지향성과 능력 믿음의 관계를 연구하였는데 연구 결과, 기량을 숙달하려는 성취목표 성향이 큰 학생은 예술적 능력이 학습과 노력을 통해 증가된다고 보는 증가된 믿음을 지니고 있었고 또한 숙달회피 성향을 가진 대학생은 예술적 능력이 타고난 재능이며 학습과 노력에 의해 크게 바뀌지 않는다고 보는 것으로 나타났다. 이를 토대로 음악 전공 대학생들의 성취목표지향성과 능력 믿음에 대해 시사점과 후속 과제를 논의, 제시하였다.

최진호(2012)는 음악 전공 대학생들의 학업성취 요인 분석 및 전공 실기성취도와 전체 학업성취도 간의 관계를 연구하였다. 연구 결과, 음악 전공 대학생들은 스스로의 자신감, 성취욕구, 충분한 전공 실기 연습, 시간관리 등 '개인성취능력'과 관련한 요인들을 학업성취에 가장 많은 영향을 주는 요인으로 지적한 반면, 음악적 재능이나 지능 등 '타고난 환경'과 관련된 요인들은 영향을 적게 주는 것으로 나타났다. 또한 전공 실기성취도와 전체 학업성취도는 통계적으로 유의미한 상관관계가 있는 것으로 나타났다.

(4) 음악 전공 대학생 연주불안 연구

음악 전공 연주자들의 연주불안에 관한 연구 주제도 관심을 받고 진행되었는데 최진호, 정완규(2011)는 대학에서 피아노를 전공하는 학생들을 대상으로 연주불안 정도와 연주경험의 상관관계를 조사해 보았다. 그 결과, 많은 연주경험이 연주불안 정도를 낮추는 것에 영향을 미쳤고 학생들은 연습 부족을 연주불안의 가장 큰 요인으로 지적했으며 충분한 연습, 정신훈련, 그리고 많은 연주경험을 연주불안을 해소할 수 있는 가장 중요한 해결책으로 지적하였다.

송지애(2009)는 연주불안 감소를 위해 4명의 연주전공 음대생에게 8회에 걸친 목소리 즉흥 프로그램을 실시하여 검사한 결과, 연주불안이 감소되었고 더 나아가 불안을 스스로 통제할 수 있게 하는 데에 효과적이었다.

박정엽, 이명진(2016)은 현악 연주를 전공하는 음악대학 학생들의 연주불안과 연주능력과의 관계를 연구하였는데 41명의 대학생들을 대상으로 실기 시험 전 연주불안 정도와 연주 점수의 관계를 분석하였다. 연구 결과, 시험 전 심각한 연주불안을 느낀 학생들은 그렇지 않은 학생들에 비하여 연주 점수가 통계적으로 유의미하게 낮았고 이에 실기지도 교수들이 학생들의 연주불안 정도를 파악하고 대처할 필요가 있다고 주장하였다.

(5) 실용음악 교육과정 연구

근래의 음악교육에서의 대중음악 및 실용음악 교육의 필요성에 따라 서양음악 전공 중심이었던 대학에서 실용 및 대중음악과 도입에 관한 연구들이 진행되었다. 이정선(2010)은 우리나라 대학에서의 실용음악학과의 태동과 그 변천과정, 그리고 학과 개설형태를 살펴보았다. 개설형태는 세 가지로 구분되었는데 처음부터 실용음악학과로 개설된 형태, 기존의 음악과나 생활음악과의 내부전공으로 개설된 형태, 그리고 내부전공에서 발전하여 실용음악과가 된 형태이다. 장혜원(2015)은 국내 대중음악이 문화적으로 정당화되어 가는 과정을 대중음악의 학제화에 초점을 맞추어 살펴보았는데 대학 내 실용음악과가 발전해 나간 과정을 역사적 흐름을 바탕으로 고찰하였다. 박철홍(2006)은 국내 실용음악교육의 토대를 위하여 미국 버클리 음악대학의 교과과정을 분석하였다. 이에스더, 이정선(2011)은 오늘날 대중의 많은 관심과 호응을 얻고 있는 뮤지컬이 학문의 한 분야로서 우리나라 대학 내에 시작된 시점으로부터 현재 학과(전공)로 정착된 현황에 대해 연구하였다.

3. 대학 음악교육의 연구 과제 및 전망

고등교육으로서의 대학 음악교육은 교양교육과 전문교육에서 그 폭과 깊이를 더해야 하고 준비된 사회인을 배출하기 위한 준비를 잘해 나가야 할 역할을 가지고 있다. 아직까지 우리나라 음악교육 연구 분야에서는 초 · 중 · 고등의 음악교육연구가 더 활발하고 상대적으로 덜 연구되는 분야는 대학 음악교육 분야이다. 그러나 이제는 사회 속에서 음악교육의 역할과 영역이 확대해 나아가는 만큼 음악교육학의 연구 분야도 확장되어야 할 것이다.

이 장에서 고찰해 본 대학 음악교육의 연구 동향을 통해 그나마 미진했던 대학음악교육연구가 최근 들어 활기를 띠게 되었음을 알 수 있었다. 특히 음악대학에서의 전문 음악교육을 위한 연구가 늘어난 것이 고무적이라고 할 수 있다. 그동안 음악교육에서 공교육으로서의 일반 음악교육연구는 많았으나 전문 음악인들을 위한 교육 연구는 찾아보기 힘들었기 때문이다. 무엇보다도 대다수의 전문 연주가들을 배출하는 음악대학에서의 실기과목과 그 외 관련과목의 교수 · 학습 방법에 대한 연구가 효율적으로 이루어져 그동안의 획일적이고 전통적인 교수 · 학습 방법에서 발전해야 할 필요가 있어 보인다. 피아노과뿐 아니라 다른 전공악기 실기지도방법 연구와 음악교육의 다양하고 효율적인 교수 · 학습이론의 적용을 시도해 볼 수 있다. 또한 음악 전공자들의 전공교육이 졸업 후 진로와 취업과의 연결 필요성이 오랜 문제로 제기되어 왔던 바, 이 분야의 연구도 꾸준히 진행되어 음악대학 졸업생들의 다양한 직업연계와 진로개발이 이루어질 수 있는 초석을 마련해야 할 것이다.

또한 서양음악학과 위주의 음악대학 안에 시작되는 실용, 대중 음악학과 커리큘럼에 관한 연구도 시작되었음을 알 수 있었는데 앞으로의 연구도 대학에서의 서양음악학과뿐 아니라 국악, 다문화, 실용, 대중 음악으로까지 확대되리라 전망해 본다. 실제로 국악과와 실용음악과를 운영하는 음악대학들은 그 효과적인 운영과 결실을 위하여 활발한 연구가 진행되어야 할 것이다. 더불어 교양음악수업 연구에서도 서양음악 중심의 레퍼토리에서 벗어나서 다양한 문화권의 음악과 현대 사회에서의 음악에 대한 관심이 증대되기를 기대해 본다.

참고문헌

강인애, 김은진, 송원구(2011). 인지적 도제이론에 입각한 대학교 컴퓨터 음악수업사례. 음악교육공학, 12, 131-147.

기영화, 성정은(2012). 음악전공자의 교육과정을 통해 살펴본 직업 교육의 필요성에 대한 고찰. 음악응용연구, 5, 125-147.

김명신(2015). 교양기초교육에서 창의성 함양을 위한 음악학습방안. 교양교육연구, 9(1), 333-359.

김선미(2010). 20세기 프랑스 가곡의 맥락적 이해. 음악교육공학, 10, 225-238.

김예진(2016). 음악지각인지 연구 고찰을 통한 무조음악 교육을 위한 제언. 음악교육공학, 26, 135-149.

김은진, 강인애(2011). 대학 교양과목 수업에서 음악테크놀로지 기반학습이 감성의 활성화에 미치는 효과. 감성과학, 14(4), 513-524.

김정미(2013). 피아노 전공 음대생을 위한 실기 지도 실습수업의 운영. 음악교육연구, 42(1), 87-103.

박정엽, 이명진(2016). 현악 연주를 전공하는 음악대학 학생들의 연주불안과 연주능력과의 관계. 음악교육연구, 45(4), 73-91.

박철홍(2006). 실용음악교육을 위한 커리큘럼연구. 음악과 민족, 36, 353-390.

배수영(2016). 대학 피아노 전공 실기 지도교수들의 연습전략 지도방법 연구. 음악교육연구, 45(4), 93-113.

성경희(1987). 음악교육의 기본철학. 예술 논문집, 26. 121-141.

송지애(2009). 목소리 즉흥을 통한 음대생의 연주불안 감소 연구. 음악치료교육연구, 6(2), 43-70.

신소미(2013). 음악대학 교과목과 연계한 봉사학습 프로그램 구안연구. 예술교육연구, 11(1), 85-107.

오유진(2013). 음악과 미술의 연계를 통한 대학 교양수업연구. 음악교육연구, 42(4), 53-75.

오유진(2015). 문학, 음악, 미술을 통합한 대학교양 수업 연구. 음악교육공학, 23, 197-217.

오지향, 김선미(2009). 통합적 접근에 의한 대학 교양음악수업 지도방안연구. 음악교육연구, 36, 167-203.

유명의(2014). 영상물을 이용한 대학 교양 오페라 감상수업에 관한 연구-통합적 접근에 의한 지도방안을 중심으로. 조형미디어학, 17(2), 127-136.

윤보나, 한지희(2011). 음악 전공 대학생의 성취목표지향성과 능력 믿음의 관계. 음악교육연구, 40(3), 59-83.

이가원(2006). 취업지도를 위한 음악교육의 새로운 방향과 전략연구. 음악교육연구, 31, 89-117.

이가원(2012). 대학 합주 수업의 포트폴리오 평가도구개발. 한국음악학회 논문집 음악연구, 48, 1-26.

이가원(2015). 다문화 교육을 위한 대학 음악교양교육과정 개발연구. 예술교육연구, 13(3), 39-55.

이승민, 장근주(2014). 음악대학 학생의 진로탐색경험과 진로결정수준 및 진로개발역량의 상관관계. 음악교육연구, 43(2), 47-65.

이에스더, 이정선(2011). 대학 내 뮤지컬학과의 개설현황 연구. 음악교육연구, 40(1), 219-240.

이정선(2010). 대학 실용음악교육의 시작과 학과 개설형태. 음악교육연구, 38, 119-148.

장근주, 심소연(2013). 대학 음악 전공자들의 자기효능감과 연주자신감의 상관관계. 음악교육연구, 42(4), 101-120.

장지원(2012). 21세기 대학 교양 음악수업의 발전 방향에 관한 고찰. 예술교육연구, 10(3), 183-197.

장혜원(2015). '실용음악'의 대학제도 진입과 발전을 중심으로 본 국내 대중음악의 문화적 정당화 과정. 대중음악, 15, 34-85.

정환호, 최진호(2013). 음악 전공 대학생들의 전공선택요인 및 졸업 후 진로에 대한 교과과정적합도 분석. 음악교육연구, 42(2), 161-183.

조부환(2011). 한국 음악 전공자의 유학 후 실태와 새로운 유학모델에 관한 사회학적 연구. 음악교육연구, 13, 157-170.

주성희, 이미선(2015). 대학 교양 음악수업 지도방안-서양음악중심으로. 음악교육공학, 23, 55-77.

주희선(2010). Arts PROPEL을 적용한 클래스 피아노 프로그램 개발. 음악교육연구, 39, 183-207.

주희선(2013). 음대생들의 직업세계인식 조사. 예술교육연구, 11(3), 107-120.

주희선, 이명진(2016) 관현악전공 음대생들의 실기연습에 대한 인식과 자기조절학습 성향. 예술교육연구, 14(3), 143-162.

최원선(2014). '대학교양음악'의 과학적, 인문학적 설계: 이공계열 중심으로. 연세음악연구, 21, 153-181.

최원선(2015). 대학 인성교육을 위한 '교양음악'의 방향. 음악이론포럼, 22(2), 137-168.

최지은, 배수영(2011). 대학 피아노 전공 지도교수의 레슨 지도 담화와 학생의 레슨 경험 관계. 음악교육연구, 40(3), 297-322.

최진호(2012). 음악 전공 대학생들의 학업성취요인 분석 및 전공실기성취도와 전체학업성취도 간의 관계. 음악교육연구, 41(1), 89-111.

최진호, 정완규(2009). 피아노 교수학 전공 선택요인 분석과 졸업 후 진로 조사. 음악교육

연구, 37, 215-244.

최진호, 정완규(2011). 피아노 전공 대학생들의 연주불안과 연주경험과의 관계. 음악교육
　　연구, 40(1), 169-190.

한수정, 한경훈(2013). 대학 신입생의 음악교과 교양수업과 학업적응, 사회적응 및 정서
　　적응의 관계. 음악교육연구, 42, 291-324.

현경실(2011). 영화를 이용한 음악 감상 수업에 관한 연구-대학 교양수업을 중심으로. 음
　　악교육연구, 40(2), 251-279.

홍성훈, 김휘수(2010). 명상음악 프로그램을 적용한 교양교과 수업활동이 대학생들의 주
　　의집중력과 학습태도에 미치는 효과. 교육과학연구, 41(1), 27-44.

제25장

평생음악교육

임은정

1. 평생음악교육의 이해

1) 평생교육

평생교육은 가난, 장애, 갈등 등 다양한 요인으로 인해 학교교육으로부터 소외된
사람들에게 비형식 교육(Informal Education)을 제공하여 평등한 교육 기회를 보장
하는 사회 교육을 의미하였다. 평생교육은 1952년에 설립된 UIE(UNESCO Institute
for Education)의 산하 기관인 UIL(UNESCO Institute for Lifelong Learning)를 중심으로
지구촌 교육의 주요 정책으로 발전되었다. 1950년대 초 몬테소리(Maria Montessori)
와 피아제(Jean Piaget)가 UIE 활동에 참여하면서 교육대상이 성인에서 영·유아로
확대되었으며, 평생교육의 범위는 점차 학교 중심의 '교육(Education)'에서 학습자
여건 중심의 '학습(Learning)'으로 발전하게 되었다(Elfert, 2013). 평생교육은 1997년
제5차 성인교육 국제회의를 계기로 성인교육·문맹교육과 더불어 건강, 환경, 매
체, 문화, 여성, 사회적 소수자를 위한 교육으로 더욱 확장되었다(http://www.uil.
unesco.org).

우리나라의 평생교육은 삶의 전 과정에서 이루어지는 모든 교육활동을 의미하
며, 모든 국민에게 균등한 교육 기회의 보장과 학습자의 자발적 참여와 학습을 기
초로 하고 있다. 우리나라는 교육부, 보건복지부, 지방자치단체, 시·도교육청이
함께 평생교육 사업과 프로그램을 운영하고 있으며, 국가평생교육진흥원(www.
nile.or.kr)을 중심으로 국가교육기관 및 민간교육기관의 협력체결을 통해서도 평

생교육 사업을 진행하고 있다. 우리나라의 평생교육은 1982년에 제정된「사회교육법」을 시작으로 1999년「평생교육법」을 제정과 2007년 평생교육법의 전면 개정을 통해 실행되고 있다. 평생교육의 범위는 학력보완교육, 성인 문자해득교육, 직업능력 향상교육, 인문교양교육, 문화예술교육, 시민참여교육 등 여러 형태의 교육활동을 포함하고 있다.

2) 평생음악교육

우리나라의 평생음악교육은 형식교육, 비형식교육, 무형식학습 등의 세 가지 형태로 분류된다. 형식교육은 국가로부터 학력이 인정되는 학교제도 교육을 의미하며, 초ㆍ중ㆍ고 교육시설(교육부, 2016) 또는 방송통신대학교ㆍ사이버원격대학ㆍ학점은행제ㆍ독학학위제 등을 포함한다. 비형식교육은 국가의 학력인정이 되지 않으나 교육프로그램 강좌로 인허가를 받은 평생교육기관ㆍ평생교육 프로그램ㆍTV 및 인터넷 강의ㆍ학습동아리ㆍ개인교습 등을 포함한다. 무형식학습은 학습자가 스스로 배우고 싶은 음악 분야를 자료와 매체를 활용하여 습득하는 음악학습 형태를 말한다.

우리나라 평생교육기관에서 가장 많이 실시되는 음악교육 분야로는 가창, 기악, 국악 등이 있다. 가창은 주로 대중가요를 배우는 활동으로 진행되며, 기악은 서양 클래식악기와 대중악기의 개인 레슨 중심으로 이루어지고, 국악은 판소리와 민요 부르기로 진행되고 있다. 성인 음악교육은 주로 평일 낮과 저녁 시간을 이용하여 학원, 개인교습, 동아리, 종교시설, 인터넷강의를 통한 음악학습활동으로 이루어지고 있다(한국교육개발원, 2010).

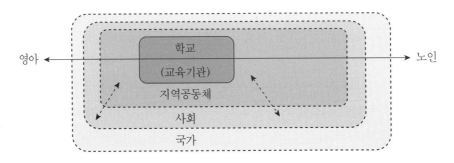

[그림 25-1] 평생음악교육의 범위와 구분

노인을 위한 평생교육기관은 보건복지부에서 운영하는 노인교실·노인복지관·사회복지관, 대한노인회에서 운영하는 노인대학·노인학교, 민간기관에서 운영하는 노인교육·노인대학 프로그램 등이 있다. 노인들은 건강 증진, 생활의 활기부여, 여가시간 활용을 위해 평생음악교육에 참여하고 있다(김정엽, 이재모, 2011). 노인 음악 프로그램은 주로 노래교실, 합창, 민요, 하모니카, 오카리나, 색소폰, 장구, 사물놀이, 난타 등으로 구성되어 있다(민경훈, 2016).

2. 평생음악교육의 연구 동향

평생음악교육 연구는 음악적 행위의 전 과정에서 일어나게 되는 다양한 상호작용, 변화, 결과에 영향을 미치는 모든 요소들을 연구 대상으로 한다. 음악교육 대상자와 음악 교육 범위에 따라 개인의 일생과 공동체 단위에서 일어나는 광범위한 음악 활동과 음악환경에 대한 연구들이 실시되고 있다. 우리나라에서 실시되고 평생음악교육 연구들을 분류하여 정리하면 [그림 25-2]와 같다.

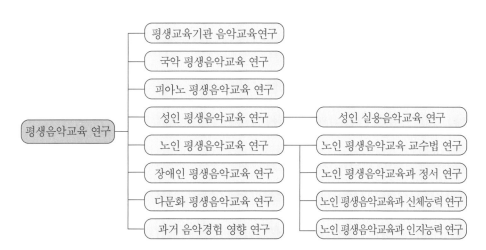

[그림 25-2] 평생음악교육의 연구 동향 분류

1) 평생교육기관 음악교육연구

평생교육기관에 대한 음악교육연구는 인허가 평생교육기관, 주민자치센터, 대학부설 평생교육원, 사업장 부설 문화센터, 백화점 문화센터를 중심으로 연구가 이루어졌다. 평생교육기관들의 음악프로그램 운영 현황, 운영 실태, 문제점, 개선방안을 중심으로 하는 음악프로그램 종류와 내용 연구 및 음악프로그램에 참여하고 있는 수강생들의 프로그램 만족도 연구가 실시되었다. 또한 서로 다른 평생교육기관의 음악프로그램 구성과 내용을 비교 분석하는 연구와 민간 교육기관인 음악학원이 사회적 평생음악교육기관으로의 역할을 모색하는 연구가 실시되었다(최희진, 2008; 한수정, 2011).

2) 국악 평생음악교육 연구

국악에 대한 평생음악교육 연구는 성인 국악교육의 실태 조사, 성인 국악 프로그램의 종류 분석, 국악 프로그램의 전문성 파악 등의 연구가 실시되었다. 국악교육 참가자를 대상으로 학습자들의 프로그램 참여 동기, 국악에 대한 인식, 국악교육 프로그램 만족도에 대한 내용을 다루었다. 국악 프로그램 내용과 프로그램 운영 강사의 전문성에 대한 연구, 국악 악기 지도법에 대한 연구, 국악 가창 지도법에 대한 연구 등이 이루어졌다. 이 외에 평생교육을 통한 국악의 대중화 방안과 평생교육에서 국악 교육의 활성화 방안에 대한 연구들이 이루어졌다(금서연, 김종두, 2015; 이금순, 김종두, 2016; 최예연, 김종두, 2016).

3) 피아노 평생음악교육 연구

성인과 노인을 대상으로 하는 피아노 교수법 연구는 평생음악교육에서 가장 다양하고 폭넓은 연구가 이루어진 분야이다. 성인 전문 음악학원의 운영 실태와 프로그램 내용 조사 분석, 성인과 노인을 대상으로 하는 피아노 프로그램의 구성과 교수방법 등에 대한 연구들이 실시되었다. 성인을 위한 피아노 교재 연구, 피아노 개인지도와 그룹지도방법, 피아노 반주법 지도방법 , 피아노 코드 반주법 지도방법 등에 대한 연구도 이루어졌다. 그 밖에 프로그램 참가자들을 대상으로 피아노 학습의 참여 동기, 학습자의 피아노 학습 만족도, 피아노 교수자에 대한 만족도, 피아노 학습 저해 요인 분석, 피아노 학습과정에서 학습자의 심리적 안정 조건 등을 탐색하는 연구들이 이루어졌다(김명신, 2000; 김수영, 2012; 박윤선, 박부경, 2015; 정완규, 이선아, 2016).

4) 성인 평생음악교육 연구

성인 평생음악교육에 대한 연구는 성인을 위한 음악 지도법, 감상 프로그램 개발, 생활악기 지도방법, 관악기·현악기·관악합주·오케스트라 지도방법, 성악·합창 지도방법 등을 주제로 다루었다. 음악프로그램에 참여하고 있는 참여자들을 대상으로 음악프로그램의 참여 동기, 음악프로그램에 대한 참여자의 주관적 효과 인식, 참여자의 음악프로그램 만족도 조사 등에 대한 연구가 실시되었다. 무엇보다 프로그램 참여자들의 변화를 조사하는 연구들은 참여자의 인지능력 및 지능의 변화, 정서적 영향, 긍정적 자아 형성, 자아 인식 및 자존감의 변화, 스트레스의 완화, 심리적 안정감 향상, 우울감의 감소, 삶의 질 향상 등에 대한 탐구를 실시해 왔다(김혜실, 2016; 신연숙, 2012; 심교린, 김완석, 2016; 임현정, 2005).

■ 성인 실용음악교육 연구

성인을 대상으로 하는 실용음악교육에 대한 연구는 프로그램 참여자들의 주관적 인식과 음악활동 주제들을 탐구해 왔다. 참여자들의 실용음악에 대한 인식과 관심도 조사, 프로그램 참여의 목적과 동기에 대한 조사 연구가 실시되었다. 참여자들의 실용음악교육 프로그램에 대한 만족도, 프로그램 효과에 대한 의견, 참여자에게 미친 정서적 효과들에 대해서 연구하였다. 또한 실용음악 학습과정에 대한 만족도, 음악 기능 습득 및 능력개발에 대한 참여자의 주관적 만족도, 학습과정에 따른 참여자의 학습동기 및 흥미욕구의 변화를 조사하기도 하였다. 그 밖에 참여자들의 꾸준한 연습 유지 방법, 상호 교류 방법, 프로그램 참여 이후 음악활동 및 음악학습에 대한 참여자의 의지 및 인식 조사 연구가 실시되어 왔다(이경순, 한경훈, 손정은, 2014; 이태호, 2016).

5) 노인 평생음악교육 연구

노인 평생음악교육에 대한 연구는 노인음악교육기관, 음악교육내용, 음악교육

방법, 음악교육 효과 등에 걸쳐 다양하게 이루어져 왔다. 노인 평생음악교육 프로
그램의 종류, 프로그램 내용, 프로그램 운영 실태를 분석하는 연구가 많이 실시되
었다. 노인 음악인 가창, 기악, 국악-노래교실, 합창, 오카리나, 하모니카, 사물놀
이 교실에 대한 탐구가 이루어져 왔다. 프로그램 내용에 대한 연구로는 음악프로그
램의 구성과 내용 비교, 프로그램의 종류와 개수 차이 비교, 다양한 노인 음악문화
프로그램 개발 등이 실시되었다. 또한 음악프로그램 개발을 위한 노인의 음악 선호
도와 노인의 평생음악교육 활동 참여 인식 · 욕구 · 수요를 분석하는 연구들이 실행
되었다(김경혜, 2001; 김정엽, 이재모, 2011; 박응희, 2016; 이예빛나, 김수지, 2016; 이정
실, 2003).

(1) 노인 평생음악교육 교수법 연구

노인들이 음악을 쉽게 배우고 익힐 수 있는 노인 음악교수법에 대한 연구에서는
노인들이 지속적인 움직임으로 신체를 자극하고 인지 능력을 향상시킬 수 있는 교
수법에 대한 탐구가 이루어졌다. 노인들에게 가장 친숙한 곡에 달크로즈의 신체 움
직임 표현을 적용한 교수법, 창의적인 음악활동으로 노인들이 다양한 표현의 즐거
움을 느낄 수 있는 교수법, 생활 음악활동이 노인들의 삶에 도움이 되도록 하는 교
수법에 대한 연구들이 실행되었다. 노인들의 생활 악기 앙상블 활동 효과에 대한
연구와 노인 음악활동 지도 강사의 자질 · 인성 · 자세 · 봉사정신 · 음악 전문성 등
에 대한 연구도 실시되었다. 그 밖에 우리나라 노인 평생음악교육 프로그램과 해외
의 사례를 비교 분석하는 연구도 실시되었다(최현정, 2013; 이한나, 2014).

(2) 노인 평생음악교육과 정서 연구

음악활동이 노인 정서에 미치는 영향에 대한 연구는 우리 사회 노인들이 겪고 있
는 정서적 · 정신적 문제들과 연계한 주제들을 다루어 왔다. 음악활동이 노인 우울
증 완화와 삶의 만족도 상승에 미치는 영향, 리듬과 신체활동이 노인 우울증 완화
및 자아존중감 상승에 미치는 영향, 음악활동이 노인의 행복감 · 자존감 · 대인관
계에 미치는 영향 등을 연구하였다. 또한 달크로즈의 유리드믹스 신체활동, 가창훈
련, 선후창방식, 집단회상프로그램, 레크리에이션, 타악기 연주, 집단 음악연주 프
로그램의 참여가 노인들의 정서에 미치는 영향을 조사하는 연구들이 실시되었다
(서경희, 2010; 이경진, 김수지, 2011; 이국희, 2016, 이주희, 2001).

(3) 노인 평생음악교육과 신체능력 연구

평생음악교육에서 음악활동이 노인의 신체능력에 미치는 영향에 대한 연구가 많이 실시되어 왔다. 노인들의 연령·학력·생활유형·경제여건·건강 상태에 따라 노인의 자기 인지, 신체활동 능력, 정서안정 상태에 대한 연구들이 실시되었다. 치매 또는 신체적 장애가 있는 노인들에 대한 연구는 음악활동과 치매 진단 노인의 신체기능 및 인지능력의 관계 연구, 삼킴장애·음성장애 노인환자의 가창활동을 통한 음성 유지 및 재활 효과에 대한 연구, 퇴화 근육 활성화를 위한 악기 연주 활동에 대한 연구, 노인 신체활동에 적절한 음악의 빠르기 연구 등이 이루어져 왔다(문연경, 2014; 전희운, 김수지, 2011; 주민애, 박혜영, 2017; 최봉길, 윤형기, 2012).

(4) 노인 평생음악교육과 인지능력 연구

노인들의 인지능력에 대한 연구는 주로 치매질환을 앓고 있는 노인들을 대상으로 이루어져 왔다. 인지능력과 관련 있는 노인들의 언어능력, 기억능력, 이해능력, 판단능력, 주의집중력 등의 유지와 향상을 위한 음악활동 연구가 주로 실시되었다. 노인들이 악기연주를 하면서 소리와 주법을 기억하는 활동, 노래의 단어를 회상하여 부르는 활동, 악기의 소리와 종류를 기억하는 활동 등으로 인지능력을 향상시키는 방법을 연구해 왔다. 또한 노인들의 인지능력 향상을 위한 시각자료의 활용 및 다른 활동과의 결합 방안에 대한 연구들이 실시되었다(김미애, 2003; 신보영, 황은영, 2015; 윤영지, 2008; 이미경, 강경선, 2016).

6) 장애인 평생음악교육 연구

평생음악교육에서 장애인에 대한 연구는 음악활동을 통해 특정 장애를 개선 및 완화시키기 위한 연구들이 이루어져 왔으며, 음악치료 및 예술치료 요법과 연계하여 실행되기도 하였다. 일반 장애, 시각장애, 지적장애, 신체장애, 자폐장애를 갖고 있는 성인 장애인들에게 음악활동을 통한 신체 기능 유지, 인지능력의 향상, 정서적 안정을 제공하기 위한 활동 방법에 대한 연구들이 많이 이루어져 왔다. 장애인들에게 익숙한 음악을 활용하여 음악활동에 사용함으로써 활동의 효과를 높이는 연구와, 특히 공감능력을 향상시켜야 하는 성인 자폐 장애인들에게 음악을 통한 타인과의 상호작용 향상 방법에 대한 연구가 실시되었다(김윤주, 김현정, 2015; 양지혜, 박혜영, 2016; 오지은, 2016; 이경희, 2011).

7) 다문화 평생음악교육 연구

평생음악교육에서 다문화 관련 연구는 우리 사회를 구성하는 다문화 가정 또는 성인 외국인을 위한 음악교육 연구를 실시해 왔다. 다문화 가정과 외국에서 이주한 성인들이 다양한 음악경험을 통해 한국 사회와 문화를 이해하여 한국 생활에 원활히 적응하도록 하는 음악활동에 관한 연구가 주로 실시되었다. 다문화 음악교육의 연구 대상은 결혼으로 한국에 거주하게 된 이민자, 북한에서 이주한 새터민 가정 구성원, 우리나라 기업체에 종사하는 외국인 근로자 등이었다. 이들의 한국 생활 적응을 위한 문화 및 음악 프로그램의 종류·내용·운영 실태 조사 연구와 다양한 성장 배경에 따른 효과적인 문화·음악 프로그램 구성 연구, 정서적 안정 을 돕기 위한 모국 문화 유지 연구들이 실행되어 왔다(문형진, 2017; 윤혜진, 2008; 정길영, 2013; 한광훈, 김금희, 2011).

8) 과거 음악경험 영향 연구

음악경험이 평생음악활동에 미친 영향에 대한 연구는 성인기·노인기 이전에 이루어진 음악활동·음악경험이 성인과 노인의 음악활동에 미친 영향을 조사하는 연구로 실시되었다. 연구 대상이 유아기·학령기·청년기에 경험한 음악 활동과 성인기·노인기 음악활동의 참가 동기, 참가 목적, 활동 내용, 활동 과정의 상호 연계성을 탐색하는 연구가 실시되었다. 또는 일정 기간 이전 음악경험의 성격, 내용, 종류, 만족도가 이후 음악활동의 선택, 종류, 내용, 참여 태도에 미치는 영향을 탐색하는 연구로 이루어져 있다(우리나, 서영화, 2009; 임은정, 2015).

3. 평생음악교육의 연구 과제 및 전망

우리나라의 평생음악교육은 사회복지 실현을 위한 구체적 활동으로 사회 전반에 걸쳐 광범위하게 실행되고 있다. 평생음악교육은 사회복지제도와 문화예술진흥정책의 확대와 함께 학습자가 언제, 어디서든 적절한 매체와 콘텐츠를 선택하여 원하는 교육경험을 할 수 있도록 하는 '생활중심 평생음악교육'으로 변화하고 있다. 이에 평생음악교육 연구는 학습자가 나이, 성별, 학력, 지역, 장애, 문화, 경제적 수준에 관계없이 동등한 음악학습과 음악경험의 기회를 누리고 있는가 하는 질문에서 시작되어야 할 것이다. 평생음악교육 연구는 학습자의 특징, 생활환경, 지원제도, 지역 공동체, 참여 가능 프로그램 등에 대한 조사와 이해를 바탕으로 학습자를 위한 최선의 음악교육 방안을 논의하여야 할 것이다.

다음으로 평생음악교육 연구는 학습자 삶의 질적 향상을 위한 당위적 음악교육과 선택적 음악교육의 연계성을 바탕으로 연구되어야 할 것이다. 당위적 음악교육은 학습자가 공동체 구성원으로 사회문화 양식인 음악을 익히고 공동체 안에서 삶을 영위하기 위해 요구되는 기초교육으로서의 음악교육이라 하겠다. 선택적 음악교육은 학습자의 음악적 선호도, 음악적 호기심, 음악적 능력, 음악적 성취를 위해 스스로 선택·참여하는 활동으로 기초 음악교육 외 모든 음악활동을 의미한다 하겠다. 이 두 가지 음악교육에 대한 연계적 이해는 학습자가 공동체 구성원으로 음악을 향유하고 활동 범위를 확대시켜 나가도록 하는 계속적 평생음악교육 연구의 주요 관점이 되어야 할 것이다. 평생음악교육 연구의 확대가 기대되는 분야를 제시하면 [그림 25-3]과 같다.

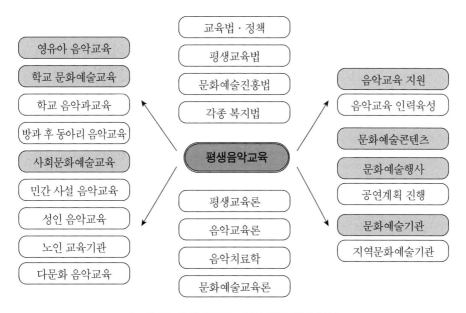

[그림 25-3] 평생음악교육의 연구 발전 분야

앞으로의 평생음악교육 연구는 학습자가 음악활동의 참여자·생산자·수요자로서 음악을 향유하며 일생을 살아가도록 돕기 위한 계속적 탐구가 필요하다. 학습자가 학교 음악교육과 사회 음악경험을 연계한 계속적 음악활동을 발전시켜 나갈 수 있도록 하는 실천적 음악활동 방안 연구가 지속적으로 실행되어야 할 것이다. 또한 학습자의 음악활동이 다른 예술활동과 연계되어 문화예술활동으로 확대될 수 있도록 하는 연구도 함께 이루어져야 할 것이다. 평생음악교육 연구는 인간의 삶에서 발생할 수 있는 다양한 음악활동과 음악경험에 대한 진지한 이해이며 총체적인 탐구이다. 음악활동이 개인과 공동체가 함께 누리는 생활문화로서 자리 잡을 수 있도록 다양한 음악교육연구가 이루어져야 할 것이다.

 참고문헌

교육부(2016). 학력인정평생교육시설현황. http://www.moe.go.kr/boardCnts/list.do?boardID=326&m=030402&s=moe. (2017. 5. 20. 검색)

금서연, 김종두(2015). 평생교육기관 성인여성학습자들의 민요 학습 동기. 한국엔터테인먼트산업학회지, 9(3), 229-240.

김경혜(2001). 노인의 음악선호도 조사 연구. 한국음악치료학회지, 3(1), 16-29.

김명신(2000). 음악심리에 기초한 성인 피아노 학습조건에 관한 연구. 음악교육연구, 19(1), 33-52.

김미애(2003). 노래부르기가 초기치매 환자의 단어 회상에 미치는 효과. 한국음악치료학회지, 5(1), 71-82.

김수영(2012). 성인 전문 피아노 학원 학습자실태조사를 통한 교육 발전 방안 연구. 음악교수법연구, 9, 25-59.

김윤주, 김현정(2015). 음악치료가 지적장애 성인 여성의 자기표현력 향상에 미치는 효과. 통합심신치유연구, 2(1), 112-136.

김정엽, 이재모(2011). 노인교육에 관한 노인의 욕구분석: 노인의 연령별 차이를 중심으로. 대한정치학회보, 18(1), 75-102.

김혜실(2016). Arts PROPEL 기반 성인 노래창작 프로그램 적용에서의 다중지능 변화와 경험. 교육과정연구, 34(4), 171-196.

문연경(2014). 홀리스틱 음악교육이 노인의 신체와 정서에 미치는 영향. 홀리스틱교육연구, 18(1), 83-105.

문형진(2017). 조선족 결혼이주여성을 대상으로 한 한국문화 교육방안 연구. 중국과 중국학, 30, 1-23.

민경훈(2016). 안드라고지 관점에서 본 문화예술교육으로서 노인 음악활동의 의미 탐구. 예술교육연구, 14(4), 95-215.

박윤선, 박부경(2015). 노인 대상 그룹 피아노 교육 사례 비교 연구. 음악교수법연구, 16, 53-82.

박응희(2016). 노인문화예술교육의 평생교육학적 성찰. 문화예술교육연구. 11(4), 47-62.

서경희(2010). 선후창 방식의 치료적 음악활동이 시설 노인의 고독감 감소와 대인관계 향상에 미치는 영향. 한국음악치료학회지, 12(3), 19-38.

신보영, 황은영(2015). 시각적 지원 전략을 적용한 음악활동이 치매노인의 인지 기능 재활에 미치는 영향. 예술심리치료연구, 11(2), 41-62.

신연숙(2012). 지역사회 성인학습자의 아마추어 오케스트라 프로그램 참여동기 탐색. 교육발전논총, 33(2), 167-185.

심교린, 김완석(2016). 마음챙김 음악감상(mindful music listening)이 직장인의 지각된 스트레스, 마음챙김 수준, 삶의 질, 정서에 미치는 영향: 예비연구. 예술심리치료연구, 12(3), 1-17.

양지혜, 박혜영(2016). 중도시각장애인의 음악 활용. 인간행동과 음악연구, 13(1), 41-60.

오지은(2016). 국내 성인지적장애인 음악치료 중재 현황. 인간행동과 음악연구, 13(2), 17-30.

우리나, 서영화(2009). 학교 음악교육이 성인생활에 미치는 영향 및 개선방안 연구. 교과교육연구, 30(1), 31-49.

윤영지(2008). 악기 연주를 사용한 인지 훈련이 치매 환자의 인지기능에 미치는 효과. 한국음악치료학회지, 10(1), 35-50.

윤혜진(2008). 한국의 다문화 형성과 이주민의 음악문화. 구미문학연구, 27, 211-241.

이경순, 한경훈, 손정은(2014). 성인 실용음악 교육현황과 개선방안에 관한 연구. 예술교육연구, 12(1), 105-119.

이경진, 김수지(2011). 타악기 연주 프로그램이 시설노인의 우울감과 자아존중감에 미치는 영향. 한국가정관리학회지, 29(5), 153-163.

이경희(2011). 그룹음악치료를 통한 여가활동이 후기성인장애인의 우울감소 및 사회적 지지에 미치는 영향. 한국음악치료학회지, 13(1), 85-103.

이국희(2016). 유리드믹스를 활용한 노인의 음악활동 연구 및 효과: 주관적 행복감을 중심으로. 한국달크로즈유리드믹스학회, 국내 학술심포지엄, 97-115.

이금순, 김종두(2016). 평생교육기관의 전통음악 12잡가 전수과정의 문제점과 변화 방향. 한국엔터테인먼트산업학회논문지, 10(1), 147-158.

이미경, 강경선(2016), 마인드맵을 활용한 노래중심 음악치료활동이 시설 치매노인의 인지기능에 미치는 영향. 예술심리치료연구, 12(4), 25-47.

이예빛나, 김수지(2016). 건강한 노화를 위한 음악활용: 국내ㆍ외 연구 고찰. 한국콘텐츠학회논문지, 16(4), 335-346.

이정실(2003). 노인들의 삶의 질을 향상시키는 창작 음악극. 한국예술치료학회지, 1(3), 159-178.

이주희(2001). 집단 음악 프로그램이 시설노인의 우울에 미치는 영향. 노인간호학회, 3(1), 42-52,

이태호(2016). 평생교육을 위한 실용음악 교육프로그램 연구. 단국대학교 대학원 석사학위논문.

이한나(2014). 달크로즈 교수법을 접목한 치매노인의 수업모형개발과 지도방안. 한국달크로즈저널, 22, 57-74.

임은정(2015). 평생교육의 맥락에서 음악 교사가 개인의 음악적 발달에 미치는 영향. 음악교육연구, 44(1), 167-183.

임현정(2005). 음악활동이 교류분석에 기초한 성인의 자아상태 변화에 미치는 영향. 한국음악치료학회지, 7(2), 19-34.

전희운, 김수지(2011). 음악요소와 노래 부르기를 활용한 호흡 및 구강훈련이 정상노인의 음성에 미치는 영향. 한국콘텐츠학회논문지, 11(10), 380-387.

정길영(2013). 평생학습사회를 대비하는 다문화 음악통합교육. 현대사회와 다문화, 3(2), 306-337.

정완규, 이선아(2016). 성인전문음악학원 학습자들의 피아노 학습 환경에 대한 교육서비스품질 및 만족도 조사. 경영교육연구, 31(5), 101-121.

주민애, 박혜영(2017). 국악장단을 이용한 음악치료가 치매노인의 상지기능 향상에 미치는 영향. 한국콘텐츠학회논문지, 17(1), 222-232.

최봉길, 윤형기(2012). 에어로빅 운동 중 음악템포가 노인여성의 신체구성과 기능적 체력에 미치는 영향. 한국체육과학회지, 21(2), 1059-1066.

최예연, 김종두(2016). 평생교육기관 민요교육의 대중화 방향. 한국엔터테인먼트산업학회논문지, 10(2), 127-137.

최현정(2013). 노인을 위한 효과적인 달크로즈 수업 방안 연구. 한국달크로즈저널, 21, 3-24.

최희진(2008). 서울시 주민자치센터 교육프로그램 실태조사. 성신여자대학교 대학원 석사학위논문.

한광훈, 김금희(2011). 다문화가족지원센터의 문화적응 프로그램 연구. 다문화 교육, 2(2), 83-104.

한국교육개발원(2010). 2010 한국 성인의 평생학습실태. 교육과학기술부, 한국교육개발원.

한수정(2011). 대학부설 평생교육원 성인음악교육의 현황과 개선방안: 호남권 대학 평생교육원을 대상으로. 예술교육연구, 9(2), 95-116.

Elfert, M. (2013). Six decades of educational multilateralism in a globalising world: The history of the UNESCO Institute in Hamburg. *International Review of Education*, *59*(2), 263–287.

Faure, E., Herrera, F., Kaddoura, A. R., Lopes, H., Petrpvsky, A. V., Rahnema, M., & Ward, F. C. (1972). *Learning to be: The world of education today and tomorrow*. UNESCO.

http://www.uil.unesco.org

제26장

음악과 직업 · 진로의 세계

박영주

1. 직업 · 진로의 이해

1) 직업 · 진로의 개념

직업(職業)의 사전적 정의는 "생계를 유지하기 위하여 자신의 적성과 능력에 따라 일정한 기간 동안 계속하여 종사하는 일"이며(국립국어원 표준국어대사전, 2008), 이는 관직 혹은 직분을 뜻하는 직(職)과 생업을 의미하는 업(業)을 더하여 이루어진 용어이다(박장호, 김대군, 2003). 이규천(1993)은 직업이란 경제적 보상을 전제로 정신적 · 육체적 에너지를 필요로 하는 성인의 활동이라고 하였다. 직업과 유사한 의미로 사용되고 있는 용어인 '일' 혹은 '노동'은 직업보다 포괄적인 개념으로서 휴식과 여가활동을 제외한 모든 인간의 생산적인 활동을 뜻한다. 특히, 노동은 사람에 따라 부정적인 측면의 '고역'으로 간주하거나 혹은 긍정적 측면의 경제적 보상, 즐거움, 자기실현을 위한 창조활동의 의미로 사용하고 있다. 영어권에서는 job, occupation, vocation, calling, profession, business, career, work, amateur 등 직업과 관련된 다양한 용어가 사용되고 있지만, 우리나라에서 사용되는 '직업'이라는 단어는 이들의 의미를 모두 수용하는 포괄적인 의미로 사용되고 있다(박장호, 김대군, 2003).

1970년 이전까지 직업교육과 비슷한 의미로 진로교육을 사용하였으나, 현재는 진로교육을 보다 넓은 의미인 생애교육의 의미로서 사용하고 있다(한국진로교육학회, 2000). 더욱이 진로교육이나 진로개발은 자신의 직업을 위해, 전 생애 동안 자기

만의 특별한 삶을 위해, 혹은 질 높은 삶을 영위하기 위해 하나의 전략으로도 이해되고 있다(최일수, 이재범, 2016).

2) 우리나라의 음악과 직업·진로교육

1960년대에 우리나라에서 '진로교육'이라는 용어가 도입되었지만, 2000년대 중반부터 진로교육의 중요성을 인식하고 학교 현장, 즉 공교육을 중심으로 실천하기 시작하였다(정철영, 2011). 초등학교 학생들의 진로교육은 정규 교과과정의 단원 속에 세 가지 범주(자아 이해, 일과 직업의 세계, 의사결정 능력)의 내용에 포함되어 실시되었다(김미숙, 2009). 특히, 음악 교과 단원 안에서의 진로교육은 국어, 수학, 체육, 미술 등 타 교과보다 직간접적으로 많이 반영되었고(서우석, 2000; 정철영, 2011), 음악 교과 외에도 특별활동, 재량활동, 특기·적성교육 프로그램(방과 후 교육)을 통해서 학생들은 음악 관련 진로교육을 받을 수 있었다(서우석, 2000).

이에 반해 중·고등학교 직업·진로교육은 교육과정에서 뚜렷하게 나타났다. 제6차 교육과정에서 고등학교 선택과목으로 '진로·직업'이란 과목이 처음 신설되었고, 이후 제7차 교육과정에서는 고등학교 교양 선택과목으로 '진로와 직업'이란 과목이 편제되었다(장석민, 2001). 2007 개정 교육과정에서 진로교육에 대한 내용 변화는 없었지만, 2009 개정 교육과정에서는 고등학교 학생들에게 실시되는 '진로와 직업'이 중학교 학생들의 선택과목으로 실시되었다. 또한 특별활동과 재량활동을 '창의적 체험활동'으로 단일화하여, 이 시간에 진로교육을 하나의 주제로 실시하였다. 뿐만 아니라 고등학교 일반과목에 '음악과 진로'라는 과목이 신설되었다.

교육과정이 개정될 때마다 진로교육의 비중은 점차 늘어 갔고(조붕환, 2011), 직업 종류도 다양하게 소개되어 나타났다. 2007 개정 교육과정 80권의 초등학교 1~4학년 교과서에 250종의 직업이 소개되었다. 그중 음악과 직접적인 관련을 보여 주는 직업은 가야금연주가, 성악가, 음반디자이너, 음악연주가, 영화음악감독, 작곡가, 작사가, 연주가, 국악인, 피아니스트, 가수였고, 이외에 음악과 간접적으로 관련성이 있을 수 있는 직업명은 교수, 교육자, 기능인, 예술가였다(조붕환, 2011). 안이환(2016)은 2009 개정 교육과정 46권의 초등학교 5~6학년 교과서에 나타난 직업 및 진로 관련 내용을 분석하였으며, 교과서에 나타난 직업 종류는 총 504종으로 음악 관련 직업은 풍악꾼, 소리꾼, 해금수, 악성, 음악가, 작곡가, 가수, 군악대, 농악대, 연주자, 지휘자, 광고음악감독, 오케스트라단원이었다. 또한 음악과 간접적인 연관성을 가질 수 있는 교사, 학자, 박사, 교육자, 예술가 등이 제시되었다.

2015 개정 교육과정에서는 국가가 법적 · 제도적 근거를 마련하여 적극적으로 진로교육을 실시하였다. 학생들이 적성과 진로를 개발할 수 있도록 2016년부터 전국 중학교에서 자유학기제가 실시되었고, 고등학교에서는 '진로 선택과목'을 통하여 2학년 학생들이 적성에 맞는 맞춤형 교육을 받을 수 있게 되었다. 또한 '세 개 이상의 진로 선택과목 이수' 지침을 마련하여 학생의 진로에 따른 선택권을 확보하였다. 특성화고등학교는 국가직무능력표준(National Competency Standards: NCS)과 연계한 전문교과들을 공통과목, 기초과목, 실무과목으로 개편하여 실시하였다. 나아가 진로교육의 목표, 성취기준, 진로전담교사, 진로심리검사, 진로상담, 진로체험 교육과정 편성 및 운영 등을 포함하는「진로교육법」을 공포 및 실행함으로써 국가적 차원에서 진로교육을 실시하고 있다(조봉환, 2015).

초 · 중 · 고등학교 학생과 달리 음악 전공 대학생들의 직업교육은 학교에서 개설된 음악 교과 프로그램에 의존하고 있었다. 특히, 과거에는 각 학교마다 개설된 교육과정을 바탕으로 연주자 양성 과정을 위해 직업교육이 이루어졌다(기영화, 성정은, 2012). 그러나 최근에는 문화예술교육사 자격증을 위한 관련 교과목들을 비롯하여 음악치료, 음악행정 및 경영, 음향학, 음악교수법 등 다양한 프로그램들도 찾아볼 수 있게 되었다. 이는 음악 전공 대학생들에게 보다 다양한 음악 관련 직업 경험은 물론 나아가 진로를 개발하거나 결정하는 데 긍정적인 영향을 미치고 있다(이승민, 장근주, 2014).

2. 음악과 직업 · 진로의 연구 동향

음악 분야에서 직업 · 진로에 관한 국내 학술연구는 1995년부터 찾아볼 수 있었지만(박노욱, 1995), 2010년 이후부터 본격적으로 연구되기 시작하였다. 하지만 음악과 직업 · 진로에 대한 국내 학술연구는 다른 분야와 비교해 볼 때 양적으로 매우 부족하다(기영화, 성정은, 2012). 이 장에서는 1995년부터 2017년 상반기까지의 국내 학술지에 게재된 연구논문을 중심으로 연구 방법, 연구 대상, 연구 내용의 세 가지 범주에서 연구 동향을 살펴보도록 하겠다.

1) 연구 방법별 동향 분석

음악과 직업·진로에 관한 연구는 크게 문헌 연구, 양적 연구, 질적 연구, 혼합 연구 방법으로 나눌 수 있었다. 문헌 연구로 김현(2007)은 독일 음악학교의 제도를 살펴봄으로써, 사교육에 의존하고 있는 실기교육 및 음악교육에 대한 현상을 논의 및 제언하였다. 뿐만 아니라, 일찍이 조선우, 김원명(1999)은 지방 음악대학 음악 전공 졸업생들의 진로에 대하여 문제점을 인식하여, 지방 음악대학 및 외국 고등 음악교육기관의 교육과정을 분석하고, 이를 바탕으로 지방 음악대학의 교육과정의 개선안을 제시하였다. 이가원(2006)은 국내 음악대학 중 기악과(현악 전공)의 교육 과정, 바이올린 연주가들의 취업상황, 직업 환경 등을 고찰하고 이를 바탕으로 바이올린 전공자들의 취업지도를 위한 교육체제 구축을 제시하였다. 나아가 기영화, 성정은(2012)은 문헌 연구 및 직업 관련 연구논문을 바탕으로 보다 포괄적으로 음악을 전공하는 학생들의 직업교육 현실을 이해하고, 향후 음악 분야의 직업교육을

〈표 26-1〉 음악과 직업·진로의 연구 방법별 동향 분석

구분	주요 방법	주요 연구논문
문헌 연구	문헌조사	조선우, 김원명(1999) 이가원(2006) 김현(2007) 기영화, 성정은(2012)
양적 연구	조사 연구(설문조사)	장선희, 김성미(2002) 최진호, 정완규(2009) 권수미(2010) 주희선(2013a, 2013b)
질적 연구	합의적 질적 연구 포커스 인터뷰 심층면담 구술생애사 교육프로그램 개발	김영신, 임이랑, 최아람(2014), 이영선 외(2016) 남지연(2016) 박혜영(2013) 이승연(2015) 민경훈(2012)
혼합 연구	문헌 연구과 설문조사 설문과 심층면담 설문과 전문가 자문회의 문헌 연구와 포커스 인터뷰 및 설문조사	박노욱(1995) 이수일(2014) 백미현, 송현정(2016b) 양은아, 황은영(2015)

위한 방향성을 제시하였다.

양적 연구 방법에서는 음악 전공자 혹은 음악치료사 등을 대상으로 하는 설문조사가 다수를 이루었고(권수미, 2010; 장선희, 김성미, 2002; 주희선, 2013a, 2013b; 최진호, 정완규, 2009), 설문 방법에는 전화설문, 전자메일 혹은 우편발송을 이용한 설문, 직접 참여자를 만나 설문하는 방법이 있었으나 한 가지 혹은 두 가지 방법 이상을(박노욱, 1995; 장선희, 김성미, 2002) 사용하여 실시하기도 하였다.

질적 연구 방법에서는 합의적 질적 연구 방법(김영신, 임이랑, 최아람, 2014; 이영선 외, 2016), 포커스 인터뷰(남지연, 2016), 심층면담(박혜영, 2013), 구술생애사(이승연, 2015), 교육프로그램 개발(민경훈, 2012) 등의 연구 방법들을 사용하였다.

이 외에도 혼합 연구 방법으로 문헌 연구와 설문조사(박노욱, 1995), 설문과 심층면담(조정은, 2014) 설문과 전문가 자문회의(백미현, 송현정, 2016b), 문헌 연구와 포커스 인터뷰 및 설문조사(양은아, 황은영, 2015) 등을 함께 적용한 연구도 있다.

2) 연구 대상에 따른 연구 내용별 동향 분석

음악과 직업·진로 연구에서는 타 연구와 달리 연구 대상별 연구 내용에 대한 특징이 명확히 드러났다. 다음은 연구 대상을 네 가지 범주인 음악교육과정, 음악전공을 희망하는 청소년, 음악 전공 관련 대학생 및 대학원생, 음악 관련 직업을 가진 전문가로 정리하였고, 이에 따른 연구 내용 특징을 살펴보았다.

(1) 음악교육과정

음악교육과정을 연구 대상으로 한 연구는 대부분 문헌 연구 방법을 적용하여, 해외 음악교육과정을 소개하거나(김현, 2007), 우리나라 음악대학 교육과정을 비교 및 분석하여 음악대학 교육과정에 대한 문제점을 인식하고, 새로운 대안을 제안하였다(기영화, 성정은, 2012; 조선우, 김원명, 1999). 진로교육을 위한 교과과정의 구체적 대안으로 이가원(2006)은 바이올린 전공 학생들의 대학 교육생활 중 첫 2년은 포괄적 교육기간, 이후 2년은 전문화 교육기간을 설정하여 효율적으로 바이올린 전공자들의 진로지도 전략을 제시하였다. 음악대학뿐만 아니라, 민경훈(2012)은 2009 개정 교육과정에 새롭게 추가된 고등학교 선택과목인 '음악과 진로' 과목과 관련하여, 학교 현장에서 본 교과목의 수용적 타당성을 알아보고, 적용 가능한 교수·학습내용 및 지도방법을 제안하기도 하였다.

최근 새롭게 연구되고 있는 문화예술교육 분야에 대한 연구도 진행되었다. 백미현, 송현정(2016a)은 대학의 전공 개설 현황 및 현장의 수요와 2016년에 진행되고 있는 문화예술교육사 자격 분야를 바탕으로 문화예술교육 자격 분야 분류체계의 개선방안을 연구하였다. 연구 결과, 분류체계를 현재 10개 자격 분야(국악, 연극, 디자인, 사진, 무용, 공예, 영화, 만화·애니메이션, 음악, 미술)에서 문학, 연예, 건축, 어문, 게임, 출판, 문화재, 방송영상, 캐릭터, 광고, 공연, 공연콘텐츠, 대중문화, 의상, 예술일반, 이론, 문화예술경영, 융합(미디어아트)의 총 18개 신규 분야 도입을 제안하였다.

(2) 음악 전공을 희망하는 청소년

음악을 전공하고자 희망하는 청소년을 대상으로 한 연구는 2017년 상반기까지 두 편의 연구논문을 살펴볼 수 있었다. 이미순(2012)은 예술 중학교에 입학한 음악 영재 학생들의 경우 학년에 따라 완벽주의, 스트레스 요인이 합리적 진로결정 유형에 유의미하게 영향을 미치고 있었다고 주장하였다. 또한 고학년일수록 합리적으로 진로를 결정하였고, 합리적 진로결정 유형도 증가하였다고 하였다. 반대로 고학년 학생들은 자신에게 적합한 직업을 모르거나 결정을 잘하지 못하는 과도기적 진로결정 유형은 감소하였다고 보고하였다. 이영선 등(2016)은 사이버 상담에서 가수 지망생인 중·고등학교 학생들을 대상으로 그들이 진로탐색 과정에서 겪는 내적 경험을 네 개(가수를 지망하는 이유, 진로결정의 장애요인, 진로결정 촉진요인, 진로탐색 과정에서의 노력)의 구체적 범주로 밝혀내어, 청소년 진로 상담에 있어 기초 자료를 제공하였다

(3) 음악 전공 관련 대학생 및 대학원생

음악 전공 학생들의 진로에 대한 인식, 미래 희망직업, 진로에 따른 음악 대학교 교과과정 적합도와 자기효능감, 진로정체감 등 다른 대상에 비해 음악 전공 대학생이나 대학원생들을 대상으로 많은 연구가 진행되었다.

최진호, 정완규(2009)는 한국의 대학(원) 중 피아노 교수학 전공을 개설한 네 개 학교의 피아노 교수학 전공 대학생과 대학원생을 대상으로 피아노 교수학을 전공으로 선택한 요인 및 희망진로, 실제 예상 진로에 대하여 비교 분석하였다. 그 결과, 피아노를 가르치는 것이 좋고, 피아노 음악이 좋아서와 같은 내적 요인이 전공 선택에 결정적인 영향을 미쳤다. 뿐만 아니라 희망직업은 피아노 전공 교수(대학교

수/강사), 피아노 교사(개인교습/학원), 음악 교사(초 · 중 · 고등학교)였으나, 실제 예상되는 직업은 피아노 교사, 음악 교수, 피아노 전공 교수 순으로 나타났다. 더욱이 졸업 후 희망진로는 외국 대학원 진학, 음악 교사, 교습소 운영이었으나, 실제 기대되는 예상 진로는 외국 대학원 진학, 국내 대학원 진학, 피아노 지도로 희망 직업 및 진로와 실제 기대되는 직업 및 진로에서 차이점을 발견할 수 있었다. 이후 권수미(2010)는 중앙대학교 피아노과 학생들을 대상으로 직업으로서의 피아노 교사와 실기 지도에 대한 학생들의 인식 및 태도 조사 연구를 실시하였고, 졸업 후 대다수의 학생들이 피아노 실기 지도를 기대하고 있었으며, 이에 대해 높은 흥미를 가지고 있음을 밝혔다. 주희선(2013a, 2013b)은 연구 대상을 확대하여, 서양음악 전공 대학생들을 중심으로 그들의 직업에 대해 연구하였으며, 그 결과 대다수의 학생은 희망직업으로 연주자를 선택하고, 음악 교사가 그 뒤를 이었다. 나아가 정환호, 최진호(2013)는 음악대학 전공자들을 대상으로 음악을 전공으로 선택한 요인과 그들의 생각을 바탕으로 교과과정적합도를 연구하였다. 연구 결과, 내적 요인이 음악을 전공으로 선택하는 데 결정적인 영향을 미쳤으며, 교과과정적합도는 피아노, 작곡, 성악, 관현악 전공 순으로 학년이 높을수록 낮게 나타났다. 뿐만 아니라, 졸업 후 진로에 적합하도록 음악대학의 교과과정을 개정 및 보완할 것을 주장하였다.

음악 전공 학생들을 대상으로 진로와 자신과의 관계에 대한 연구도 진행되었다. 주희선(2013b)은 진로를 결정하는 데 있어서 개인이 갖는 자신감 혹은 진로 자기효능감의 전체 평균은 희망하는 진로의 종류, 전공, 학년에 따라 유의미한 차이를 나타내지 않았다고 하였다. 남지연(2016)은 음악 전공 대학생들이 음악전문가로서의 정체성 형성을 위해 겪게 되는 진로정체성 5단계 발달과정(전문가적 역량 부족 인식 단계, 현실에 대한 좌절 단계, 재동기 유발 단계, 진로 재탐색 및 도약 단계, 전문가적 정체감 형성 단계)을 도출하였고, 진로정체감 발달과정의 핵심범주가 '음악에 대한 새로운 의미 부여로 인한 전문가적 주체성 형성'임을 밝혔다. 이승민, 장근주(2014)는 음악 전공 대학생들의 진로탐색 경험, 진로결정확신 정도를 의미하는 진로결정수준, 개인의 진로개발에 필요한 역량을 의미하는 진로개발역량의 관계를 연구하였다. 이 연구에서 전공의 종류와 학년, 진로탐색경험의 유무는 진로결정수준에 유의미한 차이를 나타나지 않았고, 성악과 학생들은 진로확신수준이 높게 나타났다.

이 외에도 박혜영(2013)은 음악치료 전공 대학원생 중 대학교에서 음악을 전공하지 않은 학생들을 대상으로 그들이 음악치료사로 진로를 선택하게 된 과정을 살펴보았다. 연구 결과, 연구 대상자들은 삶에 대한 구체적 목표를 설정하고 이에 대한 끊임없는 동기와 취업, 진학과 같은 현실적인 자극을 받고, 사회인으로서 역할 결정에 대한 갈등 경험으로부터 진로선택과정이 유발되었고, 이는 '음악적 아동(Music Child)'의 실현과 자기성장 과정이었다고 밝혔다. 이수일(2014)은 실용음악 혹은 대중음악 전공자들이 생각하는 진로와 이들의 교육적 수요를 조사 분석하였다.

(4) 음악 관련 직업을 가진 전문가

음악 관련 직업을 가진 전문가들을 대상으로 하는 연구는 음악 관련 강사와 음악치료사, 실용음악 전공자들을 대상으로 하는 연구로 나눌 수 있다. 장선희, 김성미(2002)는 음악학원 강사의 직업적 프로필을 조사하고, 그들이 가지고 있는 직업의식 및 만족도를 연구하여 음악학원의 음악 강사 자질과 전문성을 향상시키고자 하였다. 뿐만 아니라 조정은(2014)은 사회예술강사 제도에 대한 문헌 고찰을 중심으로 이론적 틀을 확립하고, 사회예술강사의 직업관, 음악교육적 인식과 어려움 등을 연구하였다. 백미현, 송현정(2016b)은 2013년부터 시행되고 있는 음악 전공 및 예술 관련 전공자들을 위한 문화예술교육사 자격제도의 실효성과 개선점을 연구하였다.

음악과 직업·진로 연구 분야에서 음악치료사들을 대상으로 하는 연구가 최근 들어 증가하고 있었다. 특히, 음악치료사를 대상으로 하는 연구는 음악치료사라는 직업에 대한 어려움, 직업의식과 직무만족도, 직업 자존감, 직업정체성 등 음악 치료사라는 직업 자체에 대한 연구와 음악치료사의 직무와 표준안을 개발하여 음악치료사의 직무 이해 및 직무 개선에 도움을 주고자 하였다. 김영신, 임이랑, 최아람(2014)은 1년 이내의 직업 경력을 가지고 있는 초보 전문음악치료사 9명의 직업적 어려움에 대하여 연구하였고, 이를 어려움의 이유, 어려움이 미치는 부정적 영향, 어려움을 극복하게 만드는 동력, 개인이 어려움을 극복하기 위해 시도하는 노력, 음악치료 공동체에 대한 기대를 제시하였다. 뿐만 아니라 이를 바탕으로 어려움을 예방하고 극복하기 위한 방안을 제시하였다. 문지영(2017)은 음악치료사들의 직업의식과 직무만족도에 미치는 영향을 연구하였고, 김영신(2013)은 음악치료사를 대상으로 직업자존감이 이직 의도에 미치는 영향을 조사하여 이직 예방에 대한 방안을 제시하고자 하였다. 오선경, 김동민(2016)은 음악치료사들의 심리적 소진과 자기탄력성이 자신의 직업정체성에 미치는 영향을 연구하였다. 끝으로, 양은아, 황은영(2015)은 음악치료사들의 6개의 임무인 '진단 및 목표설정' '팀 접근' '치료계획 및 적용하기' '치료 평가' '상담' '자기 개발'을 바탕으로 16개의 과업을 추출하였으며, 77개의 세부 과업을 제시하였다. 또한 이들 6개의 임무와 16개의 과업에 대하여 중요도, 난이도, 수행 빈도를 분석하여 제시하고, 음악치료 양성을 위한 교육과정에 필요한 기초 정보를 제공하였다.

최근에 실용 학문에 대한 관심이 높아지고 있고, 실용음악과 대중음악, 방송음악 등 클래식 음악과 다른 종류의 음악교육이 급속하게 발전하면서 실용음악 분야의 직업·진로 연구도 점차 늘어나고 있다. 음악과 직업·진로에서 초기 연구로 보이는 박노욱(1995)은 1990년대 방송음악인[1]에 대한 인식이 부족한 시대에 문헌 연구로 방송음악인들의 개념 및 직업 환경에 대한 설문을 실시하고, 향후 그들의 환경에 대한 발전적 모색 방안을 제시하였다. 이승연(2015)은 구술 자료에 나타난 서사를 통해 1950~1960년대 원로 예술인 15인들의 직업관과 예술관을 살펴보았고, 정윤경, 전경란, 김종하(2016)는 인디 뮤지션의 삶과 직업만족도에 관한 연구를 실시하였다.

3. 음악과 직업·진로의 연구 과제 및 전망

과거와 다르게 21세기는 하나의 천직을 가지고 살아가는 것이 아니라, 한 개인이 한평생 몇 개의 직업을 가지고 살아야 하는 사회이다(김희수, 2012). 하지만 음악 전공 학생들은 대부분 어려서부터 전공을 선택하고, 직업의 세계를 충분히 경험하지 못하고 대학에 입학하고 있는 실정이며, 입학 이후에도 크게 변화되지 않는 교육과정으로 인해 졸업 후 직업·진로의 세계에 바로 입문하지 못하는 실정이다. 따라서 음악을 전공하는 학생들에게 직업·진로교육은 없어서는 안 될 필수교육이다. 그럼에도 불구하고 그 중요성은 음악과 직업·진로 연구 동향에서 살펴보듯이 관심은 물론 다른 주제에 비해 연구의 양도 매우 부족하다. 따라서 음악과 직업 분야의 발전을 위한 제언은 다음과 같다.

첫째, 연구 대상의 연령을 확대하여 그들의 직업·진로에 대한 연구를 실시하여야 할 것이다. 진로발달이론에서 대학 시절은 직업선택의 핵심적인 시기로 보고되고 있고(Ginzberg, 1972), 현재 대부분의 연구는 음악을 전공한 성인을 대상으로 실

---

1) 이 연구에서 '방송음악인'은 방송 프로그램이나 배경음악 등을 작곡 혹은 편곡하거나 효과음악으로 삽입하기 위해 작곡하는 방송국의 직원 혹은 자유 직업인을 지칭한다(박노욱, 1995, p. 89)

시되고 있다. 하지만 음악 전공은 타 전공과 달리 어린 시절부터 부모에 의해 자신의 진로가 선택되는 특징을 고려할 때(이가원, 2006; 주희선, 2013a), 예술중고등학교, 나아가 음악을 전공하고자 하는 초등학교 학생들의 진로교육이 필요하다. 초등학교 시기는 자아개념이 형성됨은 물론 자신의 흥미와 능력에 따른 직업결정이 중요함을 인식하는 단계이다(강재태, 배종훈, 강대구, 2003). 특히, 다양한 영역에서 이미 초등학교 교육과정과 연계하여 체계적인 진로교육 프로그램이 개발 및 시행되고 있는 현 상황에서(문성환, 이현주, 2011), 음악을 전공하고자 하는 어린 학생들을 대상으로 음악과 직업·진로 연구는 매우 필요하다. 또한 음악을 전공하는 어린 학생들의 음악 관련 직업에 대한 인식, 교육상태 등을 자세히 살펴봄으로써, 대학 졸업 후 자신의 능력을 빠르게 사회에 환원하여, 대다수가 인식하고 있는 음악 전공자의 높은 학력 인플레이션을 낮추는 데 기여할 수 있을 것이다.

둘째, 연구 대상의 전공, 지역을 확대하여야 할 것이다. 대다수의 연구는 서울과 수도권 지역의 학생들을 대상으로 실시되었고, 서양음악 전공이거나 대중적으로 잘 알려진 악기 중심으로 실행되었다. 따라서 전국을 대상으로 서양음악 전공자 외에 빠르게 증가하는 대중음악 전공 학생들의 직업·진로에 관한 연구도 필요할 것이다.

셋째, 대중음악을 포함한 서양음악 전공 학생들 외 국악을 전공한 중·고등학생들, 그리고 대학생들의 직업·진로에 관한 연구가 필요하다. 국악의 역사는 실로 오래되었음에도 불구하고, 국악을 전공한 학생들만의 직업·진로 관련 연구는 전무후무하다. 물론 음악 전공 대학생들을 대상으로 진행된 연구에서 한국음악인 국악 전공자가 포함되었지만, 국악 전공자들만의 직업·진로 연구의 특징은 살펴볼 수 없었다. 국악을 전공한 학생들은 서양음악을 전공한 학생들과 달리 대학 졸업 후 전문적인 직업·진로를 위해 유학을 가기보다는 다른 특징적인 흐름이 있을 수 있으므로, 이에 대해 연구하여 국악을 전공한 학생들의 직업·진로 상담의 기초 자료로서 역할을 해야 할 것이다.

넷째, 대학의 음악 전공 교과과정의 재정비에 대해 생각해 보아야 할 것이다. 일찍이 조선우, 김원명(1999)은 전문연주가 양성 중심의 음악대학 교육과정을 학생들이 졸업 후 다양한 직업을 찾을 수 있도록 실질적인 과정으로 변화해야 한다고 하지만, 이러한 주장은 오랜 시간이 지난 지금에서도 음악과 직업·진로 연구 분야의 여러 학자들에게 언급되고 있는 실정이다(이가원, 2006; 정완규, 권수미, 2008; 정환호, 최진호, 2013; 주희선, 2013b). 뿐만 아니라 취업준비를 위해 새로운 교과과정이 생겨나고 있지만, 여전히 학생들은 대학교에서 취업준비를 하는 데 있어서 학교의 충분한 도움을 받고 있지 않다(주희선, 2013a). 따라서 이러한 현상에 대해 실질적이고 구체적인 해결방안을 포함할 수 있는 연구가 진행되어야 할 것이다.

다섯째, 다양하고 구체적인 직업군에 대해 알려 주고, 학생들이 이러한 직업군에 관심을 가질 수 있도록 환경을 조성해야 한다. 박노욱(1995)이 방송음악인에 대해 연구할 당시만 하여도, 방송음악인에 대한 중요성의 인식이 미비하였지만, 20년이 지난 지금 '방송음악인'이라는 직업은 음악감독, 레코딩엔지니어, 사운드디자이너 등 보다 세밀하고 다양한 음악 관련 직업군이 생겨나게 되었다(고해원, 2015). 특히, 4차 혁명이라고 불리는 미래 사회에는 간단한 노동을 대신할 수 있는 직업군은 사라지더라도 사람의 감정을 움직일 수 있는 음악 관련 직업은 더 다양하게 변화되고 발전될 것이라는 믿음은 의심의 여지가 없다. 따라서 음악 전공 학생들이 다양한 직업 · 진로에 발 빠르게 참여할 수 있도록 연구자들은 구체적인 음악 관련 직업군을 연구하여 소개하고, 학생들이 새로운 직업군에 관심을 가질 수 있도록 환경을 마련해야 할 것이다.

끝으로, 빠르게 변화하는 사회에서 음악 전공 학생들은 다양한 직업군 및 직업관에 대해 생각할 수 있어야 한다. 학교에서든, 사회에서든 자신이 도전 가능한 직업 · 진로를 인식 및 경험하고, 졸업 후 사회에 빠른 시간 내에 환원할 수 있도록 음악과 직업 · 진로 연구가 보다 활발히 수행되기를 기대한다.

참고문헌

강재태, 배종훈, 강대구(2013). 진로지도의 이론과 실제. 서울: 교육과학사.

고해원(2015). 음대 나와서 무얼 할까. 경기: 안그라픽스.

국립국어원 표준국어대사전(2008). http://stdweb2.korean.go.kr/main.jsp (2017. 5. 31. 검색)

권수미(2010). 음악대학 피아노과 학생들의 졸업 후 피아노 실기 지도에 대한 인식 및 태도 조사 연구. 한국음악학회, 44, 1-27.

기영화, 성정은(2012). 음악 전공자의 교육과정을 통해 살펴본 직업교육의 필요성에 대한 고찰. 음악응용연구, 5, 125-147.

김미숙(2009). 초등학교 저 · 중 · 고 학년용 진로교육프로그램 개발 및 효과 검증. 안양

대학교 대학원 박사학위논문.

김영신(2013). 음악치료사의 직업자존감이 이직 의도에 미치는 영향. 한국음악치료학회지, 15(2), 1-20.

김영신, 임이랑, 최아람(2014). 초보 음악치료사의 직업적 어려움에 관한 합의적 질적 연구. 한국음악치료학회지, 16(2), 21-44.

김현(2007). 독일의 음악 진로교육. 낭만음악, 20(1), 61-88.

김희수(2012). 대학의 교과목을 통한 진로교육 프로그램이 직업기초능력 향상에 미치는 효과 연구. 진로교육연구, 25(1), 73-89.

남지연(2016). 음악 전공 대학생의 진로정체감 발달과정연구. 청소년학연구, 23(12), 187-207.

문성환, 이현주(2011). 교과연계 진로교육 프로그램이 초등학생의 진로인식에 미치는 효과. 한국초등교육, 22(3), 55-72.

문지영(2017). 음악치료사의 개인적 특성이 직업의식과 직무만족에 미치는 영향. 한국음악치료학회지, 19(1), 53-72.

민경훈(2012). 고등학교 선택과목 '음악과 진로'와 관련하여 음악 산업에 관한 내용 및 지도방법의 논의. 학습자중심교과교육연구, 12(4), 339-363.

박노욱(1995). '방송음악인'의 직업관과 활동실태에 관한 연구. 언론연구논집, 19(1), 69-126.

박장호, 김대군(2003). 직업윤리와 자기개발. 서울: 교육과학사.

박혜영(2013). 비음악 전공자들의 음악치료 진로선택과정에 대한 연구. 인간행동과 음악연구, 10(1), 25-45.

백미현, 송현정(2016a). 문화예술교육사 자격분야 분류체계 개선 방안 연구. 예술교육연구, 14(3), 295-314.

백미현, 송현정(2016b). 문화예술교육사 제도에 관한 전문가 인식 연구. 예술교육연구, 14(4), 1-21.

서우석(2000). 초등학교 진로 교육의 실태와 방향. 대학생활연구, 12, 167-188.

안이환(2016). 개정 2009교육과정에 따른 초등학교 고학년 교과서의 직업분석. 초등상담연구, 15(3), 277-298.

양은아, 황은영(2015). 음악치료사의 직무분석과 직무표준안 개발. 한국음악치료학회지, 17(1), 1-21.

오선경, 김동민(2016). 음악치료사의 심리적 소진과 자기탄력성이 직업정체성에 미치는 영향. 한국음악치료학회지, 18(1), 87-100.

이가원(2006). 취업 지도를 위한 음악 교육의 새로운 방향과 전략연구: 바이올린 연주 전공중심으로. 음악교육연구, 31, 89-117.

이규천(1993). 현대산업사회와 직업윤리. 서울: 형설출판사.

이미순(2012). 음악영재의 완벽주의 및 스트레스가 합리적 진로결정에 미치는 영향. 영재교육연구, 22(2), 221-241.

이수일(2014). 전문 대학 실용음악 혹은 대중음악 전공자의 직업 능력 개발방안에 관한 연구. 음악교육공학, 3(1), 61-74.

이승민, 장근주(2014). 음악대학 학생의 진로탐색경험과 진로결정수준 및 진로개발역량의 상관관계. 음악교육연구, 43(2), 47-65.

이승연(2015). 서사를 통해 본 1950~60년대 대중문화 예술인의 정체성: 예술관과 직업관을 중심으로. 인문사회21, 6(4), 449-464.

이영선, 김병관, 김소연, 차진영, 최요한, 방나미(2016). 사이버상담으로 호소된 가수지망 청소년의 진로탐색 연구. 인터넷중독연구, 1, 35-52.

장석민(2001). 학교현장에서의 진로교육 프로그램 개발과 활용. 진로교육연구, 14(1), 1-16.

장선희, 김성미(2002). 음악학원 강사의 직업적 프로필(Professional Profile)에 관한 조사 연구. 교과교육학연구, 6(1), 39-62.

정완규, 권수미(2008). 우리나라 대학원에서의 피아노 교수학 석사과정 운영 실태에 대한 기초 조사 연구. 이화음악논집, 12(2), 28-62.

정윤경, 전경란, 김종하(2016). 인디뮤지션의 삶과 직업 만족도에 관한 연구. 한국콘텐츠학회논문지, 16(4), 262-274.

정철영(2011). 초등학교 진로교육의 새로운 패러다임. 실과교육연구, 17(4), 1-30.

정환호, 최진호(2013). 음악 전공 대학생들의 전공선택요인 및 졸업 후 진로에 대한 교과과정 적합도 분석. 음악교육연구, 42(2), 161-183.

조붕환(2011). 초등학교 2007 개정 교육과정 교과서에 나타난 직업 분석. 초등교육연구, 24(1), 85-109.

조붕환(2015). 초중고 학교 진로교육의 실태와 과제. 한국진로교육학회 2015년 추계학술대회지, 13-46.

조선우, 김원명(1999). 지방 음악대학(학부·학과) 교육과정 개선 및 경영 합리화 방안에 관한 연구: 전공의 다양화를 중심으로. 음악과 민족, 17, 123-153.

조정은(2014). 사회예술강사의 직업의식과 음악교육적 인식에 대한 질적 연구. 음악교육공학, 19, 85-104.

주희선(2013a). 음대생들의 직업세계인식 조사. 예술교육연구, 11(3), 107-120.

주희선(2013b). 음대생들의 희망직업과 진로 자기효능감 조사. 음악교육연구, 42(4), 187-208.

최일수, 이재범(2016). NCS 기반의 커리어 개발과 취업전략. 서울: 도서출판 청람.

최진호, 정완규(2009). 피아노 교수학 전공 선택요인 분석과 졸업 후 진로 조사. 음악교육연구, 37, 215-244.

한국진로교육학회(2000). 진로교육의 이론과 실제. 서울: 교육과학사.

Ginzberg, E. (1972). Toward a theory of occupational choice. *A restatement, Vocational Guidance Quarterly, 20,* 169-176.

제27장

음악교육에서의 음악치료 이해

이에스더

1. 음악치료의 이해

1) 개념

'음악'은 인간의 삶과 분리될 수 없는 예술의 한 영역으로서 인류의 시작부터 인간에게 체득되고 경험되어 오면서, 시간의 흐름과 함께 지속적으로 변화와 발전을 거듭해 왔다. '음악치료(Music Therapy)'가 독립된 학문으로 발전하기 오래전부터 음악은 '정신의학' 등의 '의료' 및 '특수교육' 분야에서 치료의 목적으로 활용되었다. 음악치료는 음악교육, 음악철학, 음악학, 음악심리학, 음악미학, 음악공학, 음악생물학 등 음악 내 다양한 분야의 핵심 철학과 가치 및 방법론 등을 기반으로 음악적 치료와 중재가 이루어지는 음악의 '응용학문'이다. '음악(Music)'과 '치료(Therapy)'의 결합으로 이루어진 음악치료가 학문적으로 자리 잡는 과정에서 보다 체계적이고 다양한 변화가 이루어져 왔다. 음악치료는 1946년 미국 캔자스 대학교(University of Kansas) 학부에 세계 최초로 음악치료 학위과정이 개설되면서 비로소 학문의 한 분야로서 발전하게 되었다.

음악치료의 정의에 대해서는 시대별, 학자별, 나라별, 그리고 대상자와 증상, 치료 목적과 상황, 치료 접근방법에 따라 다양한 견해가 있다. 그중 가장 핵심적이고 근본적인 것은 '음악을 활용하여 인간의 신체와 정신의 건강과 정서적 안녕을 목적'으로 치료를 한다는 것이다. 전 세계적으로 학문과 임상 분야의 근간이 되어 온 미국음악치료협회(American Music Therapy Association, 2012)는 "음악을 활용하여 불

안정한 인간의 정신과 신체의 건강을 회복하고 기능을 향상시킴으로써 건강한 상
태를 유지하기 위해 적용하는 치료의 영역"이라고 했다. 즉, 음악치료를 통해 궁극
적으로 도달하고자 하는 치료목적인 대상자의 호소 증상(질병)을 개선시키고 긍정
적인 방향으로 전환시킴으로써 개인의 삶의 만족도뿐만 아니라 더 나아가 개인이
소속된 사회 속에서 더불어 함께 행복해질 수 있도록 하는 것이다. 음악치료에서
의미하는 음악은 단순히 즐거움과 감동을 주는 차원을 넘어서 사람의 신체, 심리,
정신에 이르기까지 긍정적이고 역동적 변화를 일으키는 치료의 적합한 도구이며
치료 대상자의 건강을 증진시키는 목적으로 사용되는 것이다.

음악치료는 '음악치료사' '치료 대상자' 그리고 치료 매체인 '음악'의 세 가지 구성
요소로 이루어지는데, 이때 음악치료사는 치료사와 음악 사이에서 매우 중요하고
전문적인 중재 역할을 담당한다. 마치 의사가 환자의 상태를 정확히 진단하여 치료
약을 처방하듯이, 음악치료사는 자신의 음악적 경험을 바탕으로 하여 치료목적에
적합한 가장 효율적인 음악치료적 기법을 대상자에게 적용하게 된다.

음악치료는 대상자를 크게 '개인'과 '집단'으로 나누어 치료 과정을 진행한다. 이
때 치료사와 대상자 간의 신뢰를 바탕으로 하는 '라포(Rapport) 형성'이 매우 중요한
역할을 하게 된다. 음악치료의 진행은 일반적으로 초기-중기-후기의 3단계로 이
루어진다(이에스더, 윤혜영, 김석훈, 2014; 노화영, 이에스더, 2015). 치료과정에서는 음
악을 감상하거나 가사와 곡을 만들어 보고, 노래를 부르고 여러 가지 악기를 연주
하는 등 다양한 음악치료 활동이 이루어진다. 동시에 치료 전체 과정에 대한 음악
치료적 진단과 평가를 통해 대상자의 심리적 · 정서적 · 신체적 · 정신적 어려움이
해결되고 극복될 수 있도록 치료의 효과 및 치료방법을 데이터화하고 검증하는 과
학적 활동이 진행된다.

2) 특징과 역할

음악치료는 창의성과 예술성을 내포하는 음악의 여러 세부 분야와 객관적 측정
및 검증을 기반으로 하는 과학적 치료 분야가 결합되어 '예술'과 '과학'의 두 영역을
넘나드는 융합적인 학문이다. 특히 정신 · 재활 등의 의학 및 심리학, 특수교육학,
보건학, 사회복지학, 통계학, 언어병리학, 감성공학, 음향학 등 다양한 학문을 근간
으로 하여, 학제 간 융 · 복합적 현상이 일어난다는 것이 큰 특징이다. 치료 대상자
를 조사 · 분석하여 음악을 활용할 수 있는 회기별 치료 계획, 즉 치료 목적을 이루

기 위한 음악활동을 구성하고 설계한다.

거시적 차원에서 음악치료는 인간 본질에 대한 회복 기능을 담당하며, 대상자가 자신의 애로사항을 음악치료라는 새로운 관점에서 접근하고 해결하도록 하는 역할을 한다. 음악치료는 인간의 기본적 욕구와 함께 본질적으로 존재하는 내재화된 표현욕구, 동기, 자존감, 성취감, 창의성 등에 긍정적 작용을 할 수 있도록 유도하고 도와주는 역할을 한다. 이에 반하여 부정적 특성인 우울, 불안, 분노 등의 내재된 감정을 본인 스스로가 받아들이고 해결할 수 있는지에 대한 문제에 개입하는 것이 바로 음악치료의 기초적인 기능이자 역할이다.

학교에서 많은 시간을 보내는 우리나라 학령기 학생들은 학업에 대한 큰 부담감과 스트레스에 직면하게 된다. 어떤 경우에는 또래관계, 학교 부적응, 학교폭력, ADHD(Attention Deficit Hyperactivity Disorder) 등의 복잡한 환경과 관계로 인해 파생되는 스트레스, 자존감과 의욕 상실, 두려움과 공포 등에 노출된다. 미래의 꿈과 비전 그리고 행복한 삶을 영위하기 위해 아동 및 청소년기를 원활하게 보내고, 전인적인 인격형성의 진행과정에 놓여 있는 학생들의 정서, 감정, 신체, 정신건강의 향상과 복원이 반드시 필요하다. 이와 같은 측면에서 음악치료는 이러한 기능의 활성화뿐만 아니라 학생의 전인적 발달과정에서 요구되는 개인 및 사회(집단), 신체 및 정신 등의 균형적인 조화와 이에 대한 적응과정의 기본 기술들을 향상시키도록 돕는 기능과 역할을 한다.

3) 음악치료 모델

음악치료는 심리학, 의학, 인류학, 상담학, 공학 등 다양한 학문을 근간으로 하여 여러 가지 '치료 모델'을 사용한다. '음악치료 모델(Music Therapy Model)'에는 정신분석에 바탕을 둔 '정신역동적 음악치료', 인간의 인지와 행동양식에 주안점을 둔 '인지행동주의적 음악치료', 음악과 정신분석을 결합시킨 심층적 접근법인 '분석적 음악치료', 인간 존재의 의미와 가치에 중점을 둔 '인본주의적 음악치료' 현상학적이며 실존적 치료로서의 '게슈탈트 음악치료', 생체의학에 바탕을 둔 '생의학적 음악치료' 이외에 '창조적 음악치료' 등이 있다. 학자들마다 다른 견해가 있지만, 일반적으로는 '분석적 음악치료 모델(Analytic Music Therapy Model)'과 '인지행동주의적 음악치료 모델(Cognitive Behavioral Music Therapy Model)' 등이 많이 활용되고 있다.

인지행동주의적 음악치료(CBMT)는 인간의 사고, 감정과 행동들 간 상호관계의 균형과 조화를 도와주는 것을 그 근본 목적으로 한다. 분석적 음악치료(AMT)는 1970년대 초 영국의 메리 프리스틀리(Mary Priestley)에 의해 창시되었고, 피터 라이트(Peter Wright), 마조리 워들(Marjorie Wardle)과의 '상호치료(Intertherapy)'라는 임상적 연구를 기반으로 발전되었다(Priestley, 1994). 특히 음악치료사가 개입하여 치료 대상자 자신의 내면을 탐구하고 성찰할 수 있도록 노래와 상징적 음악을 즉흥적으로 창작하여 사용(김성욱 2012; 정광조 외, 2009)하는 것으로, 치료 대상자 스스로의 내면 욕구와 감정을 표현할 수 있도록 지지하고 도와주는 것에 그 주안점을 두고 있다.

2. 아동 및 청소년을 위한 음악치료의 연구 동향

1) 학교생활과 음악치료

(1) 정서조절과 자존감

'정서조절'은 인간 내면의 불안하고 부정적인 감정으로부터 신속하고 효과적으로 방어하고 치유하는 능력으로서, 부정정서뿐만 아니라 긍정정서까지 조절하는 능력을 말한다. 킴벌리(Kimberly, 2013)는 그의 연구에서 음악치료의 적극적 개입을 통해 친숙한 음악을 연주하고 감상할 때, 신경 활성 패턴에 의해 정서조절 형성에 도움을 준다고 하였다.

정서조절을 위하여 음악치료를 적용한 다양한 연구는 다음과 같다. 서정미(2013)는 집단음악놀이치료 프로그램이 유아의 부적응 행동, 정서조절 능력 및 사회적 관계에 미치는 효과를 검증하였으며, 권주희(2013)는 정서관리훈련 기반 음악치료가 조현병 환자들의 삶의 질이 향상되고 분노는 감소하여, 향후 조현병 환자들을 대상으로 한 치료 프로그램으로 적용 가능성이 높다는 결과를 도출하였다. 길수연(2005)은 '음악 회상기법(Music Recall Technique)'을 고안하고 이것의 치료적 중재 과정과 효용성에 대하여 연구하였으며, 박지은, 최병철(2012)은 유아의 정서조절을 위해서 부정적 정서의 감소를 통한 안정, 그리고 인지적 과정과 행동적 과정의 증진이 함께 이루어졌을 때, 적응적인 정서조절이 형성됨을 근거로 프로그램을 개발·연구하였다.

'자존감'에 대해 많은 연구를 한 로젠버그(Rosenberg, 1965)는 "자신에 대한 긍정적 혹은 부정적 평가와 관련하여 자신을 가치 있는 존재라고 생각하는 정도"를 자존감이라고 하였다(공완욱, 2016). 자존감 향상에 대한 음악치료 관련 다양한 연구가 있다. 김미성(2001)은 시설 아동의 자존감과 사회성 향상을 위한 음악치료가 매우 중요하다는 사례 연구를 하였다. 이에스더, 홍정은(2012)은 초등학교 저소득층 아동의 자아존중감 향상을 위해 놀이를 기반으로 한 음악치료, 미술치료 등 다양한 예술매체의 치료 활동을 추구하여 음악 기반 통합적인 예술교육 프로그램을 설계하였다. 이에스더, 박미정(2013)은 영상매체 활용 예술치료 프로그램이 학교 부적응 청소년의 사회성과 자존감 향상에 미치는 효과를 연구하였고, 노화영, 이에스더(2015)는 성폭력 피해 청소년의 자기표현과 자존감 향상을 위한 노래심리치료 프로그램을 설계하였다. 이명호(2017)는 힙합음악을 활용한 음악치료가 지역아동센터 청소년의 자기표현력과 자존감 향상에 효과적이고, 긍정적 영향을 끼칠 수 있는 도구가 될 수 있음을 보여 주었다. 해외 사례로는 스티븐(Stephen, 1983)이 음악치료 프로그램이 입원 한 청소년 환자들 사이에서 자존감 향상에 어떠한 영향을 미치는가에 대하여 연구하였다.

(2) 학업 스트레스와 학습부진

'학업 스트레스'는 학업으로 인해 스트레스 상황이 유발되는 것으로서, 좋은 성적이나 기대치에 부응하는 것이 힘들거나 부담스러운 상황(권규문, 2011)에 주로 발생된다. 우리나라에서는 유아기부터 시작되는 사교육으로 인해 어린 시절부터 아이들이 시험, 평가 등의 스트레스를 받으며 살아간다.

음악치료와 학업 스트레스에 관한 연구 동향을 살펴보면, 엄말숙(2013)은 사물놀이 연주 중심의 음악치료가 초등학교 4학년 학생의 학업 스트레스에 미치는 효과, 방성아(2012)는 음악 감상이 청소년의 학업 스트레스와 우울 감소에 미치는 영향, 이수경(2012)의 연구에서 타악기 연주 중심의 음악치료가 음악 감상보다 초등학생의 학업 스트레스 감소에 미치는 긍정적인 영향을 확인하였다.

'학습부진'은 정상적인 학교 학습을 할 수 있는 잠재 능력이 있으면서도 환경요인이나 그것의 영향을 받은 개인의 성격, 태도, 학습 습관 등의 요인으로 인해, 교육 과정상에 설정된 교육목표에 비추어 볼 때 최저 학업성취 수준에 도달하지 못하는 것을 말한다(한국교육과정평가원, 1998). 음악치료와 학습부진에 관한 연구 동향을 살펴보면, 김영이(2017)는 음악치료를 적용한 학습동기 증진 프로그램을 통해 초등 고학년 학습부진 아동의 특성에 대한 연구를 하였고, 조희진(2004)은 치료적 음악활동이 학습부진 청소년의 초기 자아개념 증진에 전체적 혹은 부분적 영향을 주었다고 밝혔고, 학습동기 등에 긍정적인 효과가 있는 것으로 나타났다(강노아, 2009; 이은경, 2008; 이은희, 2007; 이인숙, 2008; 정인선, 2007).

(3) 또래관계 및 다문화
① 또래관계

'또래'란 단순히 동년배라기보다는 행동의 복합성이 유사한 수준에서 상호작용하는 아동을 의미하며, 성장하면서 가족 이외 다른 형태의 또래집단과 접촉하고 또래와의 상호작용이 증가한다(오나영, 2016). '또래관계'는 교우관계와 유사한 개념으로 아동의 사회적 관계를 형성하는 영역에서 주로 학교 내에서 친구에 대해 신뢰하고 존중하며 애정을 가지고 상호 의존적으로 관계를 맺어 가는 것을 의미한다(Hartup, 1992).

또래관계 개선을 위한 음악치료의 연구 동향을 살펴보면, 문지연(2006)은 음악치료가 저소득층 아동의 자아존중감과 또래관계에 미치는 영향을 연구하였으며, 특히 타악기를 이용한 또래관계 개선에 대한 연구는 주빛나(2014)와 김지현(2017)에 의해 이루어졌다. 김소하(2015)는 위축유아의 또래관계증진을 위한 음악치료활동의 효과, 김혜정(2013)은 기악합주활동 중심의 음악치료 프로그램이 지역아동센터 아동의 또래관계 기술 향상에 긍정적인 영향을 주었음은 물론, 사회적인 영역의 향상을 위한 심리적 지원 도구로서의 그 효과성을 입증하였다.

② 다문화 아동 및 청소년을 위한 음악치료

최근 국내에서는 많은 다문화 가정이 형성되면서 다문화 아동 및 청소년의 문화적응 스트레스뿐만 아니라 이와 관련된 여러 가지 문제가 발생되고 있다. 이러한 문제를 해결하기 위한 방법으로 음악치료는 다문화 복지 측면에서 새롭게 연구되고 있다(오선화 외, 2016).

홍민주(2017)는 리듬과 선율, 화성을 기반으로 톤차임을 활용한 음악치료 활동을 구성하고 시행하여 다문화 청소년의 자아존중감과 대인관계 향상에 유의한 효과를 검증하였으며, 황혜진(2014)은 전래동요 중심의 음악치료가 다문화 가정 아동의 이중문화 스트레스 및 자아정체감에 미치는 영향을 연구하였다. 권윤주(2010)는 집단 음악치료 프로그램에 의하여 다문화 가정 아동의 조절력을 향상시키고 주의산만과 공격성을 감소시킴으로써 긍정적인 사회적 행동 증가에 효과가 있었음을 나타내었다. 이경미 등(2011)은 국제결혼으로 인하여 부모가 이중 언어를 사용하는 다문화 가정 내 아동 중 언어발달 지체현상을 나타내는 아동들에게 노래중심 음악치료가 언어발달 향상에 효과가 있음을 증명하였다. Alice-Ann(1998) 등은 미국에서의 다양한 분야에서 활동하는 전문 및 학생 음악치료사를 조사하여 음악치료 분야의 다문화적인 관점을 조사 연구하였다.

2) 특수목적을 위한 아동 및 청소년의 음악치료

(1) 특수아동 및 청소년

여러 가지 장애를 가진 특수아동 및 청소년을 위한 대표적 음악치료 연구는 다음과 같다. 최소림(2006)은 노래를 중심으로 한 집단음악치료활동이 장애청소년의 자아존중감 향상과 불안감소에 미치는 영향을 연구하였으며, 조민서(2017)는 리듬악기 중심 음악치료가 경도 지적장애아동의 자기표현과 또래관계기술에 미치는 효과 분석을 통해 음악의 치료적 효과 가능성을 제시하였다. 이주연, 정광조(2006)는 오르프 중심 음악치료가 음악을 통한 인지 또는 운동 능력 부분에 있어서 비장애 청소년들에 비해 많이 뒤처지고 있는 지적장애 청소년들에게 말하기, 신체표현하기, 노래 부르기, 악기연주, 음악 감상 등의 학습을 통한 인지능력 향상과 신체표현을 통한 운동력 향상에 많은 도움을 준다고 밝혔다.

(2) ADHD 및 ADD 경향 아동

주의력 결핍 과잉행동 장애는 자신의 행동을 통제하기 어렵고, 산만하고 부주의한 행동을 보이며 과잉행동을 하는 경우로서, 지속적인 주의집중력, 실행기능, 조직적 사고능력에서의 결손과 행동억제의 결핍으로 인해 문제행동 및 학습능력 저하를 나타내며 부주의, 과잉행동, 충동성을 보이는 장애이다(이에스더, 2015).

이에스더(2010)는 ADHD 아동의 행동장애를 치료하려면 그들의 관심과 흥미를 유발하고 자발적 참여를 유도하는 것이 중요한데, 말과 글로 자신을 표현하는 방법보다는 음악, 미술, 무용·동작, 영화 등의 예술활동을 사용하여 아동의 부적응 행동을 치료하는 것이 중요하다고 하였다. 권태우(2016)는 음악치료교육활동을 통한 ADHD 아동의 집중도에 관한 연구를 실행하였으며, 주은미(2014)는 동작 중심의 음악치료가 ADHD 성향 아동의 주의집중력 향상과 과잉행동 감소에 긍정적인 영향을 미치는 것으로 그 결과를 입증하였다. 오선화 등(2008)은 음악치료 기술의 효능감과 ADHD 아동에 대한 인식도와의 관계조사에서 ADHD 아동에 대한 지식이 많을수록 치료 시 돌발 상황에 잘 대처할 수 있다고 분석했다. 이에스더(2015)는 ADHD 아동 대상 음악치료 관련 국내 연구 동향을 분석하여 제시하였으며, 편정원, 이에스더(2015)는 ADHD 청소년의 정서조절을 위해 재활용품을 활용하여 다양한 예술치료활동을 경험할 수 있는 미술중심 예술치료 프로그램을 설계하였다.

주의력 결핍장애(Attention Deficit Disorder: ADD) 경향 아동은 ADHD 아동의 특징은 갖추고 있지만 그 정도가 심하지 않은 아동을 말하며, 의학적 방법으로서의 약물치료를 요하지 않는 아동을 말한다. ADD 경향 아동의 음악치료로서 피아노 연주를 중심으로 한 음악치료 프로그램이 ADD 경향 아동의 주의집중에 미치는 영향을 파악한 결과, 피아노 연주 중심의 음악치료 프로그램은 ADD 경향 아동의 '선택적 주의집중'과 '지속적 주의집중'에 효과를 나타내는 것으로 나타났다(서진미, 2008).

(3) 학교 부적응(따돌림)

학교 부적응은 학교생활에서 또래집단에서의 적응능력이 떨어지며, 학생 상호 간에 적절한 소통이 어려워 개인의 욕구가 학교 내의 환경에서 수용되지 못함으로 인해 대인관계의 어려움과 사회성의 결여로 학교생활에서 학교에 대해 반감을 가지고 무단으로 결석, 조퇴 등의 부적절한 행동을 보이는 학생을 말한다(조은희, 2017; 최정희, 2010).

학교 부적응 및 집단 따돌림 아동 및 청소년들의 심리적·정서적 치료에 관한 국내 연구 동향을 살펴보면 다음과 같다. 정희진(2014)은 학교 부적응 청소년을 위한 음악수업 연구를 통하여 부적응 청소년을 위한 음악수업의 필요성과 그들을 위한 음악수업 지도방안을 구체적으로 제시하였으며, 최정희(2010)는 집단음악치료 프로그램이 학교 부적응 청소년의 공격성과 자기 통제력에 미치는 효과에 관한 연구를 하였다. 조은희(2017)의 연구에서 학교 부적응 아동의 자아존중감 및 자기표현 능력 향상에 음악치료가 긍정적인 효과가 있는 것으로 나타났다. 김현정(2012)의 연구에서는 오르프 활용 음악치료가 부적응 초등학생의 사회성과 자기조절력 향상에 긍정적인 영향을 미친것으로 나타났으며, 학교 부적응 학생을 대상으로 한 음악을 중심으로 한 예술치료의 경우 이에스더, 박미정(2013)의 연구에서는 청소년의 사회성과 자존감이 유의미하게 향상되었다고 밝혔다.

(4) 학교폭력

학교폭력이란 학교 내·외에서 학생 간에 발생한 따돌림, 협박, 폭언, 폭행 등에 의하여 신체·정신 또는 재산상의 피해를 수반하는 행위를 말한다. 학교폭력의 유형은 다양하지만 장금순(2005)은 신체적 폭력, 언어적 폭력, 심리적 폭력, 집단 따돌림, 금품갈취 등 다섯 가지 유형으로 나누고 있다.

국내 학교폭력에 대한 음악치료 연구 동향을 살펴보면, 학위논문은 3편, 전문학술지 3편이며, 이 중에서 권선애(2012)는 학교폭력 가해 및 피해 학생을 위한 음악치료프로그램 연구를 통하여 학교폭력 가해 및 피해 학생들의 분노와 공격성 감소를 위한 연구 결과, 긍정적 변화를 가져왔다고 하였다. 오유신(2009)은 학교폭력 가해학생의 공격성 감소를 위한 분노조절 노래심리치료 사례 연구를 통하여 음악치료가 가해학생의 공격성 감소 및 분노조절에 긍정적 영향력을 발휘하는 것으로 밝혔다. 윤주리(2014)는 조건부 기소유예 판결을 받은 학교폭력 가해 청소년의 음악치료 경험에 관한 연구의 결과, 참여자는 음악 안에서 의식과 행동의 변화 및 내적인 통찰을 경험할 수 있음을 깨닫고 그룹원 간의 상호 교류와 지지를 경험하는 것으로 나타났다.

3. 음악치료의 연구 과제 및 전망

현재까지 음악교육의 새로운 지평을 열기 위해, 음악과 유기적인 연관을 가지고 음악교육을 지원하는 음악치료에 대한 연구가 꾸준히 진행되어 왔다. 음악교육 내에서 새로운 매체와 방법이 도입·융합되어 활용되기까지는 세월의 흐름 속에서 많은 시간과 노력이 수반된다. 예를 들어, 2000년대 초반으로부터 음악교육에 도입되어 활용되기 시작한 테크놀로지는 그 당시 우리에게 매우 낯설고 생소한 도구였지만, 현재는 매우 유용하고 자연스럽게 활용할 수 있는 주요 매체가 되고 있다.

우리나라 음악교육에서 테크놀로지를 도입하고 실질적으로 활용하기 시작한 것은 이에스더(2001)의 '한국의 음악교육에 있어서 테크놀로지의 활용에 관한 연구'이며, 이를 기반으로 이에스더(2005, 2006), 최은식 등(2014), 김주희 등(2017)이 지난 15년 동안 우리나라 음악교육 및 음악치료에서의 테크놀로지 활용 연구를 심도 있게 진행해 왔다.

이렇게 발전해 온 음악교육 및 음악치료에서의 테크놀로지의 활용은 향후 인공지능(AI)과 빅데이터로 이어지는 '제4차 산업혁명'의 핵심인 '가상현실(Virtual Reality: VR)' 그리고 '증강현실(Augmented Reality: AR)'과도 깊은 연관을 가질 것으로 보인다. 즉, 현재까지 음악교육과 음악치료 활동은 노래 부르기, 악기 연주하기, 감상하기, 창작하기와 음악치료 관련 즉흥연주와 음악제작(Music Production) 등 다양하게 진행되어 왔다. 이와 더불어 향후에는 가상공간에서 이루어지는 음악교육과 음악치료에 대한 새로운 세계가 점진적으로 무궁무진하게 펼쳐질 것이라고 예상한다. 이러한 관점에서 '음악을 통한 전인적인 인간육성'이라는 음악교육의 목적과 '음악을 활용한 인간회복'이라는 음악치료의 궁극적 목적이 서로 상반되는 것이 아니라 상호 보완적으로 합목적에 도달되는 것일진데, 현 시대적 패러다임을 반영하고 미래 사회에서의 보다 더 적응적이고 적용적인 음악교육과 음악치료가 융합될 수 있는 방안 연구가 반드시 필요하다고 본다.

음악치료에서는 대상자(학생) 중심의 음악치료를 지향하기 위해 음악뿐만 아니라 미술, 무용, 문학, 영화, 연극, 사진 등의 예술 분야와도 유기적인 결합을 통해 결합 치료의 합목적성을 도출하고 있으며, 오늘날 음악치료의 확장이 서서히 이루어지고 있다. 이러한 맥락에서 이에스더(2014)가 '공교육에서의 학령기 아동을 위한 예술치료 활용의 의미와 필요성'에 대해 연구하였다. 현재까지 효과적인 음악교육을 위해 음악치료에서 많은 연구들이 진행되어 왔다. 현재로부터 미래에 이르기까지 음악교육의 새로운 도전과 확장이라는 차원에서 음악치료의 적극적 수용과 활용에 대한 다양한 연구가 심도 있게 진행되기를 바란다.

향후 음악과 예술매체의 융합을 통한 음악교육 그리고 음악치료와 다른 예술치료, 즉 미술치료, 영화치료, 사진치료, 연극치료, 문학치료 등과의 융합을 통한 대상자(학생) 중심의 교육과 치료에 대한 무한한 가능성을 음악교육과 음악치료 분야의 발전적이고 실천적인 과제이자 미래 전망으로 열어 둔다.

 참고문헌

강노아(2009). 음악심리치료가 학습부진아의 학습동기에 미치는 효과. 이화여자대학교 대학원.

공완욱(2016). 다문화 가정 초등학생의 자존감 향상을 위한 미술 수업 방안. 경인교육대학교 대학원 석사학위논문.

권규문(2011). 초등학교 고학년의 학업스트레스 감소를 위한 부모연계 집단상담 프로그램 개발. 한국교원대학교 대학원 석사학위논문.

권선애(2012). 학교폭력 가해 및 피해학생을 위한 음악치료프로그램 연구. 서울기독대학교 대학원 박사학위논문.

권윤주(2010). 집단음악치료 프로그램이 다문화 가정 아동의 사회성 향상에 미치는 영향. 순천향대학교 대학원 석사학위논문.

권주희(2013). 정서관리훈련 기반 음악치료 프로그램이 조현병 환자의 삶의 질과 분노에 미치는 효과. 원광대학교 대학원 박사학위논문.

권태우(2016). 음악치료교육활동을 통한 ADHD 아동의 집중도에 관한 연구. 동아대학교 대학원 석사학위논문.

권혜경(2006). 분석적 음악치료. 권혜경음악치료센터.

길수연(2005). 자극성-진정성 음악을 이용한 부적 정서 조절의 음악 회상기법. 인간행동과 음악연구, 2(1), 1-15.

김미성(2001). 시설 아동의 자존감과 사회성 향상을 위한 음악치료의 효과: 사례 연구를 중심으로. 이화여자대학교 대학원 석사학위논문.

김성욱(2012). 음악치료기법 분석과 선행연구 고찰: 자폐아동 중심으로. 동의대학교 대학원 석사학위논문.

김소하(2015). 위축유아의 또래관계증진을 위한 음악치료활동의 효과. 가천대학교 대학원 석사학위논문.

김영이(2017). 초등 고학년 학습부진 아동을 위한 음악치료 적용 학습동기 증진 프로그램의 개발 및 효과. 영남대학교 대학원 박사학위논문.

김주희, 김주헌, 한석진(2017). 아이패드를 활용한 음악중심 문화예술교육프로그램 개발 연구: 초등학생을 대상으로 한 '디스코버스(Disco Bus)' 캠프를 중심으로. 예술교육연구, 15(2), 127-141.

김지현(2017). 타악기 합주 음악치료가 결손가정 아동의 자기효능감과 또래관계에 미치는 영향. 성신여자대학교 대학원 석사학위논문.

김태열, 유석호, 허영주(2004). 가상현실시스템(CAVE)을 활용한 문화 Content의 복원 과정을 통한 CAVE활용 방안에 대한 연구. 한국게임학회, 4(3), 11-20.

김현정(2012). 오르프 음악치료가 학교 부적응 초등학생의 사회성 및 자기조절력에 미치는 영향. 음악교육공학, 15, 73-86.

김혜정(2013). 기악합주활동 중심의 음악치료가 지역아동센터 아동의 또래 관계 기술에 미치는 영향. 성신여자대학교 대학원 석사학위논문.

노화영, 이에스더(2015). 성폭력 피해 청소년의 자기표현과 자존감 향상을 위한 노래심리치료 프로그램 설계. 융합예술치료교육, 1(1), 33-53.

문지연(2006). 음악치료가 저소득층 아동의 자아존중감과 또래관계에 미치는 영향. 한세

대학교 대학원 석사학위논문 .

박지은, 최병철(2012). 유아의 정서조절능력 증진을 위한 음악활동 프로그램 개발 연구. 한국음악치료학회, 14(3), 1-30.

방성아(2012). 음악감상이 청소년의 학업스트레스와 우울 감소에 미치는 영향. 목포대학교 대학원 석사학위논문.

서정미(2013). 집단음악놀이치료 프로그램이 유아의 부적응 행동, 정서조절 능력 및 사회적 관계에 미치는 효과. 명지대학교 대학원 박사학위논문.

서진미(2008). 피아노 연주 중심의 음악치료 프로그램이 주의력결핍 아동의 주의집중에 미치는 영향. 명지대학교 대학원 석사학위논문.

신용호(2013). 제스처 기반의 3D 아바타를 활용한 상호작용 중심 가상교육 시스템의 설계 및 구현. 한국교통대학교 대학원 석사학위논문.

엄말숙(2013). 사물놀이 연주 중심의 음악치료가 학업적 스트레스와 자기효능감에 미치는 영향. 대구교육대학교 대학원 석사학위논문.

오나영(2016). 집단음악치료가 농촌지역아동센터 초등학생의 정서지능과 또래관계에 미치는 영향. 원광대학교 대학원 석사학위논문.

오선화, 김은영, 정진아, 전정민, 남민(2016). 노래중심 음악치료활동이 다문화 결혼이주 여성의 문화적응 스트레스 및 사회적 상호작용 불안에 미치는 효과. 한국음악치료학회, 18(1), 61-85.

오선화, 김희경, 고은진(2008). ADHD 아동의 음악치료방법 및 음악치료사의 자기효능감과 ADHD 인식도와의 관계. 한국음악치료학회, 10(2), 57-82.

오유신(2009). 학교폭력 가해학생의 공격성감소를 위한 분노조절 노래심리치료 사례연구. 이화여자대학교 대학원 석사학위논문.

윤주리(2014). 조건부 기소유예 판결을 받은 학교폭력 가해 청소년의 음악치료 경험에 관한 연구. 인간행동과 음악연구, 11(1), 63-82.

이경미, 정규진, 최애나(2011). 음악치료가 다문화 가정 아동의 언어 표현에 미치는 영향. 한국예술심리치료학회, 7(3), 39-61.

이명호(2017). 힙합음악을 활용한 음악치료가 지역아동센터 청소년의 자기 표현력과 자존감에 미치는 효과. 대전대학교 대학원 박사학위논문.

이수경(2012). 타악기 연주 중심의 음악치료가 초등학생의 학업스트레스에 미치는 영향. 고신대학교 대학원 석사학위논문.

이에스더(2001). 한국의 음악교육에 있어서 테크놀로지의 활용에 관한 연구: 양적연구 및 질적연구. Kent State University 해외박사논문.

이에스더(2002). 한국음악교육에서의 테크놀로지 활용의 필요성 인식과 지식기반에 관한 연구. 음악과 문화, 7, 93-111.

이에스더(2005). ICT 활용 음악창작 교수 학습 모형 개발. 음악교육, 5, 35-60.

이에스더(2006). 음악과 ICT 활용 이해중심 교수 · 학습모형 및 전략에 관한 연구. 음악교육공학, 5, 85-109.

이에스더(2010). 예술치료에서의 실용음악 활용 가능성 탐색. 문화예술교육연구, 5(2).

이에스더(2014). 공교육에서의 학령기 아동을 위한 예술치료 활용의 의미와 필요성. 예술교육연구, 12(2), 105-127.

이에스더(2015). ADHD 아동 대상 음악치료 관련 국내 연구동향 분석. 예술교육연구, 13(1), 151-168.

이에스더, 박미정(2013). 영상매체 활용 예술치료 프로그램이 학교 부적응 청소년의 사회성과 자존감 향상에 미치는 효과. 음악교육공학, 16, 117-136.

이에스더, 윤혜영, 김석훈(2014). 시설노인의 우울완화를 위한 영상매체 활용 회상음악치료활동 모형개발. 문화예술교육연구, 9(4), 125-146.

이에스더, 이재무(2004). 음악과 ICT 활용 교수, 학습 자료 개발. 중등교육연구, 52(1), 489-508.

이에스더, 홍정은(2012). 방과 후 학교 예술교육을 위한 예술치료 프로그램 설계: 초등학교 저소득층 아동의 자아존중감 향상을 중심으로. 예술교육연구, 10(1), 65-92.

이은경(2008). 방과후 학교 음악활동을 통한 학습부진아동의 주의집중력과 과제수행력 향상 에 관한 연구. 이화여자대학교 대학원 석사학위논문.

이은희(2007). 유리드믹스 음악활동이 학습부진아의 사회성 및 주의집중 향상에 미치는 효과. 대구대학교 대학원 석사학위논문.

이인숙(2008). 음악치료 프로그램 적용이 학습부진아의 자신감과 자아존중감에 미치는 영향. 경인교육대학교 대학원 석사학위논문.

이주연, 정광조(2006). 오르프 음악치료활동이 정신지체 청소년의 인지능력 및 운동능력 향상에 미치는 사례연구. 예술심리치료연구, 2(1), 50-82.

장금순(2005). 민속놀이를 활용한 초등학생 학교폭력 예방 프로그램 개발 연구. 숙명여자대학교 대학원 박사학위논문.

정광조, 이근매, 최애나, 원상화(2009). 예술치료. 서울: 시그마프레스.

정인선(2007). 음악치료가 학습부진아의 자아존중감에 미치는 효과. 대구교육대학교 대학원 석사학위논문.

정재걸(2017). 인공지능 시대의 가상현실과 교육. 사회사상과 문화, 20(1), 191-217.

정희진(2014). 학교 부적응 청소년을 위한 음악수업 연구. 연세대학교 대학원 석사학위논문.

조민서(2017). 리듬악기중심 음악치료가 경도지적장애 아동의 자기표현과 또래관계기술에 미치는 효과. 대전대학교 대학원 석사학위논문.

조은희(2017). 음악치료가 학교 부적응 아동의 자아존중감 및 자기표현능력에 미치는 효과. 대전대학교 대학원 석사학위논문.

조희진(2004). 음악활동을 통한 학습부진 초기 청소년의 자아개념 증진 사례분석. 이화여자대학교 대학원 석사학위논문.

주빛나(2014). 악기연주 중심 음악치료가 시설보호아동의 또래 유대감 증진에 미치는 효과. 이화여자대학교 대학원 석사학위논문.

주은미(2014). 동작중심의 음악치료가 ADHD성향 아동의 주의집중력과 과잉행동에 미치는 영향. 고신대학교 대학원 석사학위논문.

최소림(2006). 노래를 중심으로 한 집단음악치료활동이 장애청소년의 자아존중감 향상과 불안감소에 미치는 영향. 숙명여자대학교 대학원 석사학위논문.

최은식, 문경숙, 최미영(2014). 음악교육에서의 테크놀로지 활용의 역사적 고찰. 음악교육공학, (20), 17-38.

최정희(2010). 집단음악치료 프로그램이 학교 부적응 청소년의 공격성과 자기통제력에 미치는 효과에 관한 연구. 원광대학교 대학원 석사학위논문.

편정원, 이에스더(2015). ADHD 청소년의 정서조절을 위한 재활용품 활용 미술중심 예술치료 프로그램 설계. 문화예술교육연구, 10(1), 153-177.

한국교육과정평가원(1998). 학습부진아 지도 프로그램 개발 연구. 서울: 한국교육과정평가원.

홍민주(2017). 톤차임을 활용한 음악치료가 다문화 청소년의 자아존중감과 대인관계에 미치는 영향. 성신여자대학교 대학원 석사학위논문.

황혜진(2014). 전래동요 중심의 음악치료가 다문화 가정 아동의 이중문화 스트레스 및 자아정체감에 미치는 영향. 고신대학교 대학원 석사학위논문.

American Music Therapy Association(2012). American music therapy association member sourcebook.

Darrow, A., & Molloy, D. (1998). Multicultural Perspectives in Music Therapy: An Examination of the Literature, Educational Curricula, and Clinical Practices in Culturally Diverse Cities of the United States. *Music Therapy Perspectives*, 16(1), 27-32.

Hartup, W. W. (1992). *Peer relations in early and middle childhood. Handbook of social development*. NY: Plenum press.

Henderson, S. M. (1983). Effects of a Music Therapy Program Upon Awareness of Mood in Music, Group Cohesion, and Self-Esteem Among Hospitalized Adolescent Patients 1. *Journal of Music Therapy*, 20(1), 14-20.

Moore, K. S. (2013). A Systematic Review on the Neural Effects of Music on Emotion Regulation: Implications for Music Therapy Practice. *Journal of Music Therapy*, 50(3), 198-242.

Priestley, M. (1994). *Essays on Analytical Music Therapy*.

Rosenberg, M. J. (1965). When dissonance fails: On eliminating evaluation apprehension from attitude measurement. *Journal of Personality and Social Psychology*, 1, 28-42.

PART

6

음악교육의 미래 지평

제28장

음악교육을 둘러싼 쟁점과 교육정책

조성기

이 장에서는 국내·외의 교육 전반을 비롯하여 음악교육에 영향을 끼치는 쟁점으로서 역량중심 교육과, 세계 문화예술교육에서 강조하는 창의성을 이끌어 낼 수 있는 예술교육, 인공지능 및 4차 산업혁명의 도래에 따른 음악교육 등을 중심으로 교육정책과 음악교육을 살펴보고자 한다.

1. 역량중심 교육과 음악교육

1) 역량중심 교육과 교육정책

최근 세계 여러 나라에서는 미래의 핵심역량을 선정하고 이를 학교교육에 적용시키기 위해 교육과정에 반영하려는 노력이 한창이다.

본래 역량에 관한 초기 연구는 1997년부터 2003년에 걸쳐 OECD에서 DeSeCo(Defining and Selecting Key Competencies) 프로젝트 수행을 통해 이루어졌는데, 이것은 여러 나라 각계각층의 학자들이 역량의 개념과 미래 사회에서 요구되는 핵심역량을 설정하는 프로젝트였다. 이 연구에서는 역량을 인지적 영역의 지식보다는 삶에 필요한 기술, 가치, 태도 등과 보다 더 밀접하게 관련된 것으로서, 어떤 특정한 업무를 성공적으로 수행하기 위해 필요한 지식, 기술, 태도, 경험 등을 포함한 수행자의 내·외적 능력으로 규정하였다(Rychen & Salganik, 2003). 또한 '개인의 자율적 행동' '타인과의 효과적인 상호작용' '언어나 공학 기술 등 도구의 포괄적 사용'의 세 가지 범주를 기본으로 하위 역량들을 선정하여 제시하였는데, 〈표

〈표 28-1〉 OECD에서 제시한 역량의 범주

범주	선정 이유	핵심역량
1. 자율적으로 행동하기	다양한 사회적 환경과 자율성 속에서 자신의 인생을 잘 영위하고, 자신의 삶을 책임질 수 있는 능력이 요구됨	• 넓은 시각(큰 그림 안)에서 행동하는 능력 • 삶의 계획과 개인 프로젝트를 구상하고 수행하는 능력 • 자신의 권리, 흥미, 필요와 한계를 주장하는 능력
2. 도구를 상호작용적으로 활용하는 능력	정보기술과 같은 물리적 환경과 언어 사용과 같은 사회문화적 환경의 양자 환경 속에서 상호작용을 하기 위한 다양한 도구를 활용할 수 있는 능력이 요구됨	• 언어, 상징, 텍스트를 상호작용적으로 활용하는 능력 • 지식과 정보를 상호작용적으로 활용하는 능력 • 기술을 상호작용적으로 사용하는 능력
3. 사회적 이질집단에서 상호작용하기	점차 세계화되고 있는 현대를 살아가면서 다양한 배경을 가진 타인과 협력하고, 이질적인 집단의 사람들과도 상호작용을 잘할 수 있는 능력이 요구됨	• 다른 사람들과 관계를 잘하는 능력 • 협력하는 능력 • 갈등을 조정하고 해결하는 능력

28-1〉과 같다.

이 연구를 기반으로 세계 여러 나라에서는 자국의 실정에 맞게 핵심역량을 선정하고 미래 사회에 대비하기 위해 이를 학교교육에 적용시켜 교육과정 설계의 기초 자료로 활용하고 있다. 호주의 뉴사우스웨일즈주, 뉴질랜드, 캐나다의 퀘벡주, 영국 등의 나라는 우리보다 앞서 학생들의 핵심역량 개발에 주목하고, 이를 학교 교육과정 관련 문서에 공식적으로 천명하는 한편, 학교 현장의 변화를 추진해 왔다(홍원표 외, 2010).

우리나라에서도 최근 개정한 2015 교육과정에서 국가에서 선정한 6개의 역량을 각 교과 교육과정에 적용시켜 반영하고 있다. 〈표 28-2〉는 음악과 교육과정에 제시된 음악 관련 역량이다(교육부, 2015a).

〈표 28-2〉 음악과 교육과정에 제시된 음악 관련 역량

역량	역량 설명
자기관리 역량	음악적 표현과 감상 활동, 음악을 생활화하는 태도를 바탕으로 표현력과 감수성을 길러 자아정체성을 형성하고, 자기 주도적으로 음악을 학습하고 그 과정을 관리함으로써 음악적으로 풍요로운 삶을 유지해 나갈 수 있는 역량
음악정보 처리 역량	음악과 관련된 다양한 정보와 자료를 수집, 분석, 분류, 평가, 조작함으로써 정보와 자료에 내재된 의미를 올바르게 파악하고, 적절한 매체를 활용하여 정보와 자료를 효과적으로 처리함으로써 생활의 다양한 문제를 합리적으로 해결할 수 있는 역량
음악적 창의융합 사고 역량	음악 분야의 전문 지식과 소양을 토대로 새롭고 독창적인 아이디어를 산출해 내고, 자신이 학습하거나 경험한 음악 정보들을 다양한 현상에 융합적으로 활용할 수 있는 역량
음악적 감성 역량	음악이 가지고 있는 아름다움, 특징 및 가치를 개방적 태도로 수용하고 이해하며, 깊이 있는 성찰과 상상력을 발휘하여 삶의 질을 향상시키고 행복을 창출할 수 있는 역량
음악적 소통 역량	소리, 음악적 상징, 신체 등을 활용하여 자신의 생각과 느낌을 음악적으로 표현하고, 타인의 음악적 표현을 이해하고 공감하여 효율적으로 소통하고 조정할 수 있는 역량
문화적 공동체 역량	음악을 통해 우리 문화의 전통과 세계의 다양한 문화를 이해함으로써 지역, 국가, 세계 공동체의 구성원으로서 요구되는 다양한 가치와 문화를 수용하고, 공동체의 문제해결 및 발전을 위해 자신의 역할과 책임을 다할 수 있는 역량

미국의 경우도 2014년 국가핵심예술교육기준(National Core Arts Standards)를 통해 예술 교과교육에서의 공통된 성취기준을 제시하면서 이를 통해 21세기 역량으로서 창의ㆍ혁신 능력과 비판적 사고와 문제해결 능력, 의사소통 능력, 협업 능력을 함양해야 함을 강조하고 있다(National Coalition for Core Arts Standards, 2014).

2) 역량중심 교육과 음악교육

미래 사회에서 필요로 하는 역량중심 교육을 각 교과교육에서 강조하는 것은 중요하다고 할 수 있다. 그러나 실천을 위한 그 역량들의 적용에서는 보다 더 신중할 필요가 있다.

거시적인 교육적 차원에서 역량중심 교육은 교육에 대한 오개념을 갖게 할 수도 있다. 모든 교육이 미래 사회에 필요한 수행능력을 기르는 것을 목적으로 갖는 것이 올바른 것인가? 교육은 우선 개인의 자아에 대한 발견과 성취, 그리고 개인을 둘러싼 환경과 사회와의 통합이라고 할 수 있다(Read, 1958). 역량중심 교육은 외부로 드러나는 수행을 강조하면서 사고, 이해, 성찰, 판단 등 내적인 것이 소홀해질 수 있다. 또한 교육을 통해 능동적이고 민주적인 존재로 길러져야 함에도 불구하고 역량중심 교육은 인간을 적응을 위한 수동적 도구로 전락시킬 위험이 있다. 또한 역량중심 교육은 문제의 해결을 위해 효과성과 효율성이 강조되어 인성이나 시민의식 등과 같은 교육 윤리성을 약화시킬 수 있다(이찬승, 2015).

특히, 음악과 음악활동의 성격은 특정한 업무나 과제를 성공적으로 수행하여 목표한 결과를 객관적으로 산출하는 일련의 체제적 과정이기보다는 개개인의 정서와 감정을 음악으로 표현하고, 이해하고, 소통하는 주관적이고 창의적이면서 비체제적인 활동이라고 할 수 있다. 무엇보다도 객관적이고 일반화된 결과보다는 주관적이고 개별적으로 구체화된 결과를 추구한다.

따라서 본래 OECD의 프로젝트가 나와 나를 둘러싼 타인들을 이해하고 서로 상호작용하는 능력 그리고 이때의 상호작용을 위해 다양한 도구를 활용할 수 있는 능력을 역량으로 선정한 것처럼, 이들 세 가지 범주를 기반으로 선정한 역량들에 대해 깊이 있는 이해와 통찰이 필요할 것으로 보이며, 교과교육의 적용에 보다 더 성찰적인 자세가 필요하리라고 본다.

역량중심 교육은 교육의 기능적인 면이 강조됨으로 인해 교육의 숭고한 목적이나 태도, 가치 등에서 약화될 우려가 있다. 이에 대한 충분한 고민을 통해 실천적인 적용을 하는 것이 각 교과교육, 특히 음악교육을 비롯한 예술교육에서 필요하다.

2. 문화예술교육과 음악교육

1) 문화예술교육과 교육정책

최근 예술교육의 의의와 목적을 문화예술교육의 관점에서 찾고, 문화예술교육으로의 확장과 이를 강화하려는 시도들이 여러 정책에서 드러나고 있고, 실제 교육현장에 반영되고 있다. 먼저, 문화교육과 예술교육, 문화예술교육에 대한 정의를 살펴보고 이에 대한 정책들을 알아보면 〈표 28-3〉과 같다(안원현, 홍은실, 2017).

〈표 28-3〉 문화교육, 예술교육, 문화예술교육에 대한 정의

문화교육: 삶 속에서 문화의 가치를 인식하고 문화적 감성과 문화적 리터러시를 활성화시킴과 동시에 문화에 대한 지식을 습득할 수 있으며, 문화생활 안에서 보다 창조적이며 풍요로운 삶을 영위하고 삶의 질을 향상시키는 데 그 목적이 있다.	
• 문화에 의한 교육:	전인적 발달과 창의력, 비판력, 문화 감수성 등에 중점을 둔 교육
• 문화에 대한 교육:	여러 문화를 분석 · 해석하고 행동할 것인지에 대해 가르치는 교육
예술교육: 음악교육, 미술교육, 무용교육, 연극교육 등 개별 예술장르들에 관한 교육	
• 예술을 위한 교육:	예술 그 자체와 전문성을 습득하는 데 목적을 두고 기술적 측면을 중시하는 예술 지향적 교육
• 예술을 통한 교육:	예술적 창조성, 미적 경험과 예술적 · 문화적 감수성을 자극하고 성장시키며, 예술을 통해 전인적 인격을 형성하고자 하는 데 목적을 둔 교육
문화예술교육: 문화예술과 문화산업, 문화재를 교육내용으로 하거나 교육과정에 활용하는 교육을 말하며, 모든 국민의 문화예술 향유와 창조력 함양을 위한 교육을 지향한다.	
• 학교문화예술교육:	예술 그 자체와 전문성을 습득하는 데 목적을 두고 기술적 측면을 중시하는 예술 지향적 교육
• 사회문화예술교육:	문화예술교육시설 및 문화예술교육단체와 각종 시설 및 단체 등에서 행하는 학교문화예술교육 외의 모든 형태의 문화예술교육

유네스코는 2010년 세계문화예술교육대회를 서울에서 개최하면서 예술교육을 위한 창의 · 인성 계발을 강조한 '유네스코 서울선언'을 발표하였는데, 이는 창의성을 이끌어 낼 수 있는 예술교육 강화에 대한 전 세계 예술교육의 방향성을 제시한 것이었다(조성기, 2012). 이에 따라 우리나라 교육과학기술부와 문화체육관광부는 '유네스코 서울선언'에 대한 실천과 창의 · 인성 함양의 핵심 분야인 예술교육의 활성화를 기하고자 하는 정책적 의지 표명으로 '창의성과 인성 함양을 위한 초 · 중등 예술교육활성화 기본방안'을 2010년 7월 7일 발표한 바 있다. 그 내용은 6개의 중점추진과제로 구성되어 있는데, 첫째, 교과활동에서의 예술교육 강화, 둘째, 예술 · 체육중점학교 활성화 및 확대, 셋째, 각급 교육기관의 예술심화교육 지원 확대, 넷째, 과학과 예술의 통합교육 실시, 다섯째, 학교와 지역사회 연계를 통한 예술교육 강화, 여섯째, 예술교육 지원 협력체계 구축 등이다(교육과학기술부, 2010). 이에 대한 실천적 노력으로 교육부는 2011년부터 학생 오케스트라 사업을 추진해오고 있으며, 초등학교 및 자유학기제와 연계한 중학교 대상 악기지원시범사업을

통한 1학생 1악기 교육, 2015년부터 '예술드림(Dream)학교' '예술교육거점연구학교' 등을 지정하여 예술교육을 통한 소외지역 학교를 특성화하고, 교원의 예술교육 역량 강화, 지역사회와 연계한 학교예술교육협의체 구성 등을 통해 예술교육을 위한 정책적 지원을 하고 있다(교육부, 2015b).

〈표 28-4〉 문화예술 관련 국내의 주요 정책 및 사업

주요 정책	추진사업	정책목표	성과 및 한계
• 이전 정책 계승	• 예술꽃씨앗학교('08~) • 꿈의 오케스트라('10~) • 예술강사지원사업('03~)	• 지역 및 빈부의 격차 관계 없이 문화예술교육의 혜택 지원 • 아동·청소년의 전문적 오케스트라 교육 지원 • 예술가 일자리 창출 및 학교 예술교육 활성화	• '문화융성'을 위한 학교예술교육 활성화 정책 추진 • 학교 교육과정 운영 내실화를 정책 목적으로 지향하지만, 실질적 학교예술교육 지원 사업은 거의 없음 • 사회 취약계층 중심의 정책 • 특정 예술 분야, 특정 학생 대상에 제한된 정책 • 물적 지원 중심의 정책 추진 • 예술강사 지원사업의 양적 확대
• 학교예술·체육교육강화 지원 계획('15.10)	• 전국 1,000개 초·중학교 악기 및 교육 지원에 63억 투자 • 관계 부처 및 유관 기관 협력을 통한 학교 예술교육 다각화(예술강사 파견 확대) • 소외지역 학교예술교육 지원 강화(예술드림학교 운영) • 학교예술교육 활성화를 위한 지원체제 마련(학교예술교육협의체 활성화)	• 학교 체육·예술교육 활성화 사업의 재구조화 및 보완·강화	
• 2016년 학교예술교육 활성화 추진 계획('16.2)	• 학생 오케스트라('11~) • 학생 뮤지컬운영학교('13~) • 연극교육 활성화('16~) • 예술중점학교('11~) • 지역연계 학교예술교육 활성화('14~) • 학교예술교육 성과 확산('15~) • 학교예술교육중앙지원단 운영('16~) • 악기지원시범사업('15~) • 예술교육거점학교('16~) • 예술드림학교('16~) • 교원의 예술교육 전문성 제고('16~)	• 학교교육과정 운영 내실화 • 학생들의 예술활동 기회 확대 • 지역사회와 함께하는 학교예술교육 • 학교예술교육 지원체제 구축	

출처: 이경언 외(2016), pp. 47-49의 〈표 Ⅲ-1-1〉 일부 발췌 및 재구성

2) 문화예술교육과 음악교육

학교문화예술교육이 예술 그 자체와 전문성을 습득하는 데 목적을 두고 기술적 측면을 중시하는 예술 지향적 교육이라는 정의에도 불구하고, 문화예술교육을 강조하는 입장에서는 학교예술교과교육이 특정 예술 교과의 지식습득 수준에 머무르기보다는 문화예술의 공공성에 입각해 문화 향유의 기회를 확대하고 함께 소통하기 위한 '문화 복지적 관점의 교육'이 되어야 한다고 주장한다. 즉, 예술교육을 통해 개인과 사회 간의 화합과 공존을 위한 역량을 강화하려 하거나 개인의 창의성과 인성 계발에 목적을 두는 예술에 대한 도구적 접근을 강조한다는 것이다(태진미, 2010). 또한 문화예술교육의 궁극적 목적으로서 학생들에게 가치 있고 행복한 삶을 위하여 타인에 대한 배려와 존중, 새로운 것을 창출할 수 있는 창조적이고 융합적인 능력 등 인성 함양을 강조하고 있는데(김정희 외, 2013), 이는 결국 모든 교육이 추구하는 본질적인 목적과 일치하는 내용으로 예술 교과만의 것이 아니다.

이렇게 문화예술교육을 강조하는 입장에서는 학교에서의 예술 교과교육에 비교과나 범교과의 내용과 역량이 부각되고 이것들이 주가 되어야 함을 주장하고 있는데, 이는 자칫 예술 교과교육의 정체성을 위협하는 것이 될 수 있다. 그러나 결과적으로는 본래 예술 그 자체의 전문성과 기술적 측면을 강조하게 되는 필연에 이르게 된다. 이를테면, 창의성의 신장을 목표로 하는 유네스코의 음악교육이나 예술교육의 방향에 따라 이러한 교육에서 보다 더 기본적이며 우선적으로 강조되어 이루어져야 할 교육은 예술적 표현방법에 대한 교육이다. 창의성 신장의 교육 결과는 신호나 기호로서 표현될 때만이 확인이 가능하며, 결국 예술적 표현방법의 함양이 먼저 이루어져야 하기 때문이다(Read, 1958). 음악을 비롯하여 예술은 추상적인 생각이나 개념, 정서, 사상, 이론 등을 표현하여 구체화시키고자 한다. 과학과 비교해 보자면 과학은 구체적인 대상을 관찰을 통해 객관화하고 추상화하여 설명하려고 한다. 따라서 음악적인 기능이나 표현 기법을 비롯하여 생각이나 느낌, 정서 등을 음악으로 표현하는 방법에 대한 교육으로서, 음악 그 자체에 대한 전문성과 음악 기술적 측면의 교육이 음악교육에서 우선적으로 강조되어 이루어져야 할 것이다.

3. 4차 산업혁명과 음악교육

1) 4차 산업혁명과 교육정책

최근 인공지능 및 4차 산업혁명의 도래로 미래 사회의 변화에 대한 다양한 견해들이 나오고 있는 가운데, 학자들은 향후 20~30년 내에 일자리의 50%가 사라질 것이라는 전망부터 진정으로 여가를 활용하는 새로운 시대가 열릴 것이라는 다양한 전망을 내놓고 있다. 인공지능이 우리가 하는 일을 바꾸는 것이 아니라 인류 자체를 바꿀 것이고, 우리의 행동양식뿐 아니라 정체성까지 변화시킬 것으로 전망하고 있다. 이러한 전망과 세기적 변화에 직면하여 우리의 학교교육은 지금까지와는 전혀 다른 교육체제를 구축하여야 하는지 모른다. 급격한 변화의 시대에 교육은 어떻게 전개되고, 또 미래를 살아갈 학생들에게 필요한 역량은 무엇인가, 즉 학교교육의 내용과 방법이 어떠하며, 특히 사람들이 음악이나 예술을 향유하는 방법과 예술행위의 변화 등의 전망과 더불어 음악교육의 내용과 방법은 어떠해야 하는가 등에 관하여 고민하고 대처할 때이다.

정부는 2016년 말 '4차 산업혁명에 대응한 지능정보사회 중장기 종합대책'을 수립하여 발표하였는데(미래창조과학부, 2016), 산업구조와 고용구조, 삶의 모습과 환경 변화에 따라 근로자의 역할은 자동화로 대체되기 어려운 창의적·감성적 업무 분야로 집중되며, 해당 인력에 대한 가치가 상승할 것으로 예측하고 있으며, 교육에서는 학생의 수준에 맞는 맞춤형 학습이 보편화됨에 따라 학원, 과외 등 사교육 부담이 줄어들고 교사는 창의·인성 교육에 주력할 수 있을 것으로 예측하고 있다. 이에 따라 지능정보사회의 미래교육 혁신을 위해 〈표 28-5〉와 같은 정책을 제시하고 있다.

〈표 28-5〉 미래교육 혁신을 위한 정부의 정책

• 암기 · 주입식 교육이 아닌 문제해결 · 사고력 중심 교육 실현	• 초 · 중등 학생의 SW 및 STEAM 교육을 대폭 확대하여 컴퓨터적 사고력 및 문제해결 능력을 배양하는 교육 실현 　- '18년부터 정규 초 · 중 · 고 전 학년에 SW교육을 실시하고 점차 확대, SW교육 전문기관 설치 및 1학교-1SW 동아리 운영 　- 창의성 · 통섭능력을 갖춘 인재양성을 위해 창의융합형 선도학교를 확대하고 대학 내 융 · 복합 전공 개설 활성화 • 학생들의 자율적 역량 개발 및 미래 준비를 지원하기 위해 수업방식, 학사제도 및 교육과정 전면 개편 추진 　- 학생참여 수업 활성화를 위해 자유학기제를 일반학기와 연계 · 확산하고 학생 스스로 수업을 선택하는 고교 학점제 도입 검토 　- 중장기적으로 수학 등 계열성이 강한 교과 중심으로 학년 구분 없이 학생의 능력과 수준에 맞춘 교육과정을 개별 학교가 자율적으로 편성 · 운영 • 지능정보사회에 대비한 미래 교육정책들의 현장 안착과 실질적인 교육계 변화 유도를 위한 미래형 대학입학 전형 제도 마련
• 지능정보기술을 활용한 맞춤형 교육체제 전면화	• 지능정보기술로 학생의 학습 이력 및 수준을 분석, 학습효과를 극대화할 수 있는 맞춤형 학습(Adaptive Learning) 체제 구축 　- 학습자의 학습활동 데이터를 분석하여 흥미와 수준에 맞는 학습활동 처방과 학습 개선을 지원할 지능형 학습 플랫폼 개발 　- 실감형 콘텐츠를 활용한 디지털 교과서 개발('17~'19), 보급('18~'20) 및 맞춤형 학습자료 검색이 가능한 교육콘텐츠 오픈마켓 구축 • 다양한 분야의 고급 강의를 한국형 온라인 공개강좌(K-MOOC)를 통해 공유하고 인센티브 확대 등을 통해 지속 가능한 학습체계 마련
• 신산업 발전을 이끌 지능정보 핵심인력 양성	• STEAM 교육을 기반으로 컴퓨터 과학, 데이터 분석, SW 개발 등에 능통한 창의적인 지능정보 영재 5만 명 조기 발굴 · 양성 　- 지능정보영재가 '20년부터 매년 약 5,000명 규모로 배출('30년까지 10년간 5만 명)될 수 있도록 영재교육 확대 　- 정보영재교육기관을 대폭 확대하고 중장기적으로 과학기술뿐 아니라 인문학 등 융합교육을 체계적으로 지원하는 '지능정보영재고등학교' 설립 검토 　- 과학고 · 영재고 재학생(학년 당 약 1,800명) 대상으로 클라우드 기반 슈퍼컴퓨터 이용 환경 및 응용 프로그램 개발교육을 제공하여 융합인재 양성 • 최고 전문가 교수진으로 구성된 산 · 학 · 연 합동 집중 교육과정 개설, 석 · 박사과정 장학금 확대 등을 통해 지능정보기술 최고급 전문인력 양성 • 인공지능(AI)을 포함한 지능정보기술 영역의 국내 최고 수준 대학원(연구실)을 선정하여 10년간 집중 지원
• 교원 양성 및 지능정보사회 교육인프라 구축	• 교원의 지속적인 SW 지도 역량 강화를 위해 매년 6만여 명의 교원을 대상으로 SW 연수교육을 실시하고 경력에 따라 맞춤형 연수 실시 • 전 학교에 무선 인터넷망을 단계적으로 설치하고 AI, 가상현실 등을 활용, 맞춤형 학습을 지원하는 '첨단 미래학교' 모델 개발('17, 시범 운영)

2) 4차 산업혁명과 음악교육

클라우스 슈밥(Klaus Schwab)은 4차 산업혁명이 어떤 방식으로 전개될지는 아직 불분명하다고 전제하고, 작게는 개인의 일상생활에서부터 크게는 경제, 사회, 정부, 문화, 국가안보 등 세계의 생태계 전반에 걸친 대변혁과 더불어 인간의 행동양식, 정체성 등 인류 자체의 변화를 예고하고 있다(Schwab, 2016). 이러한 시대를 대비해 교육계에서는 무엇을 교육해야 하며 교육이 어떠해야 하는지에 대해 심도 있는 고민이 필요하며, 특히 음악교육을 비롯한 각 예술교육에서는 교육의 내용과 방법, 방향 등을 모색해 볼 필요가 있다.

(1) 자기 주도적 음악 학습능력과 성찰로서의 음악교육

4차 산업혁명 시대는 인공지능의 확산으로 양극화가 심화되고 일자리가 줄게 되지만, 생산성은 극도로 향상되며, 일은 주로 기계가 하고 인간은 많은 시간을 개인적으로 사용할 수 있게 된다. 이에 따라 인간에게 주어지는 많은 시간을 소비하기 위한 여가 활용을 위한 교육이 요구될 수 있는데, 음악과 같은 예술은 인간으로 하여금 자기를 표현하고 자기를 실현하는 욕망을 충족시켜 주며 삶을 풍부하게 만들어 주는 것으로서 여가 활용을 위한 훌륭한 도구가 될 수 있다.

또한 4차 산업혁명 시대는 다양한 영역에서 엄청난 변화가 일어나는데, 이때의 변화는 가속도를 갖는다는 특징을 갖는다(김경훈, 2017). 가속도의 시대는 결과를 예측하지 못한 상태에서 의사결정이 이루어질 수 있고 불확실성은 높아진다. 따라서 이러한 상황에서는 적시에 필요한 내용을 스스로 효과적이고 효율적으로 학습하는 자기 주도적 학습능력이 요구되며, 이러한 능력은 생애에 걸쳐서 끊임없이 요구된다. 이러한 가속도의 시대를 대비해 교육은 학습자 스스로의 자기 주도적 학습과 배움을 즐기고 유지할 수 있도록 유도하여야 할 것이다.

더불어 미래는 인류의 발전과 진보에 따라 인간 개인의 존재와 가치가 보다 더 존중되는 사회로 변화 된다는 것을 예측할 수 있다. 객관적 가치보다는 상대적 가치와 대중이나 집단보다는 개별화, 주관성, 독창성, 창의성 등이 강조될 것이다. 이러한 변화는 인간 개인으로 하여금 성찰을 통해 개인을 완성하고 실현하도록 요구하게 된다.

따라서 미래 사회를 위해, 학습자로 하여금 자기 주도적으로 음악을 학습하며 학습을 즐길 수 있는 능력을 기르고 음악교육을 통해 스스로를 돌아보고 성찰하여 자아를 완성하고 실현하도록 하는 음악교육이 되도록 힘써야 할 것이다.

(2) 정서와 감정의 계발을 위한 음악교육

미래 시대는 인공지능이나 로봇에 의해 더 쉽고 더 빠르게 작업할 수 있는 초생산성으로 인해 업무시간이 줄어들고 잉여 시간이 여가 시간으로 증가됨에 따라 인간은 자기표현 욕구가 늘어나게 된다. 이러한 현상은 창조적인 일과 정답이 없는 일로 인간의 직업 방향을 바꾸도록 요구하게 되며, 결과적으로 인간이 로봇이나 인공지능과 구별될 수 있는 것으로서 정서와 감정 등에 관련된 능력이 전 영역에서 요구되는 사회를 예견해 볼 수 있다.

사람은 다른 사람들의 심리나 감정, 정서를 이해하고 묘사할 수 있기 때문에 사람들의 마음과 심리를 다룰 수 있고, 사람은 직관과 통찰, 문제의식을 갖고 있기 때문에 이를 기초로 데이터나 아이디어를 새롭게 만들 수 있다. 사람은 장인 수준의 뛰어난 감각으로 고도의 미세한 작업이 필요한 그리고 아름다움과 새로움을 추구하는 창작활동을 할 수 있다(이용순, 2017).

따라서 인간만이 가질 수 있는, 그리고 아름다움과 새로움을 추구하는 창작활동의 기초로서 배경이 되는 감정과 정서를 음악교육을 통해 계발하고 이를 다룰 수 있는 능력을 함양하도록 해야 할 것이다.

(3) 세계 시민 교육으로서의 음악교육

대중화 시대를 넘어서 개성의 발휘가 보장되고 개인의 잠재력을 최대한 실현할 수 있는 미래 사회에서는 개인의 고립과 고독, 타인에 대한 배타적 관계가 만연해질 수 있다(박남기, 2017). 공동체와 더불어 개인의 존재 가치를 확립하고, 타인과의 협업을 통해 존재의 의미가 부여되며, 나아가 단체와 지역, 국가, 세계와 더불어 조화로운 삶을 영위할 수 있도록 음악교육이 세계 시민 교육을 담당할 필요가 있다.

4. 교육 쟁점 및 정책 관련 연구의 과제 및 전망

이상과 같이 음악교육에 영향을 주는 시대적 흐름과 패러다임의 변화에 의한 다양한 교육 정책과 쟁점들은 음악교육 관련 연구에도 많은 시사점을 주는데, 이에 대한 과제와 전망을 알아보면 다음과 같다.

첫째, 음악교육에 대한 철학적 문제로서, 미래에 음악교육이 지향해야 하는 목표와 성격이 무엇이어야 하는지 모색하고 재설정하는 연구가 필요할 것으로 전망된다. 음악에 대한 교육과 음악에 의한(통한) 교육(조성기 외, 2014) 중 역량중심 교육과 문화예술교육, 4차 산업혁명은 표면적으로 음악을 통한 교육을 강조하며 요구하고 있으며, 이에 관하여 향후 음악교육의 성격과 목표를 고려하여 심도 있게 고민하는 미래 지향적인 연구가 요구된다.

둘째, 음악교육 내용의 새로운 접근에 대한 연구가 필요할 것으로 전망된다. 음악을 통한 교육이 강조되는 주변 특징은 음악교육의 성격이나 목표의 변화와 더불어 음악교육의 내용을 범교과나 비교과의 내용, 타 교과와의 융합적 내용을 강조하는 쪽으로 변화시킬 가능성이 크다. 이들 수용에 대해 비판적이고 이성적인 안목으로 고민하는 연구가 필요하다.

셋째, 4차 산업혁명과 인공지능의 발달로 인간의 행동양식과 사회의 변혁이 예고되고 있는 가운데 미래의 음악교육 방법이 어떠해야 하는지에 대해 고민하는 연구가 필요할 것으로 전망된다. 테크놀로지의 발달과 그 활용, 그리고 사회와 인간 삶의 행태 변화, 음악을 즐기고 향유하는 방법의 변화 등 예측되는 모든 상황을 고려하여 미래의 음악교육 방법에 대해 탐색하는 다양한 연구가 필요할 것으로 판단된다.

 참고문헌

곽삼근(2016). 현대인의 삶과 문화예술교육. 경기: 집문당.

교육과학기술부(2010. 7. 9.). 한국의 레오나르도 다빈치를 꿈꾸다: 교과부 · 문광부 '창의성과 인성 함양을 위한 초 · 중등 예술교육활성화 기본방안' 공동 발표. 보도자료 (2010. 7. 9.).

교육부(2015a). 음악과 교육과정. 교육부 고시 제2015-74호[별책 12].

교육부(2015b). 학교예술 · 체육교육 강화 지원계획 마련. 보도자료(2015. 11. 18.).

김경훈(2017). 산업 구조는 어떻게 변화하나? 제4차 산업혁명시대 대한민국 미래교육보고서. 국제미래학회 · 한국교육학술정보원.

김정희, 이주연, 이지연 (2013). 인격 형성과 학업성취도 향상을 위한 학교문화예술교육 방안. 문화예술교육연구, 8(2), 201-225.

미래창조과학부(2016). 제4차 산업혁명에 대응한 지능정보사회 중장기 종합대책. 경기: 미래창조과학부.

박남기(2017). 제4차 산업혁명기의 교육개혁 새 패러다임 탐색. 교육학연구, 55(1).

안원현, 홍은실(2017). 문화예술교육 프로그램 개발의 이론과 실제. 서울: 동문사.

이경언, 김정효, 김용(2016). 예술 향유 능력 제고를 위한 중학교 예술교육지원 방안. 한국교육과정평가원 연구보고(RRI 2016-11).

이병준(2007). 문화역량과 문화예술교육. 경기: 교육과학사.

이용순(2017). 사라지는 직업, 떠오르는 직업. 제4차 산업혁명시대 대한민국 미래교육보고서. 국제미래학회·한국교육학술정보원.

이찬승(2015). 2015 개정교육과정의 핵심역량, 심각한 문제 있다! 교육을 바꾸는 사람들. http://21erick.org/bbs/board.php?bo_table=11_5&wr_id=100308&page=10

조성기(2011). 미래 사회를 위한 초·중등 학생의 음악 역량 연구. 음악교육공학, 12, 1-15.

조성기(2012). 예술고등학교 음악 전공교육의 활성화 방안. 음악교육공학, 14.

조성기, 민경훈, E. J. Choe (2014). 음악교과에서의 인성교육 활성화 방안. 음악교육공학, 21.

태진미(2010). 문화예술교육 정책 실현을 위한 학교음악교육의 개선 과제. 예술교육연구, 8(2), 75-79.

홍원표, 이근호, 이은영(2010). 외국의 역량기반 교육과정 현장적용 사례 연구: 호주와 뉴질랜드, 캐나다, 영국의 사례를 중심으로. 서울: 한국교육과정평가원.

National Coalition for Core Arts Standards(2014). *State Education Agency Directors of Arts Education(SEADAE): National Core Arts Standards*. Retrieved from http://www.nationalartsstandards.org

Read, H. (1958). *Education through art*. 황향숙, 김성숙, 김지균, 김향미, 김황기 역 (2007). 예술을 통한 교육. 서울: 학지사.

Rychen, D. S., & Salganik, L. H. (2003). *Defining and Selecting Key Competencies*. Seattle, Toronto, Bern: Hogrefe & Huber Publishers.

Schwab, K. (2016). *The fourth industrial revolution*. 송경진 역(2016). 클라우스 슈밥의 제4차 산업혁명. 서울: 새로운현재.

21세기 음악교육연구의 동향과 과제

최진호

　현재 과학기술과 정보통신의 발달과 함께 사회, 경제, 문화적으로 급변하는 21세기로 접어든 한국의 음악교육과 관련한 연구는 지난 10년 전과 비교하여 매우 활발하게 진행되고 있다. 먼저, 이전 시기에 몇 개 되지 않던 음악교육 관련 학회들이 상당히 많이 출범하였고, 각 학회들의 학술활동도 활발하게 진행되고 있다. 실제로 한국음악교육학회의 논문집인『음악교육연구』의 경우, 2006년에는 한 해에 두 번의 논문집을 발간하여 20개의 논문이 출간되던 것에 비해 2017년 현재 연간 4회의 논문집을 출간하고 있어 10년 전에 비해 4배에 가까운 40여 개의 논문이 출간되고 있다. 또한 2006년에는『음악교육연구』를 비롯한 소수의 음악교육 관련 저널들만 한국 연구재단 등재학술지였던 것에 비해, 지금은 음악교육공학회의『음악교육공학』을 비롯해 예술교육학회의『예술교육연구』, 피아노교수법 학회의『음악교수법연구』등 많은 학술지들이 연구재단 등재지로 등록되어 지원받고 있으며, 각 학술지들도 연간 2회에서 4회 출간으로 출판 수를 늘리고 있다.

　이와 같은 현상은 그동안 엘리트 연주자를 양성하기 위한 실기교육에 집중해 오던 한국의 음악교육계가 음악교육 관련 연구 및 학술활동의 중요성을 인식하고, 한국 음악교육의 발전을 위해 많은 노력을 기울여 온 결과이다. 특히, 21세기를 맞이하는 한국 사회는 전 세계가 하나로 연결되는 세계화와 테크놀로지의 발달에 의한 4차 산업혁명(4th industrial revolution)으로 이전 시대와는 비교할 수 없는 많은 변화를 경험하고 있다. 이러한 시기에 한국과 세계의 음악교육연구의 현재 동향을 살펴보고, 21세기 한국 음악교육연구가 나아가야 할 방향성을 조명해 보는 것은 매우 의미 있는 일이라 하겠다.

1. 음악교육연구의 성격 및 역사적 배경

이 장에서는 음악교육연구의 성격에 대하여 알아보고, 지난 20세기 음악교육이 발전해 온 역사적 과정들이 현재와 미래의 음악교육연구에 어떤 의미가 있는지를 생각해 보고자 한다.

1) 음악교육연구의 특징과 정의

리머(Reimer, 2006)는 음악교육연구의 성격에 대해 "잘 훈련된 연구 방법(Disciplined Inquiries)을 사용하여 효과적으로 음악을 가르치고 배우는 방법을 이해하고 발전시키는 작업"(p. 4)으로 정의하였다. 다시 말하면, 제대로 음악교육연구를 시행하고자 하는 연구자는 음악의 특수성과 교육의 특수성을 이해하고 있어야 하며, 잘 훈련된 연구 방법을 시행할 수 있는 능력 또한 갖추고 있어야 한다는 것이다. 이러한 점에서 음악교육연구는 음악을 매개로 하는 연구 방법과 교육을 매개로 하는 연구 방법이 융합된 특수한 연구 분야라고 정의 내릴 수 있다.

2) 20세기 음악교육연구의 역사적 배경 및 시사점

일반학생을 대상으로 한 공교육으로서의 음악교육의 역사는 현대적 의미의 학교가 자리 잡아가던 20세기에 와서 본격적으로 시작되었다. 특히, 20세기 초 유럽을 중심으로 발전했던 달크로즈, 코다이, 오르프 등 음악교수법이 20세기 중반 미국으로 건너와, 현대적 의미의 학교 시스템에 통합되고 적용되기 시작하면서 본격적인 공교육에서의 음악교육이 자리 잡기 시작한 것이다. 실제로 음악교육 역사에 정통한 마크(Mark, 1996)는 음악교육에서의 '현대'는 1957년경 급격한 미국 사회의 변화 속에 음악교육이 전문성을 가지면서부터 시작되었다고 단언하였다. 이러한 주장 속에 포드재단(Ford Foundation)은 예술과 미국 사회의 상관성을 연구하여 공립학교 음악프로그램과 작곡자들을 연합시키는 조직체의 구성을 제안하였다"(Mark, 1996: 이홍수 외 역, 2006, p. 57).

이러한 시도의 결과물이 바로 1959년 시작된 젊은 작곡가 프로젝트(Young Composers Project)이다. 이 프로젝트의 성공은 1963년 현대음악프로젝트(Contemporary

Music Project)로 이어져, 음악교육 발전에 초석으로 여기게 되는 예일 세미나(Yale Seminar)와 탱글우드 심포지엄(Tanglewood Symposium)으로 연결된다(권덕원 외, 2008). 이러한 프로젝트를 시행하는 동안 음악교육계는 음악교육의 목적과 방향을 설정하였고 교육과정과 내용, 그리고 학습지도방법에 대한 끊임없는 연구를 시행하였다. 그리고 그 연구 결과물들을 바탕으로 미국 음악교육의 근간이라 할 수 있는 '음악교육을 위한 국가표준(National Standards for Music Education)'을 세우는 등 음악교육의 큰 발전을 이끌어 내게 된다(Reimer, 2004). 특히, '음악교육을 위한 국가표준'은 현재 한국 음악교육의 교육과정에도 많은 영향을 끼치게 된다는 점에서 의미가 있다.

지금까지 살펴본 음악교육의 역사적 배경을 바탕으로 현재와 미래의 음악교육연구의 방향을 위해 두 가지 중요한 사실을 생각해 보고자 한다. 먼저, 포드재단의 지속적인 지원과 이를 이끌어 내는 미국 음악교육자협의회(Music Educators National Conference: MENC)의 역할이다. 실제로 1959년 젊은 작곡가 프로젝트를 위해 포드재단은 학교프로그램과 연결된 작곡가들에게 연간 5천 달러를 지원하였고, 1963년에 현대음악프로젝트를 지원하기 위해 138만 달러를, 1968년 5년 연장을 위해 134만 달러를 MENC에 제공했다(Mark, 1996). 다시 말하면, 21세기 음악교육의 발전을 위해서는 음악교육 전문가들의 지속적인 연구와 실행이 필요한데, 이러한 연구를 시행하기 위해서는 음악교육연구를 지속할 수 있는 재정적 지원과 이를 이끌어 내고 적재적소에 효과적으로 집행할 수 있는 음악교육학회의 역할이 절실하다는 것이다. 실제로 미국의 MENC의 역할과 음악교육의 방향성에 관한 수많은 논문과 책들이 출간되어 있으며(Colwell & Richardson, 2002: Hinckley, 2000; Hoffman, 1980; Lehman, 2008: Mark, 1980, 1996, 1999, 2000; Mark & Gary, 2007), 한국의 음악교육의 방향성에 관한 많은 연구들도 지속적으로 출간되고 있다(민경훈, 2009; 성경희, 2006; 윤성원, 2010; 태진미, 2010).

다음으로 이러한 프로젝트가 예술가를 위한 것이 아니라, 예술과 미국 사회 간의 상관성을 탐구하는 것에서 시작되었다는 것이다. 예술은 사람들의 삶을 반영한 것이고, 사람들의 삶과 밀접한 관계를 맺으면 맺을수록 그 가치는 커지게 된다. 미국은 이러한 생활 속의 음악에 관한 연구를 오래전부터 시행해 왔다(Cutietta, 1991; Isbell, 2007; Kuzmich Jr, 1991; Love, 1991; MacClusky, 1979). 그러나 한국의 경우 지난 20세기 동안, 사회 속의 음악의 가치를 소홀히 하고 클래식을 중심으로 한 전문가 집단만을 위한 음악활동과 연구에 집중하였다. 그 결과, 클래식음악은 대중들에게 소외되고, 실용음악에 비해 설 자리를 잃어 가고 있다. 그러나 다행히 요즘 추세를 살펴보면 생활 속의 음악을 강조하는 음악교육의 목표가 강조되고 있다. 또한 전문 음악인들도 일반 대중들과 호흡하려고 노력하며 이에 관한 연구논문도 조금씩 출간되고 있는데 이러한 현상들은 긍정적으로 볼 수 있다(강민선, 2009; 김미숙, 1994; 김미숙, 권진희, 2015; 양은주, 강민선, 2008; 이정선, 2010). 미래의 음악교육연구에서도 마찬가지로 학생들이 생활 속에서 음악을 즐기고 향유할 수 있는 방향으로 흘러갈 것이다. 이제는 이전 포드재단의 프로젝트들처럼 복잡하고 다양해져 가는 사회 속에서 음악의 기능과 역할이 무엇인지에 대해 새롭게 고민해야 할 것이다.

2. 음악교육연구의 방법론적 현황 및 동향

이 장에서는 음악교육연구에 관련된 학술적 연구들의 유형을 과학적 연구 방법론에 따라 분류하고 현재 이루어지고 있는 한국과 세계의 음악교육연구들의 유형을 비교 분석하여 음악교육연구의 현황을 밝히고자 한다.

1) 음악교육학적 연구 방법론의 이해 및 실제

먼저, 음악교육학적 연구 방법론에서는 연구를 양적 구와 질적 연구로 크게 나누고 거기에 따른 세부적인 연구 방법들을 제시한다. 양적 연구는 19세기 실증주의의 영향을 받은 연구 방법으로 과학적인 절차를 거쳐 객관적인 증거를 모으고 연구자의 가설을 검증한 후 결론을 내리는 방법이다(Fraenkel & Wallen, 2003). 이러한 양적 연구는 연구의 목적과 방법에 따라 크게 서술 연구(Descriptive Research)와 상관 연구(Correlational Research), 그리고 실험 연구(Experimental Research)로 나뉜다.

첫째, 서술 연구는 사회 속에서 일반적으로 나타나는 현상을 설명하는 데 목적이 있는데, 대표적인 연구 방법으로 조사 연구(Survey Research)를 들 수 있다(성태제, 시기자, 2010). 조사 연구의 가장 일반적인 방법은 설문지나 인터뷰 질문을 통해 현상을 파악하는 것이다. 조사 연구의 실제 연구 사례로는 '한국의 다문화 음악교육 현황' 또는 '초등학교 음악수업 실태'와 같이 음악교육의 현재 상황을 조사한다든지 '음악교육 전공 교육대학원의 교과과정 운영체제에 대한 만족도'를 조사하는 경우, 그리고 '음악 교육이나 활동에 대한 교사나 참가학생들의 인식'을 조사하는 경우를 들 수 있겠다(양종모, 2012; 윤문정, 2009; 최진호, 2010; 현경실, 1999).

둘째, 상관 연구는 두 변인 간 관계를 파악하는 것이 목적이다. 상관 연구에서 중요한 것은 두 변인 간 상관계수의 크기와 방향이 어느 정도인가이다. 보통 상관계수의 범위는 -1에서 +1까지로, -1은 완벽한 부적관계를 말하고, +1은 완벽한 정적 관계를 의미하며, 0은 관계가 없음을 나타내게 된다. 실제로 음악교육에서 많이 연구되고 있는 두 변수의 예로는, '연주자의 연주불안도와 연주경험' '어린이의 신체 동작능력과 음악적성' '음악 전공생의 전공 실기성취도와 전체 학업성취도' '음악교육과 자기효능감의 관계' 등을 들 수 있다(김은정, 황인주, 2010; 최진호, 2012; 최진호, 정완규, 2011; 현경실, 2006).

셋째, 실험 연구는 "처치, 환경, 조건을 의도적으로 조작 혹은 통제하여 연구 대상이나 물체에 어떤 변화가 있는지를 분석함으로써 인과관계를 밝히는 연구이다."(성태제, 2003, p. 191) 예를 들면, 새로운 음악교수법을 개발하여 적용하고자 할 때, A(실험)집단에는 새로운 교수법을 적용하고, B(통제)집단에는 일반 교수법으로 가르쳐 두 집단 간 차이를 비교하는 연구 방법을 말한다. 실험 연구에서 중요한 것은 영향을 주는 변수인 '독립변수'와 영향을 받는 변수인 '종속변수'를 명확히 하는 것이다. 그리고 독립변수 이외에 종속변수에 영향을 줄 수 있는 '매개변수'를 통제해야 한다(박형신, 김영연, 2004; 이민정, 2002).

이에 반해 질적 연구는 양적 연구와 같이 객관적이고 정해져 있는 연구 방법으로 하나의 사실을 검증하기보다는 연구자 자신이 도구가 되어 연구 문제 해결에 총체적으로 접근하는 것을 말한다(김영천, 2010). 그러기 때문에 객관적인 '수' 보다는 현상을 자세하게 묘사할 수 있는 '글'이나 '그림'을 통한 자료 분석방법을 사용한다. 보통 문화기술 연구와 역사 연구가 여기에 포함된다. 문화기술 연구에서는 연구자 스스로 특정 상황 속에 들어가 자연 그대로의 상태에서 연구자가 보고 느끼는 것을 최대한 자연 상태에서 기록한다. 이렇게 기록된 자료를 중요한 범주로 묶어 정리하는 것이 보편적인 질적 연구의 형태이다(류미해, 2009; 석문주, 2007; 신혜경, 2013; 임은애, 2008; 최윤경, 2009).

한편, 음악교수법에 관한 많은 연구들은 양적·질적 연구 결과들을 종합해 새로운 사실을 뽑아 내는 메타 분석방법(Meta-Analysis)을 사용한다(Fraenkel & Wallen, 2003). 이러한 메타 분석방법은 문헌 연구의 성격을 가지는데, 현재 한국 음악교육 연구에서 자주 사용하는 교수·학습 모형 개발이나 교재 개발 및 분석과 같은 대부분의 논문들이 여기에 해당한다.

마지막으로 최근에 양적·질적 연구 방법의 제한점을 인식한 학자들이 양적·질적 연구 방법을 혼용해 사용하는 혼합 연구 방법을 사용하기도 하는데, 중요한 것은 어떤 연구 방법이 우수한가보다는 연구 문제를 해결하기 가장 좋은 연구 방법이 최선의 연구 방법이라는 것을 기억하는 것이다. 다음의 〈표 29-1〉은 지금까지 설명한 내용을 중심으로 음악교육연구와 관련된 연구 방법 및 주제별 유형을 분석해 놓은 것이다(최진호, 2011, p. 212).

〈표 29-1〉 음악교육연구와 관련한 연구 방법 및 주제별 유형 분석

연구 방법론에 따른 분류	양적 연구	질적 연구
문헌 연구(메타분석) (교수·학습 모형 개발, 교수·학습 자료 개발 포함)		○
실험 연구	○	
조사 연구	○	
질적 연구 (연구 대상을 직접 관찰한 사례 연구 등)		○
상관 연구	○	
음악 분석		○
철학 연구		○
역사 연구		○
혼합 연구	○	○

* 각 연구 방법들은 양적·질적 연구 방법을 모두 포함할 수 있으나 연구 방법의 성격이 보다 강한 쪽으로 표시함.

저자는 2011년 〈표 29-1〉의 분류에 따라 미국과 한국의 음악교육연구 유형을 비교 분석하였고, 그 결과 미국은 실험 연구(50%)와 서술(조사) 연구(28%)를 합쳐 78%가 양적 연구인 것으로 나타난 반면, 한국은 교수·학습 모형 개발 및 자료 개발을 포함한 문헌 연구가 82%로 선호하는 연구 방법에 차이가 크다는 연구 결과를 얻었다(최진호, 2011). 이 연구가 2011년으로부터 약 6년 정도 흐른 2017년인 점을 감안하면, 그 후 한국과 미국의 연구 방법론적 흐름에 어떤 변화가 있는지 알 수 있다는 점에서 음악교육연구의 동향 파악에 도움이 될 것이라 생각한다.

2) 국·내외 음악교육저널의 연구 방법론적 동향

먼저, 2011년부터 현재까지 7년간 출간된 세계음악교육학회(ISME)의 『International Journal of Music Education』(IJME), 미국의 음악교육자협회(MENC)의 『Journal of Research in Music Education』(JRME), 그리고 한국음악교육학회의 『음악교육연구』의 출간 논문 수(n=610)를 비교해 본 결과, 『음악교육연구』가 232개로 가장 많았고, IJME가 207개, 그리고 JRME가 171개로 가장 적었다. 『음악교육연구』는 2010년 12월 제39집까지 연간 2회를 출간하였으나, 2011년 연 3회로, 그리고 2013년 연 4회로 출간횟수를 늘려 결국 가장 많은 논문을 출간한 것으로 나타났다. 이러한 사실은 한국의 음악교육연구가 2010년을 기점으로 그만큼 활성화되고 있다는 것을 증명한다. 이는 국내 음악교육연구의 역사가 그리 길지 않은 것을 감안하면, 격세지감을 느끼게 하는 대목이다. 그러나 많은 논문이 출간된다고 해서 그 질까지 보증하는 것은 아니라는 점은 생각해 보아야 할 문제이다.

다음으로 2011년부터 현재까지 7년간 출간된 IJME, JRME, 그리고 『음악교육연구』의 연구 방법론적 동향을 분석해 본 결과, 한국의 경우 문헌 연구가 65%를 차지하는 반면, IJME와 JRME의 경우 문헌 연구 비율이 각각 22%와 8%를 기록해 한국의 연구가 아직도 문헌 연구에 의존하고 있는 것으로 나타났다. 반면, 양적 연구의 경우 JRME가 71%로 가장 높고, IJME가 47%, 그리고 『음악교육연구』가 26%인 것으로 나타나, 한국에서는 아직도 양적 연구가 약세인 것으로 나타났다.

그러나 한 가지 주목할 만한 사실은 미국과 한국의 연구 유형을 비교한 저자의 2011년 연구에서 14%에 불과하던 양적 연구 비율이 불과 6년만에 26%로 상승한 점이다(최진호, 2011). 이는 문헌 연구 방법에만 치중하던 한국의 연구 유형이 점차 다양화되고 있음을 보여 준다. 외국 논문에서 눈여겨보아야 할 부분은 질적 연구의 증가세다. 야브로흐(Yarbrough, 1996)가 JRME의 논문들을 유형별로 분석한 것을 보면, 1996년 당시 JRME의 질적 연구는 3%에 불과했다. 하지만 본 조사에서는 IJME가 29%, 그리고 JRME가 20%로 음악교육연구에서 질적 연구의 가치가 점차 높아지고 있고 연구 방법도 다양화 되고 있음을 보여 준다.

한편, 2011년부터 현재까지 7년간 출간된 IJME, JRME, 그리고 한국의 음악교육학회의 『음악교육연구』의 연구 대상별 동향을 분석한 결과, 한국의 『음악교육연구』는 초등학생(34%)이 가장 많은 연구 대상인 것으로 나타났다. 반면, 대학생을 대상으로 한 연구는 한국이 7%밖에 되지 않았는데, IJME는 45%, JRME는 32%로 두 저널 모두 대학생을 대상으로 한 연구가 가장 많아 한국과는 큰 차이를 보였다. 이는 국내 대학에서 음악 교사가 되기 위해 준비하는 예비 교사들에 대한 연구가 다소 소홀한 것으로 해석되고 미래의 한국 음악교육을 위해 이 분야에 대한 더 많은 연구들이 지속적으로 이루어질 필요가 있음을 보여 준다.

또 하나 눈여겨보아야 할 것은 성인과 노년층, 그리고 특수계층에 대한 연구이다. 『음악교육연구』나 IJME, JRME 모두 성인이나 노년층에 대한 연구가 다른 대상에 비해 미약한 것으로 나타났고, 특히 한국의 경우 성인에 대한 논문이 하나밖에 없어 더욱 심각한 것으로 나타났다. 이미 뉴스를 통해 알고 있듯이 2018년 이후가 되면 급격한 인구절벽을 경험할 것이고 수명의 연장으로 성인 및 노년층이 크게 증대될 것이다. 앞으로 음악교육학계에서도 평생교육의 측면에서 성인과 노년층, 그리고 소외된 특수계층에 대한 연구가 더욱 필요할 것이다.

마지막으로, 세 가지 저널의 연구 주제별 동향을 분석해 보면, 세 가지 저널 모두 교사에 대한 연구가 가장 많은 것으로 나타났다. 반면, IJME와 JRME의 경우 합창 또는 오케스트라와 같은 앙상블에 대한 연구가 각각 24개, 34개로 많았는데, 『음악교육연구』의 경우 5개밖에 되지 않아 외국과는 차이를 보였다. 이는 교육시스템에 관한 것으로 앞으로 연구해야 할 과제로 보인다.

3. 21세기 음악교육연구의 과제 및 전망

현재 20세기를 지나 21세기로 접어든 한국 사회는 이전 시대와는 비교할 수 없는 변화를 경험하고 있다. 특히, 전 세계가 정치, 경제, 사회문화적으로 서로 밀접한 관계를 맺으며 하나로 연결되는 세계화(globalization)와 인공지능, 사물인터넷, 빅데이터, 그리고 로봇기술 등 정보통신기술의 융합으로 이루어지는 4차 산업혁명은 앞으로 다가오는 21세기 사람들의 삶의 변화를 예측하는 바로미터(barometer)가 되고 있다.

여기서 중요한 것은 이러한 삶의 변화가 미래의 음악적 삶에 어떤 영향을 미칠 것인가, 그리고 이처럼 급변하는 새로운 세상에 효과적으로 대처할 수 있는 음악교육연구의 새로운 방향과 구체적 방법들에는 어떤 것이 있는가이다. 이 장에서는 앞에서 살펴보았던 음악교육연구가 발전해 온 역사적 흐름과 현재 진행되고 있는 음악교육연구의 현황 분석을 근거로 미래의 21세기 음악교육연구가 나아가야 할 방향 및 과제에 대해 생각해 보고자 한다.

첫째, 21세기 한국 음악교육연구의 활성화를 위해서는 미국의 음악교육자협의회 (MENC)와 포드재단의 프로젝트처럼, 음악교육연구를 지속할 수 있는 재정적 지원과 이를 이끌어 내고 적재적소에 효과적으로 집행할 수 있는 음악교육학회와 관련 단체들의 역할이 매우 중요하다고 본다. 특히 1967년 있었던 음악교육을 위한 모임인 탱글우드 심포지엄에 음악교육학자 이외에도 정부관료, 사회학자, 그리고 심지어는 과학자들까지 함께 모여 미국의 음악과 음악교육을 주제로 논의하고 수많은 연구의 시발점이 되었던 것처럼(Mark, 2000), 21세기 한국 음악교육에 관한 연구도 음악교육학자만이 아닌 학계와 정부를 포함한 사회 전반에 걸친 논의가 이루어지고 연구가 활성화되도록 음악교육 관련 학회들이 더욱 노력해야 할 것이다.

둘째, 20세기 미국 음악교육의 발전이 음악과 미국 사회 간의 상관성을 연구하는 것에서 시작된 것처럼, 한국 음악교육연구의 목표와 방향도 21세기 실생활과 연계성을 강조하는 방향으로 나아가는 것이 중요하다. 예술의 한 분야인 음악은 사람들의 삶을 반영한 것이고, 사람들의 삶과 밀접한 관계를 맺으면 맺을수록 그 가치가 커지게 되기 때문이다. 특히, 정보통신기술과 문화적 사고의 융합으로 이루어지는 4차 산업혁명은 과학기술과 문화콘텐츠가 결합된 형태로 진행될 예정이기 때문에, 생활 속 음악의 역할이 더욱 증대될 것으로 기대된다. 다시 말하면, 21세기 음악교육연구의 방향이 지금까지 서양 클래식음악과 한국 전통음악을 중심으로 이루어져 왔던 음악교육연구에서 벗어나 생활 속 음악의 역할이 한층 강조되는 방향으로 연구가 진행될 것으로 예측된다. 예를 들면, 최근에 부쩍 관심을 받고 있는 대중문화와 관련된 실용음악 분야에 대한 연구가 증대될 것이고, 4차 산업혁명과 관련 있는 사물인터넷과 인공지능, 그리고 빅데이터를 통한 문화기술적인 융합연구들이 확대될 것으로 예상되므로 여기에 대한 준비가 필요하다.

셋째, 이처럼 모든 것이 융합하는 21세기의 사회문화적 환경 변화에 탄력적으로 대처하면서 새로운 음악교육의 목적과 방법들을 제시하기 위해서는 음악교육연구 방법에 대한 근본적인 패러다임(paradigm)의 전환이 필요하다. 앞에서 살펴본 바와 같이, 현재 한국의 음악교육연구는 아직도 문헌 연구에 편중되어 있는데, 한국에서 출간되는 문헌 연구의 대부분이 다른 나라의 학자가 연구한 이론을 바탕으로 연구를 시행하게 되어 학문의 종속현상이 심화될 수 있다는 점에서 문제가 될 수 있다. 이는 마치 과학기술 분야에서 한국 스스로 개발한 원천기술이 없이 전자제품을 조립하는 수준에 머무는 것과 같다. 이러한 문제를 해결하고 다가오는 21세기 음악교육연구를 한국이 주도하기 위해서는 음악교육연구 방법의 다양화를 통해 여러 다른 분야와 실제적인 융합연구가 가능하도록 노력해야 할 것이다.

넷째, 다가오는 21세기 한국 사회는 출산율 저하로 인한 인구절벽과 노령인구 증가 등으로 인구 구성 연령에 변화가 심화될 것이다. 또한 전 세계의 정치, 사회, 경제, 그리고 문화가 하나로 연결되는 세계화가 진행되어 한국 사회도 더 이상 단일 민족이 아닌 다문화 사회로 진입할 예정이다. 앞서 한국을 포함한 세계의 음악교육연구 현황에서는 성인과 특수교육이 필요한 소외계층에 대한 연구가 절대적으로 부족한 것으로 나타났다. 이러한 점에서 한국 음악교육연구는 현재 치우쳐 있는 음악교육연구의 대상을 다양화하여 다가오는 21세기 인구 변화에 능동적으로 대처하는 것이 필요하다.

마지막으로, 지금까지 논의되었던 모든 내용들을 통해 음악교육연구가 가지는 역사적 의미와 연구 방법론적 특성들을 이해하고, 다가오는 21세기 한국 음악교육연구가 나아가야 할 방향을 설정하는 데 도움이 되길 바란다.

 참고문헌

강민선(2009). 미국 예술계 공립 고등학교 실용음악 전문교과 및 교과서 분석. 예술교육연구, 7(2), 137-148.

권덕원 외(2008). 음악교육의 기초. 경기: 교육과학사.

김미숙(1994). 음악교육에서의 대중매체의 활용 방안에 관한 연구. 음악논단, 8, 183-206.

김미숙, 권진희(2015). 교육과정 변화에 따른 중학교 음악 교과서의 대중음악 내용 변화 연구. 음악교육공학, (23), 39-57.

김영천(2010). 질적연구방법론 Ⅲ: 글쓰기의 모든 것. 서울: 아카데미프레스.

김은정, 황인주(2010). 교사의 변인, 음악교수효능감과 영유아의 음악적 성향의 관계. 이화음악논집, 14(2), 167-192.

류미해(2009). 합창교육의 단계별 학습과정 개발을 위한 질적 연구. 음악교육공학, 9, 19-33.

민경훈(2009). 2009 개정 교육과정의 문제점 및 음악교육의 위기. 음악교육연구, 37, 1-33.

박형신, 김영연(2004). 예술영역간의 통합적 국악 활동이 유아의 장단개념 이해도에 미치는 영향. 음악교육연구, 27, 65-89.

석문주(2007). 음악교육에서의 질적 연구. 음악교육연구, 32, 31-63.

성경희(2006). 21세기 사회와 학교 음악과 교육과정의 개선 방향. 음악교육공학, 5, 1-7.

성태제(2003). 교육연구 방법론. 서울: 학지사.

성태제, 시기자(2010). 연구 방법론. 서울: 학지사.

신혜경(2013). 미국 음악교육에서 질적 연구의 동향 분석. 음악교육연구, 42(2), 91-117.

양은주, 강민선(2008). 고등학교 실용음악 전문교과서 분석 및 모형 개발. 음악교육연구, 35, 47-73.

양종모(2012). 음악 단체 활동이 인성에 미치는 영향에 관한 인식 조사. 음악교육연구, 41(2), 227-255.

윤문정(2009). 한국의 다문화 음악교육 실태 조사. 음악교육공학, 8, 169-182.

윤성원(2010). 공교육으로서 음악교과교육의 정체성. 음악교육공학, 10, 1-17.

이민정(2002). 음악활동에 대한 교사의 태도에 영향을 미치는 변인에 관한 연구. 미래유아교육학회지, 9(2), 159-187.

이정선(2010). 대학 실용음악교육의 시작과 학과 개설형태. 음악교육연구, 38, 119-148.

임은애(2008). 통합 음악교육을 통한 유아의 음악적 흥미 변화에 관한 질적 연구-듀이의 흥미이론에 기초하여. 음악교육연구, 34, 87-114.

최윤경(2009). 초등학교 음악교생 지도교사의 경험에 대한 내러티브 탐구. 교육과학연구, 40(1), 35-65.

최진호(2010). 음악교육전공 대학원생들의 교육대학원 교과과정 운영체제에 대한 만족도 조사. 음악교육연구, 38, 149-171.

최진호(2011). 연구 방법론을 통해 본 음악교육학 연구의 현황과 과제. 음악교육공학, 12, 205-220.

최진호(2012). 음악 전공 대학원들의 학업성취요인 분석 및 전공실기성취도와 전체 학업성취도간의 관계. 음악교육연구, 41, 89-111.

최진호(2016). 대학생들의 음악 감상활동 및 초중고교 음악교과와의 관계. 음악교육공학, 29, 183-200.

최진호, 정완규(2009). 피아노 교수학 전공 선택요인 분석과 졸업 후 진로 조사. 음악교육연구, 37, 215-244.

최진호, 정완규(2011). 피아노 전공 대학생들의 연주불안과 연주경험과의 관계. 음악교육연구, 40, 169-190.

태진미(2010). 문화예술교육 정책 실현을 위한 학교음악교육의 개선 과제. 예술교육연구, 8(2), 65-79.

현경실(1999). 초등학교 음악수업의 실태조사. 음악교육연구, 18, 51-71.

현경실(2006). 어린이의 신체동작능력과 음악적성과의 상관관계 연구. 음악교육연구, 30, 249-279.

Colwell, R. (Ed.) (2006). *MENC handbook of musical cognition and development*. NY: Oxford University Press.

Colwell, R., & Richardson, C. (Eds.) (2002). *The new handbook of research on music teaching and learning: A project of the Music Educators National Conference*. NY: Oxford University Press.

Cutietta, R. A. (1991). Popular music an ongoing challenge. *Music Educators Journal, 77*(8), 26-29.

Eisner, E. W. (1997). The promise and perils of alternative forms of data representation. *Educational Researcher, 26*(6), 4-10.

Fraenkel, J. R., & Wallen, N. R. (2003). *How to design and evaluate research in education*. NY: McGraw-Hill.

Hinckley, J. (2000). Why Vision 2020? The philosophical importance of planning for the future cannot be underestimated. Vision 2020 focuses on the future, as the Tanglewood Symposium did in the 1960s. *Music Educators Journal, 86*(5), 21-66.

Hoffman, M. E. (1980). Goals and objectives for the Eighties. *Music Educators Journal, 67*(4), 48-49.

Isbell, D. (2007). Popular music and the public school music curriculum. *Update: Applications of Research in Music Education, 26*(1), 53-63.

Kuzmich, J., Jr. (1991). Popular Music in Your Program Growing with the Times. *Music Educators Journal, 77*(8), 50-52.

Lehman, P. (2008). A vision for the future: Looking at the standards. *Music Educators Journal, 94*(4), 28-32.

Love, R. D. (1991). Design and teach a popular music class. *Music EducatorsJournal, 77*(8), 46-49.

MacClusky, T. (1979). Peaceful coexistence between pop and the classics. *Music Educators Journal, 65*(8), 54-57.

Mark, M. L. (1980). The GO project: Retrospective of a decade. *Music Educators Journal, 67*(4), 42-47.

Mark, M. L. (1996). *Contemporary music education*. 이홍수, 임미경, 방금주, 김미숙, 장기범 역(2006). 현대의 음악교육. 서울: 세광출판사.

Mark, M. L. (1999). Music education since mid-century: The role of the music educators national conference. *Journal of Aesthetic Education, 33*(3), 79-92.

Mark, M. L. (2000). From Tanglewood to Tallahassee in 32 Years: The 1999 Vision 2020 Symposium updated the vision for music education that the 1967 Tanglewood Symposium had shaped against a backdrop of dramatic social change. *Music Educators Journal, 86*(5), 25–28.

Mark, M., & Gary, C. L. (2007). *A history of American music education.* Blue Ridge Summit, PA: Rowman & Littlefield Education.

Reimer, B. (2004). Reconceiving the standards and the school music program. *Music Educators Journal, 91*(1), 33–37.

Reimer, R. (2006). Toward a philosophical foundation for music education research. In R. Cowell (Ed.). *MENC handbook of research methodologies* (pp. 3–37). NY: Oxford Press.

Yarbrough, C. (1996). The future of scholarly inquiry in music education: 1996 senior researcher award acceptance address. *Journal of Research in Music Education, 44,* 190–203.

제30장

음악교육연구의 미래

주대창

1. 음악교육연구 경향의 변화

1) 미래에 대한 대비

오늘날 음악교육을 부정적으로 보는 사람은 거의 없다. 일부 획일적 음악교육에 반대하는 사람들도 음악교육의 유용성에는 원론적으로 동의하는 분위기이다. 그런데 음악교육을 통해 교육적으로 어떤 사항들을 일구어야 하는지에 대한 사고를 하면, 음악교육은 단지 실행의 단계를 기다리고 있는 것이 아니라 계속 새롭게 연구해 내야 할 가변의 대상으로 떠오른다. 특히, 앞으로의 전개 상황을 감안하여 음악교육의 전반적 사항들이 더 철저하게 검토되어야 한다. 음악교육을 위한 연구 작업이 축소, 쇠퇴하는 것이 아니라 확대, 확장되어야 한다.

그런데 미래의 음악교육을 위하여 우리가 할 수 있는 것은 매우 제한적이다. 그것은 미래를 정확히 예측하기 어렵다는 것에 기인한다. 그 속에는 미래 사람들의 판단을 우리가 대신할 수 없다는 현실적 이유도 들어 있다. 우리가 미래를 이렇게 또는 저렇게 개척하며 살아야 한다거나 음악교육 분야에서 이러저러한 일들이 잘 진행되어야 한다고 하더라도 그 실제 결정자는 미래의 사람들이지 앞에서 미리 조언하는 현재의 우리들이 아니다.

하지만 이러한 제한적 상황에서도 우리는 음악교육의 미래를 위한 준비를 하여야 하고, 그 미래가 현재보다 나은 방향으로 전개되기를 바란다. 결국 음악교육의 미래 역시 현재의 문제이다. 다시 말하면, 미래를 위한 음악교육은 동시에 현재를 위한 음악교육이며, 그 연구 역시 현재의 끈에 연결되어 있다. 현재 필요한 사항들을 보다 체계적으로 수행하는 것이 곧 미래의 음악교육을 염두에 둔 것과 마찬가지이다. 무엇이 더 중요한가, 즉 그 우선순위에 대한 의견 조율이 남아 있을 뿐이다. 미래를 위하여 특정 사항을 당장 수행해야 한다면, 결국 현재 그것의 긴급성이 그만큼 더 높다는 이야기이다.

미래를 위한 음악교육을 현실적 문제로 바꿔 진술해 보면, 그것은 음악교육 분야에서 우리가 해야 할 우선적 과업이 무엇인가이다. 당위성 및 필요성에서 시급하나 아직 해결하지 못한 것들을 미래와 연결시켜 말하는 것이다. 그러므로 음악교육 분야에서 꼭 필요한 것이 무엇인가의 질문으로 미래의 음악교육을 열어 볼 수 있다. 이 질문을 음악교육연구에 적용해 보면 음악교육연구에서 미래를 위하여 꼭 이루어지기를 바라는 것이 무엇인가가 된다.

인간의 회귀적 본능을 감안하면, 음악교육에서 그래도 변치 않는 것이 있을 것이라고 바랄 수는 있다. 그러나 음악교육의 미래와 관련하여 연구를 수행할 때 적어도 그 현상이 오늘날과 다를 것이라는 전제가 있다. 실제로 음악교육에서 변하는 것의 범위와 양상은 인류의 음악문화가 시간에 따라 전개될수록 더욱 심화되었다. 매우 원론적인 면에서부터 매우 지엽적인 면에 이르기까지, 이를테면 철학적 문제에서부터 교수 현장의 발문에 이르기까지 이전과 다르게 접근할 수밖에 없는 상황이 나타났다.

변화를 전제하면 현재 음악교육연구의 미흡한 부분이 더욱 가시화된다. 절대적 기준에서 어떤 것들이 시급하다고 말하기보다 연구자의 입장에서 그만큼 갈급한 연구 욕구를 느끼는 분야가 미래의 음악교육과 더 밀접한 관계를 맺고 있는 셈이다. 이와 관련하여 음악교육의 명분과 그에 따른 실리의 점검은 음악교육을 지속하기 위해 연구자들이 우선적으로 밝혀주고 싶은 사항이다.

음악 분야에 종사하는 사람뿐 아니라 다른 분야에서 큰 업적을 낸 유명 인사들도 음악교육을 활성화시켜야 한다고 주장한다. 그들이 내세우는 이유는 매우 포괄적이다. 음악교육에 대한 음악 생산자와 음악 수용자들의 요구에 부응하는 구체적 수행은 현장의 음악교육자들이 담당해가야 하지만, 그러한 일에 탄력을 불어넣는 일은 음악교육학자들이 해야 한다. 이를테면, 첼리스트 요요마(Yo-Yo Ma)는 "학생들의 생각과 느낌에 깊이를 더하는(broadening the depth with which they think and feel)" 음악교육을 내세운다. 스마트폰의 창시자 잡스(Steve Jobs)는 "우리의 가슴을 노래하게 만드는(make our heart sing)" 인문학을 회사의 디엔에이(DNA)에 포함시켰다고 했다. 미국 대통령 포드(Gerald Ford)는 학생들로 하여금 "세계로 향하게 하는 문을 열도록 돕는 것이 음악교육(Music education opens doors that help children pass from school into the world around them)"이라고 보았다. 요요마는 그의 신념에 따라 실제로 그러한 교육용 음악을 계속 제공하려고 노력하고 있을 것이다. 잡스와 포드 역시 자신의 분야에서 음악교육을 그렇게 소화하여 후원하고 있었을 것이다. 그렇다면 음악교육을 연구하는 학자들은 무엇을 해야 할 것인가? 그들의 견해가 미래를 향하여 유의미한 것인지 점검하는 일은 당연히 음악교육학자들의 몫이다. 또한 미래의 음악교육이 그러해야 한다면 그 실증적 자료를 음악교육학자들이 내어야 하지 않을까?

2) 새로움의 수용

돌이켜보면 음악교육을 연구하는 사람들은 음악교육 안의 사항들로 사회의 다양한 사람들을 설득하려고 했던 측면이 있다. 과거의 유산에 지나치게 매달리면서 사회의 요구를 제대로 반영하지 못하고, 결과적으로 미래에 끌려가는 모양새가 연출되기도 했다. 그 단적인 예 중 하나는, 일부 음악교육자들이 아직 선호하는, 플라톤이나 공자 등이 이야기 했던 음악교육의 존중이다. 사회계층의 역할론에 함몰되어 여전히 지배층의 품성 제고용으로 음악교육을 내세우고 있지 않은지 살펴보아야 한다. 또한 테크놀로지 및 정보화의 시대에 살고 있으면서 여전히 음악교육의 운전석에는 음악교육자들이 자리 잡고 싶어 하는 경향이 있다. 그 견해가 관철되길 원한다면 그 이유를 증명할 실천적 연구가 절실하다. 미래뿐만 아니라 현재에도 음악교육의 전문성을 들춰내고 그것에 활력을 불어넣는 일은 음악교육학자의 몫이다.

음악교육학자 마크(M. L. Mark)가 언급하고 있듯이 시대가 바뀌어도 변하지 않을 것 같은 음악교육의 모습은 있다. 그것은 음악교육의 태생과 관련되어 있어서 앞으로도 계속 유지될 것으로 보인다. 말하자면 사회에 기여하는 것, 배움의 즐거움, 그리고 종교음악 등 의식으로서의 음악 활용이 거기에 속한다(Randles, 2015, p. 3). 그런데 음악교육의 이러한 속성들은 음악에서 오는 것이 아니라 교육적 명분에서 온다. 음악교육은 사회에서 나름의 교육적 성과를 내도록 노력하여야 한다. 그것은 모든 사람들에게 긍정적인 것으로 받아들여져야 한다.

음악교육을 포함하여 모든 교육은 사회가 요구하는 바를 수용하기 마련이므로 사회가 변하면 음악교육도 변하고, 음악교육연구도 변한다. 변하지 않을 것으로 예상한 음악교육의 모습들도 결국 가변성의 연장선에 놓여 있다. 미래 사회가 필요로 하는 음악교육의 전문성 제고에 음악교육연구가 어떻게 대응해야 할지는, 사실 가능성이 아닌 필연성의 성격을 지닌다. 즉, 사회가 변하면 음악교육이 변하므로 음악교육연구는 그 변화를 긍정적 방향으로 견인하거나 그것에 잘 적응할 수 있는 방안을 내야 한다. 그 방안의 구체적 제시가 음악교육연구의 새로운 경향을 형성할 것이다.

이와 관련하여 연구 주제의 스펙트럼이 더 다양해지는 것은 당연하다. 특히, 음악교육에서 새롭게 주목받는 분야들에서 새로운 주제들이 나타날 것이다. 이를테면 여가 산업의 발달로 여가 음악이 주목을 받을 수 있다. 이전에 자연발생적 만남에 많이 의존하던 대중음악의 교육도 각광을 받을 가능성이 높다. 정보매체의 다양한 활용 역시 이미 음악교육의 새로운 패러다임을 형성하고 있으며, 그것에 대한 심층적 연구가 필요한 실정이다.

음악교육연구의 내용뿐만 아니라 연구 방법의 다양화도 새로운 연구 경향의 전개를 가속화한다. 주지하다시피 수요자들이 보여 주는 음악 수용의 변화에 주목할 수밖에 없는 음악교육은 사회과학이나 자연과학의 다양한 연구 방법들을 그 연구에 활용한다. 그리고 연구 방법의 사용 추이도 시대에 따라 달라진다. 과거의 예를 보면, 20세기 말과 21세기 초를 비교했을 때 검사(test) 활용 연구가 감소하고 그 대신 질문지나 면접 활용 연구가 증가했다(Zelenak, 2015, p. 248). 같은 기간에 질적 연구가 소폭 증가하긴 했지만 양적 연구 중심의 논문이 여전히 수적 우위를 보인 것도 그 계열의 연구 방법이 다양해지고 있다는 짐작을 가능하게 한다. 새롭게 시도되는 연구 방법들은 주제 선택의 폭을 넓힐 뿐만 아니라, 같은 주제라고 하더라도 다른 각도에서 그 내용을 살펴보게 한다.

3) 음악교육의 전문성 추구

미래를 대비하는 음악교육연구에서 방법론적 접근은 말 그대로 하나의 수단적 의미를 지닌다. 새로운 연구 방법을 응용하여도 음악교육의 전문성을 신장하는 본질적 문제가 해결되지 않는다면 의미 있는 결과를 내기 어렵다. 그러므로 어떤 문제 제기로 참신한 연구 주제를 형성시키느냐에 음악교육의 미래가 달려 있다고 해도 과언이 아니다. 음악교육의 현황을 진단하고 그 전문성을 높이는 관점에서 우선적으로 필요한 연구 주제를 구체화하는 작업은 곧 음악교육을 하나의 학문 영역으로 자리 잡게 한다.

음악교육연구의 경향과 관련하여 미래를 조망해 보면 새로운 연구 방법들이 당연히 개발되고 활용될 것이다. 하지만 그와 더불어 음악교육의 전문성이 종합적으로 드러나도록 나름의 체계성을 갖추는 일이 시급하다. 말하자면 하나의 종합 지도를 작성하고, 그것을 바탕으로 연구의 방향 설정 및 분야들의 상호 연계를 시도할 수 있다. 일반적으로 방법론은 실제 정보를 담고 있지 못하며, 막연한 주제 나열은 방향을 안내하기 어렵다. 그러므로 음악교육 전체의 발전을 위하여 음악교육연구의 내용 조망을 가능하게 하는 학문적 체계가 강화되길 기대한다. 이것은 결코 음악교육 분야의 집단이기주의적 견해가 되어서는 안 된다. 음악교육이 사회에서 다른 분야의 교육보다 더 나은 대우를 받기 위하여 전문성이 필요하다는 이야기가 아니다. 음악교육이 학문 영역으로 정립되고 그것에 상응하는 체계적 연구 전통이 형성될수록 음악교육의 이로움, 즉 사회에서의 기여도가 올라간다는 이야기이다.

음악교육학의 독립은 음악교육의 당위성 및 효용성 제고에 기여한다. 전문적 연구가 필요한 분야라는 인식과 더불어 실제 연구가 촉진될 수 있기 때문이다. 음악교육학의 성격과 범위를 밝히면 어떤 사항을 연구하여야 할지에 대한 총체적 그림이 그려지는 효과가 있다. 말하자면 연구 주제의 발굴이 보다 탄력을 받을 수 있다.

만약 음악교육학의 정체성에 대한 논의가 약해지면 음악교육에 대한 연구가 이루어지더라도, 세부적 실행을 위한 방법론적 접근이나 현상적 경향을 진단하고 대응하는 수준의 연구가 주류를 이룰 가능성이 있다. 물론 이러한 계열의 연구가 필요하고, 그것들이 음악교육의 실용성을 높일 수 있다. 하지만 원론적 문제에 대한 논쟁이 소홀해짐으로써 세부 연구의 방향성이 모호해질 우려가 있다. 따라서 음악교육학의 고유성을 바탕으로 음악교육의 철학과 역사, 사회학적 맥락과 심리학적 원리 등에 대한 고찰이 함께 이루어질 필요가 있다.

사실, 음악교육이 학문인지 아니면 활동인지에 대한 논쟁은 음악 교사의 양성 과정을 대학교육 수준에서 양성할 것인지와 직결되어 있다. 더 직접적으로는 음악교육을 전공한 사람에게 학문적 졸업장, 즉 학위를 부여하는 근거가 무엇인가와 묶여 있다. 학문적 접근이 필요 없는 단순 연수 차원의 교사양성이라면 그것을 굳이 대학의 학과 체제로 운영할 필요가 없다는 이야기가 된다. 또한 독립된 음악교육학과 또는 음악교육 전공 학위과정으로 구분하여 운영할 명분이 사라진다.

그러므로 음악교육학의 체계를 밝히는 연구에서 우선적으로 음악교육 전공의 학문적 고유성을 들춰내는 연구가 필요하다. 즉, 음악교육 전공의 커리큘럼을 어떻게 짜야 하는지를 음악교육학의 성격과 결부시켜 살펴보아야 한다. 이와 관련하여 음악교육 전공인지, 아니면 음악교육학 전공인지에 대한 논의도 이어질 수 있다. 대학의 교원(교수) 확충이나 분포, 논문지도의 방향, 학생 선발 기준 등이 모두 음악교육학의 학문적 고유성과 맞물려 있다.

2. 음악교육학의 정립

1) 음악교육학의 성격

음악교육연구의 역사가 철학이나 신학 또는 법학 등에 비해 상대적으로 짧은 것은 연구 영역의 부각이 최근에 이루어졌음을 말해 준다. 사실, 교육연구나 음악연구 역시 학문 영역으로 구별되어 나타난 것이 그리 오래되지 않는다. 이를 나타내듯이 음악교육은 서양에서도 학문을 나타내는 '학(學)'자를 달고 나타나지 않았고, 그러한 용어 사용은 현재도 지속된다. 이를테면 영어로 'music education'(프랑스어 éducation musicale)이라고 하면 그것이 교육행위로서의 음악교육을 나타내는지, 아니면 연구를 전제한 학문 분야인지가 불분명하다. 독일어에서는 Musierziehung(음악양육)과 더불어 대개 Musikpädagogik(음악교육)을 쓰고 있지만 영어에서와 마찬가지로 그것들은 학문 분야만을 일컫는 용어가 아니다. '음악을 교육하다'라는 활동 용어의 의미가 강하여 직업 분야의 지칭에도 그대로 쓰인다.

오늘날 음악교육은 교육 현상이나 활동을 지칭할 뿐만 아니라, 하나의 학문 영역으로 인정받고 있다. 세계의 유명 대학에서 학위과정(Ph.D., Ed., DMA 등)으로 음악교육 전공을 개설하고 있으며, 심지어 일부 대학에서는 별도의 학위명까지 부여하기도 한다(D.M.E., 미국 인디애나대학교). 이 상황을 다른 분야에 대입해 보면, 정치를 전공하는지 아니면 정치학을 전공하는지, 정치 분야에서 일하는지 아니면 정치학 분야에서 일하는지가 불분명한 것과 같다. 생물학(biology) 안에 세포라는 연구 분야가 존재하는데, 만약 그것을 세포학(cytology)으로 정립시킨다면, 이전과 비교하여 어떤 면들이 갖추어져 있어야 하는지를 떠올려 볼 수 있다.

음악교육이 음악을 매개물로 교육을 수행하는 활동이라는 인식을 넘어서서 하나의 연구 대상으로 부각된 것은 그만큼 음악교육의 전문성을 인정한 결과로 볼 수 있다. 이전에는 음악교육연구를 음악연구의 테두리에서 보고 음악학의 한 분과로서 음악교육학을 설정하기도 하였다(Adler, 1885, pp. 13, 17). 물론 큰 틀에서 보면 경제학자와 경제교육학자, 또는 수학자와 수학교육학자의 관계가 꼭 분절적일 필요가 없듯이, 음악을 연구하는 일에 교육적 관점이 들어갈 수 있다. 하지만 음악교육연구의 전문성을 신장시키려면 이 분야의 양적 확장과 함께 연구 분야의 체계성을 확립하여 음악교육학으로 정립시킬 필요가 있다.

오늘날 음악 연주가, 즉 음악가와 음악학자의 구분은 상대적으로 익숙해져 있다. 이를테면 이전에는 음악대학에서 연주가나 작곡가가 음악사를 담당했지만 지금은 음악사 전공의 음악학자가 가르친다. 이에 비하여 음악교육자, 즉 음악 교사와 음악교육학자의 구분은 현장에서 아직 편하게 느껴지지 않는다. 그만큼 음악교육학의 존재감이 약하고 이 학문 영역에 거는 기대가 구체화되지 않은 것으로 여겨진다. 이러한 상황에서는 음악교육을 전공했다고 해도 그것이 음악을 가르치는 능력을 갖췄다는 말인지 아니면 음악교육을 연구하는 능력을 갖췄다는 것인지가 모호하다.

음악교육학의 모태였던 음악학의 경우 음악학의 성립과 범위 등에 대한 논의가 이루어졌고(Adler, 1885) 이후 학문 연구기관인 대학의 전공으로 자리 잡았다. 한국에서 학문 분야를 지칭하는 '학과'의 개념도 음악 쪽에서 먼저 형성되었다. 음악을 전공하여 학사를 받는 계열을 '음악학과'라고 부르는 것이 그 단적인 예이다. 엄밀한 의미에서 그러한 명칭 사용은 실제에 부합하지 않는 면이 있다. 음악을 전공하는 경우 '음악학과'가 아니라 그냥 '음악과'라고 해야 한다. 반면, 음악교육 분야의 경우 '음악교육 전공'은 익숙하나 음악교육학 전공은 다소 생소한 느낌이 있다. 지금도 교사양성대학에서는 학과 지칭에서 '음악교육과'와 '음악교육학과'라는 명칭이 혼용된다.

이러한 현상의 주된 이유는 앞에서 제시한 음악교육 분야의 학문적 정체성의 불안정성에서 온다. 음악교육학이라고 하면 음악교육을 연구하는 분야이며, 음악교육이라고 하면 음악을 가르치는 일일 것이다. 음악교육 전공과 음악교육학 전공의 근본적 차이는 무엇일까? 그것은 아마도 체계적 연구 영역의 존재 유무일 것이다. 이 관점에서 보면 음악교육연구 분야가 나름의 정교한 체계성을 갖추었는지가 음악교육연구, 즉 음악교육학 발전의 시금석이 될 수 있다. 그 체계는 해당 연구 분야의 실제에서 자연스럽게 형성되거나 학문 발달의 관점에서 이론적으로 설계될 수 있다. 일반적으로 연구의 실제가 존재함으로써 그 연구 영역의 분류 기준이 나타나거나 제안되는 경우가 실효성을 담보한다.

음악교육연구의 결과물이 양적인 면에서뿐만 아니라 질적인 면에서 가시적 성장을 이루었다면, 이제 음악교육연구가 음악교육학의 형태로 안착되도록 학문적 얼개를 제시하고 공유하는 일이 이루어져야 한다. 음악교육학의 범위와 방법 및 목표에 대한 고찰은 음악교육연구를 촉진하고 이 분야의 정체성을 드러냄으로써 음악교육의 실천에 탄력을 더한다. 나아가 다른 학문 분야와의 교류를 통하여 융·복합의 시너지 효과를 내는 데 기여할 수 있다.

2) 관련 연구 현황

음악교육학의 성립과 연구 범위에 대한 고찰은 많지 않다. 국내에는 현재 다음과 같은 다섯 편의 관련 논문이 대표적이다.

- 함희주(1993). 음악교육학의 이해. 음악과 민족, 제6호.
- 주대창(1998). 음악학과 음악교육. 음악교육연구, 제17집.
- Nolte, Eckhard 저, 조효임, 주대창 역(2001). 음악교육학의 학문적 체계 및 과제. 음악교육, 창간호.
- 김용희(2002). 음악교육학의 현대적 동향. 교육논총, Vol. 19.
- 민경훈(2009). 음악교육학 연구의 이해를 위한 소고: 독일, 미국, 한국의 사례를 중심으로. 음악응용연구, Vol. 2.

(1) 음악교육학 정립을 내세운 최초의 한국어 문헌

함희주(1993)의 연구는 음악교육학이라는 명칭을 내건 분야의 정의를 최초로 보여 준다. 당시까지 음악교육을 학문 분야로 조명한 경우는 아직 발견되지 않았다. 인터넷이 일반화되기 이전, 1980년대 한국의 대표적 음악사전으로 여겨졌던 세광출판사의 『음악대사전』에도 음악교육이라는 항목은 있어도 음악교육학이라는 항목은 없었다. 1990년대 초 음악학 전문지를 기치로 내걸고 창간된 학술지 『음악과 민족』은 한글 음악용어 연구를 포함하면서 '개념풀이'라는 코너를 마련하였다. 이 학술지의 제6호(1993)에 실린 글이 함희주의 '음악교육학의 이해'이다.

이 연구에서 저자는 먼저 음악교육학이 무엇인지 정의한다. 이어서 음악교육학의 구성요소를 알아보고, 음악교육의 이론적 배경을 살펴본다. 그다음으로 음악교육학의 역사, 철학, 연구 방법이 다루어진다. 그가 제시한 음악교육학은 "음악과 인간 사이를 연결하는 데 필요한" 다양한 사항을 연구하는 학문이다. 그 범위를 좁혀 지칭해 보면 학교음악교육과 사회음악교육이 그 대상이다.

이 연구는 음악교육학이라는 용어를 내세우고 있지만, 개념 정의를 제외하면 전반적으로 음악교육의 체계에 대하여 설명하고 있다. 따라서 음악교육학의 구조에 대한 논의보다 음악교육의 다양한 관점과 그에 대한 이론 및 연구 방법을 소개한다. 이를테면 음악교육의 종류를 유형화하고, 그 연구의 주요 영역(주제)을 열거함으로써 음악교육학이 어떤 모습으로 발달하고 있는지를 알게 한 점이 두드러진다. 특히, 음악교육의 연구 방법을 '음악학적' '교육과학적' '철학적' '사회학적' '심리학적' 접근방법으로 범주화한다. 그는 음악교육학이 음악학 및 교육학의 복합적 성격을 지니므로 무게 이동의 선택은 있으나 기본적으로 그 두 가지를 겸해야 함을 역설한다. 그리고 음악교육학의 미래는 변화하는 사회에서 음악 그리고 교육의 본질적 문제들을 어떻게 풀어 갈지에 대한 노력에 달려 있다고 본다.

(2) 음악학과의 연대를 통한 음악교육학의 체계 제안

주대창(1998)의 연구는 한국음악교육학회의 학술 세미나에서 발표되었고, 동 학회의 학술지 『음악교육연구』에 게재되었다. 이 논문은 음악연구를 수행하는 학문 분야인 음악학의 성립에 비추어 음악교육연구를 수행하는 음악교육학의 성립을 독일어권의 예를 들어 설명하고 있다. 이어서 음악학과 음악교육학의 관계 설정에 대해 고찰하면서 두 학문 분야의 합리적 연대를 모색한다.

이 연구에서 그는 음악학의 성립에 비추어 음악교육학의 성립을 역사적으로 구체화해 내고자 한다. 그는 음악교육학 발달의 발판을 기능 연마의 수준을 벗어난 학문 연구의 응집력이라고 본다. 그는 음악교육의 연구가 음악교육학이라는 학문 분야로 자리매김하는 데는 종합대학교 안의 음악교육학과의 개설이 그 시금석이었다고 소개한다. 그리고 독일어권에서 그 결실이 1960년대 말 독일음악협회의 공식 요청에 따라 1970년대에 이루어졌다고 언급한다.

이어서 그는 음악학과 음악교육학의 합리적 관계 설정을 주문하며, 독일 음악교육학자 아벨-슈트루트(S. Abel-Struth)와 놀테(E. Nolte)의 견해를 소개한다. 그의 소개에 의하면, 아벨-슈트루트는 음악교육학의 모습을 '종합으로서의 음악교육학' '교육학에 적용된 음악교육학' '음악학의 한 부분으로서의 음악교육학' '자율적인 음악교육학'으로 유목화하고 있음을 알 수 있다. 놀테는 한 걸음 더 나아가 음악교육학의 체계화를 위해 크게 '연구 영역' '계획 영역' '현장 영역'을 설정하고, 각 영역의 하위 분야를 열거한다.

이 연구에서 저자는 음악학과 음악교육학의 관계가 음악교육학의 입장에서 음악교육의 목표-내용-방법의 층위로 형성될 수 있을 것이라고 제안한다. 그는 음악학이 음악을 알려고 하는 것처럼, 음악교육학은 음악교육을 알려고 노력해야 한다고 본다. 음악교육이 교사교육 등에서 음악 기능 전수에 그치지 않고 학문적 체계성을 갖춘 음악교육학으로서의 임무를 수행하려면, 교육학과 더불어 음악학과의 연대가 필요하며, 이를 통해 음악교육연구의 깊이를 더해 가야 한다고 제안한다.

(3) 음악교육학의 하위 분야 설정 및 논리적 체계 제시

놀테(2001)의 연구는 서울교육대학교의 국제학술대회에서 소개되었고, 한국유초등음악교육학회의『음악교육』(2007년까지 발행) 창간호에 게재되었다. 이 논문은 앞의 주대창의 연구에서 인용되고 있으며, 주대창은 이 논문의 한국어 번역에 참여하였다. 이 논문에서 놀테는 음악교육학 내의 하위 연구 영역들을 구분하여 제시하면서 음악교육학의 전체 구조를 가시화한다. 각 분과들에서 연구해야 할 사항들을 밝힘에 따라 음악교육학의 영역 확장이 시도된다.

'음악교육학의 학문적 체계 및 과제'라는 제목에서 드러내고 있듯이 이 연구는 음악교육을 학문으로서의 전공으로 보고 그 구조를 밝히려고 한다. 학문으로서 음악교육이 해야 할 일들을 정리하려는 의도는 전공구조의 설정에 잘 나타나며, 그 기본 줄기는 음악교육 현장과 그것을 지원하는 지식의 생산과 전수로 이어진다. 그래서 앞에서 언급한 바와 같이 현장, 계획, 연구라는 세 단계의 접근을 제시한다. 현장은 음악교육학이 도움을 주려는 대상이며, 계획은 음악교육 현장에서의 체계적 접근을 이끌며, 연구는 음악교육 실행에 대한 전반적 지식을 포괄한다.

그는 당시의 음악교육 문헌을 참고하여 음악교육학의 현장 영역에 음악의 생산, 재생산, 수용, 성찰, 전이의 하위 틀을 설정한다. 계획 영역은 '음악교수법' 분야라고 한다. 즉, 어떻게 음악수업을 전개할 것인가에 대한 숙고를 담당하는 분야이다. 그는 이 계획 영역의 설명에 가장 많은 지면을 할애하고 있는데, 특히 음악수업의 구상을 구체적 사례로 보여 준다.

연구 영역은 음악수업을 학문적 토대에서 이루어지도록 지식을 공급하는데 저자는 그 연구 방법에 따라 다음의 여섯 가지 하위 분야를 제시한다. 체계음악교육학, 음악교육학적 수업연구, 음악교육심리학, 음악교육사회학, 역사음악교육학, 비교음악교육학이 그 모습이다. 전공으로서의 학문적 접근을 조망하는 이 체제에 의하면 현장 영역과 계획 영역이 주로 교사의 연구 분야로 나타나며, 연구 영역은 학문연구기관에 근무하는 교수의 일로 여겨진다. 물론 그는 그것들이 서로 얽혀 있어서 상호 의존적 모습을 보인다고 전제한다.

(4) 음악교육학의 하위 분야 설정 및 논리적 체계 제시

김용희(2002)의 연구는 음악교육학의 특성을 규명하고자 한다. 그는 음악교육학을 "음악을 가장 효율적으로 가능한 한 널리 가르치기 위한 학문"이라고 정의한다. 그러므로 이 연구는 음악교육학이 어떤 성향을 지니고 있는지에 초점을 두고 있다. 이 연구의 일부 아이디어는 음악분야 출판사의 저널인『음악춘추』(1998년 6월호, '음악교육학에서는 무엇을 하는가?')에 소개되었다. 그에 따르면, 음악교육학에서 우선 두드러지는 면은 수요자에 집중하는 것, 말하자면 대중을 껴안기 위한 노력을 담고 있다는 점이다.

그는 음악교육학의 이러한 면을 보다 세부적으로 규명하기 위하여 음악교육학의 발생과 전파를 살펴보고 있다. 그에 따르면, 서양에서 음악교육학의 발달은 대중교육의 보편화와 관련이 있다. 그는 한국의 음악교육 역시 근본적으로 서양의 흐름과 맥을 같이한 결과라고 본다. 일본의 음악교육이 서양의 영향을 받았고 일제 강점기를 거치면서 외형적으로 한국의 공교육에 적용되었기 때문이다. 그러나 그러한 식민지 음악교육은 실제에서 제국주의 교육으로 변질된 것으로서, 한국의 전통문화를 말살하려는 의도를 담았었다는 것이 그의 견해이다.

이어서 그는 음악교육학의 현대적 동향을 정리하여 제시한다. 이 동향은 음악교육학의 구조를 염두에 둔 것이 아니라 음악교육학의 연주 주제 또는 주요 관심사에 대한 소개이다. 첫째, 단순 기능 연마를 위한 암기식 훈련을 벗어나 예술로서의 음악을 이해시키는 '전체성'을 강조한다. 둘째, 다양한 음악에 공통으로 적용할 수 있고 음악예술의 구체적 특징을 파악하는 데 유효한 '기본 개념' 중심의 학습을 장려한다. 셋째, 음악학습에서 게임, 율동, 신체활동 등을 활용한 즐거운 경험을 제공한다. 넷째, 음악의 본질을 잘 파악하도록 탐구 및 참여 경험이 강조된 음악학습을 내세운다. 다섯째, 노래는 언어처럼 학생들에게 자연스러운 활동을 이끌므로 실용성과 효과성을 고려하여 지도한다. 여섯째, 시대의 변화에 걸맞게 음악교육에 사용되는 음악 레퍼토리의 다양화를 추구한다. 일곱째, 변화하는 사회에 스스로 대처할 수 있도록 초인지, 즉 고등사고기술을 강조한다. 여덟째, 음악지도에서 장애아를 적극 고려하는, 특수아동을 위한 음악교육에 대한 관심을 높인다.

이처럼 그는 음악교육연구의 최근 경향을 조망하여 음악교육학의 현황을 보여 주려고 한다. 앞에서 언급하였듯이 음악교육학의 수요 대상이 대중임을 밝히고, 음악과 사회 및 문화 사이의 관련성에 주목하는 음악교육학의 입장을 제시한다. 아울러 음악교육학의 개방성을 강조하면서 주변의 다양한 학문 분야와의 연대 필요성을 주장하고, 나아가 기능 수업을 넘어선 예술 수업을 주장한다.

(5) 음악교육학의 기본 구조에 대한 문헌 비교

민경훈(2009)의 연구는 한국에서 음악교육학의 얼개를 새롭게 조망해 보아야 한다는 시각을 기반으로 한다. 앞에서 소개한 놀테의 연구와 콜웰(R. Colwell)이 편찬한『음악 교수 및 학습을 위한 연구 기본서(Handbook of Research on Music Teaching and Learning)』의 비교를 통하여 음악교육학의 체제를 탐색하고, 한국에서 출판된 음악교육학 총론의 내용 구성을 소개하여 음악교육학의 학문적 연구 현황을 진단한다.

놀테의 시도는 앞에서 이미 소개하였으므로 생략한다. 콜웰의 문헌은 총 8부로 구성되어 있는데, 민경훈은 그것들이 음악교육학의 주요 관심사 또는 연구 분야라고 소개한다. 즉, 제1부 개념적 이론, 제2부 연구의 방법 및 기술, 제3부 평가, 제4부 지각과 인지, 제5부 음악지도방법, 제6부 음악수업, 제7부 음악교육과정, 제8부 사회와 음악교육이다. 이 가운데 제2부는 연구 방법론의 성격을 지니고 있어서 그것이 음악교육학의 체제에 편입되기는 어렵다. 나머지는 음악교육연구의 하위 분야로 여겨지며, 그는 각 부에 소속된 세부 주제들의 내용을 설명한다.

한국에서의 음악교육학적 연구의 실태는 단행본 형태의 저서를 중심으로 점검되고 있다. 그 가운데 당시 기준으로 최근의 문헌인『음악교육학 총론』의 주제들을 제시함으로써 음악교육학의 전체 모습을 그려 본다. 거기에는 음악교육의 역사, 철학적 기초, 심미적 기초, 심리학적 기초, 사회학적 기초가 다루어지며, 나아가 음악과 교육과정, 음악교수법, 음악과의 평가, 음악교육과 공학, 음악수업의 실제, 음악 교사론이 포함되어 있다.

민경훈의 연구는 일종의 비교 연구로서 음악교육학 연구 현황과 과제를 밝히고 있다. 하지만 예시의 준거가 되는 나라별 문헌의 성격과 범위가 달라 일목요연한 결과의 도출이 어려워 보인다. 즉, 독일, 미국, 한국의 현황에 대한 예시를 각각 하나씩 들고 있는데, 놀테의 연구는 학술대회 발표 논문이며, 콜웰 편찬의 책은 소주제들이 묶인 형태로서 800쪽이 넘는 방대한 분량의 학술적 공동 저술이고, 한국의 예시 문헌은 공동 저술로서 소주제들의 묶음 방식을 택하고 있되 실용적 강의 도서의 성격이 강하다.

저자는 음악교육학이 "하나의 독립된 학문 분야로서 어떠한 기본적인 구조를 갖추고 있는지를 파악"하고자 할 때 그것이 매우 이론적일 수 있음을 직시한다. 그럼에도 불구하고, 그러한 조망을 통하여 음악교육연구의 학문적 깊이를 더할 수 있을 것으로 본다.

3. 새로운 연구 경향의 기대

1) 연구 주제의 확장

오늘날의 사회에서 모든 연구는 수요와 공급의 법칙을 외면할 수 없다. 효용 가치가 있는 분야 및 주제의 연구를 지원하는 일은 이제 당연한 것으로 받아들여지고 있다. 문제는 어떤 연구가 상대적으로 더 갈급한 것인가의 판단 기준과 그 주체이다. 선별된 연구 과제를 수행하게 하더라도 주제에 대한 연구자의 공감과 지원 조건에 대한 동의가 있어야 가능하다. 그러므로 결국 연구 수행의 최종 결정권자는 연구자이다. 만약 특정 주제에 대한 연구의 필요성에 비하여 현실적 여건이 불리할 때 그것을 개선하려는 노력도 일차적으로 연구자의 몫이다. 어떤 분야의 활성화가 필요하다면 그 이유를 관련자들이 파악하도록 설득력 있게 제시하여야 한다. 이 일이 성공하지 못하면 연구지원에 의한 연구나 그 결과의 발표 등 사회적 합의에 의한 연구 활동은 원천적으로 불가능하다. 관련자들은 연구자의 견해를 종합하여 해당 연구의 수요 현황을 파악할 것이기 때문이다.

그렇다면 음악교육연구의 활성화는 두 가지 층위의 확장 노력을 필요로 한다고 볼 수 있다. 하나는 음악교육이 중요하다는 것을 증명하기 위해 음악교육의 구체적 효용성을 밝히는 것이다. 음악교육의 기여가 저절로 이루어지는 것이 아니므로, 이 노력은 곧 효율적 음악교육의 실현을 위한 다양한 연구들이 체계를 갖추어 조화롭게 나타나야 한다. 또 하나는 음악교육이 기존 틀에 안주하거나 집단이기주의 차원에서 머물지 않고 널리 인간을 이롭게 함을 증명하기 위해 음악교육의 대의적 당위성을 밝히는 것이다. 따라서 교육적 명분을 갖춘 새로운 연구 아이디어를 제시하여 음악교육연구의 기여도를 높여야 한다.

연구 주제의 확장에서 양적 연구의 수적 우세는 계속 이어질 것이다. 그러나 질적 연구라는 동반자가 없으면 음악교육의 본질적 문제가 소홀해지거나 실용적 사례의 확보가 쉽지 않게 된다. 그러므로 양적 연구의 성장 현황에 비례하는 수준 이상으로 질적 연구가 이루어져야 한다. 또한 기계적 매너리즘에 빠지지 않기 위하여 양적 연구와 질적 연구의 연계나 융합을 시도할 필요가 있다.

나아가 새로운 유형의 연구 방법을 개척함으로써 연구 주제의 확장이 도모될 수 있다. 특히, 4차 산업혁명 시대의 정보화와 맞물린 음악 소통 방식의 변화에 주목해 볼 수 있다. 음악은 끊임없이 변하며 새로움을 향해 달려가는데 음악교육이 이전 방식에 머물러 있을 수 없다. 음악교육연구가 이 변화에 관여하는 것은 새로운 앎을 추구하는 학문의 입장에서 당연하다. 음악교육연구는 새로운 음악 및 음악문화와 그것을 향유하는 사회 구성원 사이에 다양한 다리를 놓아주는 일을 수행해야 한다.

음악교육의 새로운 경향을 기대함에 있어서 음악교육학의 균형적 안정감을 소홀히 할 수 없다. 소위 음악교육학의 구색을 갖추어야 향후 연구 자원이 축적되고 그것을 통해 지속적 연구 동력이 확보된다. 이를테면 음악교육 분야의 연구 전문가로서 차세대의 음악교육학자를 양성해 내고자 할 때 어떤 대학교육과정을 운영할 것인가를 생각해 볼 수 있다. 교수 과목들이 모두 음악적 사항만으로 이루어져 있다면 그것은 음악교육학 전공 과정이라고 말할 수 없다. 음악교육적 그리고 음악교육학적 과목들의 적절한 배치가 필요하다. 이를 위하여 먼저 그러한 과목을 형성할 수 있는 연구 성과가 있어야 한다.

이러한 맥락에서 음악교육 관련 전공의 외국 대학교육과정을 살펴보는 것이 도움이 된다. 대학을 중심으로 퍼져 있는 음악교육연구의 양상을 한눈에 살펴볼 수 있기 때문이다. 예를 들어, 특정 대학의 음악교육(학) 전공 과정에 주로 실기 과목이 포진하고 있다면 그 대학의 교수진은 아직 음악교육연구에 소극적이거나, 연구 과업을 수행하는 음악교육학자가 아닐 가능성이 높다. 개괄적 강의 과목들이 강세일 경우, 이를테면 '음악교육학 개론' '음악교육학의 기초' '음악교육 분야의 최근 이슈들' 등 연구 분야의 개척에 공을 들이고 있으나 아직 그 결과가 정리 단계의 수준에 도달하지 못하였음을 짐작케 한다. 또는 음악교육연구가 별로 필요하지 않는 대학 전공 과정을 운영한다고도 볼 수 있다. 만약 참신한 주제들로 과목이 채워져 있다면 그만큼 그 대학의 음악교육학자들이 새로운 경향의 연구에 매진하고 있다는 이야기가 된다.

여러 대학의 음악교육 관련 전공의 개설 과목들을 추적해 보면 현재의 연구 경향과 새롭게 연구해야 할 주제들이 불거진다. 국가나 대학에 따라 차이가 있지만 음악교육연구의 발달을 더듬어 보면, '교실기악교육의 방법' '교실합창지도' '신체움직임을 활용한 리듬지도' 등은 음악교육연구 분야의 고전적 주제이다. 또한 '음악교육의 철학적 기초' '음악교육의 역사적 기초' '음악교육 관점의 음악심리학' '사회학적 관점에서 바라본 음악교육' '음악 테크놀로지 교육' '어린이를 위한 음악' '다문화적 음악교육' 등도 이제 거의 전통이 되다시피 하였다. 이러한 하위 분야 안에서 연구가 더 필요한 주제를 계속 찾아야 그 분야들이 음악교육학의 한 부분으로 정착할 것이다.

이와 동시에 음악교육의 새로운 하위 분야를 형성시키려는 노력이 함께 이루어져야 한다. 즉, 현재 존재하는 교수 과목들 이외에 어떤 것들이 음악교육의 학문적 접근에 필요한지를 살펴보고 그러한 새 분야에서 연구 주제를 찾을 수 있다. 어느 음악교육학자가 '청소년을 위한 극음악지도' 또는 '생태환경을 반영한 음악수업'을 세미나 강의 주제로 내세웠다면, 그 연구자는 이미 그것을 새로운 분야로 발전시키려는 의도를 공표하고 있는 셈이다. 특히 석·박사 과정의 음악교육학자를 양성하는 과정에서 연구 주제의 확장에 대한 안내와 그러한 작업의 촉진은 피할 수 없다. 연구는 기본적으로 이전 것을 되풀이하여 배우는 것이 아니라 새로운 지식을 창출하는 것이기 때문이다.

2) 현장 관련성의 강화

음악교육을 연구하는 근본 이유는 음악교육에 대한 앎의 확장이다. 이 앎은 기본적으로 교육적 앎인데, 그것이 음악과 관련되어 있다. 음악교육에서 다루는 음악적 사항은 연주 테크닉에서부터 음악의 형이상학적 가치에 이르기까지 그 층위가 매우 다양하다. 어느 수준에서 음악교육에 대한 앎을 확장하든 연구 주제는 기본적으로 음악을 '가르치는 일', 즉 교육과 연계되어 있다. 음악교육연구가 음악 그리고 교육 모두에 관여하고 있지만, 그 명분은 교육적 기여의 유무에서 찾을 수 있다.

음악교육연구의 이러한 태생적 속성은 연구 주제의 확장에서 음악교육 현장을 일차적으로 고려하게 한다. 연구자가 연구를 설계하고 수행함에 있어서 연구 주제가 지닌 음악교육 현장과의 관련성을 적극 고려할수록 음악교육의 발달에 기여하는 정도는 올라간다. 그렇다고 하여 음악교수법이나 교재연구 등 현장 친화적인 분야에서만 연구 주제를 잡아야 한다는 말은 아니다. 어느 층위에서든지 음악교육 연구자는 음악교육이 이루어지는 현장과 끈이 닿아 있는 주제를 선정하여 연구를 진행할 필요가 있다는 말이다. 음악교육연구에서 음악교육 현장과 멀어진 주제들은 점차 경쟁력을 상실할 수밖에 없다. 이것은 음악교육의 형이상학적 주제를 다루더라도 마찬가지이다. 이 구도는 음악교육연구의 범위를 폐쇄적으로 잡는 것이 아니라 오히려 개방적으로 잡게 만든다. 음악과 관련된 교육 행위가 일어나는 현장에 주목함에 따라 음악교육연구는 현장의 변화를 그만큼 긴밀하게 간파하고 지원하는 역할을 하게 된다.

그럼에도 불구하고, 우려되는 면이 없는 것은 아니다. 음악심리학자의 연구 영역이 실용적 측면에 치우칠 경우 미래를 위하여 정말 필요한 원론적 부분의 연구가 소홀해지는 결과가 나올 수 있다. 음악교육학자 또한 현장 관련성이 높은 분야의 연구만 수행하게 될 경우 음악교육학을 형성시키는 학문적 균형이 약해지기 쉽다. 이 딜레마의 상황에서 어떤 분야의 연구들이 더 연구할 가치가 있는지는 전술하였듯이 근본적으로 연구자가 판단할 일이다. 추상적 논의가 전개되는 주제라고 하더라도 그것이 현장의 음악교육에 필수적이라고 판단하면 연구 대상에서 빠지지 않을 것이다. 음악교육 현장에 공급하는 영양분의 양이 아닌 고유성으로 연구 주제의 현장 관련성을 살펴보아야 한다.

넓게 보자면, 어떤 연구자가 진정으로 연구하고 싶은 분야를 설정하였다면 그것이 굳이 음악교육의 범위 안에 들어오지 않아도 문제될 것은 없다. 음악교육의 현장과 동떨어진 연구들이 필요하다면 그것은 아마 음악교육 분야가 아닌, 타 분야에서 상응하는 당위성을 확보하게 될 것이다. 다만, 음악교육 분야에서 연구를 수행하려고 할 경우 어떤 경로든 논의 사항이 음악교육 현장의 일과 연결될 수 있어야 하고, 그러한 추세가 향후 더욱 가속화될 것임을 짐작해 볼 수 있다.

이와 관련하여 음악교육 연구자와 음악교육 수행자의 상호 교류 또는 역할 공유가 더욱 절실하다. 음악기능을 전달하는 기능적 직업인으로서의 음악교육자라고 하더라도 학문 연구기관인 대학에서 그 교육을 담당하면 그들이 지도하는 교육 대상이 그 분야의 연구 능력을 함께 갖추게 해야 한다는 의미를 지닌다. 그 대표적 현상이 졸업논문이다. 학위논문은 그것을 통해 배출되는 음악교육자가 연구 인력을 겸하거나, 적어도 연구의 결과를 활용할 수 있는 인력임을 나타내는 일종의 자격 증명이다. 물론 음악교육 분야에서 연구논문을 작성하고 현장에 투입되는 전문가 중에 연구만 따로 하는 사람이 있을 것이다. 그러나 학위 소유자로서의 음악교육자가 연구 세계와 동떨어져 오로지 같은 사항의 반복 전달만을 일삼는 일은 없어야 한다. 즉, 정도의 차이는 있지만 음악교육연구의 훈련을 거친 사람은 기본적으로 음악교육학자를 겸하는 성격을 지니고 있다.

그러므로 음악을 가르치는 일을 하는 사람은 연구 작업 없이 음악교육을 잘 수행하기 어려움을 직시하여야 한다. 또한 음악교육학자는 음악을 가르치는 일을 도외시한 음악교육연구가 성립할 수 없음을 상기하여야 한다. 바람직한 연합은 보다 큰 시너지 효과를 낸다. 음악교육자들이 음악교육연구에 동참하거나 적극적인 목소리를 함께 낼 때 음악교육연구가 활성화될 것이다. 또한 음악교육학자들이 음악교육 현장으로 가까이 다가갈수록 그들이 수행하는 음악교육연구의 기여도는 올라갈 것이다.

이러한 교류는 음악 그리고 교육의 분야까지 확대될 필요가 있다. 음악교육 분야에서 연구한다고 하여 음악 또는 음악학 분야를 도외시하면 안 된다. 그럴 경우 결과적으로 음악교육연구의 내적 결핍이 나타날 수밖에 없다. 음악 창작 및 연주 실제와 그것을 담당하는 사람들과도 긴밀한 정보를 공유하여야 한다. 교육 및 교육학 분야의 사람들과의 교류도 마찬가지이다. 음악교육학자는 사회의 전반적 교육 현상에 관심을 가지고, 특히 음악교육 관련 정책의 추이를 교육 행정가와 함께 살펴보는 일도 하여야 한다. 또한 교육을 연구 대상으로 삼고 있는 다양한 분야의 학자들과 소통함으로써 음악교육 분야에서 보다 풍성한 연구 성과가 나오도록 노력하여야 한다.

이렇게 음악교육 안팎의 사항들을 잘 밝혀 인간 삶의 고양에 기여하고 그것을 통해 사회 구성원들의 더 넓은 공감과 기대를 일구어 낼 수 있을 때 음악교육연구는 밝은 미래를 맞이할 것이다. 그러한 미래를 맞이하는 음악교육연구는 새로움에 당당하고 당위성에 부끄러움이 없어야 한다. 이를 위하여 음악교육 연구자의 시야를 넓히고 연구의 진실성을 강화하는 일이 줄기차게 이어지길 기대한다.

 참고문헌

김용희(2002). 음악교육학의 현대적 동향. **교육논총**, 19, 391-419.
민경훈(2009). 음악교육학 연구의 이해를 위한 소고: 독일, 미국, 한국의 사례를 중심으로. 음악응용연구, 2, 1-26.

주대창(1998). 음악학과 음악교육학. 음악교육연구, 17, 195-218.

함희주(1993). 음악교육학의 이해. 음악과 민족, 6, 140-160.

Adler, G. (1885). Umfang, Methode und Ziel der Musikwissenschaft. *Vierteljahrsschrift für Musikwissenschaft, 1,* 5-20.

Nolte, E. *Musikpädagogik als wissenschaftliche Disziplin-Sturuktur und Aufgaben.* 조효임, 주대창 역(2001). 음악교육학의 학문적 체계 및 과제. 음악교육, 창간호.

Randles, C. (Ed.) (2015). *Music Education: Navigating the Future.* New York: Routledge.

Zelenak, M. (2015). Methodological Trends in Music Education Research. In C. Randles (Ed.), *Music Education: Navigating the Future* (pp. 235-252). New York: Routledge.

찾아보기

[인 명]

Webster, P. R. 69

[내 용]

저자 소개

주대창(Ju, Dae Chang)

현) 광주교육대학교 음악교육과 교수
서울교육대학교 학사, 독일 기센대학교 철학(음악학)박사
한국음악교육학회장

권수미(Kwon, Sumi)

현) 한국교원대학교 초등교육과 교수
이화여자대학교 학사, 컬럼비아대학교 음악교육학 박사
한국음악교육학회 편집위원장

김기수(Kim, Gi Su)

현) 진주교육대학교 음악교육과 교수
부산교육대학교 학사, 한국교원대학교 음악교육학 박사
교육부 교과용도서검정연구위원

김미숙(Kim, Misook)

현) 상명대학교 교육대학원 교수
이화여자대학교 학사, 컬럼비아대학교 음악교육학 박사
한국예술교육학회 부회장

김선미(Kim, Sunmie)

현) 명지대학교 교육대학원 객원교수
연세대학교 학사, 컬럼비아대학교 음악교육학 박사
연세대학교 특임교수, 이화여자대학교 겸임교수

김신영(Kim, Shin Young)

현) 목포대학교 음악학과 교수
경희대학교 학사, 컬럼비아대학교 음악교육학 박사
한국음악교육학회 부회장 역임

김영미(Kim, Young Mee)

현) 계명대학교 교육대학원 교수
부산대학교 학사, 템플대학교 음악교육학 석·박사
음악과 교재 연구 및 교과서 등 다수 집필

김용희(Kim, Yong Hee)

현) 경인교육대학교 음악교육과 교수
서울대학교 학·석사
컬럼비아대학교 음악교육학 박사

김지현(Kim, Ji Hyun)

현) 조선대학교 음악교육과 교수
한양대학교 학사
경희대학교 교육학 박사

민경훈(Min, Kyung Hoon)

현) 한국교원대학교 음악교육과 교수
경희대학교 학사, 독일 뮌스터대학교 음악교육학 박사
한국음악교육학회 회장 역임

박영주(Park, Young Joo)

현) 세한대학교 피아노과 겸임교수
경원대학교 학사, 동 대학원 피아노페다고지 전공 석사
컬럼비아대학교 음악교육학 석·박사

박은실(Park, Eunsil)

현) 대전도솔초등학교 교사
전주교육대학교 학사, 서울대학교 음악교육학 박사
국정특수음악교과서 집필진

박정철(Park, Jungchul)

현) 신기초등학교 교사

대구교육대학교 학사, 경북대학교 교육학 박사

교육부 나이스 자문위원

박지현(Park, Ji Hyun)

현) 광주교육대학교 음악교육과 교수

이화여자대학교 학사, 서울대학교 음악교육학 석 · 박사

교육부 교육과정심의회 심의위원

배수영(Bae, Su-Young)

현) 동아대학교 교육대학원 교수

보스턴 콘서바토리 학사, 맨해튼 음악대학 석사

컬럼비아대학교 음악교육학 석 · 박사

양종모(Yang, Jongmo)

현) 부산교육대학교 음악교육과 교수

서울대학교 학사, 단국대학교 교육학 박사

한국음악교육학회장 역임

유은숙(Ryu, Eunsook)

현) 백석예술대학교 유아교육과 교수

경원대학교 학사, 동덕여자대학교 아동학 박사

카네기멜론대학교 달크로즈국제공인자격증

윤문정(Yoon, Moonjung)

현) 진주교육대학교 음악교육과 교수

이화여자대학교 학사, 남가주대학교 음악교육학 석사

보스턴대학교 음악교육학 박사

윤종영(Yoon, Jongyoung)

현) 서울광남고등학교 교사

연세대학교 학사

건국대학교 교육학 박사

이가원(Lee, Ka-won)

현) 목원대학교 음악교육과 교수

서울대학교 학사, 예일대학교 석사

컬럼비아대학교 음악교육학 박사

이에스더(Rhee, Esther)

현) 계명대학교 예술치료학과/뮤직프로덕션과 교수

계명대 학사, 뉴욕대 석사, 켄트주립대 음악교육학 박사

한국융합예술치료교육학회장

임미경(Rim, Mikyung)

현) 전주교육대학교 음악교육과 교수

서울대학교 학사, 애리조나주립대학교 음악교육학 박사

한국음악교육학회장 역임

임은정(Lim, Eunjung)

현) 경희대학교 음악교육과 객원교수

공주교육대학교 학사, 한국교원대학교 석사

켄트주립대학교 음악교육학 박사

장근주(Jang, Gunjoo)

현) 한국교육과정평가원 연구위원

이화여자대학교 학사, 컬럼비아대학교 음악교육학 박사

2015 개정 교육과정 연구위원

조대현(Cho, Dae Hyun)

현) 경상대학교 음악교육과 교수

독일 뷔르츠부르크대학교 학·석·박사

특수 초등 5~6 국정도서 음악 대표저자

조성기(Cho, Sunggi)

현) 공주대학교 음악교육과 교수

공주대학교 학사, 한양대학교 음악이론 박사

한국교육과정평가원 연구위원 역임

최은아(Choi, Euna)

현) 서울신미림초등학교 수석교사

서울교육대학교 학사, 한국교원대학교 음악교육학 박사

교육부 교육과정심의회 심의위원

최진호(Choi, Jin Ho)

현) 중앙대학교 음악학부 교수

연세대학교 학사, 노스텍사스대학교 음악교육학 박사

호프인터내셔널대학교 교수 역임

현경실(Hyun, Kyungsil)

현) 성신여자대학교 교육대학원 교수

서울대학교 학사, 템플대학교 음악교육학 석·박사

한국음악적성검사 개발

홍인혜(Hong, Inhye)

현) 정관고등학교 교사

부산대학교 학사, 뉴욕주립대학교 석사

서울대학교 음악교육학 박사

KMES 한국음악교육학회 학술총서 **01**

음악교육연구의 동향과 과제
Research Trends in Music Education

2018년 2월 15일 1판 1쇄 인쇄
2018년 2월 20일 1판 1쇄 발행

지은이 • 주대창 · 권수미 · 김기수 · 김미숙 · 김선미 · 김신영 · 김영미 · 김용희
　　　　김지현 · 민경훈 · 박영주 · 박은실 · 박정철 · 박지현 · 배수영 · 양종모
　　　　유은숙 · 윤문정 · 윤종영 · 이가원 · 이에스더 · 임미경 · 임은정 · 장근주
　　　　조대현 · 조성기 · 최은아 · 최진호 · 현경실 · 홍인혜
펴낸이 • 김진환
펴낸곳 • ㈜ **학지사**
　　　　04031 서울특별시 마포구 양화로 15길 20 마인드월드빌딩
대표전화 • 02)330-5114 팩스 • 02)324-2345
등록번호 • 제313-2006-000265호

홈페이지 • http://www.hakjisa.co.kr
페이스북 • https://www.facebook.com/hakjisa

ISBN 978-89-997-1450-4 93370

정가 22,000원

교육문화출판미디어그룹 학지사

심리검사연구소 **인싸이트** www.inpsyt.co.kr
원격교육연수원 **카운피아** www.counpia.com
학술논문서비스 **뉴논문** www.newnonmun.com
간호보건의학출판 **정담미디어** www.jdmpub.com